U0938784

中国人民解放军军史

第六卷

（1966 年 5 月 ~ 1978 年 12 月）

《中国人民解放军军史》编写组　编

军事科学出版社

中国人民解放军军史编写领导小组

中国人民解放军军史编写组

主　任： 林登泉（前任）　王福成（前任）　姚有志（前任）
寿晓松

副主任： 曾庆洋（前任）　支绍曾（前任）　肖裕声（前任）
齐德学（前任）　赵一平（前任）　杨贵华（前任）
曲爱国

编写人员（按姓氏笔画为序）：

丁　伟　王永生　王成志　王建强　邓礼峰
田　玄　田越英　曲爱国　华国富　江　英
刘子君　刘双才　刘志青　刘国语　刘庭华
齐德学　李　华　赤　桦　杨贵华　肖石忠
肖显社　肖裕声　张从田　张明金　张婉英
陈　力　陈　宇　陈伙成　陈传刚　陈奇勇
林治波　周继强　岳思平　赵一平　赵焕明
波拉提　姜为民　姜铁军　郭　芳　郭志刚
耿成宽　柴中国　徐　飞　徐占权　徐金洲
阎茁草　康月田　彭玉龙　褚　杨　褚　银
谢国钧　温瑞茂　解卫东　鲍明荣　臧运祜
翟清华　潘泽庆　魏碧海

《中国人民解放军军史》第六卷

主　　编： 邓礼峰　徐金洲

编写人员： 邓礼峰　刘志青　徐金洲
康月田　陈传刚　陈奇勇
刘双才

目　　录

第一章　努力维护稳定，军队建设在动乱中发展

1966 年 5 月开始的“文化大革命”，是在党的指导思想上“左”倾错误占主导地位情况下开展的一场错误的政治运动。随着运动的深入，全国各地派性分裂愈演愈烈，武斗不断，各行各业陷入动乱之中。人民解放军受“文化大革命”的影响，也出现了不稳定因素，一大批军队高级将领受到冲击，军队建设受到严重干扰。在面临诸多困难的情况下，人民解放军努力维护自身的稳定和发展，在完成保卫祖国安全各项战备任务的同时，为维护社会稳定、保持社会政治经济生活的正常秩序，做出了艰苦努力。

第一节　全国出现动乱局面，军队努力维护国家和自身的稳定

一、“文化大革命”开始，军队强调进行正面教育

1965 年 11 月 10 日，《文汇报》发表的姚文元文章《评新编历史剧〈海瑞罢官〉》，是“文化大革命”的导火线。这篇文章是江青在上海秘密策划写成的。文章点名批判剧作者、著名历史学家、北京市副市长吴晗，毫无根据地把《海瑞罢官》一剧中的某些情节与中共八届十中全会所批判的“翻案风”等联系起来，称该剧是资产阶级反对无产阶级专政和社会主义革命，是阶级斗争的一种反映，是“毒草”。文章发表后，在学术界引起普遍反感。在十多天内，除华东地区几家报纸外，北京和全国大多数地区的报刊均未转

载。根据中央书记处的指示，11月29日，《解放军报》在第二版转载了这篇文章。次日，《人民日报》在第五版“学术研究”专刊上加以转载。进而，由批判《海瑞罢官》引起的思想文化领域的政治批判运动开始兴起。

1966年2月初，彭真召集文化革命五人小组①会议，主持起草了《文化革命五人小组关于当前学术讨论的汇报提纲》（后被称为“二月提纲”），试图引导运动在学术讨论的范围内进行，对已经出现的“左”的倾向加以适当约束。“二月提纲”经中央政治局常委讨论通过，向毛泽东汇报后，于2月12日作为中共中央文件转发全党。这份文件，反映了中央大多数领导人对思想文化领域的批判运动所持的慎重态度，引起江青等人的不满。由此，围绕“二月提纲”开始了一场新的、更严重的斗争，范围从意识形态领域和文教部门扩大到政治领域和党的高级领导机关。

在“二月提纲”拟定的同时，1966年2月2～20日，江青在中央军委副主席、国防部长林彪的“完全支持”下，到上海主持召开部队文艺工作座谈会。江青在会上称：在文艺方面，“有一条与毛主席思想相对立的反党反社会主义的黑线专了我们的政”，“现在该是我们专他们的政的时候了”。会后，解放军总政治部文化部起草了向总政治部汇报的座谈会纪要，但因不合江青的意图而被弃置不用。根据她的要求，总政治部重写了座谈会纪要，江青、陈伯达、张春桥反复修改后定稿。这个纪要提出：十多年来，文化战线上存在着尖锐的阶级斗争，文艺界“被一条与毛主席思想相对立的反党反社会主义的黑线专了我们的政”；号召要“坚决进行一场文化战

① 文化革命五人小组，是根据毛泽东的提议于1964年7月成立的，任务是负责领导有关方面贯彻执行中央和毛泽东有关文学艺术和哲学社会科学问题的指示。经党中央指定，中央政治局委员、中央书记处书记彭真为组长，组员为中央政治局候补委员、中央书记处书记、中央宣传部部长陆定一，中央政治局候补委员、中央书记处书记、中央理论小组组长康生，中央宣传部副部长周扬，新华通讯社社长、《人民日报》总编辑吴冷西。

线上的社会主义大革命，彻底搞掉这条黑线”。3 月，毛泽东三次审阅修改这个纪要，并将标题改为《林彪同志委托江青同志召开的部队文艺工作座谈会纪要》。4 月 10 日，《纪要》以中共中央文件的形式批转全党。“文艺黑线专政论”的提出，使60 年代初在意识形态领域已经发展得相当严重的“左”倾错误进一步升级，为全盘否定新中国成立后17 年文艺工作的成绩，进而否定中央一些领导人提供了理论依据。《纪要》的制定和下发，是江青企图从军队方面寻求政治支持、在文艺战线打开突破口的重要步骤，也是江青与林彪相互勾结、相互利用，在党中央领导层进行夺权活动的开端。

与文化批判升级的同时，中央接连发生几起党政军领导人突然被撤职、批判的政治事件。1965 年十一十二月间，中央书记处书记、中央办公厅主任杨尚昆遭到诬陷，被免去中央办公厅主任职务；中央书记处书记、国务院副总理、解放军总参谋长罗瑞卿被加以“篡军反党”等罪名，遭到批判。1966 年 4 月，中央宣传部和北京市委被指责包庇坏人、压制左派。彭真和陆定一被停止工作。这些事件在党内引起极大震动和惊疑，同报刊上的政治批判相呼应，造成中央果然出了修正主义的错觉，为“文化大革命”的发动作了舆论和组织上的准备。

5 月 15 日，遵照毛泽东关于保卫首都的指示精神，为防止突发事变，中央成立了首都工作组，负责保卫首都的安全。总参谋部抽调人员组成精干的办事机构。首都工作组成立后，为加强首都警卫力量，进行了部队调动，充实了北京卫戍区，并调整了对在京要害部门和广播宣传机关的保卫任务。

5 月 16 日，中共中央政治局扩大会议通过《中国共产党中央委员会通知》（简称“五一六通知”），要求“彻底批判学术界、教育界、新闻界、文艺界、出版界的资产阶级反动思想，夺取在这些文化领域中的领导权”，“批判混进党里、政府里、军队里和文化领域的各界里的资产阶级代表人物”。5 月 18 日，林彪在政治局扩大会上讲话，渲染中共中央内部有人要搞政变、搞颠覆。会议决定成立中央文化革命小组（简称中央文革小组）。[1] 8月1～12日，毛泽东在北京主持召开了中共八届十一中全会。8月5日，毛泽东写了《炮打司令部——我的一张大字报》，虽未点名，但明白无误地指出中央存在一个以刘少奇为首的“资产阶级司令部”。以后，全会转入对刘少奇和邓小平的“揭发批判”。8月8日，会议通过《中国共产党中央委员会关于无产阶级文化大革命的决定》（即“十六条”）。这个决定错误地规定了这场运动的目的和运用大鸣、大放、大字报、大辩论“四大”的运动形式。这两次会议是对“文化大革命”的全面发动。

“文化大革命”在全国各地迅速开展起来后，林彪、江青等人利用毛泽东的崇高威望和人民群众对一些社会阴暗现象的不满情绪，蓄意把“文化大革命”的错误推向极端，煽动不明真相的学生、工人和干部，冲击党的各级领导机关，制造社会动乱，妄图实现“乱中夺权”。1966年8月8日，林彪接见中央文革小组时声称：“文化大革命”要弄得天翻地覆，轰轰烈烈，大风大浪，大搅大闹，闹得资产阶级睡不着觉，无产阶级也睡不着觉。在错误思想的指导下，红卫兵[2]到处串连，造反派胡作非为，安定团结的社会秩序被打乱，学生不能正常上课，工人不能正常上班，机关人员不能正常工作，交通不能正常运行，国民经济不能按计划进行，全国性混乱、失控的局面随之出现。

此时，中央军委的组成为：主席毛泽东，副主席林彪、贺龙、聂荣臻、陈毅、刘伯承、徐向前、叶剑英，常委毛泽东、林彪、贺

---

① 中央文化革命小组，由陈伯达任组长，康生为顾问，江青、张春桥等任副组长。该小组实际上成了不受中央政治局约束的、领导“文化大革命”的指挥机构。

② 红卫兵，“文化大革命”期间大中学校学生的群众组织，也指加入该组织的成员。1966年5月29日，清华大学附中一些学生率先成立，声称是“保卫红色政权的卫兵”。不久得到毛泽东的支持，全国各地纷纷成立红卫兵组织。

龙、聂荣臻、陈毅、刘伯承、徐向前、叶剑英、朱德、邓小平。5月23日，中共中央决定，叶剑英兼任中央军委秘书长。1967年3月，增加谢富治、萧华、杨成武、粟裕为军委常委。

“文化大革命”初期，人民解放军指战员和全国广大干部、群众一样，出于对毛泽东和中国共产党的崇敬与信赖，按照中共中央和中央军委的指示与要求，支持并参加了这场运动。同时，为了防止地方上的动乱冲击军队，保持部队稳定，保证军队战备、作战和援越抗美等特殊任务的完成，发挥解放军作为国家政权坚强柱石的作用，“文化大革命”一开始，中共中央、中央军委和总政治部对部队如何开展“文化大革命”，在范围、方式和方法等方面均作了指示和规定。如，师以下战斗部队坚持“正面教育”，不搞“四大”，坚持党委领导，不介入地方“文化大革命”。

1966年5月25日，总政治部发出《关于执行中央5月16日通知的通知》，对全军如何贯彻执行中央“五一六通知”、开展“文化大革命”运动提出要求：各级党委要认真学习研究“五一六通知”，组织干部战士学习有关“文化大革命”的文件和文章；在连队和一般机关干部中着重进行正面教育；各大单位着重抓好宣传、文化、报刊、院校、出版、科研部门的文化革命，进行思想和组织整顿，彻底批判混进军队里的资产阶级代表人物及其反党反社会主义的作品和言论；各大单位要组织精干的写作班子，撰写重点文章。《通知》规定，总政治部设立军队文化革命小组[①]及文化革命办公室；各大军区、各军种也要在党委领导下设立文化革命小组及其办公室等；各人民武装部门要在地方党委统一领导下，发动民兵积极参加和保卫“文化大革命”等。

6月15日，中共中央批准总政治部《关于部队开展社会主义文

---

① 军队文化革命小组，亦称军队文革小组，或全军文革小组，由总政治部副主任刘志坚任组长。1967年1月初刘志坚被打倒后，1月11日军队文革小组改组，徐向前任组长，江青任顾问，萧华、杨成武、王新亭、徐立清、关锋、谢镗忠、李曼村任副组长。

化大革命运动几项措施的请示报告》。《请示报告》对军队如何开展“文化大革命”运动，提出了10条措施，主要内容除5月25日通知提出的要求外还强调：要积极参加批判资产阶级的反动思想，向反党反社会主义的黑线开火；在连队和师以下战斗部队着重进行正面教育；凡是确定要夺权的军以上机关的个别单位要经上级党委批准，可以采用贴大字报、开批判会等形式；军队一律不准上街游行，一般不参加地方的批判大会、声讨大会；军区、军兵种报刊应拿出足够的篇幅报道“文化大革命”的动态，刊载干部战士的有关文章。

6月24日，总政治部转发关于《当前社会上无政府主义思潮对部队的影响和克服办法的报告》，要求“各级干部深入群众，做好政治思想工作”，以保持部队的团结与巩固。

7月下旬，全军文革小组作出军队院校的“文化大革命”运动由各院校党委领导的规定，同时提出军队指挥院校学员在“文化大革命”中与连队相同，只准在军兵种院校范围内，不准在军兵种院校范围外进行串连等规定。

8月21日，中共中央批转总参谋部和总政治部《绝对不许动用部队武装镇压革命学生运动》的规定。对军队不干涉不介入地方“文化大革命”作了7条规定，主要内容是：部队绝对不准动用武装镇压革命学生运动；地方党政机关邀请部队参加集会，须经大军区党委批准；地方党政机关要求调动部队时，必须报经军委批准；学生群众之间发生冲突时，军队不要介入；不得派军队到地方去搞宣传劝说活动；军队不得到地方贴大字报；军队不得隐藏地方的人。

全军部队按照中央军委和总政治部上述一系列指示和规定，进行正面教育。除组织指战员学习中共中央有关“文化大革命”的文件和报刊上的有关文章外，把“四大”限定在宣传、文化、院校、科研等少数部门和单位。开展“四大”的单位仍由各级党委领导，在党委领导下设立文化革命小组及其办事机构具体掌管。由于中央军委和总政治部在军队开展“文化大革命”的问题上，坚持了慎重的态度，采取了比较稳妥的步骤和措施，至1966年8月，全军部队基本保持了稳定，各项工作能够正常进行，部队的战备、施工、生产、军事训练、武器装备研制和援越抗美等任务，均按计划实施和完成。

二、制止军队动乱的努力

中共八届十一中全会通过关于“文化大革命”的决定后，林彪对军队的运动作出部署。1966年8月10日，他召集军队负责干部，就军以上机关的“文化大革命”问题和干部路线问题作了指示。提出：部队要根据中央关于“文化大革命”“十六条”的决定，军级机关、军区、军兵种机关和总部机关及各院校，都要进行一次大整机关。要搞大鸣、大放、大字报、大辩论、大民主，轰轰烈烈点火大烧一阵。他说：“拥护主席的，突出政治的，是头号的大好。不然的话，就是头号的大坏。其它都是中好中坏，小好小坏。”他强调：“根据运动中检查的结果，升官，罢官，该升的升，该罢的罢。大升一批，大罢一批。”8月16日，林彪主持召开军委扩大会议，提出军以上机关从9月份开始，用2～3个月的时间搞“文化大革命”，要“敢”字当头，放手发动群众。运动分为鸣放辩论、重点批判、整改建设三个阶段。8月23日，他又在中央军委常委会议上提出：“9月、10月、11月大闹三个月”，“三个月以后再大罢大升”，“让他乱一个时期”。林彪的讲话，否定了在此之前中央军委为稳定军队而采取的许多必要措施，是造成一些军事机关混乱以至瘫痪的重要原因。

按照林彪的要求，从9月开始，把“四大”开展到所有军区以上领导机关和所有院校、科研等单位，并把运动作为这些单位“压倒一切”的中心任务，一大批领导干部和在学术上有贡献、有成就的专家和学者，成为运动斗争的重点对象，全军院校和部分高级军事机关开始出现混乱局面。一时间，在这些单位里，打着各种“造反”旗号、互相对立的派性组织纷纷成立起来，掀起了抓“黑帮”、挖“黑线”、揪斗所谓“走资本主义道路的当权派”等活动，致使院校的教学活动被迫停止，军区、军兵种和总部领导机关正常工作秩序被打乱。

此时，林彪却认为，有些军事领导机关和院校的领导过分强调军队的“特殊性”，有“压制民主”的现象，于10月2日提出要全军文化革命小组立即发一个紧急指示，要求军队院校的“文化大革命”完全按地方“四大”的做法进行。10月5日，中央军委和总政治部联名发出《关于军队院校无产阶级文化大革命的紧急指示》，要求军队院校的“文化大革命”运动，“必须把那些束缚群众运动的框框统统取消”，和地方院校一样，完全按照“十六条”的规定办，开展“四大”，把一小撮“反党反社会主义的坏家伙”揪出来，斗倒、批臭，并宣布取消在此之前中央军委和总政治部为稳定军队曾经作出的有关规定，提出由革命学生和教职员工选举成立文化革命小组、文化革命委员会和文化革命代表大会，作为文化革命的权力机构；允许进行串连和调查。这个“紧急指示”的要害是否定和剥夺了院校各级党委对运动的领导权，助长了无政府主义的泛滥，致使造反派把斗争矛头指向党委领导。《紧急指示》发布后，军队院校和一些机关中的造反派到处“踢开党委闹革命”，乱冲乱闯，迅速刮起了一股“抄家”风，在10月5～13日的8天中，仅8所院校就有108家被抄，使已经发生混乱的军队院校变得更加混乱，党组织基本上陷于瘫痪状态，基层党组织停止活动。

《紧急指示》发布和10月中共中央工作会议提出批判“资产阶级反动路线”后，不但军队院校形势急转直下，而且院校师生纷纷外出串连，参与军队和地方机关的造反夺权活动。解放军三总部和各军区、军兵种机关不断受到冲击，许多领导干部被揪斗。到11月，涌进北京的军队院校师生已达10多万人，其中少数人带头冲击国防部，冲击中共中央和国务院所在地中南海。

为了稳定局势，动员来京串连的军队院校师生员工尽快离京返校，根据中央军委常委会议讨论决定，11月13日，由总政治部组织在北京工人体育场召开军队院校和文体单位来京人员大会（即第一次“10 万人大会”），国务院总理周恩来、副总理陶铸，中央军委副主席贺龙、陈毅、徐向前、叶剑英以及各总部负责人同时出席。大会由总政治部主任萧华主持，四位军委副主席作了重要讲话。他们强调稳定军队，军队不能乱，不能影响战备和军队建设，对“文化大革命”中出现的许多非正常现象和错误做法提出了严肃批评，动员大家离京返校。

陈毅首先讲话。他强调，人民解放军不能乱，一定要有铁的纪律。告诫指战员要讲政策、有组织、有纪律。要把人民的利益、党的利益放在第一位，不要“我”字当头，不要我想怎么样，就怎么样，要党的利益、无产阶级的利益当头。个人利益可以牺牲，不能牺牲党的利益。他说：闹，我是不赞成的。有的同志头脑发热，给他一条冷水毛巾擦一擦有好处。他对学生冲击中南海、冲击国防部大楼的举动，提出严厉批评，旗帜鲜明地反对逐步升级、无限上纲、口号越“左”越好的做法。他要求学生们搞运动要实事求是，有一定的限度，有多大错误，就作多大估计，不要一味扩大，如果越过界限就会犯错误。

贺龙虽然正受到林彪、康生等人的诬陷，但也到会讲了话。他劝导军队院校师生，要遵守三大纪律八项注意，做到不加入、不干涉地方的“文化大革命”，不参加地方炮打司令部的活动，不参加游行，不参加抄家。要向人民积极宣传毛泽东思想，为人民群众做好事。

徐向前在讲话中从军队职责和加强战备的角度强调人民解放军必须保持战斗状态。他说：无产阶级专政的主要支柱就是解放军。我们一刻也不要忘记我们周围还存在强大的敌人，必须保持高度警惕性，不容丝毫的松懈。如稍微疏忽，就要造成巨大损失。陆军、海军、空军随时都要保持战斗状态，一声令下，就要开得动。军队领导和机关干部，在保卫祖国安全方面有很大责任，军队不能中断指挥。他希望同志们不要做坏样子，不要做有损于人民解放军荣誉的坏样子。

叶剑英最后讲话。他指出：真理是有限度的，真理跨过一步，就变成了谬误。学毛主席著作，不要当耶稣基督教的圣经念，不是迷信。不要光注意背书，不会行动，那样就会变成教条了。运动有高潮，但有它的方向，不是乱斗一顿。他批评说：我们军队内，有个别人没有阶级感情。有少数人，对有的干部心脏病都犯了，倒下了，还要抓人家斗，还不让人家走。我对这件事很愤恨！这些人没有无产阶级的感情，不是无产阶级的军人。我们要按毛主席的指示办事，允许人家犯错误，更要允许人家改正错误。他还针对一些人冲击军事机关、打执勤战士的事，严肃地批评说：解放军打解放军，这是历史上没有过的。自己人打自己人，帮助了谁？帮助了敌人。

四位军委领导人的讲话，是“文化大革命”以来造反群众第一次听到这么严厉、直接的批评。在这之前，林彪、江青等人只讲“群众运动一切合理”、“群众不会有大错的”等等鼓动的话，使造反派的行动肆无忌惮，而广大干部、群众和解放军指战员对此忧心忡忡。四位军委领导人的讲话稿立即在全国传开，各省、市委组织宣传车上街，不断播送讲话，人民群众和指战员拍手叫好，非常拥护，在汇聚北京的军队院校师生中引起了巨大的震动，在全国范围内也产生了重大影响。

为了进一步扩大这次大会精神的影响，教育更多的青年学生，总政治部于11月29日组织第二次军委领导接见军队院校师生大会（即第二次“10万人大会”）。29日，北京工人体育场的气氛比半个月前更为紧张，会场周围贴满了造反派写的标语，指责陈毅、叶剑英等军委领导13日的讲话违背了“十六条”和10月5日的《紧急指示》，声言必须批判，进行“反击”。但是，陈毅、叶剑英还是挺身而出，再次讲了话。

陈毅在讲话中毫不隐讳地表示，11月13日的讲话是有意识得罪一批人的。光讲好话，不给犯错误的同志以帮助，不够一个共产党员的资格。如果光在那里讲恭喜发财，讲天气很好啊，伟大伟大呀，万岁万岁呀，没有帮助，那是扯谎！表示陈老总这个人不老实，心里有话不讲出来。他提出：不能把工作中有缺点、有错误的同志，当成走资本主义道路的当权派，不能把打击面搞得太宽，“文化大革命”不能影响经济生产，不能否定建国后各方面取得的成绩，不能否定中国共产党的领导，不能否定中国人民解放军的光荣传统。他认为，军队应该根据自身的特点，采取有别于地方的方法进行“文化大革命”，军队领导机关和院校开展“文化大革命”的方法也应有所区别。他相信自己的主张是正确的，表示愿意出席对他的批判会。他说，“是你把我批倒，还是我把你批倒，这个话还很难说”。

叶剑英在讲话中阐述了军队院校培养学生的重要意义。他首先申明：也许今天讲了，明天又来大字报了，来大字报也不怕，还是要讲一讲。他强调：我们军队院校和地方院校不同，学生已经是步兵、炮兵、装甲兵、海军、空军中的一员，国家拿出大量的人力、物力、财力来培养学生，学生培养得好不好，是好成品还是废品，这不是学生个人的问题，而是全军的问题，是关系到解放军的战斗力的问题。绝不允许一些人在“文化大革命”中，在军队院校中，违反毛泽东思想，违反人民解放军的光荣传统。他指出：犯了错误“你们如果不改，就是废品，将来不能用”。只要认识错误，能够检查、改正错误，就和大家一样，会受到欢迎。

尽管几位老帅也面临着“文化大革命”冲击的危险，有的正受到林彪、康生一伙的诬陷，但他们仍直言不讳地阐明对这场运动的态度，希望矫正运动的错误势头。陈毅、叶剑英等人的讲话，代表了中国共产党和中国人民解放军大多数人的意志。这两次大会使青年学生受到教育，促使他们重新思考。许多学生在初期被卷入运动，是出于对党和毛泽东的信赖，他们并不赞成那些乱冲乱斗的过“左”行为，所以接受了中央军委领导人的正确主张，不同程度地对“文化大革命”的做法产生了怀疑。有相当一部分院校师生接受了劝说，离京返校，甚至退出了“造反”队伍。一些军事院校也开始扭转混乱不堪的局面。

然而，一批狂热的造反派对两次工人体育场大会和陈毅、叶剑英等军委领导人的讲话，极为反感。在中央文革小组的支持下，陈毅和叶剑英等的讲话，均遭到错误的批判，并被诬蔑为“反对毛主席”、“反对毛主席的无产阶级革命路线”。不久，陈毅、叶剑英被迫做“检讨”。他们为稳定军队所作的努力受到挫折。

三、二月抗争

1967 年初开始，“文化大革命”进入全面夺权阶段，对军队的冲击更加严重。1 月 6 日，上海发生了所谓“一月风暴”，由中央文革小组副组长张春桥和中央文革小组成员姚文元策划，夺取了上海市党政大权，随即获得毛泽东的支持。江青、康生、陈伯达等人借机公开批判以刘少奇、邓小平为代表的“资产阶级反动路线”，煽动一部分学生围困中南海，要揪斗国家主席刘少奇，以及国务院副总理邓小平、李富春、陈毅、李先念、谭震林等党和国家领导人，还煽动军队一些单位揪斗陈毅、叶剑英；北京街头出现“打倒朱德”①，以及攻击徐向前、聂荣臻的大字标语，斗争矛头公开指向中央军委领导同志。在林彪、江青一伙的煽动下，全国范围掀起一股“揪军内一小撮”、“抓穿军装、拿枪杆子的刘邓路线”的反军乱军浪潮。军委、各总部、各大军区、军兵种的领导人遭到越来越猛烈的围攻或揪斗，有的被迫害致死，有的被逼得东躲西藏，奔赴异地。军事机关被围攻冲击的有总参谋部、总政治部、总后勤部、国防科委、空军、海军、炮兵、装甲兵、工程兵、通信兵、防化兵等领导机关，13 个大军区、12 个省军区、4 个警备（卫戍）区、24 个军分区的领导机关，7 个陆军军部、1 个要塞区、8 个师部（工区）、1 个空军军部、4 个军区空军（空军指挥所）、2 个海军舰队的机关等。

在党、国家和军队的危难时刻，陈毅、叶剑英、徐向前、聂荣

---

① 朱德，时任全国人民代表大会常务委员会委员长。

臻等老一辈革命家，不顾个人的进退安危，挺身而出，对“文化大革命”的错误做法，提出严厉批评，对林彪、江青等人的倒行逆施进行了针锋相对的斗争。1967 年 1 月，双方斗争日趋尖锐，到 2 月已达到白热化，并爆发了二月抗争。

面对军队高级机关被搞乱、搞垮的严峻形势，中央军委从 1 月 8 日起连续召开军委碰头会议扩大会议。① 其间，叶剑英和陈毅、徐向前、聂荣臻等，同林彪、江青一伙进行了激烈的斗争。在一次会议上，叶剑英针对全国、全军混乱不堪的局势，指出：他们主张越乱越好，什么党、政府、军队，他们一概否定，都要推倒重来，说这是无产阶级向资产阶级夺权。我们的各级干部，他们给扣上走资派、黑帮、反动权威或其他什么罪名，企图一律加以打倒，说这才是毛主席的无产阶级革命路线。这怎么行呢？他说：要加强团结，加强组织纪律性，搞好战备。在此期间，叶剑英还经常出席周恩来主持召开的中央政治局会议，在会议上多次同江青等人进行面对面的交锋。1 月 11 日，叶剑英在政治局会议上，针对军队问题再次强调：地方越乱，军队越要稳。不然，敌人乘虚而入怎么办？他说：全国 13 个军区，有 7 个军区在搞运动，全军所有院校都在搞运动，到处在军队抓反动路线的代表人物，抓各个军区、军种兵种的领导人。总部机关，总后勤部瘫痪了，总政治部几乎瘫痪，总参谋部部分瘫痪；海军瘫痪了，空军瘫痪了。凡瘫痪的单位，所有的办事机构、会议室、招待所全部被占领，现在空军指挥部只好转移到战备工事中去。如果全国空中有什么事，指挥中断了，事情谁去办！他严肃地说：内忧必然引起外患，稳定军队是党和国家的根本利益！

1 月 19 日下午和 20 日上午，在京西宾馆召开中央军委扩大的碰头会，讨论军队开展“四大”问题。参加会议的有中央军委领导

---

① 军委碰头会议扩大会议，即中央军委扩大的碰头会，1967 年 1 ~2 月召开，是在“文化大革命”非正常情况下，军队为研究解决因运动而产生各种问题所举行的高层会议。当时，正常的军队高级会议已难以举行，故仿中央碰头会而召开了这种人员、时间、议程都随机而定的碰头会议。

人，各总部、各大军区、各军兵种的主要负责人，以及中央文革小组成员，共40余人。会上，江青、康生、陈伯达等鼓吹军队要和地方一样搞“文化大革命”运动，叫嚷军队不能搞特殊，等等。叶剑英、徐向前、聂荣臻对此表示反对，认为军队是无产阶级专政的柱石，战备任务很重，和地方不同，不能搞“四大”，必须保持稳定。两种意见针锋相对，争论十分激烈。这件事，后来称为“大闹京西宾馆”事件，成为“一月夺权”以来在党内高层所发生的一系列重要抗争的序幕。

2月11日和16日，在周恩来主持的怀仁堂中央碰头会议上，政治局委员谭震林、陈毅、叶剑英、李富春、李先念、徐向前、聂荣臻等领导人，对中央文革小组一伙人再次进行了激烈抗争，对“文化大革命”的错误做法进行了严厉的批评。这就是著名的“大闹怀仁堂”事件。这场斗争主要表现在关系党和国家命运的三个重大原则问题上：

第一，运动要不要党的领导。叶剑英质问陈伯达等人：上海夺权，改名为上海公社，这样大的问题，涉及国家体制，不经政治局讨论，就擅自改变名称，是想干什么？革命，能没有党的领导吗？能不要军队吗？谭震林指出：不要党的领导，一天到晚老是群众自己解放自己，自己教育自己，自己闹革命。这是什么东西？这是形而上学！

第二，老干部应不应该打倒。谭震林对张春桥等人说：你们的目的，就是要整掉老干部。你们把老干部一个一个打光。这一次，是党的历史上斗争最残酷的一次，超过历史上任何一次！我不是为自己，是为了整个的老干部，是为整个党。李先念说：现在这样搞，团结两个百分之九十五①还要不要？老干部都打倒了，革命靠什么？现在是全国范围内的大搞逼供信。陈毅说：在延安，过去有人整老干部整得很凶。这个历史教训不能忘记。这些家伙上台，就

---

① 两个百分之九十五，这里指的是毛泽东多次讲过的要团结百分之九十五以上的广大群众和团结百分之九十五以上的广大干部。

是他们搞修正主义，挨整的是我们这些人。聂荣臻说：你们不能为了要打倒老子，就揪斗孩子，株连家属；残酷迫害老干部，搞落井下石，不安好心！

第三，要不要保持军队的稳定。叶剑英严正地谴责中央文革小组：你们把党搞乱了，把政府搞乱了，把工厂、农村搞乱了！你们还嫌不够，还一定要把军队搞乱！这样搞，你们想干什么？徐向前说：军队是无产阶级专政的支柱。这样把军队乱下去，还要不要这个支柱！

2 月 17 日，谭震林写信给林彪，痛斥江青等人，对他们随意打倒老干部表示极大愤怒，并表示自己抗争到底的决心。他在信中说：江青不听毛泽东主席的指示，真比武则天还凶。江青一伙手段毒辣是党内没有见过的。一句话，把一个人的政治生命送掉了。许多高级干部弄得妻离子散，倾家荡产，我们党被丑化到无以复加了。我想了好久，最后下了决心，准备牺牲，决不允许他们再如此蛮干。

这些义正词严的批评，代表了党和人民的意志与广大指战员的心声。然而，毛泽东在听了中央文革小组的汇报后，对这些老同志很不满意。2 月 19 日凌晨，毛泽东召集部分政治局常委开会，严厉批评在怀仁堂会议上提意见的老同志，并责令陈毅、谭震林、徐向前“请假检讨”。

这场抗争虽然受到毛泽东的错误批评，并被江青、康生等人诬蔑为“二月逆流”，但是在老一辈无产阶级革命家的力争下，中共中央、中央军委先后作出了一些有利于部队稳定的规定。1 月 14 日，中共中央下发《关于不得把斗争锋芒指向军队的通知》，强调军队担负备战和保卫国防的任务，不许任何人、任何组织冲击人民解放军的机关。1 月 18 日，中央军委下发《关于各军区开展文化大革命步骤问题的决定》，强调一定要保持军队的稳定，各大军区、省军区机关运动必须分期分批进行，不要与地方同时展开，规定济南、南京、福州、武汉、广州、新疆、昆明 7 个军区推迟或暂停

“文化大革命”。为了进一步维持部队稳定，经林彪同意后，徐向前、聂荣臻、叶剑英以及周恩来等拟出《中央军委命令》（通常称为“八条命令”），1 月 28 日由毛泽东批准下达。“八条命令”要求：军队一切人员必须坚守岗位，不得擅离职守；军队院校、文体单位外出串连者迅速返回本单位进行斗批改；今后一律不许冲击军事机关；军队内部战备系统和保密系统，不准冲击和串连；重申军以上机关要按规定分期分批进行文化大革命，军以下部队和军委指定的特殊单位，坚持正面教育的方针。此外，2 月 8 日，中央军委发出了《关于外出串连人员限时返回本单位的通知》；2 月 11 日和 16 日，中央军委分别作出《关于军以上领导机关文化大革命的几项规定》、《关于军队夺权范围的规定》；2 月 27 日，中央军委进一步作出《关于执行中央军委〈关于军以上领导机关文化大革命的几项规定〉的补充规定》。上述文件规定，军队可以夺权的范围只限于学院学校（机要学校、尖端技术学校、飞行学校等除外）、文艺团体、体工队、医院（军区以下野战医院等除外）和军事工厂（有尖端技术试验任务的工厂和绝密工厂等除外），“其他一切大小单位都不准采取自下而上的办法进行夺权”；决不准任何人、任何组织“挑动不明真相的群众”，“在幕前或幕后煽动群众把斗争锋芒转向军事机关”；军队领导机关必须保持严密的、完整的指挥体系，不宜成立各种文化革命的战斗组织，已经成立的各种文化革命战斗组织，必须以行政单位进行改组，所有超越基层行政单位的“文化大革命”联合战斗组织，如总部、各军种、各兵种、各大单位的造反总部、联络站等，应一律撤销；高等军事学院、政治学院、后勤学院等 3 所高等指挥学院，以及军事科学院暂停“文化大革命”运动，转入“支左”工作。这些规定，对于稳定部队，特别是恢复军一级单位的正常工作秩序起到了积极作用，煞住了在野战军机关出现的动乱。

老一辈革命家的二月抗争被压下去之后，林彪、江青一伙更加肆无忌惮地迫害党、政、军领导干部。他们煽动群众掀起所谓“反击自上而下复辟逆流”的活动，致使中共中央政治局中大部分委员被打倒或不能正常参与工作，中央文革小组实际上取代了中央政治局；中央军委几位副主席“靠边站”或不能正常工作，以林彪的亲信逐步取代军委常委会的工作。

他们还策划制造了一系列反军乱军的阴谋事件。5 月 13 日，空军司令员吴法宪、海军副司令员李作鹏（1967 年 6 月被任命为海军第一政治委员）等人在林彪支持下制造五一三武斗事件，造成驻京部队文艺单位及院校的严重分裂，挑起军队的派性斗争，在社会上造成极坏影响。7 月，国务院副总理兼公安部部长谢富治和中央文革小组成员王力违反周恩来的指示，以中央代表团成员名义在武汉公开活动，发表支持一派群众组织压制另一派的言论。7 月 20 日，被压制的群众组织“百万雄师”部分人冲入武昌东湖谢富治、王力住处，要求与二人辩论。同时，武汉数十万军民举行示威游行，声讨谢富治、王力，形成声势浩大的群众性抗议风潮。这就是后来被林彪、江青等定性为“反革命暴乱”的七二〇事件。这一事件，是“文化大革命”以来武汉以至全国各种矛盾积蓄、冲突的结果，表现了军队和地方相当一部分干部、群众对中央文革小组人为地制造社会动乱的强烈不满和抗议。事后，在军队中追查“主使者”和“黑后台”，在全国范围内掀起“揪军内一小撮”运动，引发了新一轮冲击军事机关的风潮。7 月下旬，林彪、江青一伙鼓动“砸烂总政阎王殿”，把总政治部机关完全搞瘫痪，使军队的政治工作遭到严重损害。

8 月 17 日，根据中央文革小组决定，由吴法宪、叶群（林彪的妻子、林彪办公室主任）、邱会作（总后勤部部长）、张秀川（海军政治部主任）组成四人小组，由吴法宪负责。其主要任务是负责驻京各机关、部队的“文化大革命”运动。9 月 24 日，中共中央、中央文革小组决定将四人小组改为军委办事组，增加杨成武（中央军委常委、代总参谋长）为军委办事组成员，并任组长，吴法宪任副组长。1968 年 3 月，林彪、江青一伙为了排除异己，进一步篡夺军队领导权，制造了所谓的杨、余、傅事件，以莫须有的罪名，于3月22日撤销了代总参谋长杨成武、空军政治委员余立金、北京军区副司令员兼北京卫戍区司令员傅崇碧的职务；同时任命广州军区司令员黄永胜为总参谋长。随后，改组中央军委办事组，由黄永胜、吴法宪分任正副组长，成员有叶群、李作鹏、邱会作。改组后的军委办事组实际上取代了中央军委常务委员会。

第二节　执行“三支两军”任务，维护国家局势的稳定

1967～1972年，人民解放军奉中共中央和中央军委的指示和命令，先后派出280余万名指战员分布在全国各条战线上执行“三支两军”（即“支左”、支工、支农、军管、军训）任务。其范围之广、规模之大、人员之多、时间之长、任务之重，是中国人民解放军建军史上前所未有的。

一、中共中央和中央军委关于“三支两军”的决定

1967年1月，首起于上海，然后波及全国，一场由造反派夺取党和政府各级领导权的运动全面展开，“文化大革命”由此进入“全面夺权”阶段。“全面夺权”使各方面矛盾更加错综复杂，各地造反派群众组织之间展开激烈的斗争，造成全国“打倒一切”、“全面内乱”的严重局面。地方各级党组织和政府机关陷于瘫痪或半瘫痪状态，公安、检察、法院等机关失去或基本失去作用，工矿企业停产或半停产，武斗成风，社会秩序混乱，交通严重堵塞，局势难以控制。为了制止混乱局面，使“文化大革命”按照预定方针继续进行下去，毛泽东决定人民解放军正式介入地方“文化大革命”，“支持左派群众”。

1月21日，南京军区党委向中央军委呈送了安徽省军区的请示报告，转述首都第三造反司令部驻安徽联络站的要求。造反派提出派部队警卫斗争省委主要负责人李葆华等人的会场，防止对立派冲

击，声称“如不派就是不支持文化大革命”，并限安徽省军区21日14时前答复。同日，毛泽东在安徽省军区的请示报告上批示：“应派军队支持左派广大群众。”“以后凡有真正革命派要求军队支持、援助，都应当这样做。所谓不介入，是假的，早已介入了。此事似应重新发出命令，以前命令作废。”① 同日，林彪批示：完全赞成主席的方针，全军必须支持革命左派广大群众。

第二天，毛泽东在接见军委碰头会议扩大会议人员时，要求高级干部“真正站在革命派方面，像唱戏一样，要亮相”。他批评许多军区把造反派讲得一无是处，要求军队能够公开支持的就公开支持，时机不成熟的就半公开支持。林彪在1月23日接见军委碰头会议扩大会议人员时说：军队对“文化大革命”过去不介入，是时机不成熟，现在正式介入，公开介入，尽管左派不成熟，人数不多，也要支持。

1月23日，中共中央、国务院、中央军委、中央文革小组发布《关于人民解放军坚决支持革命左派群众的决定》。《决定》规定“人民解放军必须坚决站在无产阶级革命派一边，坚决支持和援助无产阶级革命左派”。《决定》重申毛泽东的意见，指出：“问题不是介入不介入的问题，而是站在哪一边的问题，是支持革命派还是支持保守派甚至右派的问题。人民解放军应当积极支持革命左派。”同时明确：以前关于军队不介入地方“文化大革命”以及其他违反上述精神的指示，一律作废；积极支持广大革命左派群众的夺权斗争，凡是真正的无产阶级左派要求军队去援助他们，军队都应当派出部队积极支持他们；坚决镇压反对无产阶级革命左派的反革命分子、反革命组织，如果他们动武，军队应当坚决还击。重申军队不得做一小撮党内走资本主义道路当权派和坚持资产阶级反动路线顽固分子防空洞的指示，要求在全军深入进行两条路线斗争的教育。

① 《建国以来毛泽东文稿》第12册，197页，北京，中央文献出版社，1998。

这个《决定》的发布，标志着军队执行“支左”任务的开始。

毛泽东的指示和中共中央的《决定》发布后，全国各地群众组织纷纷要求军队“支左”。全军各部队立即抽派大批干部、战士到地方“支左”。同时，由于许多单位停工停产，特别是农业春耕生产无人管，错过时节，大部分地区面临全年粮食断收的危险。为解决上述问题，经毛泽东同意，中央军委于2月26日~3月25日在北京召开军以上干部会议。参加会议的有各大军区、各军兵种、各总部军以上领导106人。会议由中央军委常委主持，周恩来到会讲话，要求军队要帮助地方抓工农业生产、抓文教卫生工作，对一些要害部门要实行军管。会议期间，中央军委于3月19日作出《关于集中力量执行支左、支农、支工、军管、军训任务的决定》。《决定》指出，“为了适应无产阶级文化大革命新阶段形势的需要，集中力量完成毛主席赋予军队的支左、支农、支工、军管、军训等项重大任务”，军委决定：

一、军委各总部、各军兵种机关的“四大”，一般在三月底左右暂告一段落。除了照顾战备、援外和必需的工作外，视情况抽调三分之一，二分之一，甚至三分之二的人员，立即投入支左、支农、支工、军管、军训的工作。

二、各院校、文艺团体、体工队（包括各军区所属的这些单位），可在整风告一段落后，立即全部投入上述工作，作为这些单位文化大革命的一个重要步骤。这样做，既可以增加支左、支农、支工、军管、军训的力量，又可以使这些单位的人员，更好地同工农群众相结合，向工农群众学习，促进思想革命化。

三、各总部、军兵种（包括在北京的所属院校）抽调的人员，由总政治部统一分配、使用。驻各军区所在地区的院校抽调的人员，统一由各大军区、省军区领导、调配和使用。

从此，“三支两军”，作为人民解放军参加“文化大革命”的重大任务在全军执行。

二、"三支两军"的组织与实施

为了加强对"三支两军"工作的组织领导，保证全军"三支两军"工作的迅速全面开展，4月3日，中央军委常委会议决定中央军委设立三个办公室，即支左办公室、支工支农工作办公室、军管工作办公室。军训工作由总参谋部、总政治部分管，不另设办公室。支左办公室，由萧华直接与中央文革联系；支工支农工作办公室，由杨成武、邱会作等人组成；军管工作办公室，由叶剑英主持，吸收总参谋部、总政治部及军委办公厅的负责干部参加。各办公室的任务是：了解情况，研究问题，并负责向中共中央、中央文革、中央军委反映情况，提出建议，办理中共中央、中央文革、中央军委交办的有关事项。按照中央军委的指示和规定，全军师以上机关设立了"三支两军"指挥部（或办公室），列入编制。

从1967年1月下旬开始，全军各部队陆续派出大批干部、战士执行"三支两军"任务。至1969年4月中共九大期间，参加"三支两军"的人员保持在90万人左右，最多时达到95万余人，其中沈阳军区10万余人、北京军区10.2万余人、济南军区4万余人、南京军区11.4万余人、福州军区12.4万余人、广州军区5万余人、武汉军区12.5万余人、成都军区11.5万余人、昆明军区4.7万余人、兰州军区10.2万余人、新疆军区1万余人、西藏军区3200余人、军兵种1万余人、总部各机关6300余人。此外，空军出动飞机1976架次、海军出动舰艇237艘参加"三支两军"工作。中共九大以后，"三支两军"人员逐渐减少，到1972年上半年，全军"三支两军"人员尚有27万人左右。

（一）"支左"

"支左"是一个十分复杂而又前后有明显变化的过程。按照毛泽东的要求，"三支两军"的中心是"支左"，即支持地方的"革命左派"。然而，"支左"所面临的首要问题是：谁是"左派"？依据什么标准确定"左派"？这在当时条件下是一个很难加以判定的问题。解放军指战员们对地方的情况不熟悉，长期所受的传统教育又使他们难以理解和认同“文化大革命”中流行的种种极端行为。“支左”之初，绝大多数部队干部、战士倾向于支持那些党员多、老工人多、干部多、比较注意政策的群众组织，对与此相反的组织则持冷淡、消极的态度，而这又往往受到中央文革小组的批评。各种因素注定了“支左”从一开始就陷入深刻的矛盾之中。

“支左”大致经历了三个阶段。

第一阶段（大致为1967年1～9月），按照要求基本执行支一派的方针。1967年1月23日，中共中央在《关于人民解放军坚决支持革命左派群众的决定》中明文规定：军队“必须坚决站在无产阶级革命派一边，坚决支持和援助无产阶级革命左派”的“夺权斗争”，就是要按照毛泽东所讲的“保护左派，支持左派，建立和扩大左派队伍”[①]。林彪、江青一伙也借此机会，扩大自己的政治势力和政治影响，引导军队支持由他们选中或圈定的所谓“左派”。

按照上述要求，在许多单位的“支左”工作不可避免地形成支一派压一派、亲一派疏一派的局面。如果对两派都支持或不支持林彪、江青一伙认定的“左派”，就被批评为“和稀泥”、旗帜不鲜明、“屁股没坐正”等等，就要做检讨，受处分。支一派压一派使地方派性斗争更加激化、更加尖锐，甚至造反派把矛头指向军队，冲击军事机关，同“支左”部队发生冲突的事件不断发生。有的造反派组织公然抢夺解放军的武器、装备和军用物资。据不完全统计，至1967年8月19日止，全国即发生1175起抢夺部队武器、弹药的事件。造反派组织不仅抢夺部队的装备和战备物资，而且还抢夺援越抗美运输列车上的武器、弹药和物资。与此同时，围攻部队、殴打战士的事件也时有发生。1967年6～9月，全国先后共发生围攻、殴打解放军的事件40余起，有的部队被冲散，有的指战员被打伤打死。据不完全统计，到1967年10月上旬，全军“三支两军”人员伤亡共2.77万余人（亡220人），重伤住院4100余人；

---

① 《人民日报》，1967年6月11日。

其中团以上干部伤亡780人（亡9人），重伤333人。

第二阶段（大致为1967年9月~1968年9月），“支左”工作方针转变为“支左不支派”，促进各个群众组织之间的“革命大联合”，成立革命委员会。按照毛泽东的部署，“文化大革命”在夺权后，要实行“革命大联合”，成立军、干、群三结合的革命委员会。于是，军队“支左”人员把各派群众组织的头头组织在一起，办“斗私批修”学习班，促进“革命大联合”，成立三结合的革命委员会。

按照毛泽东提出“革命大联合”、消除派性的指示，人民解放军由前期的支持某一派转变为“支左不支派”，不管是什么组织、什么派，都促使其联合到一起。“支左”工作180度的大转弯，使“支左”人员处于造反派两面攻击之下。原来被支持的一派攻击“支左”人员是叛徒，原来受压的一派让“支左”人员承认错误、检讨，甚至接受批判。但是，为了实现各派群众组织的“大联合”、消除派性，“支左”人员忍辱负重，做耐心的劝说工作。到1968年9月，除台湾省外，全国29个省、市、自治区全部成立了由群众组织负责人代表、当地解放军代表、革命领导干部代表组成的“文革”中特定政权机构——三结合的革命委员会，实现所谓“全国山河一片红”。一大批军队高级干部或在军队兼职的高级干部参加了中央国家机关和各省、市、自治区的革命委员会，其中一些高级干部还担任了省或自治区主要领导职务。如：青海省革命委员会主任由青海省军区司令员刘贤权担任；内蒙古自治区革命委员会主任由北京军区副司令员兼内蒙古军区司令员滕海清担任；甘肃省革命委员会主任由兰州军区政治委员冼恒汉担任；湖北省革命委员会主任由武汉军区司令员曾思玉担任；广东省革命委员会主任由广州军区司令员黄永胜担任；吉林省革命委员会主任由陆军第16军政治委员王淮湘担任；江苏省革命委员会主任由南京军区司令员许世友担任；浙江省革命委员会主任由浙江省军区政治委员南萍担任；湖南省革命委员会主任由陆军第47军军长黎原担任；宁夏回族自治区革命委员会主任由兰州军区副司令员康健民担任；安徽省革命委员会主任由陆军第12军军长李德生担任；陕西省革命委员会主任由兰州军区政治委员兼陕西省军区第一政治委员李瑞山担任；辽宁省革命委员会主任由沈阳军区司令员陈锡联担任；四川省革命委员会主任由成都军区政治委员张国华担任；云南省革命委员会主任由昆明军区政治委员谭甫仁担任；福建省革命委员会主任由福州军区司令员韩先楚担任；广西壮族自治区革命委员会主任由广州军区第一政治委员韦国清担任；西藏自治区革命委员会主任由西藏军区司令员曾雍雅担任；新疆维吾尔自治区革命委员会主任由新疆军区司令员龙书金担任；等等。全国由军队“支左”人员担任革委会主任的县、区、市，北京市占78%，广东省占81%，辽宁省占84%，山西省占95%，云南省占97%，湖北省占98%。“支左”人员担任县以上革委会第一、第二把手的约有5000余人，担任委员的有近5万人。

有相当一批指战员和建制分队担负了制止武斗、收缴武器、安抚群众生活、维护社会安定的工作。为了坚决制止造反派之间的武斗，解放军向全国许多城市和大专院校派出部队，坚持“打不还手，骂不还口，不捕人，不开枪，不动气”的“五不”方针，劝说造反派双方停止武斗，有时排成人墙，隔离造反派武斗双方人员，虽然挨打受骂，石头、砖头往身上落，被骂作“阿斗兵”、“保皇兵”，但仍然坚决完成制止武斗的任务。在一些城市，地方车辆通行会遭到对立派的枪击，只有军人、军车才可以在武斗的封锁区内行动。为保证居民生活，军队组织为居民巡逻、运粮、运煤、运菜、运垃圾等，并保护商店、粮店、煤店、饭店、旅店、影剧院的开门营业。在交通堵塞和遭受破坏的地区，军队组织恢复公路和铁路交通，担任押运、护车、护路等任务。同时，还担负了取缔危害社会生活秩序的“打、砸、抢”组织和团伙，以及维护社会治安的任务，等等。在进行“大联合”、成立革命委员会的过程中，还进行了动员群众组织收缴武器的工作。据不完全统计，经过“支左”人员和部队深入细致的工作，到1969年9月止，共收回各种枪

213.1万余支（挺）、火炮1.4万余门、枪弹34004万发、炮弹29.4万余发、手榴弹273.4万余枚。为了维护党、国家和人民群众的根本利益，许多解放军指战员献出宝贵的生命，减少了人民群众的伤亡和国家财产的损失，为控制和稳定局势作出重大贡献。

第三阶段（大致为1968年9月～1972年底），主要是巩固革命委员会和参加领导“斗、批、改”工作。按照毛泽东“支左”指示，各地凡是成立了革委会的单位或部门，解放军宣传队就应该撤出，“支左”、支工、支农、军训工作在那里就结束了。在中共九大召开前夕，大量的“支左”工作基本结束。1969年4月，中共九大确定在全国开展“斗、批、改”工作。按毛泽东的设想，“斗、批、改”的内容是：“建立三结合的革命委员会，大批判，清理阶级队伍，整党，精简机构、改革不合理的规章制度、下放科室人员”[①]等。虽然，在一些地区或单位成立了革命委员会，但是造反派头头选入革命委员会后，还继续闹派性，团结不起来。这样，结合在革命委员会中的军队代表（“支左”人员），在这一特定的政权中起着稳定局势的核心领导作用。这些军代表留在革命委员会中，与革命委员会成员一道，领导“斗、批、改”工作。1971年九一三事件后，按照毛泽东的指示和要求，军队“支左”人员于1972年8月至年底陆续从地方撤回部队。至此，全军的“支左”任务基本结束。

（二）支工

支工，即支援工业生产。“文化大革命”开始不久，各地红卫兵“大串连”，无政府主义风暴迅速由学校席卷全国各城市、工厂，严重影响了城市社会秩序和工矿企业等单位的生产。1966年9月14日和12月9日，中共中央先后发出《关于抓革命促生产的通知》和《关于抓革命、促生产的十条规定（草案）》，要求工厂企业、事

① 《建国以来毛泽东文稿》第12册，531～532页，北京，中央文献出版社，1998。

业、科研、设计等单位的人员，积极开展“文化大革命”，带动生产的发展，要坚持八小时工作制，遵守劳动纪律，完成生产定额。但实际上，工矿企业的生产仍受到“文化大革命”轰轰烈烈的“大民主”的严重影响。到1967年初，夺权运动兴起后，国民经济秩序陷入混乱，工业生产建设面临严重危机，工矿企业停工、停产的现象十分普遍，全国工业生产值急剧下降。

为了制止这种混乱现象，1967年3月3日，毛泽东在沈阳军区的一个报告上批示，“军队不但要协同地方管农业，对工业也要管”，“军队不能坐视工业生产下降而置之不理”。3月18日，中共中央发出《给全国厂矿企业革命职工、革命干部的信》，信中宣布“党中央决定，人民解放军大力协助地方，支持工业生产工作”。3月19日，中央军委在关于集中力量执行“三支两军”的决定中，把支工列为一项重要任务。

支工的主要任务，是贯彻中共中央“抓革命、促生产”的有关政策规定，其中尤其强调的是“促生产”。各军区、军兵种、省军区、卫戍区等部队都召开党委会，认真学习毛泽东的指示，提出贯彻执行的具体措施，抽出主要领导干部，参加省、市、区组织的工业领导班子，大力协助地方组织领导工业生产。3月上旬~4月上旬，全军派出数万人的毛泽东思想宣传队，到8000多个厂矿、企业，深入宣传毛泽东“抓革命、促生产”的方针和党的政策，动员广大工人群众坚持八小时工作制和工余时间闹革命，同外流、旷工、停产、擅离职守、敷衍了事等自由主义、无政府主义、个人主义的错误倾向作斗争，坚决把工业生产搞上去。通过宣传动员，做思想工作，许多工人群众回到生产岗位坚持生产。1967~1968年，全军支工人数年均达十几万人。1969年中共九大以后，支工人数逐步减少，到1972年还有四五万人。

在支工过程中，为了把生产搞上去，广大指战员同工人群众同甘共苦，部队在人力、物力等方面尽了很大努力，使一些停工停产的厂矿得以开工生产，一些因武斗而瘫痪的重点工程得以继续进行。另外，人民解放军还抽出一批物资、车辆和技术人员，参加许多重点工程建设。广大指战员发扬敢打硬仗、吃苦耐劳的顽强作风，克服险恶的自然条件，使国家的一些急需工程和重点项目得到继续建设，减少了国家投资损失。如，工程、铁道部队，近100万人参加铁路、公路新线的修筑任务。铁道兵部队会战成（都）昆（明）铁路、襄（樊）渝（重庆）铁路，承担北京地铁建设，修筑沙（河）通（辽）铁路，还打通南疆和青藏铁路最危险的地段，使铁轨跨过人迹罕至的山岭、高原、沼泽、沙漠、草原和戈壁。基建工程兵等部队，参加了武汉钢铁公司、第二汽车制造厂、辽阳化工厂、上海金山化工厂、云南天然气化工厂、大庆油田、葛洲坝水利枢纽、南京长江大桥、广西柳江大桥、桑树坪煤矿、平顶山煤矿、天山公路等重要工程的新建、改建和扩建。与此同时，人民解放军还经常派出人员、机械，到车站、码头，突击装卸、运输，解决物资压车、压船、压港问题，并出动大批车、船、飞机，抢运内外贸易的紧急物资，等等。在人民解放军的大力支援下，受“文化大革命”严重破坏的工业生产得到一定程度的恢复，减少了工业生产的损失。

（三）支农

支农，即支援农业生产。不失时机地支援农业生产，是人民解放军的光荣传统。在“文化大革命”的非常时期，解放军的积极支援显得特别重要。“文化大革命”开始后不久，大民主、“大串连”、武斗之风蔓延到农村，许多地区由于开展“四大”，农业生产受到严重影响。1967年2月，正是春耕季节，但全国农村许多地方干部群众由于参加夺权斗争，打派仗，出现了农业生产无人管的情况。据此，中共中央于2月20日发出了《给全国农村人民公社贫下中农和各级干部的信》，要求“立即开一次公社、生产大队、生产队的三级干部会议”，“动员一切力量，立即为做好春耕生产而积极工作”。同时，“建议，人民解放军当地部队和各级军事机关大力支持、帮助春耕生产工作”。23日，根据周恩来的指示，中央军委向全军发出《关于军队大力支援地方抓好春耕生产的指示》，号召全体干部战士紧急动员起来，协助驻地农村人民公社，抓好春耕生产。要求“各级领导一定要十分重视，坚持抓好”，省军区、军分区和市（县）人民武装部，把抓好春耕生产作为当前工作的重点。3 月 19 日，中央军委将支农明确作为人民解放军“三支两军”任务之一。

人民解放军派出大批宣传队深入各地农村，宣传中共中央公开信，大力协助地方（省、专、市、县）领导机关和农村人民公社，开好春耕生产会议，抓好春耕工作，说服动员地方各级干部承担起领导春耕生产的责任。军宣队按照中共中央的指示要求，成立了各级领导生产的办公室，负责领导恢复生产，动员外出串连、武斗的农民回乡生产。

在“三支两军”工作中，支农投入的力量最大。1967 年 2 月下旬 ~3 月下旬，全军支农部队即达 73. 9 万余人，第二季度每天支农人员在 50 万人以上，被支援的县（市）达 2072 个，人民公社达 2 万多个。1968 年，全军共抽出 116 个团、119 个营、2666 个连、125 个排、861 个宣传队，进驻 1236 个县（市）的社、队定点支农。仅 1968 年第二季度支农动用的汽车即达 2 万多辆、各种机械 800 多台、马车 3000 多辆，劳动日达 3000 多万个，支援的人民公社、农场达 1. 5 万多个。

此外，各地驻军采取定点挂钩的形式，每当耕种收割季节，都派出大批人员、机械，帮助当地农民播种收割。通过支农人员和农村干部、群众的共同努力，减少了“文化大革命”动乱造成的农业损失，为农业生产作出了重要贡献。

（四）军管

军管，即军事管制。“文化大革命”进入“全面夺权”后，全国出现严重动乱，危及专政机关、国防科研机构、国防工厂、重要仓库、交通部门和新闻媒体等单位的安全和正常工作。为了制止这些要害单位和重要部门的混乱，保证这些单位和部门必需的正常工作秩序和安全，从1967年1月起，中共中央、国务院、中央军委陆续作出对一系列单位实行军事管制的决定和指示。1月11日，中共中央发出关于广播电台和银行由人民解放军军管和保护的指示；19日，中共中央、国务院、中央军委发出《关于保护粮食、物资仓库和监狱等问题的规定》；26日，国务院、中央军委发布《关于民用航空系统由军队接管的命令》；2月21日，公安部、北京卫戍区司令部联名发出布告，“奉国务院、中央军委命令，由中国人民解放军北京卫戍区司令部接管北京市公安局，建立军事管制委员会”，“并对市公安局所属机构一律派出军事代表，实行军事管制”；3月10日，毛泽东批示“处于无政府状态者，则先实行军管”；3月13日，周恩来在军以上干部会议上宣布中央已批准对部分省军管并对有关军管工作作出指示；3月16日，中共中央指示，对派别斗争严重的报社实行军事管制；3月19日，毛泽东指示“一切秩序混乱的铁路局，都应实行军事管制，迅速恢复正常秩序。一切好的铁路局，也应派出军代表，吸取那里的好经验，以利推广。此外，汽车、轮船、港口装卸，也都要管起来。只管工业，不管交通运输，是不对的”；3月20日，毛泽东批准对国防科研机构实行军事接管；3月27日，中共中央指示对沿海六大港口实行军事管制；4月20日，中共中央指示对领导瘫痪、夺权尚未解决的大型水利水电工地暂时实行军事管制；等等。

对全国一些要害单位和部门实行军事管制，是制止这些单位和部门在全国大动乱中陷入瘫痪、停工停产和遭受严重损失的果断措施，也是维护国家稳定的重大举措，这项工作十分重要，任务非常艰巨。据此，中央军委对军事管制工作高度重视。1967年4月3日，军委常委会议讨论确定：中央军委军管工作办公室，由军委副主席叶剑英领导；科研系统的军事接管工作，由军委副主席聂荣臻领导；国防工办系统的军事管制工作，由军委常委粟裕领导。

截至1967年5月底，全国实行军管的单位达到7752个，警卫保护单位2145个，共计9897个单位。全军抽调担任军管和警卫保护任务的干部、战士达14.4万余人，其中担负军管任务的干部4万余人，战士6.4万余人。全国已有7个省实行军管，即江苏、浙江、安徽、广东、云南、青海、福建。另有西藏、河北两省区经中央批准即将实施军管；实行军管的大、中城市有25个，如南京、广州、旅大（今大连）、汕头、阜新、镇江、无锡、常州、扬州、温州、淮南、湛江、个旧等；实行军管的地专区（包括自治州和特区）19个，如大庆特区、伊春特区、延边、南通、舟山、铜陵特区、惠阳、佛山、海南岛、丽江、临沧、保山、思茅、红河、文山、阿里、玉树等；实行军管的县176个。实行军管的地专区和县主要分布于沿海边防地区，并多数属于全面实行军管的省。对中央和国家机关的一些部门实行军管的有铁道部和交通部，第二、第三、第四、第五、第六、第七机械工业部等部门；在国防科委系统，已向所属的58个院、所、厂派出了军管会或军管小组；在国防工办系统，向其所属的61个院、所、厂派出了军管会或军管小组。全国有1219个银行实行军管和军事保护，占全国银行总数的42%，大部分地专区以上所属的银行和仓库均实行了军管和军事保护。其中，辽宁省110个银行、上海市41个银行均全部实行军管。全国实行军管的广播电台（站）547个，占全部广播电台（站）的24%，19个省级电台实行了军管。全国实行军管的报社111个，占全部报社的53%；22个省、市、自治区的报社实行军管。20个省、市、自治区的公安部门实行了军管。全国铁路系统18个铁路局有10个实行了军管；51个铁路分局实行军管的有27个。中央直属的沿海15个港口中有9个实行了军管。全国沿海渔业公司全部实行军管，其中较大的渔业公司20个，包括76个船队和38个企业。全国实行军事管制的厂矿共有1041个，军事保护的厂矿153个，其中煤矿、国防工厂占较大的比重。

同时，对受“文化大革命”影响陷入混乱的军队部分单位也实行了军管。在北京地区的有总后勤部301、302、309医院，北京军区总医院、京西宾馆、高等军事学院、军事博物馆、总政治部1201

印刷厂、总后勤部装备技术研究院和军事医学科学院。在其他地区的有山西总后勤部3528橡胶厂、成都军区总医院、兰州军区301仓库、甘肃酒泉基建工程兵第二支队、沈阳军区印刷厂、新疆军区“五一”印刷厂等单位。另外，农垦、工程、林业建设共17个师，也实行军管。

1967年6月以后，全国局势更加混乱，实行军事管制的单位、部门不断增加和扩大。到1968年，对中央和国务院各部、委实行军管和派出军代表的单位达到68个。1968年10月，对解放军总政治部也实行了不正常的军事管制。

军事管制的机构有两种：一种是建立军事管制委员会，设有军管会主任、副主任，军管会成员若干人；另一种是建立军管小组，设有军管小组组长、副组长，军管小组成员若干人。军管会或军管小组，负责一单位或下属系统的全面工作。一般成立“抓革命、促生产”的两个班子，在恢复生产、建立正常工作秩序的同时，实现各派别群众组织的“大联合”，建立三结合的临时权力机构或革命委员会。此外，还有一种军管形式，即派出军管代表或一定数量的部队进驻，主要负责保护单位的安全。

在“文化大革命”中，人民解放军还担负了护路任务。1967年8月10日，中共中央、国务院、中央军委和中央文革小组发布《关于派国防军维护铁路交通的命令》，决定派出解放军担负护路任务。《命令》对护路的任务、兵力作出具体部署。各军区遵照《命令》要求，立即抽调部队执行护路任务。至当年9月中旬，全军共派出2个师部、6个团、28个营、190个连、43个排、33个班，分别配置在191个主要车站和110对旅客列车上，执行维护铁路交通秩序任务。其中，沈阳军区担负东北全区的护路任务，北京军区担负河北、山西、内蒙古地区的护路任务，济南军区担负山东境内的护路任务，武汉军区担负陇海线连云港至潼关段的护路任务。另外，南京、福州、广州、成都、昆明、新疆等军区也派出一部分兵力，担负护路任务。各部队开赴铁路沿线担负护路任务后，广泛宣传和认真贯彻中共中央、国务院、中央军委、中央文革小组于6月1日发布的《关于坚决维护铁路、交通运输革命秩序的命令》以及有关方针、政策、命令、指示和规定，依靠广大群众，与铁路军管会和公安人员相互配合，清除造反派组织在铁路沿线设置的阻碍交通的联络机构，共同完成维护铁路交通秩序的任务，保障了铁路交通运输的安全和畅通。

全国解放战争后期和新中国成立初期，人民解放军曾对新解放的城市实行过军管。而这次采用军事管制的方法，全面地长期接管地方工作，是在“文化大革命”造成全国极端混乱、领导干部被打倒、机关瘫痪等极不正常的严重局势下，不得不采取的一种非常措施。对凡是可能发生意外和乱得不可收拾的要害地区、部门、单位、系统，用军事管制的办法实行强行控制和管理，对于保护国家财产、维护国家稳定，保证国家的重点建设、社会生活必需品的正常生产等，起了重要作用。

（五）军训

军训，即对大、中专院校和部分中学的师生职工进行军事训练。对师生实行军事训练，是毛泽东“文化大革命”中教育革命的一项重要内容。

在正式执行军训任务之前，1966年8～11月，毛泽东身着军装，在北京先后8次接见全国到北京串连的红卫兵、学生、教师和群众，达1100余万人次。为了保证接见的安全，维护好秩序，驻京部队奉命对外地来京串连的人员，进行接待和组织工作。接见期间，军队负责对红卫兵进行了简短的训练，并按班、排、连、营、团进行编组，保证了大规模接见的有序进行。这种方式得到毛泽东的肯定。与此同时，全军各部队也在驻地进行接待串连师生的工作。12月19日，周恩来在北京工人体育场接见军队参加接待革命师生工作的指战员大会上，对整个接待工作评价说：“你们帮助训练革命小将，接送革命小将，这项工作做得非常紧张、繁忙，又非常细致。这事实上是一次为人民服务的大演习。”①

正式的军训工作从1967年开始，大体经历了两个阶段。

第一阶段，1967年1月初~3月初。1966年12月31日，中共中央、国务院发出《关于对大中学校革命师生进行短期军政训练的通知》。《通知》传达了毛泽东的指示：派军队干部训练革命师生的方法很好。训练一下和不训练大不一样，这样做，可以向解放军学政治，学军事，学四个第一，学三八作风，学三大纪律八项注意，加强组织纪律性。并指出：派军队干部战士训练革命师生，对加强战备，保卫国防，对加强革命师生的革命性、科学性、组织纪律性的锻炼，对有些学生将来参加人民解放军，当解放军战士，对进一步密切军民关系，都有极大的好处。《通知》提出：政治训练内容，主要是活学活用毛主席的著作、语录和“文化大革命”的有关文件；军事训练，主要进行必要的队列训练，重点是由单个到连的队列动作；训练办法，由各军区、省军区分片包干，各学校按照班、排、连、营、团的序列进行编组；训练地点在本校，每期训练时间半个月到20天。为了在组织上保证军训任务的落实，《通知》规定：总参谋部、总政治部设立全国大中学校革命师生短期军政训练领导小组，各省和大中城市，以军队为主，当地省、市委、自治区党委和文化革命小组派人参加，设立大中学校革命师生短期军政训练领导小组，负责指导工作。《通知》要求，从即日起，到1967年暑假期间，军队要派出得力的干部和战士，分期分批地对全国大中学校的革命师生普遍进行一次短期军政训练，并且把这种短期军政训练的方法长期坚持下去，成为制度。据此，全军各部队普遍派出干部承担了一些地方学校师生的军政训练任务。1967年1月20日~2月10日，驻京部队即派出4105名干部，对北京大学、清华大学、北京航空学院、地质学院、矿业学院5所高等院校的2.26万余名师生进行了短期军政训练。

① 《解放军报》，1966年12月21日。

第二阶段，1967 年 3 月中旬～1972 年。1967 年 3 月 7 日，毛泽东在《天津延安中学以教学班为基础实现全校大联合和整顿巩固发展红卫兵的体会》上批示："军队应分期分批对大学、中学和小学高年级实行军训，并且参预关于开学、整顿组织、建立三结合领导机关和实行斗、批、改的工作。"① 按照毛泽东的批示精神，军训内容由原来比较单纯的军政训练变成了参与各学校的"文化大革命"运动。于是，全军各部队陆续抽调干部战士，组成军训机构或"解放军毛泽东思想宣传队"派往学校，对大、中学校师生进行军训。据统计，1967 年 4 月全军每天派出干部战士 5.3 万余人，对 3091 所学校的师生进行军训。北京军区和其他驻京部队在 1967 年即先后派出 2.8 万余人，对 2041 所学校的 177 万名师生进行了军政训练。到 1968 年第二季度，全国接受军训的学校达 1.17 万余所。军训的方式：一种是集中 15～20 天时间进行短期的军政训练；另一种是抽出干部、战士，组成"军宣队"进驻学校，参与组织领导学校的"文化大革命"运动和军训。此外，根据 1968 年 6 月 15 日中共中央、国务院、中央军委、中央文革小组发出的《关于分配一部分大专院校毕业生到解放军农场去锻炼的通知》，一大批大专院校毕业生被送到军队农场接受"再教育"。

学校是"文化大革命"运动的重灾区。学校的领导被夺权、挨批斗，教授、老师被批斗或下放劳动改造，学生四处串连不归校。有的校舍被破坏，教学设施被抢、被盗，等等。在学校十分混乱的情况下，派解放军进入学校，动员师生归校，并组织师生实施军训，把人民解放军雷厉风行的作风，令行禁止的组织性、纪律性灌输于青年学生，对于培养青年学生养成良好的生活习惯，加强组织纪律性，以及对他们的健康成长很有益处，对于加强战备和国防建设也有积极作用。从总体上讲，军训对稳定学校的秩序，对于制止

① 《建国以来毛泽东文稿》第 12 册，250 页，北京，中央文献出版社，1998。

当时社会上的动乱、维护社会安定起了重要作用。但是，军训工作后来逐渐发生了一些偏差，职权日渐拓宽，参与领导学校的“文化大革命”运动，将军队工作的经验生硬地移植于学校工作，用带兵教兵的方式对待青年学生，也产生了一些不良后果。

“三支两军”是“文化大革命”中人民解放军的一项重要任务。到1971年底，军队仍有干部战士27.1万余人在地方担负此项工作。其中，参加三结合革命委员会领导班子的干部战士5.5万余人（战士120人），军宣队的干部战士16万余人（干部12.4万余人，战士3.6万余人），军管的干部战士5.5万余人（干部3.9万余人，战士1.5万余人）。1971年8月5日，中共广州军区党委向中共中央、中央军委和总政治部报送《广州军区三支两军政治思想工作座谈会纪要》，反映“三支两军”一些人员中存在着好大喜功、滥用职权、不尊重不支持已经成立的地方党委领导，搞“一言堂”等错误思想和作风，同时提出改进措施。8月20日，中共中央转发了这个纪要，毛泽东在中央转发的批语上加写了“认真研究”四个字。此后，毛泽东在外地巡视期间同沿途各地负责人讲话，谈到此事时指出：“地方党委已经成立了，应当由地方党委实行一元化领导。”① 据此，中共中央责成解放军总政治部、中央组织部对“三支两军”问题进行调查研究。调研后，总政治部和中央组织部代中共中央、中央军委起草《关于三支两军若干问题的决定（草案）》。1972年8月21日，经毛泽东同意，中共中央、中央军委发出《关于征询对三支两军问题的意见的通知》及《关于三支两军若干问题的决定（草案）》。决定草案提出：“为了加强党的一元化领导，凡是实行军管的地方和单位，在党委建立后，军管即可撤销”；“已经建立党委的地方和单位，军宣队应即撤回部队”；“各级支左领导机构（如支左领导小组、办公室、指挥部、联络站等）及其办事机构应即撤

① 《建国以来毛泽东文稿》第13册，248页，北京，中央文献出版社，1998。

销”；“所有留在地方工作的军队干部，应一律由地方党委统一管理，其党的组织关系和人事档案，都要转到地方”。据此，参加“三支两军”的官兵陆续撤回部队，需要留地方工作的军队人员，则就地转业。至1972年底，人民解放军的“三支两军”工作基本结束。

三、“三支两军”的积极作用和消极后果

人民解放军奉命执行“三支两军”任务，从1967年开始至1972年底基本结束，历时6年之久，先后有280余万名指战员执行了这项任务，数量之大，持续时间之久，范围之广，影响之深，在军队历史上都是空前的。“三支两军”是中共中央、国务院和中央军委在“文化大革命”全国动乱的非常情况下，为稳定局势而采取的一项重大措施。参加“三支两军”的广大干部、战士，发扬人民解放军工作队和拥政爱民的优良传统，坚持全心全意为人民服务的宗旨，在极其困难复杂的情况下，做了大量艰苦细致的群众工作，努力维护全国局势的稳定，制止各地造反派组织间的武斗，维持了较为正常的生产、工作、学习、科研和社会秩序，保护了一批对党和国家有重大贡献的老干部和知名人士，保护了党和国家的一些重要机关和设施，积极支援了工农业生产和国防尖端技术的发展，维护了全国交通、邮政、金融、财政、武器研制工作的相对正常活动，减少了动乱给国家经济建设和人民生命财产造成的损失，在可能的范围内减轻了“文化大革命”造成的破坏。从当时全国的形势和“三支两军”的实际效果来看，“三支两军”是必要的，对稳定国家和社会的局势起了积极作用。实践再次证明，人民解放军是中国共产党绝对领导下的人民军队，是维护国家和社会稳定的坚强支柱，如果没有人民解放军的集中统一和坚强稳定，当时全国“天下大乱”的局面则难以收拾。

但是，“三支两军”是在“文化大革命”这种全局性错误的情况下进行的，又有林彪、江青一伙的干扰破坏，情况错综复杂，参加“三支两军”的指战员思想上缺乏必要的准备，对地方的情况不

甚了解，缺乏地方工作经验，仓促上阵，工作新、任务重、摊子大、战线长、斗争复杂，因此，“三支两军”工作不可避免地产生一些缺点错误，带来一些消极的后果。如“支左”初期，实际上是支持派性，在“阶级斗争为纲”的影响下，伤害了一些干部和群众；结合在革命委员会领导班子中的“三支两军”人员，不懂生产规律，有的“瞎指挥”；还有个别人员思想品质不好，违法乱纪，在人民群众中造成不良影响。另外，地方的派性和无政府主义也在军队中产生了一定影响，在军队内部造成部分的不团结，削弱和破坏了军队的思想、作风和组织建设；大批干部战士参加“三支两军”，使军队的许多必要工作无法正常进行，影响了部队建设。

1981 年 6 月，中共十一届六中全会通过的《中国共产党中央委员会关于建国以来党的若干历史问题的决议》对“三支两军”作了恰如其分的评价，指出：“派人民解放军实行三支两军，在当时的混乱情况下是必要的，对稳定局势起了积极的作用，但也带来了一些消极的后果。”

第三节　调整扩编部队，组建第二炮兵和基本建设工程兵

60 年代中期，中国安全形势严峻。面对周边敌对势力南北战略夹击的军事威胁，毛泽东提出了准备“早打、大打、打核战争”的指导思想。据此，从 1966 年开始的国民经济第三个五年计划，加强了应付全面战争的国防建设，人民解放军加大了战备建设的力度。调整组织体制和扩建、新建部队是战备建设的重要任务之一。

一、军区组织体制的调整

从 1955 年开始，军区体制调整为军区、省军区、军分区三级，1956 年完成调整。全国共设立 13 个军区，到 1966 年，这一体制没有变化；省级军区（卫戍区、警备区）略有调整，达到 29 个。13 个军区仍为沈阳军区、北京军区、济南军区、南京军区、福州军

区、广州军区、武汉军区、昆明军区、成都军区、兰州军区、新疆军区、西藏军区、内蒙古军区。29 个省级军区（卫戍区、警备区）为辽宁省军区、吉林省军区、黑龙江省军区、河北省军区、山西省军区、山东省军区、江苏省军区、浙江省军区、安徽省军区、福建省军区、江西省军区、湖南省军区、广东省军区、广西军区、河南省军区、湖北省军区、云南省军区、贵州省军区、四川军区（成都军区兼）、陕西省军区、甘肃省军区、宁夏军区、青海省军区、南疆军区、伊犁军区、海南军区、北京卫戍区、上海警备区、旅大警备区。另设有若干军分区（师级警备区）。

为了准备应付全面战争，便于战略区的指挥和协调，1967 年和 1968 年中央军委对个别军区管辖的范围和级别进行了调整。主要有：1967 年 2 月决定，将天津警备区升级为军级权限；3 月，将广州军分区扩编为广州警备区，行使军级权限；5 月，决定将内蒙古军区改为省级军区，划归北京军区建制；1968 年 12 月，决定将西藏军区改为省级军区，划归成都军区建制；1969 年 10 月，成立四川省军区。通过上述增减和调整，到 1969 年底全国共有军区 11 个，省级军区（卫戍区、警备区）33 个。军区的具体编制序列是：沈阳军区辖辽宁省军区、吉林省军区、黑龙江省军区、旅大警备区；北京军区辖河北省军区、山西省军区、内蒙古军区、北京卫戍区、天津警备区；济南军区辖山东省军区；南京军区辖江苏省军区、浙江省军区、安徽省军区、上海警备区；福州军区辖福建省军区、江西省军区；广州军区辖湖南省军区、广东省军区、广州警备区、广西军区、海南军区；武汉军区辖河南省军区、湖北省军区；昆明军区辖云南省军区、贵州省军区；成都军区辖四川省军区、西藏军区；兰州军区辖陕西省军区、甘肃省军区、宁夏军区、青海省军区；新疆军区辖南疆军区、伊犁军区。另设有若干军分区（师级警备区）。

二、公安部队整编为解放军

1966 年 4 月 20 日，根据毛泽东和中共中央关于撤销公安部队、统一整编为中国人民解放军的决定和周恩来关于全国公安部队争取在6月底整编完毕的指示，中央军委办公会议讨论了公安部队的整编问题。会议决定：公安部队领导机关改编为第二炮兵司令部、政治部、后勤部；原首都警卫师改为警卫第1师，北京市公安总队改编为警卫第2师，均归北京卫戍区领导；各省、市公安部队一律拨归各省军区（警备区）领导。

为传达贯彻中共中央和中央军委的决定，公安部队于5月16～22日召开有各总队总队长、政治委员和院校领导干部参加的党委扩大会议，学习毛泽东、中央和军委关于整编公安部队的指示和决定，统一了整编认识。5月29日，公安部队整编小组向中共中央和中央军委作《关于全国公安部队整编的报告》。报告指出：人民公安部队组建16年来，较好地完成了所担负的内卫、海防、边防任务，对维护社会治安，打击阶级敌人，巩固无产阶级专政，保卫社会主义革命和建设，起了重要作用。报告认为：撤销中国人民公安部队，统一整编为中国人民解放军，是加强统一对敌斗争、加强战备的一项重大措施。同时提出将全国公安部队36.8万余人（不包括警卫师）整编为中国人民解放军的方案：各省、市、自治区公安总队，改为独立师，归省军区、警备区建制，称中国人民解放军××省军区独立师，或××警备区独立师；专区、市公安支队、大队、中队，编为独立团、营、连，归所在军分区建制，称中国人民解放军××省××军分区独立团、独立营、独立连；县、市公安队，根据人数多少，编为中国人民解放军××省××县（市）大、中、小队。整编后，战士的服役年限由5年改为4年，即按陆军步兵部队战士服役年限规定执行。6月6日，中共中央、中央军委将这个报告批转各中央局和各省、市、自治区党委以及各军区执行。6月7日，中央军委决定，除北京市公安部队已于5月27日拨归北京卫戍区建制外，其余全国公安部队自7月1日起拨归各大军区、省军区、上海警备区建制，原中国人民公安部队番号撤销。6月14日，总参谋部向各军区下发关于拨归军区公安部队总定额的通知。据此，各军区拟制了整编方案，报总部批准后实施。

由于准备工作周密、细致，整编和移交工作进行得比较顺利，5 月 31 日首都警卫师和北京公安总队向北京卫戍区移交完毕，自 6 月 1 日起归卫戍区建制领导。至 6 月 30 日，全国其他省、市、自治区的公安部队，包括各种装备器材和物资，全部移交完毕。自 7 月 1 日起，一切工作由各军区领导。中国人民公安部队总部领导机关名称于 6 月 30 日撤销。全国公安部队共向各军区移交编制定额 368860 人，实有人数 377613 人。包括内卫部队 117 个团、24 个独立营、78 个专区支队、150 个大队、2197 个县（市）中队；边防部队 49 个边防检查站、8 个边境工作总站、96 个边境站、38 个边防大队、243 个边防哨所、1 个海巡队；28 个总队机关和首都警卫师机关及直属分队。

公安部队移交后，人民解放军将其整编为 25 个独立师、1 个警卫师、1 个警备师和 2 个独立团。

三、第二炮兵的组建

随着中国核武器和导弹事业的发展，1966 年中共中央和中央军委决定组建中国人民解放军第二炮兵。第二炮兵，是以地地战略导弹武器系统为主要装备的兵种，主要担负遏制敌人对中国使用核武器、遂行核反击和常规导弹精确打击的任务，在战略上配合其他军种作战，是实现积极防御战略的重要力量。它由核导弹部队、常规导弹部队，以及作战指挥、工程建筑、装备技术和后勤等保障部（分）队组成。

中国人民解放军战略导弹部队，是一支年轻的高技术部队，创建于 50 年代后期。导弹部队创建初期隶属于军委炮兵建制，为适应战略导弹部队建设的需要，1965 年 6 月和 1966 年 3 月，副总参谋长张爱萍、炮兵司令员吴克华先后向中央军委提出单独建立地地战略导弹部队领导机构的建议。1966 年 6 月 6 日，中共中央、中央军委作出以原中国人民公安部队领导机构为基础，与军委炮兵管理战略导弹部队的机构合并，组建地地战略导弹部队领导机关的决定。根据周恩来的提议，将这支部队命名为“中国人民解放军第二炮兵”。7 月 1 日，“中国人民解放军第二炮兵”领导机构在北京正式成立。从此，人民解放军战略导弹部队正式成为一个独立的兵种。翌年 7 月 4 日，中央军委任命向守志为第二炮兵司令员，李天焕为政治委员。第二炮兵机关设司令部、政治部、后勤部，后增设科技部。到 1969 年底，原在中央军委炮兵建制内的导弹部队及其院校和相应的训练、研究机构，陆续归属第二炮兵建制。

第二炮兵领导机构组建后，战略导弹部队建设迅速发展。当时，在技术方面提出的主要目标是：全面掌握导弹发射技术，尽快实现独立发射。具体要求是：用 10 年时间，着重抓导弹部队干部和技术骨干的培训，并在加强专业技术训练的过程中努力培养稳、准、严、细的操作作风，为独立执行发射任务打下坚实基础。

导弹部队建设主要包括两个方面：一是部队建设，二是阵地建设。1966 年 8 月 29 日，总参谋部、总政治部、总后勤部批复同意以原公安部队学院和公安部队干部学校为基础，组建中国人民解放军第二炮兵第 305、第 306 工程指挥部；原公安医科学校改建为中国人民解放军第二炮兵军医学校。同时，第二炮兵大力进行导弹作战基地建设。基地编有指挥机构、导弹部队、工程等各种保障部队和分队，建有指挥所、导弹发射阵地和各种保障设施。1964～1969 年，先后组建和改建了 6 个导弹作战基地。由于中共中央、中央军委对第二炮兵部队建设高度重视，第二炮兵得到迅速发展，1971 年开始装备中程导弹核武器，到 70 年代后期规模不断扩大，并开始独立执行导弹发射任务。

四、基本建设工程兵的组建

中国人民解放军基本建设工程兵（简称基建工程兵），是担负国家基本建设重点工程和国防工程施工及水文、铀矿、黄金的地质普查勘探和生产等任务的兵种。基建工程兵是在“文化大革命”期间创建和发展起来的。它经历了整编、组建和扩编的发展历程。

60 年代中期，根据毛泽东关于加强战备、准备打仗的指示，国家基本建设规模迅速扩大。特别是一批新建的“三线”项目多在偏远山区，施工条件异常艰苦。为了解决地方施工队伍家属拖累较大、跨区调动困难等矛盾，国家建设委员会主任谷牧向中共中央提出基建工程施工队伍实行兵役制设想的报告。周恩来和邓小平认为应该实行兵役制，并于1966年2月28日提交中共中央书记处，对基建队伍整编问题进行讨论研究。毛泽东对国务院各部的直属施工队伍整编为基本建设工程兵表示同意。3月30日，中共中央批转国家建设委员会党组《关于施工队伍整编为基本建设工程兵试点意见的报告》。国家建委的报告认为，施工队伍实行军事化，走工程兵的道路是一个方向，这样能够从根本上改善队伍的素质，促进队伍的革命化；能够适应比较艰苦复杂的环境，行动方便，利于南征北战，能够适应经济建设和作战的需要；不会增加城市人口，又能节省开支。《报告》提出，我国有施工队伍共300万人（不包括集体所有制建筑企业），其中中央各部直属施工队伍为160万人，拟在5年内整编为部队。1966年在冶金、建工、煤炭、水电、化工、石油、交通等部门的施工队伍中进行试点，成立5～6个支队，翌年再进行10个支队的试点。施工队伍整编后，成为解放军的一个兵种，称中国人民解放军基本建设工程兵，属中央军委建制，受中央军委和国家建委双重领导，主要担负基本建设施工任务。中共中央同意这一报告，并确定由中共中央基建政治部主任谢有法、副主任李桂林和国家建委主任谷牧负责基本建设工程兵的组建工作。兵种领导机构未成立前，在国家建委内设立基建工程兵整编办公室，负责同军委、各总部的联系和整编试点的具体工作，并实施对基建工程兵部队的指挥和调度，年内先在西南、西北地区整编5～6个支队（师级）作为试点。

根据中共中央批示和国家建委的报告，从1966年开始，冶金部、建工部、煤炭部、水电部、化工部、交通部等中央各部直属建筑施工队伍进行了整编和组建基建工程兵的试点工作。7月27日，中央军委对组建后基建工程兵的编制序列、番号、干部、兵员、武器装备、军需、物资供应、人员工资待遇和财务关系等问题做了明确规定。8 月 1 日，国防部下达命令，授予基本建设工程兵正式番号，并授予冶金工业部第 4、第 9 冶金建设公司，建筑工程部第 2 工程局、煤炭工业部盘县指挥部、水利电力部四川水电工程局整编的基建工程兵为中国人民解放军基本建设工程兵第 1、第 2、第 21、第 41、第 61 支队。至 1973 年，在国务院各部直属施工队伍中，组建了 5 个支队（师级）、36 个大队（团级）。

1973 年 12 月 5 日 ~ 1974 年 1 月 14 日，经国务院、中央军委批准，在北京召开会议，总结基建工程兵整编试点的经验。会后，国务院、中央军委批准试行《关于中国人民解放军基建工程兵领导关系的几项暂行规定》，确定基建工程兵建设以“劳武结合，能工能战，以工为主”的 12 字方针为指导。基建工程兵受国务院和中央军委的双重领导，各项工作由国家建委负责抓总，国家建委设立基本建设工程兵办公室，国务院各有关部委设立相应机构，负责基建工程兵的日常调度指挥，基建工程兵的人员不计入军事实力，所需经费由财政部从国家基本建设投资中直接划拨。除此以外，其他待遇与人民解放军其他兵种基本一样。

1973 年，周恩来提出组建基建工程兵水文地质普查部队，要求在 1980 年以前一定要把雪线以下的沙漠腹地和边远地区 350 万平方公里的水文地质情况调查清楚。经国务院、中央军委批准，以沈阳军区、空军工程兵、第二炮兵抽调的 3 个工程建筑团为基础，组建基建工程兵水文地质普查部队 3 个支队、12 个团，担负东北、华北、西北“三北”地区和西南地区的水文地质普查任务。1975 年 12 月 23 日，国务院、中央军委同意将担负北京地下铁道施工任务的铁道兵第 12 师、第 15 师改为基建工程兵。12 月，经国务院、中央军委批准，将工程兵和总后勤部、第二炮兵、国防科委、空军、新疆军区所属的部分担负工程建筑任务的部队计 7 万余人，均改为基建工程兵，组建为 5 个支队，分别担负航空、航天等国防工程，以及青藏、天山战备公路等施工任务。

1978 年 1 月，中共中央批准正式成立基本建设工程兵领导机关，国务院、中央军委任命李人林为基本建设工程兵主任，谷牧兼任政治委员。尔后，根据任务需要，又先后增建和扩建了部队。到1979年，共有冶金、煤炭、水电、第二机械工业部、北京、石化、水文、黄金、通信、交通等10个指挥部（军级），共32个支队（师）、5所技术学校（师级）、156个团，总人数达到49.6万人，成为一支多种专业的综合施工部队。

基建工程兵从开始组建就坚持军队的政治工作制度，加强党的建设和思想政治工作，贯彻执行人民解放军的共同条令、条例，开展军事训练和专业训练，培养严格的纪律和顽强的作风，教育干部战士树立以劳动为荣的思想。同时，又突出施工生产的特点，在体制编制、管理制度、干部配备、教育训练等方面，按照“以工为主”和军事管理与企业管理相结合的原则，建立了具有自己特色的一套管理体制和规章制度。

基建工程兵专业众多、技术性强，机动灵活、突击性强，适应担负紧急、艰苦的施工任务。广大指战员常年工作生活在高寒缺氧、深山老林、戈壁沙漠等恶劣环境中，以苦为荣，以苦为乐，不畏艰难险阻，不怕流血牺牲，充分体现了人民军队为人民的优良品质。基建工程兵组建后，完成了一大批国家大中型建设项目，完成了国家下达的普查、勘探、开采和冶炼任务，为国家经济和国防工程建设作出了重要贡献。

五、铁道部所属基建队伍合编为铁道兵

1966年2月5日，铁道部部长兼中国人民解放军铁道兵政治委员吕正操、铁道兵副司令员郭维城向中共中央提出《关于铁道工程部队建设的意见》，指出：铁道部基建队伍和铁道兵两家干的是同一件事，用的却是两种办法，两套人马，两套组织，两套指挥，机构重叠，力量分散，矛盾很多。为了减少机构重叠，便于集中管理与使用力量，加强铁道队伍建设，从战备出发，保持野战部队的特点，建议把铁道兵和铁道部的基建队伍统一起来，保持解放军的组织形式和传统，属中央军委建制，在兵的共性基础上，突出铁道工

程技术兵种的特性，由军委和国务院责成铁道部统一领导铁道兵的建设和全国铁路的修建任务。毛泽东同意这个意见，他说，“这样好。是和铁道兵合并，建制还是解放军，交铁道部使用”。周恩来、邓小平也对这一做法表示赞同，提出铁道兵在“三五”计划期间需要保持60万人的员额，业务上由铁道部调动，铁道部的工程队照铁道兵的形式改编。

据此，4月20日，中央军委办公会议讨论决定：铁道兵现有39万人，除拨出8万定额的建制部队归工程兵建制领导外，其余部队整编后与铁道部的基建工程队合并为铁道兵部队，业务上归铁道部领导。根据上述指示和决定，总参谋部、总政治部于5月29日向中共中央和中央军委呈报《关于铁道部所属基建队伍与铁道兵合编和从铁道兵定额中拨出八万人给工程兵的报告》。6月17日，中央军委作出《关于调铁道兵八万部队给工程兵的决定》，决定将铁道部所属基建队伍合编为铁道兵，并调铁道兵第2师（含配属的第1师第2团），第11、第13师及第3师第15团、第6师第30团共7.5万人归工程兵。除铁道兵第2、第13师待完成援越工程任务回国后再行移交外，其余部队争取于1967年第一季度交接完毕。

遵照中央军委决定，铁道部所属基建队伍合编为铁道兵，到1969年，铁道兵的总兵力比60年代初期增加近3倍，主要承担铁路建设、国防施工、北京市地铁施工，以及援越抗美铁路交通保障等任务。

六、电子对抗部队的组建

电子对抗部队，是实施电子对抗侦察和电子干扰的专业部队。主要任务是破坏敌方电子设备（系统）的使用效能，保护己方电子设备（系统）正常发挥效能，为战役战斗的胜利创造有利条件。鉴于抗美援朝战争和国土防空作战中屡遭敌人电子干扰这一实际情况，50年代初，人民解放军开始酝酿建立电子对抗部队。1957年5月，总参谋部决定在通信兵司令部成立无线电技术对抗处，负责组织协调全军的电子对抗工作。1958年9月，总参谋部批准组建独立无线电技术勤务营，归通信兵部建制领导。12 月，独立无线电技术勤务营组成。这是人民解放军第一支电子对抗分队。为配合海防部队打击国民党军队对东南沿海地区的窜扰活动，1960 年 5 月组建了第 1 无线电技术勤务团（后改称人民解放军第 61 通信团）和第 1 无线电技术勤务站。1969 年 7 月 ~ 1974 年底，先后建立了雷达侦察、电子对抗侦察、测向、海军观通侦察和空军雷达对抗等部（分）队。

1975 年 6 月 21 日，军委炮兵副司令员孔从洲就加强电子对抗问题写信给毛泽东，提出："我国电子对抗存在的问题是严重的"，"如不及早采取措施，战争一来，将使我指挥失灵，兵器失控，处于十分危险的境地"。信中建议，组建电子对抗领导小组和专门机构，统筹负责全军电子对抗的建设方针和发展规划，组织协调，收集、研究外军情报并确定对策，"使敌不能制我，而我可以制敌"。6 月 23 日，毛泽东将孔从洲的信转给邓小平、叶剑英、杨成武（第一副总参谋长），责成叶剑英同孔从洲等人进行商议。6 月 25 日，叶剑英批示，请陈锡联（中央军委常委、北京军区司令员）、杨成武、王诤（第四机械工业部部长）共同参加与孔从洲的商谈。商谈后，叶剑英向中共中央写了《关于加强电子对抗工作的报告》。报告分析了国际国内电子对抗的形势，建议国务院、中央军委成立电子对抗和雷达管理领导小组，负责向国务院、中央军委提出电子对抗和雷达发展方针的建议，协调科研、生产、使用部门之间的关系；总参谋部成立第四部，主管全军电子对抗和雷达归口管理工作。毛泽东批准了叶剑英的报告。12 月 20 日，中共中央决定，成立总参谋部电子对抗雷达部，称中国人民解放军总参谋部第四部。该部于 1976 年 2 月 20 日成立，1977 年 4 月，王诤兼任部长。在此期间，陆续建立了若干个电子对抗团（营）和反雷达伪装团等部队。作为人民解放军的一个现代专业技术兵种，电子对抗部队开始发展起来。

七、其他部队的增建和调整

1968 年，中央军委决定组建 2 个陆军军和 2 个空军军部。7 月 13 日，中央军委决定组建中国人民解放军陆军第 43 军，其军部以广州军区桂林步兵学校和广州军区机关抽调部分人员为基础组建，将陆军第 127、第 128、第 220 师拨归该军建制。另抽调炮兵第 1 师第 44 团为该军属炮兵团。7 月 30 日，中央军委决定组建中国人民解放军陆军第 17 军，其军部以武汉军区信阳步兵学校部分人员为基础组建，将陆军第 29 师、河南省军区独立第 1 师、湖北省军区独立师拨归该军建制。尔后，该军所辖的 3 个师，分别改称陆军第 49、第 50、第 51 师。8 月 27 日，中央军委决定组建中国人民解放军空军第 6、第 10 军军部。

1966 年 5 月 ~1968 年，组建、改编了一批师的部队，包括 6 个陆军师、8 个坦克师、5 个独立师、2 个空军歼击机师、2 个空军高炮师、2 个海军航空兵师。1966 年 6 月，为了加强首都警卫力量，中央军委决定，北京卫戍区部队扩编为 4 个师，即在原有的中国人民解放军警卫第 1、第 2 师基础上，将陆军第 70、第 189 师改隶北京卫戍区。1969 年 12 月，这两个师分别改称为警卫第 3 师、警卫第 4 师。1966 年 2 月 ~1968 年 4 月，增建 4 个军分区和 22 个师级警备区，还指定 2 个军部兼警备区，更名 2 个军分区。

1966 年 9 月 15 日，根据毛泽东的指示，中央军委决定在新疆生产建设兵团新增建 10 个步兵师、1 个地面炮兵师、1 个高射炮兵师、1 个坦克师。后因“文化大革命”的动乱，这 13 个师没有组建起来，只组建了 12 个步兵团、1 个工程团、2 个独立营等部队，共 1.9 万余人，为现役军人待遇。

遵照毛泽东“部队不要在一个地方驻久了，应当有计划地进行调防”的指示精神，为了稳定局势、加强战备、锻炼部队以及适应“三支两军”任务的需要，中央军委决定对部分野战军进行调防。1967 ~1975 年，全军先后共计有 15 个军进行了调防，这样大规模的部队调防是抗美援朝战争结束后所没有的。各部队排除地方派性的严重干扰，坚决执行中央军委命令，按照组织严密、行动迅速、安全保密、按时到位、团结友爱、交接满意的要求，做到一声命令、立即行动。

另外，1966 年 8 月 6 日，总参谋部通知，为了便于工作，利于团结，确定全国各县、市人民武装部的印章，加冠“中国人民解放军”字样，如“中国人民解放军××县人民武装部”。1967 年 12 月 13 日，中共中央、国务院、中央军委、中央文革小组下达《关于缩短战士服现役年限的命令》。《命令》指出：“为充分发挥人民解放军这个毛泽东思想大学校的巨大作用，为使更多的革命青年到部队锻炼，培养他们成为保卫无产阶级专政的革命战士，为国家储备更多的后备兵员，以加强国防力量。现决定将人民解放军战士服现役年限由原来的陆军四年、空军五年、海军六年缩短为：一、陆军（含陆军各特种兵）的战士服现役二年；二、空军、海军陆勤部队和陆军特种技术部队的战士服现役三年；三、海军舰艇部队和陆军船舶分队的战士服现役四年。”《命令》规定，从 1967 年开始，征集的新战士，按照上述规定执行。

第四节　排除干扰，发展国防科技工业

“文化大革命”前，中国国防科技工业已经初步形成较完整的科研、试验、生产体系，人民解放军的武器装备除少数尚需进口外，已经立足国内生产，基本实现了国产化。1966 年 5 月“文化大革命”开始后，国防科研和武器装备生产受到严重影响。在动乱中，周恩来、聂荣臻等领导人，采取各种措施，努力稳定科研生产秩序，尽可能减少损失；国防科技工业战线上的广大科技人员、干部、工人和解放军指战员采取各种形式，抵制林彪、江青反革命集团的干扰破坏，在十分困难的条件下，经过努力奋斗，国防尖端技术有了新突破，常规武器装备研制生产也取得较大进步。

一、采取措施，稳定科研生产秩序

1964 年 10 月 16 日，中国第一颗原子弹爆炸成功。1965 年 1 月 23 日，毛泽东在听取国家计委关于经济建设长远规划设想的汇报时指出：敌人有的，我们要有；敌人没有的，我们也要有。原子弹要有，氢弹也要快。原子弹、氢弹我们都要超过。毛泽东提出这一新的目标给国防科技战线上的广大工作人员以极大的鼓舞和鞭策，也使中国国防科技事业跨入一个新的发展阶段。根据这一新的战略目标，聂荣臻主持制订了国防科技第三个五年计划（1966～1970 年）。“三五”计划的指导思想是：按照积极防御的战略方针和国防现代化建设的需要，重点研制核武器、导弹，同时加强常规武器研制工作。“三五”计划确定的主要任务是：继续下大力突破国防尖端技术，同时认真解决急需的常规武器装备。国防尖端要重点突破氢弹技术，同时积极研制地地战略导弹；常规武器以陆军武器为发展重点，陆军武器发展以防空和反坦克武器为重点，军用飞机发展以歼击机为重点，海军舰艇发展以潜艇为重点；军用电子技术发展以保障进一步突破国防尖端技术为重点。上述任务，较之过去 10 年的任务更为繁重、更为艰巨。

1966 年初开始，国防科技工业战线上的广大科技人员、干部、工人和解放军满怀信心地为实现国防科技“三五”计划目标努力工作，上半年国防科研和武器生产形势发展很好。然而，正当国防科技工业按计划顺利发展的时候，“文化大革命”开始了，国防科研和生产部门受到猛烈冲击。广大知识分子，尤其是科研骨干和领导干部遭受迫害，科研和生产秩序被打乱，部分工厂停工，设备遭破坏，已经开始实施的科研和生产规划被迫中断，许多行之有效的规章制度被废止，武器装备科研和生产受到严重影响。1967 年开始，国防工业生产出现逐月下降趋势。原计划年度成批生产 6 种导弹，1086 发，地面设备 21 套，但上半年只完成 4 种 149 发，占全年计划的 14%，地面设备无一齐套交付。15 大类的常规军事装备，生产计划普遍完成得不好，有 9 类产品生产上半年只完成全年计划的

30%以下。下半年，派性武斗还在继续发展。1968年，国防工业各部计划投资约13亿元，但上半年仅完成投资10%。为了稳定国防科技工业战线上的局势，尽可能减少“文化大革命”对国防科研和生产造成的损失，推动国防科技工业的发展，周恩来、聂荣臻、叶剑英等领导人，采取一系列措施，同心协力，努力排除干扰。

一是千方百计保护科技专家。1966年5月，“文化大革命”在全国展开后，为了保护广大知识分子，聂荣臻于6月22日与有关方面一起研究起草了《关于在文化大革命中对待自然科学工作者的几个政策界限》。文件指出，绝大部分知识分子，属于无产阶级或资产阶级左派、中派，应予团结保护。对科研机构的要害部门要严加保卫，如有人抢档案、武器、爆炸物、毒品，或泄露国家机密、破坏仪器设备等，一律以反革命论处。但这个文件遭到中央文革小组的强烈反对，勉强在少数科研部门试行一段时间便夭折了。但是，聂荣臻始终坚持其中的观点，在动乱中努力保护知识分子，维持科研生产秩序。当时，聂荣臻的处境也很困难，造反派把大字报贴到了家门口，但他一直关心着许多科学家的工作和安全，向中央建议，要保护钱学森、华罗庚等著名科学家。

8月1～12日，聂荣臻在中共八届十一中全会上提出，要把保护科学家和科技工作者，写进中共中央《关于无产阶级文化大革命的决定》中。这个文件第十二条明确规定：“对于有贡献的科学家和科学技术人员，应该加以保护。”但是这时大字报已铺天盖地，批斗会风靡全国。中国科学院也贴出了大字报，指责“中国科学院是黑的”，“科学工作十四条是黑线”。聂荣臻反对这种说法。他把科学院造反派批“科学工作十四条”的情况报告给周恩来。周恩来指出，聂荣臻主持制定的“科学工作十四条”是经中共中央批准的，方向是正确的，实行五年来的事实证明，起了良好的指导作用。新中国成立十多年来，国防科技事业是在正确的方针、政策指导下发展的，执行的是正确路线，取得了巨大成就，不能把“红线”说成黑线。

随着“文化大革命”的发展，局面持续混乱，科技系统各单位的领导人和科学家纷纷受到冲击。11 月 30 日，聂荣臻在军委常委会上提出：现在一些搞“两弹”[①] 的科学家不断受到冲击，有的被抄家，有的被批斗，甚至有的被群众组织隔离软禁，使他们无法致力于研究工作，这对“两弹”的研制十分不利。他建议请毛泽东、周恩来接见一次有关科学家，一方面可以鼓励他们努力搞科研工作；另一方面也可以向造反派表示，中央是肯定这些科学家的贡献的，不要再去无端地干扰科学家。会议同意聂荣臻的意见，并决定对在运动中被抄家批斗的“两弹”专家要“立即做好善后工作，该道歉的要道歉，该赔偿的要赔偿”。尔后，聂荣臻又同国防工办、国防科委领导人，以多种方式，同一些专家、技术骨干谈心，做思想工作，勉励他们顾全大局，继续积极为国防现代化作贡献。

为了保护科学家的安全，1966 年下半年至 1967 年初，聂荣臻委托北京卫戍区将那些被打成所谓“反动学术权威”的专家，请到第七机械工业部一座僻静的楼上保护起来，并得到周恩来的支持。周恩来还要求第七机械工业部等单位，列出必须重点保护的科技专家和技术骨干的名单，经他批准后，由各单位保证他们的安全和从事科研工作，并要经常向他报告执行情况。

在大动乱的日子里，周恩来、聂荣臻等领导人竭尽全力设法保护科技人员。许多科技专家忍辱负重，在极端困难的环境中，努力完成科研、生产任务。

二是努力维护科研和生产秩序。为了保证重大科研生产项目继续进行，周恩来、聂荣臻、叶剑英等领导人采用各种办法，尽量排除“文化大革命”的冲击和破坏，维护国防科研和生产秩序。

周恩来利用一切机会强调国防科研、生产只许促进，不得影响。同时经毛泽东批准，以中共中央、国务院的名义于 1966 年下半年多次发出通知，要求维护正常的科研、生产秩序。8 月 10 日，林

---

① 两弹，指原子弹、导弹。

彪提出军以上机关要搞“四大”后，聂荣臻在8月23日中央军委常委第55次会议上提出，导弹和原子弹试验基地的任务很重，有些科研单位的情况也是如此，那里的“文化大革命”应该推迟，建议与师以下部队一样，不要搞“四大”，只进行正面教育。聂荣臻的建议被会议接受，中央军委随即专门发出国防科委所属试验基地进行正面教育的通知，从而使试验基地的形势基本保持稳定。

针对江青一伙不断插手科研部门的情况，聂荣臻一再强调科研机关不能搞夺权。9月24日，他在国防科委局长以上干部会议上提出：科委所属几所院校的学生绝大多数是好的，要多做团结工作；国防科委要抓革命，促生产，业务工作不能放松；导弹工业部很多工作停下来了，科委要去抓，保证“两弹”结合试验顺利进行。

周恩来、聂荣臻为制止和纠正冲击国防科研、生产单位的严重事态，还向毛泽东提出稳定形势的建议。在他们的主持下，以各种名义发出许多重要的文件、电报。1967年3～11月，仅发给第二机械工业部有关厂、矿和研究院的电报就有23件，反复申明必须保证重要国防工厂的安全和生产。在核试验基地受到冲击时，毛泽东于1967年10月30日签发电报，重申该基地是正面教育单位，不准冲击，要保证试验任务正常进行。中共中央、国务院、中央军委还先后发出通知，规定国防科研、生产单位，不准串连，不准停产，加强安全保卫工作，等等。这些措施，保障了重点国防科研、生产任务得以继续进行。

1966年底，当动乱的局势影响到氢弹研制和协作配套工作的进展时，中央军委根据叶剑英的提议，发布“特别公函”，明确指出：研制氢弹是中共中央和毛泽东主席批准的重要任务，要群策群力，按时完成。“特别公函”促使有关单位很快赶制出急需的仪器设备，保证了氢弹研制、试验任务的圆满完成。1967年3月17日，聂荣臻审定并签发中央军委给第七机械工业部的“特别公函”，要求两派群众组织的科技人员和工人要保证完成各型导弹的研制和为核武器加工部件的任务。8月，为了推动核潜艇的研制，聂荣臻批准国防科委副主任刘华清的建议，中央军委又一次发布“特别公函”。为保证导弹试验顺利进行，叶剑英还签发“特别护照”，使运送导弹的列车在铁路运输秩序混乱的状态下，安全顺利地抵达试验基地。在动乱的局势下，采取这些特别措施和手段，对于动员群众，减少运动对国防科研和生产的影响，起到非常明显的作用。

为了促使不同观点的群众团结起来，周恩来亲自做群众工作。几年里，他接见国防尖端科技部门的群众代表达50多次。当核武器研制基地两派群众的联合出现反复时，周恩来召集两派代表到北京，进行耐心的说服教育，促进两派群众的团结。1968年3月杨、余、傅事件后，聂荣臻受到牵连，社会上出现批判聂荣臻的潮流，国防科技工业领域持续混乱。周恩来多次接见国防科委、国防工办、第七机械工业部、中国科学院等单位的代表，对聂荣臻和国防科委其他领导人的工作予以肯定，劝告大家要结束争论，投入工作。他说：现在国防科研、生产、教学急需把班子组成，不能再等了。生产上不去我很痛心，再不能耽误了。

三是实行军管。1967年2月下旬，青海省西宁市发生大规模武斗，当地一个重要国防工厂的群众组织直接卷入，使正常的科研、生产秩序受到影响，工厂安全受到威胁，周恩来与聂荣臻决定对该厂实行军事管制。随后，位于内蒙古的第七机械工业部一个研究院发生两派群众组织武斗，局面趋于失控，聂荣臻报经周恩来批准对该院实行军管。随着运动的发展，国防工业部的研究院和中国科学院承担国防科研任务的各研究所，大多瘫痪，研究工作停顿，“三线”建设也出现许多问题。1967年3月，聂荣臻向毛泽东、林彪、周恩来等中共中央和中央军委领导人请示，对这些重要单位实行军事接管。他建议将第二机械工业部第九研究院、第三机械工业部第六研究院、第四机械工业部第十研究院、第五机械工业部机械研究院、第六机械工业部第七研究院、中国科学院新技术局所属各单位等，由国防科委实施军事接管，以“抓革命、促战备、促工作、促生产的精神迅速恢复科研和生产工作”；对于群众提出的改变现行领导体制的问题，在恢复生产的同时，按照一定的原则通盘考虑，进行一次全面的适当的调整和改组。周恩来同意这个报告，并提出对6个国防工业部也实行军管的建议。3月20日，毛泽东批准后，中共中央、国务院、中央军委即发布对各国防工业部实行军管的决定。随后，周恩来又决定组成国防工业军管小组，由粟裕任组长，王树声、向仲华任副组长。军管小组在国务院、中央军委领导下，对国防工业系统的各项工作实施统一领导。接着，在国防工业系统组成各机械工业部军事管制委员会，对第二、第三、第四、第五、第六、第七机械工业部等单位进行军事管制。同时，又对这些部所属的61个院（所、厂）派出军管会（组）。国防工业系统军管人员达820余人。国防工业军管组在各国防工厂反复宣传中央有关制止武斗的通令、指示，直接面向广大群众宣传。聂荣臻按照毛泽东、周恩来的批示，亲自抓国防科研系统的军管工作，决定组成各军管小组对有关研究院和中国科学院新技术局等单位实行军事管制，同时向国防科委所属的58个院（所、厂）派出军管会（组）。聂荣臻指示参加军管的部队，在军管工作中要注意对国防机密工厂不搞夺权，不允许群众组织监督工厂领导人的工作；要求国防科委军事接管组，在军管单位中立即下令搞正面教育，按部门和行政单位实行“大联合”，在说服教育的基础上，撤销造反总部；尽快解放干部，对有争议的当权派，由有关上级机关决定是否结合进领导班子；并指示把各厂群众组织的头头全部调来北京办学习班，学完后不一定回到原单位，以免影响那里的工作和“大联合”。对国防科研和重要的国防工厂等单位执行军事管制或军事接管，对稳定其局势，保护和维持科研生产任务的完成，起了重要作用。

二、战略核武器的研制

1965年2月，第二机械工业部向中央专委①呈报《关于加速发展核武器问题的报告》，提出：一方面要加速原子弹武器化，装备部队，形成战斗力；另一方面要尽快突破氢弹技术，向战略核武器的高级阶段发展。周恩来主持专委会审议了这个报告，原则同意第二机械工业部的规划安排，要求通过1965～1967年的核试验，完成原子弹武器化工作，并力争于1968年进行氢弹装置试验。“文化大革命”开始后，周恩来、聂荣臻等竭尽全力排除干扰和冲击，保护国防尖端技术的研制工作，国防科技战线上的广大科技人员、职工、干部和解放军指战员，坚守岗位，坚持工作，克服种种困难，使战略核武器技术取得了新突破，大大提高了中国的防卫能力。

（一）导弹核武器的研制与试验成功

1964年的首次核试验只是一个核装置的爆炸，要使之成为核武器，还要根据运载工具和战术技术要求，进行大量的武器系统工程研究试验。1965年5月14日，核航弹空投试验圆满成功，自此，中国开始有了可用于实战的核武器。导弹核武器是由导弹运载的比核航弹更为先进的核武器。由导弹运载的核弹头，与核航弹相比，体积和重量大幅度减小，对环境条件的要求也比较苛刻。早在1963年国防科委即开始了导弹核弹头的相关研制工作。经过大量工艺试验、爆轰试验和环境条件试验后，开始进入飞行试验阶段。

试验导弹核武器，有很大的风险，中共中央十分慎重。1966年3月，中央专委批准进行“两弹”结合飞行试验。由于“文化大革命”运动的冲击，“两弹”结合飞行试验一度出现停滞。聂荣臻指

① 中央专委，最初成立于1962年12月14日，称为中央十五人专门委员会，简称中央专委。中央专委是在中共中央直接领导下，有高度权威的行政权力机构。1965年3月2日，中共中央作出扩大中央十五人专门委员会的决定，中央十五人专门委员会也随之改称中共中央专门委员会，仍简称中央专委。后来，中央专委成员有过多次调整。

示：“两弹”结合飞行试验不能因为“文化大革命”而停下来，要防止有些人思想不集中而影响产品质量，导致试验失败。试验前要进行一系列的质量检查，不光“两弹”本身，还有外单位的协作件，特别是各种仪表，都要仔细检查。为确保导弹飞行弹道下面居民的绝对安全，中央专委广泛听取有关专家和第二、第七机械工业部领导干部的意见，确定由国防科委在实施正式发射试验前，先进行以严格检验导弹和核弹头的安全性、可靠性为目的的飞行“冷”试验（弹头不装核燃料），在确有把握的基础上，再进行飞行“热”试验（弹头安装核燃料）。10 月 20 日，周恩来主持召开中央专委会议，听取国防科委副主任张震寰关于“两弹”结合试验的准备工作情况汇报，讨论试验的一系列问题。会议认为，这次试验要冒极大风险，万一核弹头在发射场爆炸，或发射后中途掉下来，或偏离弹着区，都将造成不堪设想的后果。因此，任务艰巨，试验只许成功，不能失败。周恩来对大家提出的困难和可能发生的问题，都一一做了细致周到的安排。他提出：实行领导、群众、专家三结合，要百分之百地保证不出问题。

为了保证试验成功，聂荣臻亲自到现场主持试验工作。10 月 26 日，聂荣臻到地地导弹准备阵地，了解导弹准备状况。27 日上午 9 时许，核导弹开始发射，9 时 9 分 14 秒精确命中目标，在预定高度实现核爆炸。这一试验成功，标志着中国导弹技术的发展完成了由仿制向自行设计的转变，是中国人民在加强国防力量、反对核讹诈和核威慑斗争中取得的重大成就。西方通讯社报道说，中国导弹核武器试验是世界“特等重大事件”，“好像亚洲上空的一声巨雷，震撼了全世界”，“中国已经在世界核技术竞赛中，超过了英国、法国，成为世界第三个原子超级大国”。

在此基础上经过相应改进之后，1967 年 5 月，中程导弹的飞行试验获得成功。这是中国战略导弹技术走向成熟的标志，为进一步研制远程和洲际导弹奠定了基础。

（二）第一颗氢弹试验成功

氢弹的研制，在理论和制造技术上比原子弹更为复杂。当时，国外对氢弹技术严加保密，因而要突破它就更为困难。为了尽快掌握氢弹技术，1964 年 1 月，中央专委根据氢弹预研工作的进展情况，要求原子弹炸响后，在“三五”计划期间解决氢弹的“有无”问题。1966 年 5 月 9 日，含有热核材料的原子弹试验获得成功，为氢弹理论研究提供了实测数据。

氢弹原理试验的准备工作按计划完成后，中央专委于 1966 年 12 月 11 日批准实施试验。聂荣臻亲临现场主持这次试验，于 27 日乘飞机抵西北核试验基地，28 日主持首次氢弹原理试验并获得成功。

试验成功后，聂荣臻向中央专委建议，集中力量按新原理方案进行设计，争取直接进行全当量的氢弹试验。中央专委批准了这个建议。全当量氢弹空爆试验的爆炸威力比以前的试验都大得多，放射性沉降范围也更广。因而，确保安全是中央领导人特别关注的问题。中国第一次全当量的氢弹试验，在政治上有重大意义，在军事上将使中国的核武器技术进入一个新的发展阶段。1967 年 6 月 14 日，聂荣臻乘飞机又一次抵达核试验基地主持这次试验，与张震寰、张蕴钰等研究后，决定 17 日上午 8 时进行氢弹爆炸试验。17 日清晨，聂荣臻来到现场指挥部，下达了试验命令。8 时 20 分，飞机飞临预定空域，在预定高度投下氢弹，第一颗氢弹在预定高度爆炸成功！

中国原子弹、氢弹先后试爆成功，提前实现了毛泽东在 1958 年 6 月关于“搞一点原子弹、氢弹、洲际导弹，我看有十年功夫是完全可能的”① 这一预言。全当量氢弹试验成功后，毛泽东高兴地指出：两年零八个月搞出氢弹，我们现在在世界上已是第四位。② 从第一颗原子弹爆炸到第一颗氢弹爆炸，美国用了 7 年 4 个月；苏联

① 《毛泽东军事文集》第 6 卷，374 页，北京，军事科学出版社、中央文献出版社，1993。

② 参见《当代中国的国防科技事业》上卷，103 页，北京，当代中国出版社，1992。

用了4年；英国用了4年7个月；法国用了8年6个月；而中国只用了2年8个月，并且赶在了法国之前试验氢弹。这引起了全世界的巨大反响，公认中国已进入世界核技术先进国家的行列。国外舆论认为，中国氢弹试验获得成功，“是中国核武器发展进程中的一个质的飞跃”。中国掌握氢弹技术，“进一步打破了超级大国的核垄断”，使中国的国防实力和国际地位大大提高。

（三）战略导弹的研制和第一颗人造地球卫星发射成功

中远程导弹的研制。中程导弹研制成功后，广大科研人员集中力量突破中远程导弹发动机高空点火、级间连接和分离、姿态控制、远程制导以及弹头高速载入大气层等技术难题。经过艰苦探索攻关，这些技术难题一一解决。1969年11月，在西北综合导弹试验基地进行中远程导弹首次飞行试验，但由于设备故障，导弹在空中自毁，试验失败。在总结试验失败教训并作相应改进后，1970年1月，第二次飞行试验获得成功。

洲际导弹的研制。1965年3月，中央专委作出研制洲际导弹的决定。这项任务由第七机械工业部战略导弹研究院承担。由于“文化大革命”的干扰，洲际导弹的研制工作进展缓慢。1967年底，中共中央要求加快洲际导弹的研制进程，组织有100多个单位参加的科研生产大协作，很快突破了一些技术难关，试制出一批导弹研制所需的新产品。1971年9月，进行第一次飞行试验，基本达到预期目的。

发射东方红1号人造地球卫星。60年代中期，随着国民经济形势进一步好转和中程地地导弹研制成功，人造地球卫星的研制工作提上了议事日程。“文化大革命”开始后，中央专委采取措施，避免动乱对人造地球卫星研制工作造成影响，至1970年初，人造地球卫星各系统的研制工作基本完成，发射的各项准备工作也基本就绪。4月24日21时35分，在西北综合导弹试验基地，长征1号火箭开始发射；21时48分，星、箭分离，人造地球卫星入轨。人造地球卫星运行轨道离地球最近点439公里，最远点2384公里，绕地球1周1小时54分，各系统工作正常，性能稳定。中国第一颗人造地球卫星——东方红1号卫星成功发射，获取了大量技术数据，标志着中国航天事业的一个新起点，为以后人造地球卫星的研制、发射、跟踪、测量提供了宝贵经验。至1976年底，中国陆续成功发射6颗人造地球卫星。

（四）鱼雷核潜艇的研制

核潜艇具有隐蔽性和机动性能好、航速高、续航力大、潜航时间长、攻击力量强等优点，已成为现代强大海军装备体制的核心和标志。世界上各有核国家在研制核武器的同时，就着手研制核潜艇。中国在原子能反应堆研制成功后，1958年6月，聂荣臻向中共中央提交了《关于开展研制核动力潜艇的报告》。中共中央很快批准了这个报告。1959年，毛泽东指出“核潜艇，一万年也要搞出来！”[①] 充分表达了中共中央对突破这一尖端技术的决心和信心。

核潜艇动力堆是一项技术复杂、难度很大的工程，三年经济困难时期，此项研制工作被推迟。国家经济形势好转后，中央专委于1965年3月决定将这项工程重新列入国家国防科技研制计划，全面开展研制工作，并要求第二机械工业部于1970年建成陆上模式反应堆，作为研制潜艇用核动力装置的阶梯，先经陆上模式堆试验验证后，再将为潜艇研制的核动力装置装艇。为了集中力量攻克道道难关，缩短研制周期，中央专委决定核潜艇研制分两步走：第一步，研制鱼雷核潜艇，先解决核动力用于潜艇和反潜鱼雷等重大技术问题；第二步，再研制导弹核潜艇，解决潜地导弹及其发射系统等关键技术问题。随后，中央专委又确定，争取第一艘鱼雷核潜艇于1972年下水试航，并达到主要战术技术指标，以便作为战斗艇交付海军使用。

陆上模式堆工程和研究基地建设对于确保核潜艇工程的进度至

① 转引自《当代中国海军》，243页，北京，中国社会科学出版社，1987。

关重要。建设初期，工作进行得比较顺利。之后，由于“文化大革命”的干扰，工程建设进度很慢，开工两年，陆上模式堆试验基地仅完成了主厂房工程，核动力工程研究基地的14个主要试验室一个也没有建成。针对上述情况，1967年8月，中央军委在发布的“特别公函”中，要求全国从事核潜艇研制的人员，大力协同，排除干扰和困难，加紧研制，保进度，保质量，圆满完成国家任务。1968年3月，为了加强对基地建设工作的统一领导，成立了工程指挥部。毛泽东于1968年和1969年两次签发电报，指令沈阳军区派部队支援核潜艇总装厂的建设；责成成都军区加强对陆上模式堆工程的领导，并派部队支援工程建设。陆上模式堆工程于1970年4月建成。

为了及时解决这项复杂工程所需的设备器材，保证研制工作顺利进行，中央专委要求各有关部门，对核潜艇所需专用设备、仪器以及其他协作问题，作为国家重点专项工程予以安排，一律按中央专委为研制原子弹颁发的《有关原子能设备、仪器研制问题的若干规定》办理。1967年，国防科委还会同国防工办先后召开多次大规模协调会。当年夏天，刘华清主持召开有几百名厂、所负责人和技术干部参加的大型协调会。聂荣臻到会讲话，要求各级干部在困难中顾全国防建设大局，抓紧鱼雷核潜艇研制工作。随后，国家计委和国防工办又组织落实了配套设备和新材料的研制工作，将担负一次配套任务的1600多个工厂、所组成协作网，支援鱼雷核潜艇的研制工作。1969年10月，国务院、中央军委又决定组成核潜艇工程领导小组，各有关工业部、研究院、省、市、军区也相继成立了各自的核潜艇办公室或小组，自上而下形成了畅通的指挥网，有力地保证了核潜艇研制的质量和进度。在研制过程中，毛泽东先后作过8次重要批示，周恩来有20多次指示和批示并4次主持中央专委会议研究核潜艇问题。1970年12月，中国自己建造的第一艘核潜艇安全下水。经海军试航考验，先后出海20余次，试验项目近200个，累计航程6000多海里，确认研制的第一艘核潜艇在总体设计、建造、动力系统、观通导航和主要武器系统方面基本上是成功的，性能是好的。

三、常规武器的自行研制

国防工业战线经过广大科技人员的刻苦攻关，努力奋斗，到60年代中期，一批新武器新装备陆续研制成功并开始装备部队。在此基础上，国务院、中央军委根据国防现代化建设和援越抗美斗争的需要，提出以“打飞机，打坦克，打军舰”为重点的发展常规武器的方针。武器装备在“文化大革命”困难的条件下有一定的发展，取得了一些新成就。

（一）反坦克和防空武器的研制

1967年，中央军委在审查国防科技“三五”计划时，确定陆军武器的发展以反坦克武器和防空武器为重点，相应发展压制兵器、轻兵器等。

中国在50年代仿制生产了火箭筒、反坦克炮，研制生产了反坦克火箭弹等少量反坦克武器装备。60年代后期，自行研制的反坦克武器有了较快发展。根据国防科技“三五”计划及中央军委关于加强反坦克作战能力的要求，兵器科研部门加快了反坦克武器研制工作，主要是提高火炮的直射距离、穿甲破甲能力和发展反坦克导弹，并改进现役的反坦克火炮、火箭筒和中型坦克。1966年，研制部门组织人员深入越南战场，并到部队调查研究，搜集了反坦克武器的使用情况和存在的问题。据此，研制部门改进了75毫米无坐力炮，重量减轻了35.5%。自行研制成功轻75毫米无坐力炮和82毫米无坐力炮，性能有所提高。同时研制成功82毫米无坐力炮、85毫米加农炮、105毫米无坐力炮的破甲弹，提高了打坦克的威力。

1969年中苏发生珍宝岛武装冲突事件后，为了适应战备的需要，根据国务院和中央军委的要求，加快了反坦克武器科研、生产的部署。1969年8月18～25日，军委装甲兵、炮兵在装甲兵射击场组织了14种火器、18种弹和7种反坦克雷威力试验。同年秋，国务院召开关于反坦克武器研制的紧急会议，确定以师以下部队使用的反坦克武器研制为重点，并提出提高反坦克武器性能以及解决弹药、引信等问题的方案。同时决定组成第二代82毫米无坐力炮等8个科研会战组，集中力量对14项新研制和改进的反坦克武器及其弹药进行技术攻关。这些措施，加快了第二代82毫米无坐力炮、反坦克枪榴弹、单兵反坦克火箭和40毫米火箭弹自行研制的进度，促进了这些武器定型、生产。

防空武器包括高射炮、高射机枪和地空导弹。50年代，中国在实现武器装备制式化过程中，初步建立了高射兵器系列。60年代，防空兵器逐步走向了自行研制阶段。60年代中期，美国对越南北方实施轰炸后，中央军委领导人刘伯承、罗瑞卿强调指出，武器装备发展要注意吸取援越抗美斗争的经验。为此，中国于1965年8月派出科研小组，赴越南战场进行调查研究。1967年6月，总参谋部和国防科委邀请参加过援越抗美作战的高炮部队指战员与科研、生产部门人员座谈研究高射武器的研制与改进。据此，国防科委部署了高射武器的发展规划，提出向全天候、全自动方向发展的要求。改进后的57毫米、100毫米高射炮及12.7毫米、14.5毫米高射机枪的性能均有提高，研制的85毫米高射炮系统、新37毫米高炮系统和新14.5毫米高射机枪，于70年代定型生产。与其配套所需的雷达、指挥仪、测距机和通信设备均有所改进。

为了有效地对付中高空飞机，中央军委要求抓紧地空导弹的研制，并强调提高其抗干扰能力。1966年底，自行研制的红旗2号地空导弹武器系统通过定型试验。1967年7月，国务院特种武器定型委员会批准定型。1968年，对红旗2号地空导弹改进控制参数，增加装药，并进行了射击高空、高速目标的研究性试验，一定程度上提高了对付高空、高速目标的能力。为了加快地空导弹的发展，国防科委组织进行了地空导弹发展系列论证，并安排了中低空地空导弹的研制任务。

在重点发展反坦克武器和防空武器的同时，其他陆军武器装备的研制也取得了较好的成绩。如7.62毫米轻重两用机枪，82毫米、

100 毫米、120 毫米迫击炮，130 毫米加农炮，63－1 式装甲输送车，76 式水陆坦克抢救车等武器装备作战使用性能也得到提高，受到使用部队的普遍好评。

（二）海军第一代战斗舰艇的研制

人民解放军海军舰艇装备建设，从 50 年代到 60 年代中期，经历了转让制造和仿制改造两个阶段，到 1965 年底，海军武器装备的仿制能力已明显提高，武器装备和各种配套设备增加了不少新品种，技术性能获得一定提高，国内舰艇研制能力亦有相当发展。但是，海军装备的战斗舰艇，与其担负的作战任务和海军现代化建设需要相比，不仅数量少，而且性能落后。为了抓紧自行研制新的战斗舰艇及其武器装备，1965 年夏，聂荣臻召集总参谋部、国防科委、国防工办、海军的领导干部和有关专家，研究了战斗舰艇的发展方向、研制重点。根据会议提出的海军装备发展方向，列入国防科技“三五”计划中研制的主要战斗舰艇有潜艇、快艇、导弹驱逐舰、护卫舰等 20 余种。从 1966 年开始，海军和第六机械工业部相继组织了中型常规动力鱼雷潜艇、导弹驱逐舰、导弹护卫舰的战术技术论证，审查了设计方案，进行了技术协调。在研制部门和有关部门的协作下，陆续研制出一些新型舰艇和武器装备。仿制生产和自行研制生产的 21 型、24 型导弹快艇和 26 型鱼雷快艇先后装备部队。到 1972 年，人民解放军拥有的快艇中近 1/4 是导弹快艇。还有自行研制成功的低磁港湾扫雷艇和艇具合一型扫雷艇，性能良好。到 70 年代中期，基本上完成自行研制第一代新型舰艇的任务。

（三）军用飞机的研制

根据 1968 年 7 月中共中央批准的总参谋部、国防科委、国防工办关于发展军用飞机的建议，军用飞机发展的基本原则是：以歼击机为重点，积极发展轻型、中型轰炸机；歼击机按照高空、中空配套安排；轰炸机按轻型和中型配套，以轻型为主；在抓紧完成仿制任务后，要根据中国的作战使用条件加以改进，并积极自行设计新飞机。军用飞机研制部门的科技人员、干部和工人，在空军和海军航空兵部队支持、配合下，尽力排除“文化大革命”运动的干扰，在仿制、改进和自行研制歼击机、强击机和轰炸机方面取得了一批新成果。主要有：在 1966 年仿制成功米格－21 型歼击机的基础上，1968 年 4 月，成都飞机制造厂开始对该机进行改进，1972 年改进的歼－7 Ⅰ型飞机交付部队试用。在 60 年代中期开始自行研制高空高速歼击机歼－8 型飞机，于 1969 年 7 月开始试飞。

借鉴美、苏飞机的特点，由中国自行研制生产的强－5 型超音速强击机于 1969 年 12 月开始装备部队。强－5 飞机具有较好的低空性能，配备有航炮、火箭发射器、航空炸弹，可直接支援地面部队作战。强－5 飞机的列装，提高了人民解放军空军直接支援地面部队的作战能力。

1967 年 8 月，国产轰－5 型飞机装备部队，与老型号飞机相比，国产轰－5 型飞机的雷达、炮塔、轰炸瞄准具和自动驾驶仪等设备均有改进，因而又称“新轰－5”。高亚音速中程轰炸机轰－6 型，于 1969 年 2 月开始装备部队。轰－6 型飞机最大平飞速度 1014 公里，最大航程 5760 公里，战斗活动半径 2190 公里，可装备多种电子作战设备，最大载弹量 9000 公斤，加装特种设备后，可装挂原子武器。轰－6 型飞机的活动范围大，攻击距离远，可使人民解放军的空中打击能力延伸至内陆和领海的大部分区域。但是，由于“文化大革命”的干扰冲击，飞机制造厂开工不足，长期处于半瘫痪状态，轰－6 型飞机的年产量只有几架到十几架，远不能满足部队换装的需要。

军用飞机改型研制取得一批成果，将歼－6 型歼击机改型为歼教－6 型、歼侦－6 型、歼－6Ⅲ型、歼－6 甲型等多种型号和用途的飞机；强－5 型强击机改型为强－5 甲型、强－5 乙型飞机；轰－5 型轻型轰炸机相继改型为教练机、侦察机、核弹运载机和轰－5 甲型飞机；轰－6 甲型飞机加装了第二代自动领航轰炸系统。通过改进、改型，使飞机的使用和作战性能有了较大提高。

另外，在研制作战飞机的同时，机载导弹亦在加紧研制发展。空空导弹是标志空军战斗能力提高的重要因素之一。继1964年雷达波束制导的霹雳1号空空导弹定型投产后，1967年11月，国产霹雳2号空空导弹批准定型，投入批量生产，随后开始装备部队。

（四）军事电子装备的研制

军事电子装备包括雷达、通信导航、电子对抗、电子计算机、光电子装备和防空自动化指挥系统等。在现代战争中，军事电子装备已成为军事装备的重要组成部分。新中国成立后，人民解放军电子技术装备的发展也从仿制起步，到70年代，军事电子装备走上自行研制的新阶段。除改进提高第一代产品外，陆续研制成功一批为导弹、人造地球卫星和各种常规武器配套的电子装备和独立使用的军事电子装备。

一是军用电子计算机的研制。中国军用电子计算机是随着战略武器和战术武器的研制而发展起来的。60年代，在发展核武器技术的同时，中国科学院计算所承担了研制大型通用晶体管计算机的任务。在全国有关单位的协作和支持下，1967年9月研制成功运算速度每秒11.5万次的109丙大型计算机。这种计算机是当时国内最先进的机型，不亚于国外同类产品的性能，为中国核武器和导弹技术的发展发挥了重要作用。1971年，中国又研制成功运算速度为每秒28万次的320大型晶体管计算机，成为当时国内又一种主流机型。在晶体管计算机研制取得成果的同时，中国科学院开始研制第三代小规模集成电路655大型通用电子计算机。中央专委将该型计算机的研制列为国防重点工程，组织全国范围内协作。1973年，655型计算机通过国家鉴定，运算速度达每秒100万次。该型计算机的研制成功标志着中国计算机发展完成了从第二代向第三代过渡。在人造地球卫星研制过程中，为了满足观测需要，中国科学院于1968年研制成功717型晶体管计算机。1972年，又改制为车载式集成电路专用机，运算速度达到每秒15万次，装备各人造地球卫星观测站，为建设导弹、人造地球卫星测控网创造了条件。

二是雷达的研制。1966 年 5 月，国防科委研究提出：雷达技术的发展方向，要以雷达对抗为主，首先发展反干扰技术，同时发展侦察技术，并积极开展干扰和反侦察技术研究，从加强火炮控制雷达和引导雷达的反干扰能力着手，开展雷达的改进、研制和技术攻关工作。在党中央、国务院的关心支持下，总参谋部、国防科委、国防工办及时组织协调，调动各方面力量，陆续研制出一批新型火控雷达、引导雷达、警戒雷达以及鱼雷射击指挥仪等军事电子装备。1966 年，第四机械工业部第 14 研究所开始研制 110 超远程大型单脉冲精密跟踪测量雷达。该雷达采用多极化、脉冲压缩、数字压缩、数字测距、脉冲多普勒测速和多目标高速磁记录与重放等新技术。1971 年，雷达开始进场安装调试，精度和作用距离均超过设计指标。1977 年，该雷达系统正式投入使用，使中国成为继美国、苏联之后世界上第三个能够研制这种大型雷达的国家。1970 年，大型相控阵超远程预警雷达开始研制，命名为 7010 型。经过可行性验证，取得工程设计、系统联试的经验后，1972 年开始小面阵天线设备的安装架设和联调，1976 年进行全面阵天线的安装、调试，并投入运转。之后，7010 型雷达多次成功监视太空目标，完成导弹、人造地球卫星的试验观测任务。该型雷达的研制成功，标志着中国雷达技术达到了一个新水平。机载雷达研制方面，1969 年，研制成功 241 型轰炸雷达，取代了旧式苏制雷达；1970 年，又改进成功 244 型轰炸雷达，在性能、结构、重量等方面有较大提高，并具备了低空自动投放功能。

三是电子对抗装备的研究。电子对抗装备，一般分为通信对抗装备、雷达对抗装备、光电对抗装备等。人民解放军的电子对抗装备建设起步较晚。50 年代末，从苏联进口了一批电子对抗装备，包括轻便雷达侦察机、地对空雷达干扰机、无线电干扰附加器，以及机载、舰载雷达对抗设备等。60 年代初开始仿制。在进行仿制的同时，中国着手制订自己的电子对抗装备发展规划。经过 50 年代以来进行基础研究后，1967 年开始，在通信对抗设备的研制中，运用最佳干扰理论和瞄准式、阻塞式干扰的基本技术，研制生产出车载短波、超短波干扰机，机载超短波干扰机，短波、超短波摆放式干扰机，超短波飞航式、伞挂式干扰机等通信对抗设备。在电子对抗飞机和舰船方面，中国自行研制生产了机载电子对抗设备，尔后又成功改装了电子对抗飞机，在部队的训练和作战中显示了威力。同时，在各种作战飞机上加装了自卫性电子对抗装备。舰（潜）载电子对抗装备方面，在仿制苏式潜用雷达侦察告警设备的基础上，陆续研制出装备各型舰（潜）艇的雷达侦察设备。

四是通信装备的研制。在国防科委、国防工办的组织领导下，研制部门开发通信装备小型化、无线电保密、短波单边带等技术，研制出一批部队急需的通信装备。1968 年 9 月，周恩来指示要加紧实现野战通信装备轻型化、小型化。1969 年中苏珍宝岛武装冲突后，毛泽东批准了加速国防通信建设的计划。国防工办、国防科委立即作了部署，将野战小型化通信装备、无线电保密设备和新型军用航空、航海电台等研制任务，作为战备急需项目紧急安排落实，并协调解决了所需人员、经费和物资等问题。第四机械工业部组织技术攻关，经过数年终于克服电台烧管的问题，研制出重量轻、体积小、耗电少的陆军用半导体化战术电台。在发展大中功率短波设备、有线载波通信和接力散射通信技术等方面也取得了重要成就。1969 年，根据国务院加快地下电缆通信建设的部署，第四机械工业部承担了地缆载波机的研制工作，科技人员在艰苦条件下，攻克了重重难关，使该设备于 1973 年研制定型。此后，地缆载波机取代明线载波机，成为国防通信干线中的主体设备。海军通信装备方面，60 年代后期至 70 年代，自行研制成功对海超短波调频电台、超长波接收机和终端机、全波收信机、救生电台等一批晶体管舰用通信设备，并广泛装备到海军舰艇。

第五节　防空作战和对外军事援助

一、防空作战，保卫祖国领空安全

“文化大革命”期间，中共中央、国务院、中央军委和总参谋部下达了一系列关于加强战备和防空的指示，人民解放军高度警惕来自美国侵越空军和台湾国民党空军的袭扰，尤其加强了广西、云南、海南岛等地区的防空作战准备。航空兵、高射炮兵和地空导弹部队排除各种干扰，常备不懈，英勇善战，给予入侵者以有力打击，有效地保卫了祖国领空的安全。

美国飞机在空袭越南北方靠近中越边境地区时，经常突然改变航向，小批量侵入中国领空进行侦察挑衅，然后迅速退出。美军这种“打擦边球”的做法往往是情况突然，在中国领空活动时间很短。人民解放军打击这种入侵飞机，难度大，政治性强，既要求拦截飞机在有限的空间和时间内，将入侵之敌机歼灭在国境线以内，捍卫国家主权和保卫领空安全，又要严格遵守政治、外交、作战政策和纪律。在空战中，要求部队必须迅速准确地抓住战机，任何一点疏忽都会贻误战机，或者为敌所乘，遭受损失。鉴于此，担任防空作战任务的航空兵部队，不断摸索与掌握空战规律，改进战术并采取切实有效措施，做到以快制快。即采取在预定空域隐蔽待敌、直线出击和大速度大角度截击的方法，做到接敌快、发现快、攻击快、脱离快，截击准、射击准。同时，在歼击机不便于作战的地域，则以高炮部队设伏，采用空、炮协同的方式打击入侵敌机。

1967 年，美国对越南北方实施全面轰炸，美国飞机入侵中国领空的次数显著增加。4 月 24 日 ~5 月 1 日，美机入侵中国广西地区达 11 次，人民解放军空军在 8 天中三战三捷，取得击落美机 5 架的胜利。4 月 24 日下午，美国海军舰载机 40 余架空袭越南克夫至谅山段铁路线。为防备美机乘机入侵中国领空，驻广西宁明机场的空军航空兵第 26 师 4 架歼 -5 型飞机，飞至宁明东南的预定空域巡逻监视。17 时许，美国 2 架 F－4B 型（鬼怪式）战斗机突然向中国边境靠近，地面指挥员判断美机可能入侵中国领空，立即引导在空中巡逻的歼－5 型飞机内侧跟踪，监视美机。美国的鬼怪式飞机是当时世界上最先进的战斗机之一，最大飞行速度是音速的 2 倍多，实用升限 1.85 万米，装备有先进的电子设备和火控系统，可携带 4～6枚空对空导弹，能对目标实施多方向攻击。而歼－5 型飞机是一种比较老旧的亚音速飞机，武器系统也较落后。从飞机的战术性能看，二者差距甚大。17 时 09 分，美机逼近中国边境，地面导航员根据指挥员命令，指挥拦截飞机投掉副油箱，准确飞向美机前置点，形成有利态势。17 时 10 分，美机从广西南部的板兴侵入中国领空，正好进入中国空军高炮部队的火力范围。高炮部队向美机猛烈开火，当即击中 1 架。另一架见势急忙加速逃跑，刚飞出高炮火力区，即被早已跟踪而至的 4 架歼－5 型飞机截住。美机发现遭到拦截，竭力摆脱，时而小角度蛇行机动，时而急剧跃升或下降，时而加速，时而减速，但始终改变不了被动局面。歼－5 型编队 1 号机、中队长宋义民连续开炮 3 次，将美机击落。这次战斗，受到中共中央和中央军委领导人的称赞，周恩来等国家领导人在北京人民大会堂接见了作战有功人员。4 月 29 日，空军航空兵第 18 师中队长张金堂驾驶歼－6 型飞机，从距敌机 300 米追打到 60 米，将 1 架美国无人驾驶高空侦察机打得空中开花。5 月 1 日，空军高射炮第 10 师第 30 团在广西东兴以西地区击落美国 A－4B 型舰载攻击机 2 架。三战三捷，极大地鼓舞了中国军民打击美机侵略挑衅的信心和勇气。

8 月 21 日，空军航空兵第 18 师在广西南部击落入侵的美国 A－6A型攻击机2 架。当日下午13 时许，美国海军2 架A－6A 型飞机从广西隘店侵入中国领空。中国空军航空兵第18 师中队长康振生等驾驶4 架歼－6 型飞机起飞拦截。2 号机韩瑞阶在云隙中咬住一架美机，追近至600 米处开炮 3 次，将其击落。3 号机陈丰霞紧紧咬住另一架美机，从5000 米高空追到800 米低空，在高山峡谷中与美机展开激战。在 1000 米到 700 米的距离上，陈丰霞连续开炮，终于将美机击落。

1967 年 6 月 ~1968 年 2 月，进驻海南岛的海军航空兵第 6 师接连打了几个漂亮仗。1967 年 6 月 26 日 14 时 51 分许，美军 F－4C 型战斗机 1 架飞近海南岛上空。人民解放军海军航空兵第 6 师指挥员命令第 16 团副大队长王柱书和飞行员吕纪良驾歼－6 型飞机出战。双机迅速起飞，升高到 1 万米，赶赴战区。美机不待我机攻击，几次进入中国领空，又几次退出。王柱书和吕纪良奉命沿海岸线巡逻待机。当美机在距陵水 55 公里处再次侵入中国领空时，王柱书立即转弯逼近，在 200 多米的距离上射击，击伤敌机，吕纪良接着补射，美机爆炸坠毁。1968 年 2 月 14 日，美军 A－1 型舰载攻击机 2 架飞临中国领空，海军航空兵第 6 师指挥员命令第 18 团副大队长陈武禄和飞行员王顺义驾歼－5 型飞机起飞拦截。地面领航员将陈武禄双机引导到与美机航线成 60 ~90 度交角处，背向阳光占据内侧有利位置。陈武禄在距离 15 公里处发现目标，第一次出击未掌握好时机。尔后，迅速向左急转弯进入攻击，连续 3 次开炮，将美僚机击落。接着，王顺义向美长机两次开炮，从 300 多米距离追打到不足 100 米，将其击伤。

据统计，1964 年 8 月 ~1968 年 11 月，美国作战飞机入侵中国领空 155 批 383 架次。人民解放军防空部队和空、海军航空部队共击落入侵的美军作战飞机 12 架，击伤 4 架。

1964 年 8 月 ~1971 年 12 月，美军在派遣有人驾驶军用飞机袭扰挑衅的同时，还利用无人驾驶高空侦察机先后 97 架次入侵中国领空。人民解放军空军和海军航空兵使用歼－6、歼－7 型飞机和地空导弹击落其 20 架。1967 年 6 月 12 日下午，美国无人驾驶高空侦察机 1 架继上午侦察了广东遂溪地区以后，又侵入广西田阳地区。14 时许，空军航空兵第 3 师中队长刘光才驾驶歼－7 型飞机起飞拦截。他一面转弯接近目标，一面修正方向和高低误差，在导弹发生故障无法发射的情况下，改用火炮攻击，仅 13 发炮弹即将该机击落。

1968 年 1 月 20 日，空军航空兵第 3 师副大队长韩永武驾驶歼－7 型飞机，第一次在 2 万米高空击落美国无人驾驶高空侦察机。

中国人民解放军防空部队和空军海军航空兵部队，在以主要力量同美军侵略飞机进行斗争的同时，以一部力量继续严密监视并坚决打击窜入大陆进行侦察活动的台湾国民党空军飞机。1967 年 1 月 13 日，国民党空军 RF－104G 型侦察机 1 架在 4 架战斗机掩护下，飞临福建漳州地区，企图侦察晋江机场。解放军空军航空兵第 24 师起飞 8 架歼－6 型飞机迎击，飞行员胡寿根击落国民党空军担任掩护的 F－104 型战斗机 1 架。1967 年 9 月 8 日，国民党空军 U－2 型高空侦察机 1 架窜入浙江嘉兴地区侦察，并对地空导弹制导系统施放干扰。解放军空军地空导弹第 14 营采取反干扰措施，用国产红旗 2 号地空导弹将其击落。这是空军地空导弹部队击落的第 5 架国民党空军 U－2 型高空侦察机。

在人民解放军防空部队和空军海军航空兵部队的有力打击下，1971 年以后，美国和国民党空军飞机对中国大陆的侦察挑衅活动明显减少，并趋于停止。

二、继续进行援越抗美斗争

中国人民解放军自 1965 年 6 月开始组成援越部队进入越南北方，支援越南人民的抗美救国斗争。1966～1973 年，根据中越两国政府及军队签订的有关协定，援越部队继续担负了援越抗美任务。从 1965 年 6 月～1973 年 8 月，中国先后派出了高炮、工程、铁道、扫雷、后勤等部队总计 32 万余人（工程部队 17 万、防空部队 15 万）。中国为越南人民抗美斗争的胜利付出巨大牺牲，作出了卓越贡献。

中国援越部队在越南北方的战斗历程，大致可分为两个阶段。第一阶段，1965 年 6 月～1970 年 7 月。这一阶段，是越南人民抗美战争最激烈最艰难的阶段。中国先后共派出支援部队 32 万余人（其中 1967 年援越部队最多时达 17 万余人），担负抢修抢建公路、铁路、机场、通信设施工程任务，以及防空作战、后勤保障及运输等任务。第二阶段，1972 年 5 月～1973 年 8 月。中国抽调汽车部队在两国边境地区担负援越运输任务，派出扫雷部队帮助越南扫雷，并抽调部队和民兵为越南铺设输油管线。

（一）构筑国防工程

越南战争爆发后，越南南方傀儡政权多次派出军队袭扰越南北方沿海地区，美国也派出军舰不断进入北部湾游弋，阻拦越南北方对南方解放阵线的支援。根据越南政府的请求和中越双方的协定，中国人民解放军总参谋部抽调 3 个工程团 1.2 万余人组成工程第 2 支队，于 1965 年 6 月，到达施工地域的 15 个岛屿和 8 处岸防要地，构筑永备工事、码头、道路，铺设海底电缆和通信线路。经过 480 多个日日夜夜的紧张施工，所有工程于 1966 年全部竣工，同年 10 月凯旋回国。为表彰该支队的突出贡献，越南民主共和国授予该支队所属单位越南民主共和国一级勋章 3 枚，授予 5 人越南民主共和国一级勋章，授予 12 人越南民主共和国二级勋章。全支队有 11 人荣立一等功，34 人荣立二等功，3041 人荣立三等功。由于美国对越南的侵略战争逐步升级，为防御美军对河内市、海防市的侵犯，根据中华人民共和国和越南民主共和国党政代表团 1966 年 8 月 24 日会谈协议，中国又派出 1.2 万人的部队援助越南在红河三角洲地区紧急修建永久性设防工程。12 月 15 日，中国人民解放军工程第 7 支队 3 个团和 5 个高炮营进入越南红河三角洲地区，构筑设防工程。这里地质状况恶劣，塌方不断，在 400 多天的施工中，共发生 5 立方米以上的塌方 754 次，全支队因塌方牺牲 12 人。该支队完成任务后，于 1968 年 2 月回国。第 2、第 7 支队均超额完成援越施工任务。完成的主要工程有：坑道 239 条，总长 2.5 万米；坑道口露天炮阵地 138 个；掘开式永备工事 123 个；观察所 26 个；海底通信电缆 15 条（103 公里）；永久道路和施工用道路 171 公里，桥梁 14 座，涵洞 21 个；码头 9 座。以上工程，共完成土石方 84.76 万立方米，相当于沿越南北方海岸线堆筑一道高宽各 1 米的护墙。越方对工程的评价是：工程抗力均超过越方要求，工程质量高，坚固、适用、伪装好。

中国工程部队还帮助越南在内排、安沛修建了两个现代化机场和飞机洞库。内排机场位于河内，是越南的首都机场，1965 年竣工。1968 年 9 月 ~1969 年 11 月，中国工程部队经过一年多的辛勤努力，又圆满完成了该机场的飞机洞库施工任务。越方验收后认为，工程完全符合战术、技术要求和设施标准。安沛机场于 1966 年动工。中国工程第 3 支队在美机频繁轰炸的情况下，紧张施工，先后平掉大小山丘 58 座，削山高度最多达 31 米，填土厚度达 8.5 米。各项工程均达到设计标准，质量优良。该机场洞库工程 1968 年 9 月开工，1969 年 10 月完工。除修建机场外，中国还提供了机场的装备、设备。

为了加强越南的通信设施，中国援越通信工程大队，帮助越南在莱州、山萝和奠边府等地区修建通信设施。1965 年 10 月 ~1966 年 7 月，共架设通信线路 330 杆公里，挂线 894 对公里，安装 4 个载波电话站以及由其中一个电话站至越南西北军区驻地的中继线。这些通信设施，有效地改善了越南西北地区的通信状况。

（二）修建铁路、公路

在越南战争中，越南北方的铁路、公路是美机空袭的重点。为了打破美国对越南北方交通线的封锁，改善其运输条件，应越方要求，中国人民解放军派出以铁道兵、工程兵为主的支援部队 4 个支队 10 余万人，担负了抢修和维护河内以北铁路运输与抢建 7 条重要公路的繁重任务。

1965 年 6 月 ~1970 年 6 月，人民解放军铁道兵第 1 支队经过艰苦奋战，提前完成了各项任务，共计抢建新铁路正线 117 公里，改建铁路正线 362 公里，抢建铁路战备工程正线 98 公里，新建铁路桥梁 30 座，隧道 14 座，新建和扩建各种铁路站、段 20 个，架设通信线路 1023 对公里，铺设水底通信电缆近 8 公里。工程的相继竣工，大大提高了河内以北的铁路运输能力，有力地保障了越南抗美战争的运输需要。与此同时，第 1 支队还承担了河内以北铁路干线的维修工作。据不完全统计，1965 年 6 月～1968 年 10 月，美军飞机对第 1 支队区域内铁路线空袭投弹 28.8 万枚。其中，1967 年 6 月空袭高峰时，平均每公里路段落弹 9.6 吨，主要桥梁每米落弹 2.5～6.3 吨。在这种情况下，第 1 支队指战员与美国空军斗智斗勇，1965 年 8 月～1969 年 2 月，共抢修被炸坏的铁路设施 1778 处（次），排除定时炸弹 3100 余枚，修复铁路线路 157 公里，抢修通信线路 1420 对公里。尽管美机空袭越南铁路线创造了世界战争史上空袭猛烈程度的空前纪录，但越北铁路仍然一直保持通车。

援越工程部队第 4、第 5、第 6 支队担负越南北方抢修抢建公路任务。越南北部属山岳丛林地区，地形复杂，气象多变，夏天高温多雨，冬天寒气袭人，天上美机空袭轰炸，施工条件非常艰苦。除 3 号、8 号公路有简易公路外，其他多为新建公路。援越工程部队广大指战员，发扬人民解放军不怕艰难困苦、不怕流血牺牲的无私奉献精神，克服重重困难，加速抢修抢建公路任务的完成。为迅速展开兵力，大多数工程部队从人行小道进驻施工地段，有些路段修建在崇山峻岭之中，遍地荆棘，无路可走，指战员靠刀砍斧劈开道前进。施工部队携带的军需物资和施工器材，全靠人背马驮，行走几十公里才能到达驻地。进入施工地段后，指战员露宿野外，多雨潮湿，蚊叮虫咬，休息不好。修路工程指挥部针对援越筑路任务重、时间紧、战线长的特点，决定实行集中兵力打歼灭战的原则，将整个工程分两期进行。第 2、第 3、第 8、第 10 号公路为第一期工程，第 1、第 11、第 12 号公路为第二期工程。把路基、桥梁、涵洞等工程作为重点，先行安排。旱季抢建桥梁下部结构，上部结构穿插进行。对新建路采取先初通后扩建的方法，根据工程进度，适时调整兵力。同时要求各级领导和工程技术人员深入工地，及时发现问题、解决问题，要求广大指战员在抢修抢建公路中不怕艰难险阻，不怕流血流汗，奋力排除困难，努力完成任务，为国争光，为援越抗美的胜利作贡献。经过工程部队全体指战员艰苦卓绝的奋战，至 1968 年 6 月，历时近 3 年时间，提前或按时建成 7 条干线公路并完成其附属设施的抢修抢建任务，保证了 7 条公路的畅通。共计修筑公路 1206 公里，桥梁 305 座、总长 6854 米，涵洞 4441 座、总长 46938 米，总计完成土石方 3050 万立方米。此外，中国援越筑路部队还完成部分协议以外的工程。越方在验收中认为，中国援越筑路部队所建路线和所有构造物的技术标准，不仅完全符合协议的各项规定，而且有些项目还高于规定的标准，工程质量优良、美观，极为满意。修路指挥部所属部队圆满完成任务后，于 1968 年 10 月回国。担负越北铁路扩建和改建任务的第 1 支队在 1970 年 6 月完成任务后，全部撤回国内。援越的工程兵广大指战员，严格遵守三大纪律八项注意，处处为越南人民做好事，增进了中越人民的友谊，受到越南各级领导人和广大人民群众的赞扬。1968 年 7 月 15 日，胡志明在河内接见中国援越部队修路指挥部领导人和各部队的代表时，深情地称赞援越部队是“来时人人敬爱，走时人人想念的革命军队”。中国人民解放军工程兵部队援越抗美的这段历史，将永载史册！

（三）防空作战

中国援越工程部队入越后，经受了美国对越南北方大规模空袭和轰炸的考验。据美国国防部宣布，1965 年 2 月～1968 年 11 月，美国空军对越南北方的空袭达 10.77 万次，投掷炸弹 258 万吨，越南北方平均每平方公里落弹 16.2 吨，投弹密度远远超出了历史上任何一次战争。在世界战争史上空前猛烈的空袭轰炸中执行掩护施工、进行反空袭作战的中国援越高炮部队，完成了各项任务，经受了现代化战争的锤炼。

自 1965 年 8 月 1 日起，中国援越高炮部队第 61、第 63 支队，由广西、云南方向入越，担负掩护中国援越工程部队的施工及越北和太原钢铁基地的防空作战任务。尔后，根据越北防空作战和锻炼部队的需要，中央军委作出防空部队入越轮战的决定。1966 年～1969 年 3 月，以轮换作战的形式，先后又派出高射炮兵第 67、第 65、第 33、第 31、第 32、第 62、第 64、第 35、第 37、第 70、第

66、第19、第68、第34支队，共14个支队及部分独立高炮营、高射机枪连和勤务分队入越作战。先后有9批16个支队共63个团和50个队属高炮营及部分高射机枪连等，总计15万余人，参加了这场堪称世界战争史上最为激烈的防空作战。

美国空军空袭越南北方采取了逐步升级的战略，空袭的重点主要是军事和交通线等重要目标，使用了最先进的战斗机和炸弹等杀伤性武器，实施全方位、全天候空袭，空袭的战术和手段多种多样。到1967年，大规模空袭达到了最高峰。轰炸范围扩大到整个越南北方的各个地区，轰炸目标由桥梁、火车站、渡坊、码头、车辆、船只、城镇，扩展到石油设施、机场、水利工程、工业及其交通系统和居民区等。平均每天出动飞机300架次，最多时达700余架次。同时，美机每月以10天左右时间，集中兵力，分段破坏铁路、桥梁，断绝交通，再以小规模频繁袭扰，阻止越南北方交通的恢复。在空袭北越作战中，美军使用了除核武器以外的几乎所有最先进的杀伤弹药。如美机对固定目标攻击，主要使用500~1000磅的普通炸弹和气浪弹；对铁路桥梁轰炸，多使用1000磅炸弹；对公路桥梁轰炸，多使用500磅炸弹，有时也使用1000磅炸弹；对车站、渡口、铁路、公路轰炸，多使用150磅、500磅炸弹，有时也使用1000磅炸弹；对高炮阵地、指挥所和施工人员空袭，主要使用钢珠弹（也称子母弹）、菠萝弹，有时也用500磅、1000磅炸弹；对行驶的车辆袭击，主要使用钢珠弹和菠萝弹，有时也使用火箭弹；对炮瞄雷达的攻击，使用“百舌鸟”导弹；对探照灯攻击，主要使用“响尾蛇”导弹。此外，美军对铁路桥梁的攻击还大量使用“小斗犬”导弹、伞形磁性炸弹等弹药。

中国援越高炮部队入越时的装备，仍是抗美援朝战争期间使用过的37毫米和85毫米苏式高射炮，均为30年代设计，对付60年代先进的超音速美机，有许多困难。在这种情况下，高炮部队指战员针对美机战术多变和狂轰滥炸等特点，根据抗美援朝战争对空作战的经验，研究对付美机的战术和打法，扬长避短，发挥解放军英勇善战、机动灵活和近战歼敌等优良作风，使旧式武器的威力得到了最大限度的发挥。各部队采取严密防护措施，减少空袭危害；采取重点设防与机动作战相结合的战术和集火近战的打法，从被动中争取主动，歼灭美机，保卫目标的安全；发挥群众智慧，创造了捕捉目标快、求出诸元快、射击动作快，以及“三打、三不打”和“三多打、三少打”① 等一系列对付美军飞机的办法与战术；做到齐打、齐停、齐转移，叫打即打、叫停即停，统一行动，令行禁止；实现敌变我变，变在敌前，争取战斗的主动权，打得准，打得狠，不打则已，打则必歼；仗越打越精，射击命中率大大超过抗美援朝战争期间的防空作战。如1965年10月5日，19架美机向宋化铁路桥轮番攻击，负责掩护该地的高炮第609团2营奋战69分钟，击落美机5架；1966年5月31日，美机出动30批109架次对正在修筑中的安沛机场实施猛烈轰炸，担负防空任务的高炮第607团和第619团经长达3个多小时的奋战，击落美机16架，击伤10架；1967年3月10日和11日，美军出动飞机33批共107架次对太原钢铁基地进行轰炸，并一再发射反雷达导弹，保卫该基地的高炮第62支队关闭雷达，依靠光学瞄准设备捕捉目标，经两天奋战，击落美机18架，击伤5架，这是入越防空作战最大的一次胜利。有的部队还根据美机航线变化及活动规律，采取机动作战的办法，即打即离，打一仗换一个地方，白天打、晚上撤，不断变换阵地位置，灵活机动，出敌不意，掌握作战主动权，提高了作战效率，人人减少了自身损失。据9个支队统计，机动伏击作战共击落美机125架。陆军第39师直属高炮营采取机动作战的方法，在莱州和奠边府地区作战，取得共击落击伤美机15架的战绩，自己在战斗中无一伤亡。

在越南战场上，美军不仅飞机多、炸弹多，而且还使用了当时

① “三打、三不打”，即把敌机放到火炮有效射程内，打临近、不打临远，打主攻飞机、不打佯攻飞机，打低空飞机、不打高空飞机；“三多打、三少打”，即多打迎头（俯冲飞机）、少打追尾（临远飞机），多打对我军阵地威胁大的飞机、少打对我军阵地威胁小的飞机，多打短点射、少打长点射。

世界上最先进的轰炸技术。当时，美机在轰炸中一再从二三十公里外的距离向高炮阵地的炮瞄雷达发射“百舌鸟”反雷达导弹。这种导弹可以追踪地面雷达发射的高压辐射波并自动导向雷达阵地，摧毁雷达。中国援越高炮部队入越之初，由于缺乏经验，受到威胁很大，经常被迫关闭雷达。为了有效地打击美机，援越高炮部队发挥群众智慧，及时总结作战经验教训，很快找出一套对付美制“百舌鸟”导弹的有效办法，即早开机、近升压、断高压、摇摆天线、断续开机等方法，使敌机无法瞄准，发射后的导弹难以跟踪目标，只能循脉冲波飞行的“鸟”成为“盲蝇”，纷纷坠地爆炸。“百舌鸟”导弹的命中率大大降低，雷达损失大大减少。美国后来承认，北越不久就找到了怎样对付“百舌鸟”导弹的手段，减小了“百舌鸟”导弹以前所造成的威胁。

美国在越南先后投入高达54万之众的部队，平均年度所耗战费多达300亿美元，但战局的发展依然不能朝着它所希望的方向发展，美军伤亡人数骤增，美国国内反战情绪高涨。在此情况下，1968年3月31日，美国为争取同越南进行和平谈判，宣布对越南北方的轰炸开始“逐步降级”。从此，中国援越部队的防空作战任务大大减少。1968年11月，美国停止轰炸和炮击越南北方。经中越两国政府商定，中国援越高炮部队于1969年3月以前陆续全部撤回国内。

中国援越防空部队在越南北方历时3年多的防空作战中，先后共作战2153次，击落击伤美机3315架，其中击落1707架、击伤1608架。在援越防空作战中，中国援越防空部队再次创造了用劣势装备战胜优势装备敌人的优良战绩，取得了许多宝贵的经验，受到越南党和国家领导人以及越南军民的高度赞扬。

（四）扫雷和铺设输油管线

1969年初，美国与越南民主共和国在巴黎开始谈判，越南战争从此进入了边打边谈的阶段。为了迫使越南在巴黎谈判桌上让步，并切断来自越南北方的支援，保住越南南方阮文绍傀儡政权，1972年5月，美军恢复对越南北方的轰炸，同时对越南北方沿海航道、港口、河道实施大规模水雷封锁，企图切断越南北方接受外援物资和支援越南南方的主要运输线。越南民主共和国政府于美国布雷的当天，请求中国派海军部队帮助扫雷。根据越方的请求，中国政府同意立即开通中越间隐蔽的海上航线，向越运送援助粮食和其他物资，同时承担协助越军扫除沿海美军水雷和抢建野战输油管的任务。

由于任务紧急，1972 年 5 月 9 日深夜，周恩来总理紧急召见海军领导人，布置这一重大任务。海军立即命令南海舰队组成“水雷调查工作队”，火速赴越，了解美军布放水雷的性能和越南海区情况，制订扫雷方案。国内立即动员各个方面的力量，提供扫雷器材和配件，涉及全国 19 个省、市的 130 多个工厂；调集了海军各型扫雷艇 12 艘、保障艇 4 艘，人员共计 318 名，组成扫雷工作队，从 1972 年 5 月 28 日起，分 5 批入越，执行扫雷任务。在扫雷艇队的努力奋战下，1973 年 2 月 5 日，海防港航道终于正式通航。被困的各国商船纷纷起锚，当通过中国扫雷艇停泊点时，鸣汽笛向中国军人致意。扫雷工作至 1973 年 5 月 17 日全部结束。在近一年的时间中，扫雷工作队扫雷 526 艇次，扫除各种水雷 46 枚，疏通了海防、鸿基、锦普等港口至东北群岛的各条航道，总清扫面积 201 平方海里。越南海军检查后认为，扫雷任务完成得很好，达到了清扫的目的。1973 年 8 月，援越扫雷工作队回国。

按照越方要求和中越两国军队达成的为越南铺设输油管的协议，中国克服了“文化大革命”动乱造成的困难，迅速生产出铺管所需的全部设备和专用车辆，并以最快的速度向广西边境调拨了充足的援越油料。从 1972 年 5 月 31 日 ~1973 年 2 月 12 日，中国人民解放军先后抽调部队和民兵 8000 多人次，并配以大批机械、车辆，在凭祥至友谊关、防城港至滩散两地段，铺设了 5 条援越野战输油管，总长 159 公里，连同新建扩建的油库、泵站、通信设施和铁路专线等工程，共完成土石方 10 多万立方米。1972 年 6 月 ~1976 年 6 月 4 年间，中国通过输油管向越南输送的汽油、柴油总计近 130

万吨，占越南抗美战争期间中国援越石油总量的一半多，有力地支援了越南抗美救国斗争。

中国援越部队发扬人民解放军的优良传统，以中越人民的友谊和团结抗美大局为重，尊重越南政府，尊重越南人民军，尊重越南的风俗民情，模范执行军事政治纪律，爱护越南的一山一水、一草一木，并关心越南人民的疾苦，为群众送药看病，为越南人民做了大量好事，不少战士为抢救越南人民的生命财产献出了自己的宝贵生命。1967 年 6 月 15 日，高炮第 62 支队战士朱魁元在太原市求河渡口为抢救落水的越南老人焦文碑英勇牺牲，被越南军民誉为“伟大的国际主义战士”。援越部队在作战中英勇顽强，在工地上艰苦奋战，涌现出许许多多临危不惧、视死如归的英雄人物，有 4200 余人身负重伤，有近 1100 人壮烈牺牲并安葬在越南土地上。中国援越部队无私奉献的实际行动，增进了中越两国的友谊，受到越南人民的热诚拥戴和高度赞扬。

中国援越抗美军事行动，是新中国成立以来继抗美援朝之后又一次大规模援助邻国抵抗侵略的军事行动。中国援越部队把越南人民的抗美救国斗争看作自己应尽的神圣义务，同越南人民一起，并肩战斗，用鲜血和生命保卫越南北方的领空、领土安全，打破美国对越北方交通线的封锁，保证越南北方运输线的畅通，援越物资及时运往各地。对于中国人民的援助与支援，越共中央和越南政府给予高度评价。胡志明用“恩深、义重、情长”几个字，真挚地表达了对中国援助的感激之情。

三、援老抗美军事行动

老挝，位于东南亚中南半岛北部，同中国、越南、柬埔寨、泰国、缅甸相邻。老挝是一个长期遭受外敌侵略的国家。老挝人民为争取国家独立，进行了长期斗争。在 1954 年 7 月关于印度支那问题的日内瓦会议上，与会国承认老挝王国的独立、主权和领土完整。日内瓦会议后，法国殖民主义者撤出老挝。美国乘虚而入，在印度支那发动了一场旷日持久的特种战争，镇压老挝人民争取民族独立和解放的斗争。面对美国的侵略，老挝人民在老挝人民党和爱国战线的领导下，不畏强暴，不怕牺牲，抗美救国，逐步建立和发展了自己的武装力量，但在武器装备、军用物资、军事训练和交通运输等方面，都存在着许多困难。为了长期坚持抗美救国斗争，并夺取最后胜利，老挝人民党和王国政府，请求中国给予军事、物资援助，并帮助修建公路。

为了支持老挝人民的抗美救国斗争，保卫中国的安全，应老挝人民党和老挝王国政府的请求，中共中央和中国政府决定从物资上和军事上给予大力支持。从 1959 年起，在向老挝爱国部队提供大量武器装备援助和帮助训练军事技术人员的同时，1962～1978 年还派出工程、地面警卫、防空和后勤部队及民工大队，共11 万人，无偿援助老挝修筑公路 800 余公里。中国人民和人民解放军为老挝人民取得抗美救国斗争的胜利和发展老挝经济，作出了积极贡献。

（一）帮助修建公路

老挝是个内陆国家，没有出海口，也没有铁路。交通运输主要靠公路和乡村路。应老挝人民党和政府的请求，1962～1978 年，中国为老挝无偿修筑了 7 条沥青路面公路。

丰帕（丰沙里至帕卡）公路是中国在“文化大革命”之前帮助修建的。由云南省派出的技术考察团负责勘察设计，由昆明军区和铁道兵各组织一个工程大队，共 4300 余人，另有一个民工大队，共同担负筑路施工任务。施工于 1962 年 2 月开始。老挝北部地区，群山连绵，森林密布，河溪纵横，气候炎热，施工十分困难。由于工期紧迫，施工部队边准备、边设计、边施工，分段包干，密切协作，克服了种种困难，于 1963 年 3 月 15 日全线竣工。公路全长 81 公里，有桥涵 209 座。老挝首相将这条公路命名为“老中友谊路”。

其余 6 条公路是中国在“文化大革命”期间帮助修建的。随着援老修路任务的增加，为了加强对修路工作的领导，保证援老修路任务的顺利完成，1968 年 8 月 16 日，中央军委决定，由援越筑路部队第 5 支队组成筑路指挥部，率 4 个工程建筑大队（团）、云南省第1民工总队以及防空、警卫和后勤部（分）队共2万人，从1968年9月8日起，由中国云南省勐腊县麻憨口岸分批进入老挝筑路。以后又有15个工程兵团进入老挝，分3次援助老挝修建公路。

第一次，修筑孟赛分别至波亭（老西线）、孟夸（老东线）、孟洪（新西线）3条公路。这3条公路在森林中穿行，线路越岭跨河，穿林绕谷，桥梁多，工程艰巨。第5支队、云南省第1民工总队于1968年9月下旬开始动工，广大指战员忘我奋战。1970年1月，云南省峨山、通海等地发生强烈地震，第704大队有735人的家庭遭受重大损失，其中141人有直系亲属死亡，但无人要求回家探亲。经过3年多艰苦奋战，至1972年3月，3条公路全部完成，全长293公里，从而使老挝北部的交通状况大为改观，有效地支援了老挝人民抗美救国斗争。为保障公路畅通，工程兵从1972年3月起，又先后派出两个援老工程大队，担负老西线的维护保养任务达6年之久。

第二次，修筑北线和孟北线公路。北线公路是那堆至孟新东北侧的公路，孟北线是孟洪至北本的公路。其中北线公路有80%是越岭线和沿溪线，工程量大。这两条公路对老挝发展地方经济，开展抗美救国斗争有重要作用。贵州、山西、云南三省交通局负责勘察设计，中国援老筑路指挥部率4个工程大队和云南省新组建的1个民工总队，共同担负施工任务，于1971年10月动工。为加快施工进度，施工部队经常减少假日休息。经过两年多的紧张施工，到1973年底，孟北线和北线公路同时竣工。孟北线全长51.5公里，有桥梁14座，涵洞191个；北线全长115.5公里，有桥梁21座，涵洞373个。

第三次，修筑新东线公路。该线由纳双至孟献，勘测设计长度约为300公里，要反复跨越高山峡谷，工程任务特别艰巨。1973年7月7日，工程兵和昆明军区在北京共同召开援老筑路工作会议，总结交流了以往援老筑路经验，研究了援建新东线的具体部署。该线的勘测设计任务由贵州省交通局承担。中国先后动用了6个工程大队施工，经过5年艰苦奋战，新东线公路于1978年3月胜利竣工，全长280.867公里，桥梁32座，涵洞904个。新东线交付使用后，老挝政府将其命名为“老中友谊一号公路”。1978年4月8日，中老两国政府在老挝孟外县举行工程移交签字仪式。老挝人民民主共和国政府代表团团长、公共工程和交通运输部部长萨南在签字移交仪式上说，“中国援建的老中友谊一号公路，是中国筑路干部和工人阶级国际主义精神和英勇精神的历史标志，它将永远树立在这块英雄的老挝土地上”。

至此，援老部队和民工完成了援老筑路的全部工程。从1962年2月到1978年5月的16年中，中国先后派出18个工程大队，3个民工总（大）队，直接施工力量7万人，投入主要施工机械2250多台，为老挝修建公路总计822.4公里，桥梁131座，涵洞2677个，铺设沥青路面458万多平方米。平均每公里的造价为当时中国人民币31万余元。这些公路位于老挝北部上寮地区，贯穿丰沙里、琅甫塔、乌多姆赛、琅勃拉帮、桑怒等省，是连接上、中、下寮的纽带，成为中国、老挝与泰国及其他东南亚国家陆路交通的主要干线。

（二）援老高炮部队防空作战

为了保障筑路工作的顺利进行和施工人员的安全，根据老挝人民党的要求和中老双方协议，中国人民解放军自1969年3月~1973年11月，先后派出1个大队和3个支队，担负援老筑路中的防空作战任务。

1968年，老挝人民接连取得巨大胜利，引起美国和万象当局的极度恐慌和不安。美国和万象当局不断派出飞机对中国筑路部队进行空中袭扰，平均每月达100多批，400~500架次。中国人民解放军第705大队奉命于1969年3月进入老挝，担负对空掩护任务。至年底，该大队防空作战共8次，击落敌机3架、击伤5架。此后，第302、第303、第304支队先后入老执行防空作战任务。在4年多的时间里，先后派出援老高射炮兵部队2.1万余人，对空作战共95

次，击落敌机 35 架、击伤 24 架，有效地保障了中国筑路部队和民工的安全。

援老筑路工程部队和高炮部队不仅努力地完成修路和防空作战任务，而且还利用施工和作战的间隙，积极为老挝人民做好事。据不完全统计，共盖小学校 32 所，修便道 40 公里、便桥 130 座，挖水井 100 多口，修水渠 5 万余米，助民劳动 3 万多人次，修理车、船和机械 1 万多台件，出动运输车 2500 多台次，治病 26 万人次；某部副政治指导员杨金堂带领战士在老挝抗洪救灾中牺牲。1978 年 5 月底，中国援老部队完成了援老公路的全部工程后回国。

为了支援老挝人民的抗美救国斗争，中国人民作出了重大努力和贡献。无论是在三年经济困难时期还是在十年动乱时期，中国人民节衣缩食，尽量满足老挝人民抗美救国斗争的需要。援老部队的一切费用，全由中国负担。在艰苦的施工和对空作战中，援老部队顽强奋战，许多人员负伤致残，有 269 人牺牲，其中 210 人长眠在老挝孟赛和班南舍的烈士陵园里。

老挝人民革命党和老挝人民民主共和国政府，对于中国人民为老挝人民所作的贡献，给予很高的评价。1974 年 10 月 10 日，老挝人民解放军最高指挥部参谋部写给中国人民解放军总参谋部的信中说："中国人民的援助，是在真正的无产阶级国际主义基础上的援助。"老挝人民革命党代表团在老挝的烈士陵园向中国烈士献花圈时表示，"对于中国崇高的国际主义精神，我们子孙后代将永远铭记在心"。1978 年 3 月 17 日，老挝人民民主共和国主席苏发努冯签署《关于表彰中国工程队先进单位和个人的决定》，授予中国筑路工程队指挥部一级自由勋章，授予第 725、第 726、第 727、第 732、第 733、第 734 大队及 7 个分队一级劳动勋章，授予 17 个单位和 2 名个人二级劳动勋章，授予黄小毛、吴春祥、杨金堂三位烈士一级英雄勋章，授予 207 位烈士二级英雄勋章。政府总理凯山・丰威汉签发了给中国筑路工程队 2498 位立功人员的奖状。

四、对外军事援助

（一）培训外国军事人员

培训外国军事人员工作，是中国对外军事援助的组成部分。培训有两种情况：一种是受援国派军事人员到中国接受培训；另一种是中国派出军事专家到受援国为其培训。培训的主要任务包括：帮助受援国训练军事人员，介绍中国国防和军队建设的经验，教授中国武器装备的使用、修理和其他专业技术。进入60年代以后，要求中国承担培训任务的国家迅速增加，外训工作有了较大发展。到1978年，人民解放军先后有100多个单位承担了外训任务，包括院校、部队、医院和工厂。先后为40多个国家培训了军事人员，派出军事专家6000余人，接受外军学员8000余人。培训对象有军事指挥人员、政工人员，也有各类专业技术人员。军事训练内容由步兵轻武器的使用和基本战术，发展到陆、海、空军重装备的专业技术和合成军队的战役战术。

从事外训工作的教职员工，发扬人民解放军的光荣传统，谦虚谨慎，忘我工作，热忱为学员服务，增进了与受援国人民和军队的友谊。有的外国学员感激地说："我们来中国之前是盏没有油的灯，现在中国朋友给我们加满了油，可以点亮回国了！"还有的说："我们带回国的不仅是结业证书，还有中国人民和军队的伟大友谊。"出国的军事专家和翻译，在异国他乡，无私传授知识，严格遵守受援国法令，尊重当地人民的风俗习惯，同受援国人民和军队同甘共苦，积极地传播友谊，受到高度赞扬。1970年4月，在坦桑尼亚执教的中国炮兵专家李顺卿，身患脑型疟疾，仍带病坚持上课，晕倒在课堂上，经抢救无效，以身殉职。坦桑尼亚军队为他举行了隆重的追悼会和安葬仪式。许多中国军事专家在受援国工作期间，受到受援国政府和军队的热情接待和关怀以及工作上的大力支持。这些国家和军队的领导人，给中国军事专家以很高的礼遇，如接见、宴请、授勋等。在长期的外训工作中，人民解放军同受援国军队建立了深厚友谊。

（二）对外援助武器装备物资

随着国际形势的变化和中国对外关系的发展，武器装备和军用物资对外援助工作不断发展。武器装备援助的种类，由一般的轻武器装备发展到大型火炮、坦克、装甲车、飞机、艇船、导弹等重型武器装备；援助的地区，由亚洲的一些近邻国家扩大到非洲、拉丁美洲和欧洲的一些国家。援助绝大部分是无偿的。

1964 年 1 月，周恩来访问亚非国家时，宣布了中国对外提供经济技术援助的八项原则，主要内容是："中国政府一贯根据平等互利的原则对外提供援助，从来不把这种援助看作是单方面的赐予，而认为援助是相互的"；"严格尊重受援国的主权，绝不附带任何条件，绝不要求任何特权"；"帮助受援国逐步走上自力更生、经济上独立发展的道路"；"中国政府提供自己所能生产的、质量最好的设备和物资"；"中国政府对外提供任何一种技术援助的时候，保证做到使受援国的人员充分掌握这种技术"。[①] 此后，亚非不少国家纷纷向中国提出了军援请求，人民解放军的军援范围和规模不断扩大，受援国也逐渐增多。仅 1964 年，就有巴基斯坦、坦桑尼亚、马里、布隆迪、几内亚比绍、刚果（布）（今刚果）等 9 个国家向中国提出军援请求。1971 年 11 月，中国代表团团长乔冠华在联合国大会上，进一步阐述了中国对外援助政策，"我们提供援助，从来严格尊重受援国家的主权，不附加任何条件，不要求任何特权。对于正在进行反侵略斗争的国家和人民，我们提供无偿的军事援助"。尔后，要求中国提供军事援助的国家，又增加了孟加拉、尼泊尔、斯里兰卡、埃及、津巴布韦、加蓬、苏丹、乌干达、赞比亚、索马里、卢旺达等几十个国家，至 1978 年，已达 60 多个国家。中国对外援助的武器装备品种和数量大大增加，计有各种枪 420 万支（挺），火炮 9 万余门，坦克、装甲车 3620 辆，飞机 1430 余架，艇

① 《周恩来年谱（1949～1976）》中卷，611～612 页，北京，中央文献出版社，1997。

船352艘，导弹系统15套，导弹449枚，各种枪弹43亿余发，炮弹5130万余发，以及其他装备物资。一些新型武器装备，如地空导弹、歼-7型飞机，也援助给了朝鲜、越南和阿尔巴尼亚。与50年代~60年代前期相比，援外武器装备的品种增加了一倍多，数量增加了5~10倍。

越南是中国武器装备、物资援助的重点国家。中国人民把援助越南人民的斗争当作自己应尽的国际义务，竭力满足越南抗美救国斗争的需要。毛泽东要求：凡是越南南方提出的需要，我们有可能办到，就一定要满足。有些我们有的，越方没有想到，我们要主动提出，如蚊帐、雨具、医药、急救包。压缩干粮也可以。南方生活苦，肉松也可以。1965年底，毛泽东指示解放军总参谋部：在援助越南南方的物资中，增加压缩干粮、肉松、猪肉罐头、咸鱼、蛋粉、雨衣、蚊帐和医疗器械。周恩来提出：援助越南是我们的头等任务，对越南提出的要求要严肃、认真、积极地对待，有机会要多准备些东西，尽量多运点进去。他要求：给南方的装备，要便于使用、便于携带、便于隐蔽和便于运送，每件援越物资的重量一般不要超过25公斤，以便担负搬运任务的越南妇女头顶肩扛。1967年，向越南驻上寮部队提供的援助，大到军事物资，小到办公用具、日常生活必需品，几乎无所不包。军械物资34项，通信器材23项，工兵器材17项，军训器材8项，油料、自行车、修理物资15项，主副食品（实物）21项，军需被装物资28项，炊事物资29项，主副食折换商品物资61项，日用品、办公用具及其他物品106项，药品器材229项，兽药药材116项，以上共计687项；主副食品、军需、被装，衣服每人每年3套，鞋子每人每年3双；每人每日大米800克，食盐30克，肉80克，鱼30克，芝麻、花生30克，豆类30克，猪油30克，酱油（鱼露）10克，味精0.1克，白糖30克。这些供应标准已经远远超出一般中国人当时的生活水准。

越南战争期间，中国许多新型装备研制成功后，人民解放军尚没有配备使用，就优先大量向越南提供，以保证越南抗美救国战争急需。1968 年之前，中国生产 63 式电台 3000 余部，其中绝大多数支援越南南方，自己仅留下少数样机试用。在 1972 年的一年中，中国即援助越南枪 18.9 万支，炮 9166 门，车辆 8558 台，工程机械 380 部。当越南提出的要求超过中国的生产能力时，不仅动用人民解放军的库存，甚至抽调现役装备满足越南的急需。1968 年 6 月，国务院副总理李先念与越南副总理范雄会谈 1969 年对越援助问题时，越方提出急需 107 毫米火箭炮，当时中国已停止生产这种火箭炮，为了满足越南要求，总参谋部决定无保留地将库存的该型火箭炮全部支援给了越南。1971～1972 年的一年多时间里，属于生产不能满足越南要求而从库存和部队中抽调援越的主要武器装备有：飞机 14 架，红旗 2 号地空导弹 3 个营的地面设备及导弹 180 枚，警戒雷达 2 部，水陆坦克 20 辆，舟桥 2 套，大口径加农炮 204 门，炮弹 4.5 万发。在 1971～1973 年的 3 年间，每年援越物资的金额超过 30 亿人民币，达到中国援越以来的最高水平。

为了将援越物资安全迅速地运往越南，自 1967 年开始，中国动用 500 余辆汽车将经铁路运抵边境城市的物资运往越南。1972 年 6 月～1973 年 12 月，根据越方要求和中越两国政府《关于中国派汽车把中国援越物资运到越南境内》的正式换文，中国人民解放军抽调 3 个汽车团 2100 余辆汽车，分 5 路运入越南各种物资 62.3 万吨，总行程 3545 万公里，运输费用全部由中国承担。1972 年 9 月，中越双方商定改建广西凭祥到中越边境 7 号界碑至越境公路，增辟新的汽车运输线。

1961 年 4 月，苏联开始向越南提供援助。到 1966 年 4 月，中国免费转运的苏联等国家援越军事物资已达 8.5 万吨。尽管此时中苏关系恶化，但中国政府和中国人民解放军仍动用相当大的人力和物力保证苏联援越物资转运，仅为保证 3 个地空导弹团的运输，即动员 1.5 万人直接参加此项工作，并在沿途先后派出警卫人员 16.3 万人次，使列车运行时间较一般列车的 11 天缩短了 4 天。对此，不仅越南满意，苏联驻北京的运输代表和过境人员也承认中国的转运工作是“认真的，搞得好，搞得快”。在越南抗美战争的10年中，中国转运苏联军事物资59.375万吨，免收过境运费8300万元。1966年6月19日，越南政府授权越南通讯社发表声明：“苏联和其他东欧兄弟国家的援助物资，都得到中国尽力帮助，按照计划转运过境。”

为了适应越南南方抗美斗争的需要，中国通过海上、陆地开辟了多条运输线。在海上，开辟了一条沿海的秘密航线，把援助物资及时送到越南中部的几个小岛，以便于越南继续运入南方。在海南岛提供港口作为越南运送物资到南方的中转站。具有特别重要意义的是，中国使用大量外汇开辟了一条通过柬埔寨到达越南南部的交通线，把中国援助的武器、弹药、粮食、医药等物资直接运给越南南方人民武装力量。这条交通线成为越南战争中敌对双方斗争的焦点之一。

1973年1月，《关于在越南结束战争恢复和平的协定》在巴黎签订，宣告美军撤出越南南方。1975年5月1日，越南南方完全解放。至1976年，中国停止了对越南的无偿军事援助。

在整个越南战争期间，中国共援助越南各种枪177万余支（挺），火炮3万余门，坦克、装甲车810辆，飞机165架，艇船117艘，汽车1.5万余辆，地空导弹系统3套，导弹180枚，雷达260部，无线电机3.2万部，有线电机4.9万部，工程机械4834部，舟桥15套，枪弹10.4亿发，炮弹1660万发，地雷19万个，炸药1.5万吨，及其他装备器材和军需物资。此外，还供给越南500万吨粮食，200万吨汽油，以及供越南南方斗争使用的6亿美元的现汇。中国援越的全部费用按当时的国际价格计算达200多亿美元。

中国人民把援助越南当作自己神圣和光荣的事业。“想越南人民之所想，急越南人民之所急，帮越南人民之所需”的口号曾风靡中国城乡。胡志明曾用“慷慨的”、“无私的”、“极其巨大的”和“有效的”这些词汇形容中国向越南提供的援助。1977年11月，越共中央总书记黎笋访问中国时曾说：“越南人民的胜利是与中国共产党、中国政府和兄弟的中国人民的强有力支持和巨大援助分不开的。越南人民永远不会忘记中国的这种慷慨的支援。”①

老挝是这一阶段中国重点援助的国家之一。1964 年 10 月，美国通过老挝亲美势力推翻了老挝民族团结政府。老挝人民的抗美斗争更加困难。毛泽东、刘少奇、周恩来等中国领导人指示，要加强对老挝人民的援助，老挝现有爱国武装力量的后勤供应中国包了下来，将来扩大多少部队，中国相应地给多少物资。根据上述精神，中国的援助由原来的不定期，改为每年安排一次，并尽力组织援老物资的生产和运输。至 1966 年底，援助老挝的装备物资总金额约值人民币 5500 余万元，可装备 3 万余人的部队。在中国的援助下，老挝爱国武装力量，由单一的步兵发展为拥有炮兵、工兵、通信兵等专业技术兵种的正规部队。1967 年以后，美国不断加紧对老挝爱国武装力量的“围剿”和轰炸，中国对老挝的援助也逐年增加。在老挝人民抗美救国斗争期间，中国向老挝无偿提供的武器装备物资援助主要有：各种枪 11.5 万支（挺），火炮 2780 余门，坦克、装甲车 34 辆，各种枪弹 1.7 亿发，炮弹 267 万余发，手榴弹 92 万枚，地雷 25.4 万个，无线电机 2530 部，有线电机 2654 部，汽车 773 辆，炸药 958 吨，军服 257 万套（件），主副食品 771 吨，为老挝人民取得抗美救国斗争的胜利作出了贡献。

在这一阶段中，阿尔巴尼亚也是中国重点援助的国家之一。中国对阿尔巴尼亚军事援助的原则是，只要阿方确实需要、中国又力所能及的，则尽力满足；能部分满足的，则部分满足；暂时不能提供的，以后提供；中国没有的，则向阿方解释清楚。根据中阿双方签订的军事援助协议，在 1961～1978 年的 18 年间，中国向阿尔巴尼亚无偿提供的武器装备物资援助主要有：各种枪 75.2 万支（挺），火炮 1.1 万余门，坦克、装甲车 890 辆，飞机 180 架，艇船

① 《解放军报》，1977 年 11 月 21 日。

46 艘，地空导弹系统 2 套，导弹 224 枚，鱼雷 196 条，汽车 4230 余辆，各种枪弹 15.64 亿发，炮弹 822 万发，以及通信、工程、防化、测绘、气象、军训、指挥作业器材等。此外，还援建了空军机场、海军基地，以及军械、通信、工程机械修理所，并提供所需的设备、配件材料等。

非洲是接受中国军事援助数量较大的地区之一，其中坦桑尼亚又是这一地区的重点。1964 年，中国开始向坦噶尼喀和桑给巴尔分别提供军事援助。1967 年后，中国对坦桑尼亚联合政府统一提供军事援助。1968 ~ 1970 年，中国除向坦桑尼亚无偿提供武器弹药、坦克、飞机、艇船、汽车及通信和工程器材外，还以贷款方式援建海军基地和机场各一个。1972 年，又无偿提供一个机场的全套飞行保障设备。这套设备计有车辆 67 辆、雷达 2 部，以及养场机械、各种器材 870 余项。

中国政府和军队一贯遵循反对霸权主义、维护世界和平的总方针，始终按照尊重对方、平等相待的精神，从事武器装备对外援助工作，为支援受援国独立自主、自力更生地加强国防，增强其反帝、反殖、反霸的能力，以反对霸权主义的扩张和战争政策，维护世界和平。中国人民为维护世界和平所作出的贡献，受到众多受援国和世界上热爱和平的人民的热情赞扬。然而，对外军事援助也有不少教训。从当时国际战略全局和中国的国力来看，不惜牺牲中国自身利益，对别国的援助有求必应，提供巨大无偿的军事援助，使中国在经济上和军事上付出了极其沉重的代价。对外军事援助超出了中国的实际能力，增加了中国人民的负担。

1966 年 5 月 ~ 1969 年初，是“文化大革命”运动全面发动和全国全面内乱的时期，也是人民解放军遭受冲击最严重的时期。林彪、江青反革命集团在全国煽动“打倒一切”、“全面内战”的同时，在军队制造多起阴谋事件，图谋搞乱军队，乱中夺权，致使人民解放军各方面建设遭受严重挫折和破坏。军队的正常秩序被打乱，军队建设不能正常进行；军队政治工作大搞形式主义和形而上学，假、大、空盛行；军事训练受到严重冲击；院校建设遭受空前损失，教学活动处于停顿状态；许多纪律与规章制度废弛，部队作风建设被破坏；机构臃肿，兵员膨胀；等等。但是，由于有毛泽东对军队的重视，有周恩来、陈毅、叶剑英、徐向前、聂荣臻等老一辈无产阶级革命家和广大干部战士对“文化大革命”极“左”错误和林彪、江青一伙的倒行逆施，进行了抵制和斗争，才使人民解放军保持了基本稳定。而且在极端困难的情况下，全军指战员努力奋斗，在国防和军队建设中也取得了一些成绩。如派出了200余万干部战士执行“三支两军”任务，努力维护国家局势的稳定；组建了第二炮兵和基本建设工程兵等新兵种，国防力量进一步增强；重大国防科技和战略核武器研制取得了新突破，使国家的威慑力大大提高；担负战备任务的防空部队和空军、海军航空兵百倍警惕，常备不懈，英勇善战，多次歼灭入侵敌机，战绩辉煌，保卫了祖国的安全；担负援越抗美和援老抗美的部队，发扬国际主义和爱国主义精神，不辜负中国人民的重托和越南、老挝人民的期望，无私奉献，英勇战斗，取得了援越抗美和援老抗美斗争的胜利，为维护世界和平作出重大贡献。

第二章　临战准备全面进行，林彪反革命集团覆灭

第一节　珍宝岛自卫反击作战

60 年代，中苏矛盾由两党意识形态分歧发展到两国关系严重恶化。苏联在运用政治与经济手段对中国施压的同时，陆续大量增兵中苏边界，并不断挑起事端，制造武装冲突，终于在 1969 年 3 月发生了珍宝岛事件。

一、中苏边界谈判破裂后，苏军在边界不断挑起事端

1964 年 2 ~ 8 月，中苏双方在北京举行边界谈判。在谈判中，中方要求苏联肯定俄国沙皇政府与中国清政府签订的边界条约是不平等条约，而苏方拒不承认那些条约的不平等性质。双方立场对立，谈判破裂。此后，苏联不但大量增兵中苏边界，而且派兵进驻蒙古人民共和国，对中国进行军事威胁。尽管如此，中国政府仍然希望维持边界现状。1965 年 2 月上旬，苏联部长会议主席柯西金访华时，周恩来提出改善和发展中苏关系的六点建议：（一）面临着中苏友好同盟互助条约签订 15 周年，最好双方把彼此的贺电、讲话都在报纸上发表，表示我们双方采取一致的态度。（二）发展两国贸易，并且可以在某些项目上长期合作。（三）过去有些建设项目没有完成，如果可能的话，我们应该把它完成。换句话说，就是把过去的那些建设项目作个结束。（四）文化合作协定的年度计划，过去几年执行得不好，我们希望今年能够执行得好一点。（五）我们要派一些留学生去，希望得到你们的回答。当然，如果你们也提

出要派留学生来，我们应该相应地满足你们的要求。（六）双方的旅行协定，我们也希望能够执行。这六点建议反映了中国领导人处理中苏关系的基本思想。中国希望在中苏意识形态的争论中不要过多地损害两国关系，以共同反对美国在亚洲的军事干涉，在处理边界纠纷问题中，中国持谨慎和有节制的态度。

然而，苏联为了称霸，不断对中国进行军事威胁，在中苏边界进行武装挑衅，制造流血事件，使中苏边境局势进一步恶化。据统计，1964 年 10 月 15 日 ~1969 年 3 月 15 日期间，两国间的边界事件达到 4189 起，比 1960 ~1964 年期间增加了 3 倍。在中苏边界东段界河乌苏里江上，苏联边防军挑起的边界冲突愈演愈烈，性质越来越严重。乌苏里江上的珍宝岛成为双方边界斗争的焦点之一。

珍宝岛历来是中国的领土，位于中国黑龙江省虎林县东乌苏里江上，面积仅 0. 74 平方公里。它原不是一个岛，而是乌苏里江中国一侧江岸的一部分，后因江水冲刷成为岛屿，枯水期和中国江岸相连。因为它两头尖，中间宽，形似中国古代的元宝，故称珍宝岛。按照中俄有关边界条约的规定，两国以乌苏里江为界。乌苏里江为通航河流，根据公认的国际法准则，凡通航界河均以主航道中心线为界，并依此划分岛屿归属。珍宝岛位于乌苏里江主航道中心线中国一侧，无可争议地属于中国领土，并一直处于中国黑龙江省虎林县管辖之下，但苏联却称其拥有这个岛的主权。60 年代中期开始，苏军拦阻中国边民进入珍宝岛，制造边界纠纷。1967 年 1 月 ~1969 年 3 月的封冻季节里，苏军先后侵入珍宝岛达 16 次。1967 年 11 月底 ~1968 年 1 月 5 日，苏军侵入珍宝岛以北的七里沁岛达 18 次，肆无忌惮地进行挑衅，动用棍棒殴打以至开枪射击中国边民，还开动装甲车冲轧中国边防巡逻人员，多次打伤正常巡逻的中国边防军人，抢走枪支弹药。据统计，仅 1967 年 11 月 22 日 ~1968 年 1 月 5 日，苏联边防军即侵入该岛打伤中国边防人员和边民达 122 人（其中重伤 21 人），打死轧死中国边民 5 人。中国边防人员在还击中打伤苏联边防军人 10 余人。由于中国边防部队对苏军的挑衅活动一再克制忍让，暂时避免了事态的扩大。

对苏联在七里沁岛制造的流血事件和在珍宝岛等地的领土要求及挑衅行动，中国政府从维护中苏两国人民的友谊和和平解决边界争端的原则立场出发，多次向苏方提出停止武力冲突，通过外交途径解决边界争议问题的意见，但均遭到苏方拒绝。为了捍卫国家主权和尊严，维护边境地区安全，防止不测事件发生，针对苏联方面变本加厉的挑衅，中国陆续加强这一地区的防御力量，采取了一些相应措施。1968 年 1 月 24 日，中央军委指示沈阳、北京等有关军区，加强中苏边界东段边防警戒的部署，做好军事上配合政治外交斗争的必要准备。要求边防部队在反挑衅斗争中严格遵守针锋相对、后发制人，以及有理、有利、有节的原则，同时还提出一系列处理边界事件的政策和措施。如遭到苏方殴打，可还手自卫，但不要开枪；苏方使用装甲车等向我冲撞时，可采取必要的防护措施，并向苏方提出强烈抗议；若苏方继续用装甲车向我冲撞，并轧死轧伤我方人员时，可相应还击，如炸毁其车辆，棒击其人员，但不准开枪射击；苏方向我开枪，我应当场向苏方提出最强烈抗议，并鸣枪警告；当两次警告无效，继续打死打伤我方人员时，我边防部队可开枪实行自卫还击；等等。同时要求采取上述任何一种自卫措施，都要掌握“先礼后兵”的精神，把还击行动控制在中国境内；边防部队多设想几种可能，事先做好准备，有重点、有计划地打击苏军的挑衅，力争做到“不斗则已，斗则必胜”。指示强调，边防上每一行动，都要考虑全局，按政策办事，严格请示报告，以配合政治、外交斗争。上述这些指示，充分体现了中国奉行“人不犯我，我不犯人”的防卫立场，体现了中国以忍让和克制态度谋求中苏两国事态妥善解决的真诚愿望。

1968 年冬，苏联对珍宝岛地区的武装挑衅活动更加频繁和猖獗，致使中苏边境冲突处于一触即发的状态。乌苏里江封冻后，苏联边防军多次出动装甲车、卡车，拦阻并以棍棒殴打上岛的中国边防巡逻队。12 月 27 日，苏联边防军出动装甲车和汽车 7 辆，运送

75 名军人，越过乌苏里江冰面侵入珍宝岛，拦截并殴打正在执行巡逻任务的 17 名中国边防军人，当场打伤 8 人，抢走冲锋枪 2 支。1969 年 1 月 4 日，苏联边防军出动 30 多名士兵侵入珍宝岛，对中国边防巡逻人员又推又打，并迫令中国边防分队离岛。1 月 6 日，苏联边防军在珍宝岛上抓走 2 名凿冰捕鱼的中国边民。1 月 23 日，苏联边防军 76 人在直升机掩护下，分乘 4 辆军车，携带军犬，对在珍宝岛执行巡逻任务的中国边防分队进行突然袭击，粗暴地把中国边防战士抛掷到冰面上，并放出军犬扑咬。这次事件中，中国边防分队 28 人受伤，被抢走冲锋枪 6 支、半自动步枪 3 支和数百发子弹。2 月，苏联远东边防军进入一级战备状态。此后，苏联在中苏边境的武力挑衅活动愈演愈烈，只要中国人员一上珍宝岛，苏军就迅速出动人员干涉，驱赶、殴打中国人员。2 月 7 日，苏军动用冲锋枪向中国巡逻队射击。

二、中国边防部队被迫进行自卫反击作战

面对苏军在珍宝岛地区一再使用武力进行挑衅的严峻形势，中国人民解放军边防部队在克制忍让的同时，制定了自卫反击的方案和战备措施。1969 年 1 月 25 日，黑龙江省军区提出珍宝岛地区反干涉斗争方案。2 月 19 日，中央军委同意黑龙江省军区的方案。总参谋部在给沈阳军区、黑龙江省军区的复电中重申，严格遵守针锋相对、后发制人，有理、有利、有节的原则。既不主动惹事，又不示弱。周恩来强调，对苏边防斗争既要掌握好政治斗争的边防政策，又要做好自卫反击的军事准备。鉴于珍宝岛已成为对苏斗争的重点地区，总参谋部对该地区的军事斗争问题提出一系列要求：驻珍宝岛地区的边防部队以不少于一个加强排的兵力组成2～3个巡逻组，按既定的巡逻路线、不固定的时间进行巡逻；自卫还击的地点，必须严格控制在主航道我侧；反击行动力求突然、迅速，不要纠缠，不要恋战；胜利后立即撤至有利地域；注意获取可靠的证据，如缴获其武器、器材，拍摄有关重要照片等。为了及时掌握该地区的斗争情况和加强前线对苏军挑衅活动斗争的组织指挥，沈阳

军区决定，由军区副司令员萧全夫率领工作组，前往虎（林）饶（河）地区组成虎饶前指，指挥战备工作。

1969 年 3 月 2 日上午 8 时 40 分，中国边防站派出两个巡逻组执行珍宝岛巡逻任务。当边防站站长孙玉国带领的第一巡逻组上岛后，遭到来自下米海洛夫卡和库列比亚克依内两个苏联边防站 70 余名苏联边防军的阻拦。苏军一反常态，荷枪实弹，步步紧逼。为避免事态扩大，中国边防巡逻组主动向岛内后撤，苏联边防军则摆开战斗队形，从两面向中国边防巡逻组进逼，另以一部向中国边防巡逻组翼侧穿插，企图造成合围态势。这时，中国边防部队的第二巡逻组突然出现，拦住苏联边防军上尉小队长伊万率领的迂回分队。9 时 17 分，苏联边防军突然开枪，当即打死打伤中国边防巡逻人员 6 人。中国边防部队在忍无可忍的情况下，立即进行自卫还击，迅将伊万等 7 人消灭。苏联边防军利用装甲车火力压制中国巡逻分队，其中 1 辆侵入岛北端的中国江叉，企图从侧后攻击岛上的中国分队。中国边防部队岸上掩护分队当即以猛烈火力击退苏军装甲车，并登岛反击。经过 1 小时激战，中国边防部队给入侵之敌以歼灭性打击，共打死打伤苏联边防军 60 余人（其中击毙 31 人），击毁装甲车、指挥车、卡车各 1 辆，击伤装甲车 1 辆。中国边防部队牺牲 17 人、重伤 11 人、轻伤 24 人、失踪 1 人。

3 月 2 日当天，中华人民共和国外交部照会苏联驻华大使馆，对苏联边防部队入侵珍宝岛提出强烈抗议。照会说：“这次严重的流血事件，完全是苏联当局一手造成的。这是苏联当局长期以来蓄意侵犯中国领土，进行武装挑衅，不断制造流血事件中的又一次新的严重罪行……中国政府坚决要求苏联政府惩办这次事件的肇事凶手，立即停止侵犯中国领土和武装挑衅……中国政府再次严正警告苏联政府，中国的神圣领土是不容侵犯的，如果你们一意孤行，继续挑起中苏边境武装冲突，必将遭到中国人民坚决的回击，由此产生的一切后果，只能由苏联政府承担全部责任。”

苏联边防军不甘心 3 月 2 日的失败，迅速增调坦克、装甲车和步兵，更加频繁地进行军事挑衅。3 月 4 日晨，中国边防巡逻分队上岛巡逻搜索，苏军发现后，立即从下米海洛夫卡和库列比亚克依内出动装甲车 12 辆、卡车 4 辆、指挥车 2 辆开进珍宝岛对面的树林中，将炮口对向珍宝岛。其中 3 辆装甲车从北端侵入珍宝岛。此时，中国巡逻分队已返回，双方未接触。此后，3 月 5 日、7 日、10 日、11 日、12 日，苏联边防军和装甲车多次侵入珍宝岛以及西侧的中国河道。

为了应付事态的进一步扩大，3 月 7 日，中央军委指示沈阳军区：在乌苏里江冰化以前，把珍宝岛和七里沁岛作为自卫反击的重点，抽调步兵、炮兵以及高炮和反坦克分队部署在饶河西南地区集结待命。按上述指示，沈阳军区立即把分散在各个支农点上的部队迅速收拢，在 4 天内进至指定地域。担负任务的部队迅速行动，一边进行战前思想政治动员，一边进行战斗编组和临战训练。13 日，工兵分队在苏联边防军车辆经常通过的珍宝岛西南侧江叉地区设置了小面积反坦克地雷场，反坦克炮兵隐蔽地进入前沿和纵深阵地。

3 月 15 日凌晨，苏联边防军 10 余辆装甲车掩护步兵从北端侵入珍宝岛。中国边防分队一个加强排立即抢占珍宝岛东南部的天然棱坎，与登岛苏军形成对峙。8 时 02 分，苏联边防军首先开火，并以 3 辆装甲车配合步兵发起冲击。中国边防部队阵地指挥员营长冷鹏飞立即命令步兵分队消灭苏军装甲车上的步兵，同时带领火箭筒组由阵地前出，待苏军装甲车进至几十米距离时突然开火，一举击毁其装甲车 2 辆。战斗至 9 时 16 分，苏军其余装甲车撤回对岸，登岛步兵被中国边防部队炮兵压制在岛中间的凹部，苏联边防军发动的第一次进攻被击退。

中国边防分队立即利用战斗间隙，调整射击位置，加固工事，做好迎击苏军再次进攻的准备。9 时 46 分开始，苏军使用地面火炮和坦克，对中国边防部队的岸边阵地和岛上分队进行猛烈炮击。10 时 10 分开始，出动 6 辆坦克和 4 辆装甲车，越过乌苏里江主航道中心线，向珍宝岛开进。以其中 4 辆坦克由珍宝岛南端窜入中国江叉，向中国边防部队守岛分队侧后迂回；以另外 2 辆坦克和 5 辆装甲车由北端侵入珍宝岛，向中国守岛分队正面发起进攻，企图对中国守岛分队实施前后夹击。与此同时，还以江岸上的大口径火炮和机枪火力封锁中国江叉，拦阻中国江岸上的部队上岛支援。鉴于这种情况，中国守岛分队以少数兵力在珍宝岛西侧监视和阻击苏军的迂回坦克，集中主要兵力和反坦克兵器，抗击正面进攻的苏军。同时，中国岸上的无后坐力炮分队向迂回的苏军坦克进行攻击。苏军坦克遭打击后，改变行动路线，其中 1 辆闯入雷区，履带被炸断，随后被中国边防部队炮火击毁。激战中，冷鹏飞负伤，由孙玉国接替阵地指挥。战至 12 时 25 分，苏军第二次进攻被击退。共击毁苏军坦克 1 辆、装甲车 2 辆，击伤坦克、装甲车各 1 辆，给苏军步兵以很大杀伤。

为了迎击苏军更大规模的进攻，守卫珍宝岛的中国边防部队迅速调整部署。13 时 35 分，苏军的纵深火炮、岸边坦克炮和其他火炮，在炮校机引导下，对中国边防部队的防御阵地和边防站等进行大规模炮火袭击。炮击正面达 10 公里，纵深约 7 公里，持续 2 小时。15 时 13 分，苏军 100 余人，在坦克和装甲车 20 余辆的掩护下，向珍宝岛发动第三次猛烈进攻。苏军以部分坦克和装甲车在正面展开，进行火力掩护；以其他坦克、装甲车和步兵分两个梯队向守岛的中国边防部队防御阵地发起轮番冲击，企图以优势火力兵力将中国守岛分队歼灭。中国守岛分队采取以几个战斗小组集中围打一辆坦克或装甲车的战法，同时以岸上步兵火力分割苏军坦克与步兵，打乱其战术协同。15 时 30 分许，中国边防部队炮兵投入战斗，以猛烈的炮火打击岛上的苏军坦克和装甲车，击毁击伤 6 辆，同时以一部炮火压制苏联江岸局部地区的火力支援。苏军遭受重大损伤后，于 17 时 15 分撤出珍宝岛。苏军的第三次进攻被粉碎。

15 日战斗，中国边防部队与苏军 50 余辆坦克、装甲车以及大量步兵，激战 9 个多小时，顶住了苏军的 6 次炮火袭击和 3 次登岛进攻，共击毙苏军上校边防总队长列昂诺夫以下 60 余人，打伤 80

余人，击毁击伤坦克、装甲车13辆，并缴获军事装备一部。此次战斗，中国边防部队阵亡12人，负伤27人。

3月16日，苏军登岛收尸。中国边防部队未予出击。

被中国边防部队炸断履带的1辆苏军T-62型坦克，留在中国江叉的冰面上，成为苏军入侵中国领土的铁证。苏军千方百计想夺回这辆坦克。3月17日凌晨开始，苏军猛烈炮击中国边防部队的前沿阵地和纵深达6公里的地域。接着，在坦克和装甲车掩护下，出动70余人入侵珍宝岛，在岛上敷设1000余枚地雷。布雷时，预留了一条宽20米的通路，企图把这辆T-62型坦克拖回。为了阻止苏军强行拖走坦克，并对苏军的炮击行动予以回击，中国边防部队以炮火拦阻苏军登岛。至17时，苏军停止炮击，中国边防部队遂于5分钟后也停止反击。侵入珍宝岛的苏军在施放烟幕后，撤回苏联境内。这次反击战，中国边防部队击毁击伤苏军坦克2辆，打死打伤其步兵30余人。

苏军见坦克拖回不成，便欲将其炸掉。3月21日晚，苏军派出一个爆破组，沿预留的雷区通路向T-62型坦克运动，企图将它炸毁、炸沉。当这个爆破组接近坦克时，中国边防部队以火力将其击退。后来，苏军为了防止坦克被中国边防部队拖走，一面用炮火阻止中国边防部队接近坦克，一面昼夜不停地炮击这辆坦克。由于附近的冰层被炮弹炸开，坦克沉入江底。中国边防部队于5月2日将这辆坦克打捞上岸。后来，这辆坦克被送到北京中国人民革命军事博物馆展览。

中国边防部队经过3月2日、15日和17日的战斗，共击毁击伤苏联边防军坦克、装甲车17辆，击毁卡车、指挥车各1辆，毙伤200余人，缴获T-62型坦克1辆、各种枪31支（挺）、弹药和军用物资一部。珍宝岛自卫反击作战是一次目标有限的边界战斗，是对苏军不断制造边界事端的一次反击。战斗的规模虽然不大，但战斗胜利的意义和影响非常重大，令世人所关注。珍宝岛自卫反击作战中，中国边防部队严格执行上级指示，机动灵活，英勇顽强，保卫了祖国的领土完整，维护了中华民族的尊严，打击了苏联霸权主义的侵略气焰。3 月 20 日，中央军委通令表扬参战的全体指战员。7 月 30 日，中央军委发布命令，授予边防站站长孙玉国、政治干事杜永春、火箭筒手华玉杰、班长周登国、营长冷鹏飞、副科长孙征民烈士、班长杨林烈士、副连长陈绍光烈士、副连长王庆容烈士、战士于庆阳烈士等 10 名官兵以“战斗英雄”称号，给边防部队的侦察连、一连和公司（地名）边防站等 10 个单位记集体一等功。

珍宝岛自卫反击作战的胜利是与人民群众的大力支援分不开的。当地民兵和人民群众全力以赴，组织了万余人的支援队伍，抢修公路、桥梁，保证交通运输畅通，同时还积极出动车辆，为前线部队运送粮食、弹药等。珍宝岛自卫反击作战表明，人民解放军在长期和平环境下，仍然保持了战斗队的优良传统，显示了这支军队足以抗击任何入侵之敌的决心和能力。在现代战争条件下，“一不怕苦、二不怕死”的精神和人民战争的战略战术，仍然是以弱胜强、赢得反侵略战争胜利的重要保证。

第二节　苏联进行军事威胁，中共中央决定加强战备

一、苏联对中国进行战争威胁

1969 年 3 月中苏发生武装冲突之后，苏联进行了一系列孤立和敌视中国的活动，对中国发出战争威胁。

苏联政府制造舆论，宣传珍宝岛属于苏联，而中国边防军侵入了苏联领土，中国军队“越过苏联国境线”，向“警卫”苏联领土的苏军“挑衅袭击”，污蔑中国是侵略者，并公布了对中国政府的抗议照会。苏联各大城市组织反华抗议示威游行，在莫斯科有 10 万人围堵中国驻苏大使馆，砸破使馆窗户，拦劫使馆汽车。6 月 13 日，苏联进一步发表声明，宣称中国在“觊觎历来属于苏联的一百五十万平方公里领土”，“中国北方的国界是以长约四千公里的长城

为标志的”，黑龙江是“俄国移民开发的”，历来属于俄国。还说，中国汉族以外的少数民族都不是中国人。

与此同时，苏联展开了一系列外交活动。苏联向英国、法国、西德、奥地利、日本和加拿大等国家首脑或外交部长通报事件所谓“真相”。苏联驻美大使约见美国国务卿罗杰斯，向其介绍边界冲突的“详细情况”。苏联领导人还向西方国家宣扬中国“威胁”，说：“中国不仅威胁俄罗斯，而且对整个西方也是一种威胁。”3 月 2 日当天，苏联国防部长格列奇科访问印度，双方交流了有关反华政策与经验。其后，又接连派出政府高级官员访问印度，讨论“苏印两国与中国的共同边界问题”。6 月 5 日，苏共中央总书记勃列日涅夫在莫斯科召开的“共产党和工人党国际会议”上发表反华言论。6 月 7 日，勃列日涅夫提出建立“亚洲集体安全体系”。苏联还开始具体研究“亚洲集体安全保障”的计划，并陆续派出 20 多个代表团到中国周边国家游说，企图拼凑一个反华军事包围圈。

苏联迅速加强了针对中国的军事部署。勃列日涅夫宣布，要“不惜人力物力”加强“国防”。苏军高级将领号召军队“进行分秒必争的战斗准备”，“不容许有丝毫的缓慢”。苏联在中苏、中蒙边境增修空军基地和导弹基地，大量增加在中苏边境和远东的驻军。为了赶运军事人员和物资，1969 年夏天，作为运输干线的西伯利亚铁路一度停止客运只供军运。苏联向靠近中国边境一线运输武器装备、物资及兵员的火车，最多时的 8 月份达到 120 多列，9 月、10 月间每月 40 多列，主要武器装备有导弹、坦克、大口径火炮等。同时，苏联还为其在中苏（蒙）边界的军队配备了最先进的武器装备。1969 年，苏联部署在亚洲地区可用于对付中国的兵力兵器已增加到 70 多个陆军师、100 余万人，2 万余辆坦克、3000 多架飞机、800 多艘舰艇等。苏军为了加强中苏边境地区的组织指挥，还陆续调换了中苏边境几个军区和军兵种的主要领导人。新上任的高级军官被认为擅长于指挥现代化战争。5 月，曾长期担任战略火箭军第一副总司令的托卢勃科上将被任命为远东军区司令。西伯利亚军区和太平洋舰队司令也作了调换。9 月初，苏联将原属土耳其斯坦军区辖区的与中国新疆接壤的 3 个加盟共和国（哈萨克、吉尔吉斯和塔吉克）划出，新组建一个中亚军区，领率机关设在阿拉木图。该军区专门将中国作为作战对象。

苏军加强了对中国的战略侦察，加紧进行战场准备。苏联在国内大规模征兵，在接近中国边境的地区赶修战备公路和铁路，把靠近中苏边境的苏联居民迁走，沿中苏边界线建立一条宽达 20 公里的无人地带。苏军不断在中苏边境地区举行作战演习。6 月 10 ~ 15 日，苏军在中苏边境全线举行了大规模陆空联合演习。

珍宝岛事件后，苏联加紧对中国进行战争威胁，中苏边界冲突呈扩大态势。苏军频繁进行边界武装挑衅，范围从乌苏里江扩大到黑龙江，从水界扩大到陆界，从东段扩大到西段，挑起一系列边境事件。苏军继续向中国境内纵深地区开枪开炮，并出动轰炸机、歼击机、侦察机侵犯中国领空，侵入中国境内纵深最远达 60 多公里。6 月、7 月间，苏联军队在中苏边界许多地段越境设立国界标志，构筑工事，进行挑衅，打伤中国边防巡逻人员，打死、绑架中国边民。8 月 13 日，苏联军队侵入新疆裕民县巴尔鲁克山西部铁列克提地区，对中国边防巡逻分队进行突然袭击，巡逻分队 25 人和随同执勤的民兵 3 人全部阵亡。这是苏联方面蓄意制造的又一起严重流血事件。

苏联还声称要对中国发动核战争。苏联国防部长格列奇科在苏共中央政治局会议上提出“一劳永逸地消除中国威胁”，对中国进行核打击。苏军《红星报》发表文章，称要给中国以摧毁性的核打击。苏联国防部第一副部长扎哈罗夫表示，苏联战略火箭部队随时准备立即行动，“出其不意地进行打击”，“使敌人措手不及”等。8 月间，苏联官员曾就对中国发动核袭击一事征询美国的态度，并在东欧一些国家中进行试探。

1969 年，随着中苏边界冲突的扩大，关于中苏之间是否会发生一场战争被全世界所关注。国际社会普遍认为，苏联已做好发动一场针对中国的“外科手术”式打击的准备，并极有可能对中国实施全面大规模进攻。种种迹象表明，珍宝岛事件后，苏联日益加紧对中国的战争威胁。

二、中共中央决定加强战备

面对苏联对中国安全严重威胁的形势，1969 年 3 月 15 日，毛泽东明确提出“要准备打仗”。3 月 27 日，在中国共产党第九次全国代表大会预备会议上，毛泽东提出：九大的任务是总结经验，落实政策，准备打仗。4 月，中共九大在北京召开，九大政治报告将战备列入突出的重要地位。报告提出：“决不可以忽视美帝、苏修发动大规模侵略战争的危险性。我们要作好充分准备，准备他们大打，准备他们早打。准备他们打常规战争，也准备他们打核大战。总而言之，我们要有准备。”

大会期间，毛泽东的几次讲话都特别强调战备问题。4 月 28 日，中共第九届中央委员会政治局第一次会议，通过新一届中央军事委员会和新的中央军委办事组名单。新一届中央军事委员会：主席毛泽东，副主席林彪、刘伯承、陈毅、徐向前、聂荣臻、叶剑英，军委委员 42 人。新的军委办事组组长、副组长仍然是黄永胜、吴法宪。成员有叶群、刘贤权（铁道兵政治委员）、李天佑（副总参谋长）、李作鹏、李德生（南京军区副司令员）、邱会作、温玉成（副总参谋长）、谢富治。这一届中央军委没有设立常务委员会。根据毛泽东的指示，军委的工作由军委办事组具体负责，受毛泽东、林彪直接领导。毛泽东在九届一中全会上讲话，再次强调要准备打仗，军队要做好反侵略战争的准备。他说：“人家打来，我们不打出去。”战争有小打和大打两种可能，“小打就在边界上打”；大战打起来采取诱敌深入的战法，“大打，我主张让出点地方来”，“要使全世界看到我们打仗是有理的，有利的”。毛泽东指示，当前的战备除进行必要的物质准备以外，主要的是要有精神上的准备。中国共产党的第九次全国代表大会后，准备打仗成了全党全国各项工作的指导方针。人民解放军把加强战备、准备打仗放到工作的首位。

以毛泽东为首的中共中央坚决保卫国家领土和主权不受侵犯的决心是一贯的。早在珍宝岛事件发生之初，中国政府就表明了态度："中国的领土主权绝不允许任何人侵犯……如果你们继续进行军事挑衅，就一定要受到严厉的惩罚。不管你们来多少人，不管你们联合什么人一起来，我们都要把你们坚决彻底干净全部消灭之。"① 在苏军袭击铁列克提事件发生后，中共中央作出强烈反应，加强了对爆发大规模战争可能性的判断和准备。1969 年 8 月 28 日，中共中央发出《中国共产党中央委员会命令》，要求边疆省区的党政军民做好反侵略战争准备，随时对付苏联的武装挑衅。军委办事组召集总参谋部防止敌人突然袭击工作小组及有关人员，对苏联当前战略动向进行了专门研究。9 月 10 日，军委办事组给中央政治局常委的报告中认为：珍宝岛事件后，苏联确实加快了对中国的战争准备。虽然苏联马上发动全面战争的困难很多，但是苏联领导集团是一伙不计后果的冒险家。就连尼克松都说，苏联领导无能，存在犯致命性错误的巨大危险。苏方对中国和世界形势往往会作出错误的估计，加上西方帝国主义的怂恿挑拨，它是什么蠢事、坏事都可能干得出来的，战争提早到来的危险性是存在的。同一天，军委办事组向全军发出加强战备的命令，要求全军做好防敌突然袭击的准备，"三北"地区和海（边）防第一线部队，以及要地防空部队，立即着手加强防止敌人突然袭击的措施，保持高度的戒备状态，随时应付可能的突然情况。

苏联一方面加紧针对中国的军事准备，另一方面提出恢复 1964 年中断的中苏边界谈判。通过谈判解决国家间的纠纷是中国政府的一贯主张，1964 年的谈判就是在中国政府一再提议下举行的。此时，苏联正以武力威胁中国，并把边界武装冲突事件的责任推给中国，同时又在国际上组织联合反华，"苏联政府究竟有多少谈判诚

① 《人民日报》、《解放军报》社论：《打倒新沙皇》，1969 年 3 月 4 日。

意，是大可怀疑的”[1]。但是，中共中央认为，尽管谈判缺乏基础，中国政府还是从良好愿望出发，同意与苏联进行谈判。1969 年 9 月上旬，苏联部长会议主席柯西金赴越南参加越共中央主席胡志明葬礼时传话给中共中央，希望与中国领导人会面。9 月 10 日，毛泽东表示同意。11 日，周恩来总理与柯西金在北京机场贵宾室举行非正式会谈，双方达成了如下谅解：（一）维持边界现状；（二）避免武装冲突；（三）在有争议地区双方武装力量脱离接触；（四）双方边防部门有事可预先联系。经过讨论，双方商定于近期各派代表团举行中苏边界问题谈判。

9 月 18 日，中方按北京机场会谈双方商定的程序，由周恩来总理致信柯西金，把业已达成的谅解列成条文送苏联政府。信中说，“如能得到你来信确认，即作为中苏两国政府之间的协议，立即生效，并付诸实施”。但是，9 月 26 日柯西金复信中避而不谈就谅解达成协议的事。信中称：经仔细研究过周总理18 日来信，我方已采取了实际措施旨在使边境局势正常化，其出发点是中国政府将根据相互原则采取类似措施来实现已达成的有关协议。复信建议自 10 月 10 日起在北京开始举行中苏边界问题谈判。这说明，苏联政府在边界问题上的立场有倒退。

对于苏联加紧对华战争准备的同时又表现出急于同中国进行谈判的行动，中共中央、中央军委作了认真分析和研究，认为苏联派柯西金来北京会谈，很可能是为其大举侵略施放烟幕。世界战争史上利用谈判为幌子掩护其军事进攻的事例屡见不鲜。如，珍珠港事件发生前日本派特使来栖三郎去美国迷惑罗斯福；1968 年苏联入侵捷克斯洛伐克又演出了相似的一幕。柯西金在谈话中并未保证不向中国发动核战争；同时，苏联官员继续宣称中苏冲突无法避免。尤其值得注意的是，苏联军队已处于高度战备状态，苏联战略火箭部队已完成出其不意地打击中国的部署，等等。这些情况不能不引起

① 《人民日报》，1969 年 5 月 25 日。

毛泽东等中共领导人对苏联谈判诚意的怀疑和警惕。军委办事组早在8月分析认为：今冬边界的武装冲突极大可能升级，甚至出现中苏、中蒙边境的全线紧张，这样也存在由边界战争逐步发展成为大战的危险。因此，今冬明春的“斗争必将更尖锐，更紧张，更复杂”。毛泽东指示“要准备对付突然袭击”，“我们的工作安排，要放在帝国主义突然袭击可能提早到来这一点上”。林彪指示：“准备突然袭击这个警惕性是应该有的，没有这个观念，要吃大亏。用各种方法欺骗敌人，实行突然袭击，这是军事上的一个原则，难道我们的敌人会不照这个原则去做吗?”根据当时的形势，中央军委将1969年冬季作为战备的重点时间。首先是做好国庆节期间和预定谈判开始前后的战备。

1969年9月，毛泽东在审定《庆祝中华人民共和国成立二十周年口号》时，加写了这样一条口号：“全世界人民团结起来，反对任何帝国主义、社会帝国主义发动的侵略战争，特别要反对以原子弹为武器的侵略战争！如果这种战争发生，全世界人民就应以革命战争消灭侵略战争，从现在起就要有所准备！”① 这句口号被认为是战前的“伟大的动员令，具有深远的战略意义”②。9月20～29日，军委办事组召开全军战备工作会议，研究苏联的战备动向和对付苏军突然袭击的各项具体措施。毛泽东、林彪、周恩来分别到会讲话。他们特别强调：要防止敌人突然袭击，全军的中心任务是加强战备，准备打仗。林彪提出：“用打仗的观点观察一切，检查一切，落实一切。”27日，国庆将至，毛泽东决定中断会议，防止苏联的突然袭击，各军区领导人立即返回指挥岗位，领导做好战备工作。

根据毛泽东、林彪的指示精神，军委办事组向全军发出国庆节期间加强战备的指示与部署，要求各级首长均应进入自己的指挥位置，前沿部队和驻大城市部队的车辆和石家庄、张家口方向的部

---

① 《建国以来毛泽东文稿》第13册，66页，北京，中央文献出版社，1998。

② 《人民日报》，1969年9月18日。

队，适当向附近农村疏散，加强机场等要地防护。9月30日夜~10月1日凌晨，“三北”各军区陆、海、空军部队奉令紧急行动，迅即转入临战戒备状态。北京军区部队在30分钟内把命令下达到连队，在30分钟~3个小时内，全区机关、部队即进入了疏散地区；沈阳军区全部坦克、火炮、飞机、汽车和舰艇（船只），在接到命令后3~5小时内基本疏散完毕；沈阳军区和新疆军区指挥所在2小时40分钟内进入指挥位置；空军某军的6个师，在30分钟内全部转入一级战备状态。

10月1日，中华人民共和国成立20周年纪念日是在严峻的战备气氛中度过的。国庆节后，战备形势依然紧张。10月20日是中苏双方商定开始在北京举行谈判的日子。国庆节期间的战备刚过，中共中央、中央军委即着手准备中苏谈判开始前后以及寒冬封江时节的战备。10月中旬，根据毛泽东的提议，中共中央政治局开会作出疏散在京的党和国家领导人的决定。之后，毛泽东即离京去武汉。16日，林彪和叶群疏散到苏州。10月20日前后，中共中央政治局委员或中共中央委员朱德、刘伯承、陈毅、徐向前、聂荣臻、叶剑英等，以及刘少奇、邓小平、张闻天、陶铸等被疏散离开北京。周恩来和军委办事组黄永胜、吴法宪等留守北京，主持党、国家和军队工作。留京的领导人也离开原办公地，进入战备指挥所，以临战的姿态展开工作。

10月19日是预定苏联谈判代表团到达北京的日子。17日，林彪就军队加强战备，防止敌人突然袭击作出指示。这个战备指示经军委办事组下达全军时冠以“林副主席指示第一个号令”标题，即后来所说的“一号命令”或“第一号令”。18日晚，军委办事组将林彪的指示下达全军。内容如下：

第一，近两天来，美帝、苏修等有许多异常情况，苏修的所谓谈判代表团，预定明（十九）日来京，我们必须百倍提高警惕，防止苏修搞欺骗，尤其十九、二十两日，应特别注意。

第二，各军区，特别是“三北”各军区，对重型武器，如坦克、飞机、大炮，要立即疏散隐蔽。

第三，沿海各军区也应加强戒备，防止美帝、苏修可能突然袭击，不要麻痹大意。

第四，迅速抓紧布置反坦克兵器的生产，如四〇火箭筒、反坦克炮等（包括无后坐力炮和八五反坦克炮）。

第五，立即组织精干的指挥班子，进入战时指挥位置。

第六，各级要加强首长值班，及时掌握情况。

执行情况，迅速报告。

十月十八日二十一时半

全军各部队依照命令立即行动，当夜即疏散到位。按照“第一个号令”紧急疏散的部队，约有陆军 90 余个师、520 余个团，海军 430 余艘舰艇，空军 4100 余架飞机。林彪“第一个号令”下达后，部队战备工作进入最紧张时期，达到了最高潮。

在随后半年多的时间里，部队一直处于紧急战备和疏散待战状态，到 1970 年 4 月底稍有缓解。此后的数年间，“早打、大打、打核战争”一直是军队的战备指导方针，全军部队仍然处于随时应付战争的紧张状态。

第三节　全军进行临战准备

一、进行战备教育

1969 年 5 月 2 ~ 6 日，出席中共九大会议的各军区、军兵种、总参谋部、总后勤部等大单位负责人参加军委办事组召开的座谈会。座谈会讨论了如何贯彻毛泽东关于准备打仗的指示，对战备动员、训练、设防、打坦克、防空降等问题进行了研究。之后，全军部队结合传达贯彻九大会议精神，进行战备思想教育。

由于较长时期处于和平环境，部队中存在着各种各样与准备打仗不相适应的思想。主要有：一是和平麻痹思想。认为中苏武装冲突局限在边界地区，不会发生大规模战争；特别是一部分驻内地的部队和军兵种部队认为战争打不起来，“大打不可能，小打轮不上”。二是认为中苏有传统友谊，苏联不会进攻中国。一部分人从原社会主义阵营的意识形态出发，认为苏联毕竟是“老大哥”，苏联“帝国主义”前面还有“社会”二字；苏联在边境陈置重兵“是为了防御，为了控制苏联边界”。三是长期自我夸大的政治教育使一些人存在自我膨胀的心理，盲目轻敌，认为苏联变修了，生活糜烂，官僚腐败，军人怯战怕死，没有什么战斗力；中国人有“战无不胜的毛泽东思想”，是“威力无比的精神原子弹”，苏军不敢来，来了我们也一定能战而胜之。四是一部分人对战胜苏军入侵的信心不足，认为苏军武器装备先进，我军炮弹打在坦克上就弹飞了，苏军飞机多、坦克多；一部分边防部队感到中苏（蒙）边防线长，我们“兵力少，正面大，敌人来了不好对付”，等等。

这些思想观念，虽然在部分人中存在，也不是主流，但对各项战备工作措施的落实产生了负面影响。为了将思想统一到中共中央、中央军委准备打仗的指示上来，全军首先进行了有针对性的战备思想教育，以统一部队的认识。教育的主要内容是“仇视、鄙视、蔑视”（称为“三视”）苏联霸权主义。部队中采用忆苦会、控诉会、声讨会等形式，对干部战士讲形势，讲历史，讲苏联在边界上的挑衅活动，使战备教育深入人心，产生了较好的效果。如，沈阳军区部队连续进行几次教育，每一次集中解决一个方面问题，步步深入。部队的思想认识出现了大的转变，认识到苏联已由过去的“老大哥”变成现在危险的敌人，我们由过去“背靠沙发”变成现在面对新沙皇，过去打不起来现在要准备打仗。

与此同时，部队中反复学习毛泽东关于加强战备、准备打仗的一系列指示，宣传珍宝岛自卫反击作战经验和战斗英雄事迹。1969年5月9日，中央文革小组将毛泽东在九大开幕式的讲话和九届一中全会上的讲话批转全军干部。5月12日，军委办事组转发沈阳军区《关于珍宝岛三次自卫反击作战的总结报告》。部队专门举办学习班、干部培训队，学习理解毛泽东的战略思想及认识战备的意义。

全军战备教育中的一个重要内容是加强组织纪律教育。受“文化大革命”无政府主义和“大民主”思想的影响，军队的一些规章制度遭到破坏，造成部队组织纪律涣散，影响到战备行动的落实。有的部队中违抗命令的现象时有发生。军队组织纪律性下降，事故增多，人员伤亡增加。据统计，1969 年全军事故伤亡人数是十几年来最多的。军队的纪律状况不适应战备的要求。8 月 21 日，中央军委指示在全军进行组织纪律教育和法纪教育，要求对违反纪律的人员给予制裁，基层把组织纪律问题作为检查的重要内容。经过纪律教育，部队提高了遵守组织纪律重要性的认识，增强了遵纪守法和令行禁止的自觉性。

经过一系列的教育，部队对战备意义的认识提高了。但是随着战备工作的持久与紧张劳累，一部分人又出现了怕苦、怕累、急躁厌倦和麻痹松劲等倾向。对此，中央军委结合新的形势，要求继续加强部队的战备教育。1969 年冬～1970 年上半年，全军部队针对出现的新问题，开展了“两忆三查”（忆阶级苦、民族苦，查思想、作风、工作）的教育活动。通过“两忆三查”教育，提高了部队的斗志，增强了克服各种困难的信心和能力。

二、调整部署，扩编部队

中央军委判断，苏联向中国发动突然袭击的方式不外乎两个：一个是空中突然袭击；一个是地面突然袭击。空中突然袭击无非是使用导弹和飞机，地面突然袭击就是使用机械化部队，集群坦克、装甲车实施全线突击，重点突破，以北京以北方向为主，东西对进，分进合击。认为这两个威胁都有可能，苏联发动地面进攻，也必然以空中手段配合。面对苏联的战争威胁，毛泽东在提出“要准备打仗”指示的同时，还提出了诱敌深入，把敌人放进来打，打人民战争的战略方针。军委办事组要求部队对苏联可能的进攻方式要采取措施，预做准备。要大胆地放，主动地放，诱敌深入，打人民战争，为主力部队歼灭敌人创造有利条件。要有计划地在一定地域做好抗击敌人的准备，而不能让敌人长驱直入。据此，军队不但在部署上作了相应的调整，同时还组建和扩建了部分部队。

（一）“三北”地区边防体制的调整

1969年3月珍宝岛事件前，中苏（蒙）边境沿线共设边防站264个，执勤人员1.33万余人，平均1华里约1人。珍宝岛事件后，这种边防站的设置已不适应斗争的需要。边防兵力、领导力量、通信保障等工作都需要加强。4月6日，军委办事组向毛泽东、林彪、周恩来提出改变边防部队的体制，撤销边防站，设立边防团。在边防一线编21～22个边防团另10个边防营，人员增至2.4万余人。得到批准后，4月8日，军委办事组即向沈阳、北京、兰州、新疆军区下达了指示。随后，各军区均按照规定进行了编配调整。

同时，根据中央已有的考虑，为便于领导边防斗争和未来作战的统一指挥，军委办事组提出将内蒙古自治区东西两端行政区分别作以下改变：东端昭乌达、哲里木、呼伦贝尔三盟划归东北三省，西部巴彦淖尔盟的额济纳旗、阿拉善左旗、阿拉善右旗划归甘肃和宁夏。7月5日，中共中央发布文件宣布了这一决定。规定军事工作随行政区划归所在军区、省军区、军分区领导。从8月1日起，东三盟、西三旗军事工作分别由沈阳和兰州军区负责。上述地区原属内蒙古军区领导的军分区、人民武装部，以及部队、医院，同时分别移交沈阳、兰州军区指挥。各军事单位的序列也作了相应变更。

（二）野战部队和守备部队部署的调整

1968年8月以后，毛泽东、林彪对全国军事设防问题给军委办事组作了一系列指示，要求缩减担任边防守备的兵力，以增加纵深机动兵力。据此，军委办事组于11月4日和5日召集各军区、军兵种负责人举行座谈会，确定新的设防部署。1969年1月3日，黄永胜、吴法宪向林彪报告调整设防的意见，提出将北京军区守备兵力由45个师减为25个师另5个团，全国其他军区的守备兵力也不同程度压缩，计划全国共减少守备兵力61个师另11个团，连同1968年前8个月削减的68个师另10个团，共减少守备兵力129个师另21个团。

1969年下半年开始，军队在全国范围内进行了部署调整。

1969年10月16日，中央军委发布命令，调整列入战略预备队序列的13个军及17个技术兵种师的部署。各军、师除在本军区范围内调整外，还有5个军、4个技术兵种师进行了跨区调动。重点是加强“三北”地区尤其是北京周围的兵力部署，并在战略纵深留置强大的机动兵力。按照这一命令，到1970年5月中旬，除一个军尚有一个师未到达指定防区外，其余各军、师全部到达指定防区并开始担负战备执勤任务。根据中央军委指示和可能担负的作战任务，各军区也对本军区范围内部队作了调整。如，北京军区的守备部队由原定计划的25个师另5个团减为9个师另2个团。总体上收缩了阵地，突出了重点，增加了机动兵力。

当时，许多野战部队担负驻区城市的警备任务。为便于野战部队随时机动，中央军委决定解除野战军兼任的城市警备任务。1969年11月15日，中央军委发出改变城市警备工作的命令，各省、自治区机关所在城市，以及重庆、鞍山、青岛、湛江等重要城市根据需要设立警备区，担负城市警卫之责；其他城市由当地军分区或人武部担负警备工作。根据军委的规定，各军区在12月底以前均制订出实施方案，并逐步落实。

这期间，空军在“三北”地区的作战力量有一定的增强，共增加了5个歼击师、2个高炮师、14个地空导弹营和7个机动雷达营。拱卫北京的侧翼要地，原来没有设防的，均进驻了歼击机部队。保卫要地的高炮、地空导弹部队，按照要求作了调整，部署从要地附近向外伸展。此外，还完成了14个点、49部警戒苏军中程导弹的雷达部署。

（三）部队的组建、扩编

1969年之前的几年，军队的兵力呈逐年递增趋势，几乎每年都新组建数个师。1969 年，为适应战备需要，开始大量组编部队，军队员额继续上升。

根据中央军委组建部队的命令，1969 年间，陆军增加 3 个军部，组建和改建 30 个师，其中沈阳军区组建了守备第 4、第 5 师，炮兵第 74 师。北京军区组建了陆军第 71、第 186、第 195、第 198、第 206 师，守备第 1、第 2 师，炮兵第 16 师。济南军区组建了陆军第 78 师，坦克第 13 师。南京军区组建了陆军第 73、第 74 师，炮兵第 75 师。福州军区将闽北指挥部改建为陆军第 29 军军部；组建了守备第 9 师师部。广州军区组建了陆军第 142、第 143、第 145、第 146、第 165 师。成都军区组建了独立第 1、第 2 师。兰州军区组建了陆军第 19 军军部，坦克第 12 师；将骑兵第 2 师改编为陆军第 20 师。新疆军区组建了陆军第 3 师，炮兵第 13 师；将骑兵第 1 师改编为陆军第 8 师。昆明军区组建了陆军第 11 军军部和第 32 师。第二炮兵组建了第 56 基地。总后勤部组建了齐齐哈尔、乌兰浩特、叶柏寿、阳高、原平、太原、长治、灵宝、西安、宝鸡、资阳、夹江、重庆、龙里、株洲、涟源、临汝、信阳、永春、南平基地兵站（行使师级权限）。海军组建了广州、上海、烟台基地（行使军级权限）；龙门巡防区扩编为龙门水警区，组建了秦皇岛水警区（行使师级权限）。空军组建了空军第 11、第 12 军军部；组建了空军第 40、第 41、第 42、第 43、第 44、第 45、第 46、第 47 师；组建了空军高射炮兵第 18、第 19 师。

军队不仅数量增加，内部结构编制也有一定的变化。1969 年 2 月 24 日，经毛泽东批准，北京军区第 38 军改编为摩托化军。至 1970 年 10 月，该军完成组编。这是中国人民解放军编成的第一个摩托化军。摩托化军的编制根据进攻时能突击、防御时能顶住、迂回时能切断敌人退路的原则确定。摩托化军辖 3 个摩托化师和 1 个炮兵团、1 个火箭炮团、1 个高射炮团，以及工兵营、通信营，侦察连、防化连等保障分队。每个摩托化师辖 3 个摩托化团、1 个坦克团、1 个炮兵团、1 个高射炮团和相应的保障分队。全军编制 4.6

万人，坦克240辆，汽车3600辆。摩托化军具有较高的机动能力、较强的突击能力和独立作战能力。1971年8月，中央军委决定，将陆军第27军改编为摩托化军。

除新建的部队外，原有的部队建制单位也进行了扩建。一些炮兵师新增了火箭炮团；部分陆军军增建火箭炮营；一些高炮师进行混编试点，每个团增编了一个不同口径的高炮营。

空降兵的建设也得到加强。1969年6月26日，毛泽东批示：空降兵要认真地搞起来，搞就要搞得像个样子，不充实的把它充实起来。这一年，他还在多个场合提到要重视空降兵建设。根据毛泽东的指示，加强了空降部队的建设。同年12月，空降兵充实了员额和各种车辆，增编了火炮武器，并在空降兵的序列中增编了直升机团。

至1969年底，全军在编人员增长到631万余人，超过抗美援朝战争时期的最高数额，成为新中国成立以来人民解放军历史上人数最多的时期。

三、展开战备训练和野营拉练

经过珍宝岛自卫反击作战，军队暴露出许多问题，主要是作战组织指挥不够灵活、果断，不善于捕捉战机；部队的战术、技术动作不够熟练。战士对手中武器不熟悉，射击不够准确；一些基层干部战士不会埋雷、排雷；干部不会运用各种通信手段；等等。这是“文化大革命”几年来，军队训练受到严重冲击的后果。珍宝岛作战暴露出来的问题在全军具有普遍性。军队的状况极不适应打大仗的要求。

（一）部队开展战备训练

珍宝岛战斗后，根据毛泽东“要准备打仗”的指示，部队开展了战备训练。如，沈阳军区根据珍宝岛作战暴露出来的问题，提出加强对各级指挥员和司令部机关的训练，提高组织指挥能力，学会分析、判断敌情，善于捕捉战机，灵活、果断地指挥战斗；加强连队建设，加强部队的战术、技术训练，战术上主要加强单兵和小分队训练，学会近战、夜战本领，技术上主要是熟练使用手中武器，学会并熟练使用各种通信手段，在任何情况下，都要保障对部队的指挥。

与此同时，总参谋部着手制订全军战备训练计划。1969 年 6 月 13 日，军委办事组发出加强战备训练的指示，要求全军加强对苏美和当面敌人作战特点的研究，结合作战方案，研究战例，进行战术作业，做到熟悉敌情、熟悉地形、熟悉任务、熟悉打法。基层干部着重提高作战指挥能力，要结合部队训练和执勤，进行实际演练。特别加强近战、夜战训练，苦练 200 米内的硬功夫，以我之长，击敌之短。步兵主要组织射击、刺杀、投弹，并进行一些基本战术训练。专业分队，主要是练习本职专业技术，加强联络训练。各部队要加强防空、防炮、反坦克（装甲车）、反空降的训练；熟练掌握各种反坦克火器的战术技术性能，研究反坦克战术；熟练对空射击技术，懂得疏散、隐蔽、伪装等防空、防炮知识。随后召开的“三北”地区作战会议上，军委办事组再次强调军事训练，提出要把部队的训练特别是技术兵种的训练，提高到“要准备打仗”的高度来认识。

根据上述指示精神，部队结合作战任务、战区特点，从实战需要出发进行了有针对性的训练。

针对苏军作战依赖坦克的特点，部队首先加强了打坦克训练。特别是“三北”地区部队，群众性打坦克训练迅速展开。1969 年 11 月 22 日，军委办事组发出进一步开展打坦克、打飞机训练的指示，要求“把打坦克、打飞机的训练突出出来”，推动了打坦克训练措施在全军的落实。各军区积极解决打坦克、打飞机的训练器材和教材问题，加强打坦克、打飞机的训练领导。干部战士从学习坦克知识了解其性能特点做起，着重学习使用火箭筒、爆破筒、手雷、炸药包、反坦克地雷打坦克的技能和反坦克障碍物的构筑方法等，并在训练中摸索和掌握打坦克的训练方法。同时，发动群众，研制各种打坦克器材。沈阳、济南、北京军区部队还组织了步兵和坦克实兵对抗演练。打坦克训练是1969年开始的战备训练第一个高潮。各部队采取先培训骨干后普及群众，先易后难，逐步提高的办法。在较短时间内，北京军区培训了反坦克骨干3万余人；沈阳军区培训骨干2.7万人。许多部队达到了班有反坦克手、排有反坦克小组、连有反坦克队。沈阳军区组织了4个反坦克、反空降巡回训练小分队，重点帮助边防部队和民兵培训骨干。从1970年初开始，各部队转入打坦克的普及性训练，年末开始研究打集群坦克的经验。

根据对苏军作战的需要，1969年12月，军委办事组继续召开9月因防备突然袭击而中断的全军战备工作会议。会议总结了部队阶段训练的情况，提出：战备训练要以打坦克、打飞机、打空降为重点，并进行必要的防原子、防化学、防细菌和战术技术训练，同时进行必要的合练。由此，军事训练提出“三打三防”的要求。1970年初，各军区进行了打飞机、打空降训练的试点，之后，转入普及性训练。

在共同训练课目的基础上，各军区根据作战任务的不同，战术训练也有所侧重。“三北”军区的守备部队重点练防御，机动部队重点练进攻，地方、边防部队侧重于练游击战，同时结合作战地区的气候，进行了耐寒训练；南京、广州、福州军区的部队加强了海岸、岛屿防御演习，进行了抗登陆演练和渡江河训练；成都、西藏军区的部队进行了高原寒区作战训练。各部队还根据当面敌情及作战任务，拟定防止敌人突然袭击的作战计划，并进行占领阵地演练以及防空疏散、反空降演习等。同时，总参谋部机关进行了作战、机要通信等部门综合拉练，并组织有部分军区、军、师参加的四级指挥所演练。

陆军各技术兵种部队着重进行专业训练。遵照中央军委指示，炮兵、装甲兵、工程兵等兵种在恢复军事训练后均把打坦克作为训练的主要内容。炮兵部（分）队加强了打坦克的测距、快速瞄准发射、对运动目标射击修正等基本功训练；装甲兵探索了打单个和集群坦克的技术和战术，有的结合作战任务展开了坦克部（分）队水上机动和水上输送训练；工程兵因地制宜，就地取材，训练了用地雷炸坦克、障碍物阻坦克、爆破器材打坦克等方法，并初步展开伪装技术训练和架设各种浮桥训练；铁道兵进行了在战争背景下抢修铁路演习；防化学兵进行了侦察、洗消、喷火等专业训练；等等。

空军训练的重点是部队基础技术和夜间打敌飞机技术。1970年，航空兵部队飞行员普遍增加训练时间，加快了培训进度。新飞行员到部队一年后即可达到两种气象作战水平；老飞行员约半数进行了夜航训练，比1969年增加近1/3。到1970年底，空军航空兵值班部队70%的飞行员具备了昼间复杂气象条件下的作战能力。同时，空军组织了飞机打坦克的试点训练，发动群众研制打坦克的武器器材。原来航空兵没有打坦克的专用武器，到1970年底，空军部队、兵工厂已研制打坦克专用武器11种。经过飞机改装训练，空军已有部分飞机可以加装打坦克武器。实践检验后，空军能够用轰炸机、强击机打坦克，并摸索出歼击机、运输机、直升机、初级教练机打坦克的办法。从1971年开始，空军进入打坦克推广训练。

为了对付敌人的空袭，空军积极组织了反空袭合练。从1970年5月开始，各军区空军按照反空袭作战计划，先图上作业后实兵演练，普遍组织了以保卫北京为中心、以对付敌人突然袭击第一个波次空袭为背景的反空袭合练。到1970年底，军区空军和空军军两级进行的图上作业计500余次，实兵练习236次。空军反空袭的组织能力和反应速度有很大提高。

在战备训练中，空军各兵种部队的训练也有所侧重，空降兵开展了以空降对付敌人空降的训练。1970年，空降兵第15军在7个军区进行了8次以营部带一个加强连规模的空降反空降演习，初步探索了空降兵反空降的经验。高炮部队的战备训练突出了炮测手一兵多用、互相代替的训练，实弹射击命中率有较大提高。地空导弹部队加强了在电子干扰条件下的战斗操作训练，突出了“近快战法”、手控跟踪及夜间操作训练，再次准备发射的时间比过去缩短了一半。雷达、通信、技术侦察部队着重进行电子干扰条件下的操作训练，提高了专业技术水平和抗干扰能力。

海军部队结合任务，进行了反潜、反空袭、反空降训练，其中又以反潜为重点。根据海上作战主要是对付敌潜艇的特点，海军重点抓发现、判别、攻击三个环节，研练打法，革新了30多项攻潜器材。1970年五六月间，海军在舟山基地召开打击敌潜艇专题会议，交流打潜训练经验，研究以潜艇进行反潜作战的战术问题。同时，海军加强了战术技术基础训练。针对部队缺乏训练、军事素质比较低的情况，普遍举办短期集训班和教导队，以老带新，提高干部战士的实际操作水平，重点抓开得动、打得准的训练。到1970年底，海军90%以上的艇长能独立操作，在新艇长增加比较多的情况下，能独立操作的艇长的数量仍然比1969年增加了7%。72%的海军航空兵飞行员具备作战能力，比1969年增加28%，其中36%的飞行员具备了在两种或三种气象条件下作战的能力。经过训练，海军战备值班部队的战备水平有较大提高，多数水面舰艇能执行较复杂条件下的作战任务，多数潜艇可执行近海、中海侦察巡逻和一般条件下的作战任务。

在战备训练中，军种之间初步探索了合练办法。北京、武汉、济南、新疆等军区组织了陆空合练试点。在各军区司令部直接指挥下，1970年90%以上的航空兵部队、航校参加了340多次陆空合练和演习，出动飞机4000多架次。这一年，组织陆海空三军协同训练共19次。六七月间，南京军区组织了一次较大规模的海岛防御作战三军合练，演练海上突击、近海滩头战斗和反空降战斗的组织指挥和协同动作。与此同时，还加强了军种之间的观摩与交流。空军部队组织飞行员参观陆军、海军武器和舰艇，请陆军、海军指挥员讲课，与陆军部队就支援地面部队作战、要地防空、反空降作战等方面的协同问题进行了研究，初步摸索出一些实际经验。陆军、空军一起对轰炸机使用及打敌轰炸机、打坦克、通信电子斗争、雷达抗干扰、地面设备小型化和军械等问题进行了专题研究。陆军部队和有反空降任务的民兵还到海军、空军参观学习，1970 年到空军参观学习的人员达 75 万人，到海军参观学习的达 29 万余人。陆军部队在海军港口，听取海军部队介绍几种主要舰艇的性能、特征，敌我舰艇识别方法，打敌舰艇的时机、部位、手段等知识；参观海军舰艇的航行、舰艇海上进攻，潜艇下潜与上浮等水上课目的表演。有海防任务的部队组织海岛守备部队和岸炮部队与海军共同研究了陆海协同作战问题。

1969 年开始的战备训练，使部队从“文化大革命”三年来军事训练停顿的状态中逐渐恢复，以打坦克为重点的“三打三防”训练，提高了部队与现代化敌人作战的能力；陆海空三军合练的加强，使人民解放军协同作战能力有了新的提高。但是，由于当时“文化大革命”的动乱并没有消除，部队还担负着“三支两军”、制止地方武斗、维护社会稳定的繁重任务，军事训练仍然受到了影响。另外，在当时临战准备状态下，军事训练主要是应急性的战备训练。

（二）全军展开野营拉练

1969 年战备训练开始后，一些部队在组织单项训练的基础上进行了综合性的野营训练。1970 年 2 月，毛泽东看了《新疆军区陆军八师在戈壁滩上野营试点的情况》、《陆军第一一六师“千里野营”总结报告》、《济南军区关于前指拉练情况的报告》三个文件。这些文件反映了沿海、沿边部队和机关，在高原、寒区不同环境下进行野营训练的情况。训练中，部队进行了昼间、夜间、昼夜兼程、长途奔袭和多种情况下的行军锻炼，进行了打坦克、打飞机、打空降等训练，练习了侦察、警戒、防空、露营、野炊、土工作业等项目。野营训练结合作战对象、作战任务、未来战场、气候特点，在可能机动的道路上练“铁脚板”，在可能阻击的地段上练打坦克，在敌人可能空降的地域练打空降，在一切行军经过的地方做群众工作。野营训练在近似实战的综合演练活动中暴露问题、解决问题，是对部队的全面检查、全面锻炼。这种训练方式有利于促进战备思想落实，有利于培养部队优良战斗作风和全面加强基层建设。2 月 21 日，毛泽东批示："这样训练好。"22 日，军委办事组将毛泽东的批示和关于战备训练情况反映的三个文件转发全军团以上单位，贯彻执行。

全军贯彻毛泽东的批示，出现了一个野营训练的高潮。1970 年春夏时节，各军区、军兵种纷纷组织野营拉练。济南军区有 4 个军师机关、8 个团机关、373 个连队、7 个医院拉出营区进行了野营拉练；沈阳军区有 1 个军机关、6 个师机关和 2 个师、22 个团进行了野营；南京军区有军区前指、8 个军级机关、19 个师部、103 个团部、295 个营部、1903 个连队、23 个军分区、155 个县（市）人武部、1 个工区、4 个后勤分部、31 个医院等，共 20 万余人进行了野营训练；兰州军区把坦克部队开进沙漠地区进行野营试点；新疆军区组织部队"进天山，走戈壁"，熟悉战区地形、道路、自然条件，摸索在严寒峻岭条件下走、打、吃、住、藏的经验；空军针对未来战争的要求，加强了航空兵昼夜间紧急转场和在土、短、窄跑道及公路上进行训练；海军许多部队结合疏散隐蔽，进行"海上拉练"；北京、广州、武汉、成都、福州、昆明等军区的机关和部队，结合任务、计划到预定战场进行野营拉练。野营拉练中，部队练走、打、吃、住、藏与干部传、帮、带、练相结合，练机关与练部队相结合，普遍做到了练思想、练作风、练技术战术、练生活管理。拉练时间，多数部队是一个月左右，少数部队长达两个月。徒步行程一般在 500 公里左右，有的近 1000 公里。军分区和人武部在本区、本县拉练，一般也有二三百公里。

但是，野营训练中也暴露出部队存在综合能力不强的问题。毛泽东决定，利用 1970 年冬季再掀起一个野营训练的新高潮。1970 年 11 月 24 日，他在北京卫戍区《关于部队进行千里野营拉练的总结报告》上批示："全军是否利用冬季实行长途野营训练一次，每个军可分两批（或不分批），每批两个月，实行官兵团结、军民团结。三支、两军者不在内。但大、中、小学（高年级）学生是否利用寒假也可以实行野营训练一个月。工厂是否可以抽少数工人（例如四分之一，但生产不能减少）进行野营练习。”在报告末尾，毛泽东又批示：“如不这样训练，就会变成老爷兵。”

毛泽东批示时，正值总参谋部在北京召开全军战备训练工作座谈会，会议立即进行了传达并研究落实办法。12 月 6 日，中央军委发出通知，要求全军迅速掀起冬季长途野营训练的热潮，从当年 12 月到次年 3 月，普遍拉练两个月。拉练的第一阶段侧重进行阶级教育、传统教育，演练行军宿营、侦察警戒、生活管理、做群众工作等；第二阶段搞急行军、夜行军，侧重练指挥、练通信联络、练战术技术、练诸兵种的协同动作和后勤保障。通知要求担任机动作战任务的部队，担任守备任务的部队，担负施工、基建和生产任务的部队，海军、空军地面部队，以及军队院校和大军区以上机关，都要根据各自情况组织拉练。

1970 年毛泽东的两次训练指示，大大提高了全军对野营拉练的重视程度，人民解放军从总部机关到基层连队，从陆军到海军、空军，从野战部队到地方部队，以及院校、医院、仓库、兵站等，野营拉练迅速开展起来。

各部队从难从严从实战需要出发，结合作战任务、作战对象、气候特点、地形条件，把部队开到预定作战地区训练。部队在“动”中练行军宿营、练侦察警戒、练野炊，摸索总结走、打、吃、住、藏的经验。

经过拉练，军事指挥员提高了组织指挥能力。运用无线电通信能力也有提高，并革新了一些简易通信方法。参谋人员在拉练中提高了业务水平，了解了打仗时应该干的工作。各级司令部判、写、画、传的能力，以及分队战术与单兵战术技术水平，普遍得到提高。野营拉练使部队的走、打、吃、住、藏综合能力都得到了锻炼。步兵分队正常情况下徒步行军一天可走 50 公里以上，有的一天连续走 20 小时以上，100 多公里，无一人掉队。昼间摩托化行军由开始平均时速 15 公里左右提高到 25 公里左右。野炊、宿营的能力都有较大的提高。海军、空军部队除组织了陆上拉练外，还进行了海上拉练或空中转场训练。海军80%的在航舰艇转移到新的海区训练，还有带战术背景的跨区拉练伸入公海。东海、北海舰队结合作战预案，组织了以支援北、东战场为战术背景的海上编队跨区拉练，有目的有计划地进行了开得动、打得准、联得上的训练。在抓好技术训练的基础上，还进行了打敌机动编队、登陆、抗登陆、反潜、反空降、反空袭、扫雷导航以及召唤航空兵护航等小型合练。空军航空兵部队在野营训练中组织转场训练，锻炼了部队机动能力；空军地勤机关、部队结合野营拉练，沿途展开供应、医疗、运转、维修工作，训练了运动中的后勤保障能力。空军还出动大批飞机参加军兵种的战术合练。

这次大规模野营拉练，于1971年4月上旬结束。全军共有540个师级以上机关、43所院校、90%以上的野战部队投入训练。在野营训练中，部队帮助地方训练民兵近400万人，参加助民劳动500多万工日，医伤治病280多万人次。拉练部队遍及全国各地，行程一般都在千里以上。这次拉练，规模大，范围广，效果好，培养了部队的吃苦耐劳精神，使部队学到许多在营房中学不到的东西。不仅提高了部队的战术技术水平，还密切了官兵关系，增强了军政团结、军民团结。许多部队在野营途中坚持做到老百姓水缸不挑满不走，庭院不扫净不走，借物不还不走，损坏东西不赔不走，群众纪律不检查不走。所到之处，群众对解放军均有很好的评价。

1970年12月6日，中央军委发出野营拉练指示时曾规定：以后“冬季野营拉练应成为制度。时间一般从11月开始，至次年2、3月，‘每个军可分批（或不分批），每批两个月’”。此后直到1978年，每年都进行了全军性的冬季野营拉练。

四、战场建设

珍宝岛事件后，随着局势日益恶化，加强战场建设成为战争准备的一个重要内容。1969年5月2～6日，军委办事组座谈会重点讨论了设防问题，提出要加速战场建设，争取在1969年寒冬之前完成必要的准备。

（一）要点地区的永备设防工程、野战工事、海空军工程建设

1969 年，全军的设防工程重点是加强特种工程，海、空军基地，国防工业重点工程等建设。海军、空军重点是以舰艇、飞机洞库为主和相应配套的战备工程建设，第二炮兵重点是对永久和机动阵地的勘察，并进行工程建设。1969 年 8 月，军委办事组指示沿边各军区，在每一个重点地区都要构筑环形工事，不能挖工事的地方要安装预制构件，在屯兵地域挖掩蔽洞。担负坚守防御作战任务的部队在战争第一阶段凭借这些阵地，要顶住敌人的反复冲击，长期坚守，独立作战，掩护国家转入战争状态；至少要能够迟滞敌人行动，大量消耗敌人的有生力量，为其他部队创造打歼灭战的机会。据此，各军区迅速展开了设防工程建设。阵地一般依托山势，根据作战任务和部队的编制装备筑有可以屯兵，可以储藏粮、弹、水，可以自行组织后勤保障和通信联络的坑道和工事。至 1970 年底，北京军区大部分边防要点基本形成了永备工事与野战工事相结合，火力点与障碍物相结合，核心阵地与前出支撑点相结合，掩蔽部、堑壕、交通壕相贯通的防御体系。

1969 年以后，随着战备形势的紧张，又加紧了工程浩大的人造山建设。这项工程始于 1964 年，按中央军委批准的计划，全国需在战略要点修建 19 座人造山，其中 15 座位于“三北”地区。有堆山任务的军区将堆山工程列为国防施工的重点之一，投入大量兵力施工。至 1970 年底，北京军区范围内的人造山工程基本按计划完成。

沿海岛屿的设防，以内外长山列岛、舟山群岛、万山群岛、海南岛等五大岛屿为重点。在设防岛屿上继续完善 1963 年军委岛屿战备工作会议的部署，根据新的形势，对部分战备规划和措施进行调整、补充、加强。计划在 1969 年末完成预定的坑道或掘开式工事构筑，全部建成以坑道为骨干与永备工事相结合的环形防御体系，达到“长期固守、独立作战”的要求。同时，加强设防工程必要的配套、伪装和维护保养，处理废弃的设施。

空军重点加强机场建设，并新建、改建一批地下指挥工程和仓库、油库，新建和改善了许多高炮、地空导弹和雷达技术阵地。1969 年战备以来，空军首先以首都和“三北”地区设防为重点，加快了原计划战场建设的工程进度。到 1970 年底，在全国范围内基本形成了以洞库机场为骨干的机场网和军以上机关的指挥网。1969 年国庆加强战备以后，空军部队还采用群众运动的方式，广泛修建防护工事和进行疏散伪装。各部队就地取材，土洋结合，自己动手烧砖、制灰、采石，共整修旧机场和新建飞机疏散区、公路跑道、野战机场等 90 余处，新建掘开式小型飞机洞库 6 个，可以疏散、隐蔽空军飞机的 30%；另外，还构筑了大量的人员、兵器的防护设施。空军军以上机关 90%、师以下部队 50% 左右的人员有了永久性或半永久性防护工事；一部分雷达、高炮和地空导弹等兵器已进入地下或半地下永久性工事；部分机场的修理厂、通信导航设备等也转入了地下。洞库机场和前沿一些重要机场修筑了反空降防御工事，配发了武器，组织了军民联防，加强了机场的防御能力。

（二）战备交通建设

为了适应大规模反侵略战争的要求，1969 年战备交通建设被提到了重要地位。当年国防公路建设计划，共安排了 63 个国防公路建设项目，其中续建项目 37 个，新建项目 26 个，预计投资 2 亿元人民币。当年 9 月 15 日，国务院、中央军委再次下达交通战备建设指示，加快修筑北部地区的国防公路，计划在“三北”地区修建战备国防公路 33 条，6095 公里，从 1970 年开始，在三年内建成。

1970 年，全国战备交通建设项目多、规模大、进展迅速，新建铁路 2400 余公里，新建和改建国防公路 6300 公里，疏浚和整治航道 2500 余公里，各地还新建了许多地方交通线路。成昆（成都—昆明）、焦枝（焦作—枝城）、湘黔（株洲—贵阳）、襄渝（襄樊—重庆）、枝柳（枝城—柳州）等铁路已经通车或正在加紧建设。这些铁路建成后，即形成“大三线”铁路网。在“三北”地区新建和改建国防公路 4600 余公里，主要战役方向的公路干线已基本成网，通往战略、战役后方基地的道路得到进一步完善。其中，华北地区即新建和改建了30条公路，2500多公里，使全区纵向公路达到12条，横向公路14条。此外，长江上建成6座军用重件活动码头，黄河新建了5座公路大桥，为部队南北机动作战创造了有利条件。

为保障战时铁路运输，铁道兵拟制了“三北”方向铁路保障计划。在“三北”地区的铁道兵分别对保障区段的各条线、段及30多处重点目标进行了现场勘察，选定战时指挥位置，作出了分段保障计划。

（三）战备通信工程建设

1969年战备以后，通信设施的建设开始加快。周恩来强调：“要改变通信上的落后现象，从有线到无线，包括电缆、微波，一定要赶上去。”他亲自抓地下电缆通信网建设，落实工程建设投资。1969年10月24日，周恩来批准总参谋部和军委办事组呈报的《全国地下电缆通信网建设规划》。1969年，军队开始建设第一条长距离地下小同轴电缆线路。经过两年施工，即首次建成并试通了地下小同轴综合电缆大通路载波线路。

1970年5～6月，全军召开战备通信会议，确定了战备通信发展方向。会议提出新通信装备的研制，加速地下电缆和微波通信网的建设，同时加紧人造地球卫星通信设备的研制，尽快形成有线无线、地上地下、多手段多层次、稳定可靠的通信网，确保战时的顺畅指挥。要充分利用既设通信枢纽，作为固定转信点，以单边带电台为主，与地下电缆、微波干线相结合，构成全国范围的转信网，实现通信联络基地化，并逐步实现自动转信和快速通信，以利指挥机关的精干、机动、隐蔽和通信联络的及时可靠。

国防通信网的建设在1970年取得了明显成绩，共建成地下通信枢纽18个，完成长途地下电缆4500沟公里，微波通信按计划完成了4500公里，增设海底电缆800余公里，使设防岛屿全部沟通有线电通信，主要岛屿还有迂回线路；新建架空明线5000余公里，“三北”的要点防御地域和边防埋设塑料线2200公里。这些设施的相继竣工，基本形成了以地下指挥所为中心的平战结合的通信网。

在建设通信系统的同时，为适应战备紧急需要，预防战时有线通信陷于瘫痪，1969 年 10 月，总参谋部紧急组织了以无线电为主，能保障军委对全国主要作战方向实施指挥的、完全摩托化的通信分队。部队的有线和无线通信手段也迅速得到加强。

（四）后勤战备建设

1969 年珍宝岛事件后，随着战备工作的加强，全军开始调整后方基地布局，后勤战备建设的步伐加快。中央军委决定，加强北部地区和战备纵深地区的后方基地建设和战备物资储备。根据新的布局，总后勤部及时调整了工程计划和施工力量，加快了各项工程建筑的进度。到 1970 年，全军交付使用的后方基地仓库总面积 133 万平方米（吨）。这一年多的时间里，后方基地建设规模之大、进度之快，是前所未有的。全军建成的后方基地仓库面积（容量），比第三个五年计划（1966～1970 年）期间后方基地建设规划安排的面积（容量）多出 16%；后勤战备物资的储备，比同期后勤战备物资储备规划的总投资多出 8%。

在军队加强后勤建设的同时，还开展了全民后勤建设。毛泽东曾指示要“藏粮于民”、“藏富于民”。全民办后勤是当时确定的后勤战备建设方针，规定后勤建设要按照平战结合、军民结合、城乡结合的原则，对战时打、吃、穿、用积极进行储备。为此，中央军委重视发动群众、依靠群众建设战备后勤。1969 年，战备动员开始后，黑龙江省全民动员，按照依托山区（大、小兴安岭，张广才岭）、坚持平原（三江平原和嫩江平原）的原则，积极开展城市斗争的部署，以后方基地建设为中心，当年就初步形成了物资储备供应网、军工生产网、装备修配网、交通运输网、医疗救护网、战勤服务网、通信联络网，构成了相当完备的群众保障体系。中央军委很重视黑龙江省的经验。1970 年初，由总后勤部组织人员到黑龙江省参观、调查，认为“黑龙江省全民办后勤的基本经验具有普遍意义”，值得在全国特别是“三北”地区推广。4 月 10 日，中央军委向全军发出“军民结合，全民办后勤”的指示，介绍他们的做法，要求各地根据本地区情况把这一战备工作的重要方面做好。

战备期间，军队的后勤保障初步开始实行划区供应。1969～1970年，全军调整了后勤部署，统一筹建了一些基地兵站。同时，后方基地实施地下化伪装。1970年，全军新建、扩建仓库77座，容量27.41万吨，其中绝大部分是洞库，共投入兵力24个工程团，8万余人参加建设。对位于大城市和交通枢纽的仓库物资也进行了疏散，重新选点建库。

根据临战准备的需要，前沿阵地增加了弹药储备，如爆破筒、定型炸药、防坦克地雷、防步兵地雷等，弹药也按较高的基数配备。总部规定了不同地区担负不同任务部队的储备标准。至1970年底，北京军区从前沿到纵深部队已分别储备了3个月至半年的给养，弹药、油料等基本储备充足。

对于岛屿的后勤建设，根据毛泽东“要多贮备一些粮食，打起仗来才能持久”的指示，1969年6月，军委办事组确定，岛屿粮食按一年量储备，储备不足的迅速补充；其他后勤物资和弹药的储备也相应增大；建设地下储备仓库，并充分利用废弃坑道，逐步把粮弹全部转入地下；继续解决缺水岛屿的供水问题；建设岛屿的大陆补给基地。海军根据这一要求进行了物资储备。岛屿粮库，多数达到储粮半年；储存的油料可供舰艇、飞机用一年，车辆用5个月。经过一年多的建设，岛屿供水问题也有了很大改变。原来常年依靠车船运水的500多个点，有400多个基本实现自给。如舟山基地的各个岛屿，全部做到不用车船运水，战时即使被封锁，部队用水也能得到保证。

为了贯彻全民办后勤的方针，海军自1969年10月到1970年底，发动沿海渔民群众利用小的港湾、河汊，建立了民办和军民合办补给点数十处，主要担负对小型舰艇的补给任务。舰艇需要补给时，可发出规定信号，群众很快动员起来，将粮、油、菜、水、弹等由渔船转运到艇上。而且，利用渔船还可以为潜艇、快艇装填鱼雷。这些措施的实施，为战时建立一条切不断、炸不烂的海上补给线创造了有利条件。

战备期间，大规模的战场建设持续了数年，投入了大量的人力、物力。到70年代中期，全军阵地设防工程已初具规模。战备改变了新中国成立以来北部边防设防的薄弱状况，使国家设防体系趋于完善；同时，战备促进了交通、通信等建设，促进了国民经济的发展。但是，由于部队长期处于临战准备状态，一定程度上影响了军队的正常建设。

五、人民防空建设

60年代末开始的战备中，中央军委预测，如果敌人对中国发动战争，必然首先对中国实施空袭，空中打击将是一个重要阶段。因此，中央军委指示，在战备工作中应把城市和要地防空作为一项重要内容，搞好人民防空工作，依靠人民防空对付敌人的空袭，以减少损失。

1969年8月27日，经毛泽东批准，中共中央、中央军委转发军委办事组《关于加强全国人民防空工作的报告》。报告提出，为了加强全国人民防空工作，各地需要建立各级人民防空领导机构。考虑这项工作是一项群众性的战备工作，平时、战时任务都很繁重，牵涉的范围很广，必须在当地革命委员会的统一领导下，吸收军队和地方有关同志参加，组成人民防空领导小组，并建立相应的办事机构，具体组织领导该地区的人民防空工作。其具体办法是：在全国，由国务院、军委办事组负责，军队和地方有关单位及部门人员组成全国性的人民防空领导小组。领导小组之下在总参谋部设立办事机构，根据领导小组的意图，对全国人民防空工作进行督促检查。与此类似，在省、自治区，以及各大中城市、大中厂矿、企业组织城市人民防空领导机构。人民防空领导小组的基本任务是：（1）组织和进行机关、部队和人民群众战备思想教育和防空常识教育；（2）拟制对空防御作战计划（包括情报报知和军队、民兵武装，以及群众性的挖防空洞、防空壕等），并组织实施；（3）拟制城市战时人口疏散计划（包括党、政、军、民），并组织实施；（4）组织和训练群众性的消防、救护、抢修、治安等队伍。8 月 28 日，全国人民防空领导小组组成，周恩来总理任组长，由中共中央办公厅、国务院业务组、国家计委、公安部、铁道部、卫生部、北京军区、空军、海军、工程兵、通信兵、总后勤部、防化学兵部、总参谋部作战部各派一名领导干部参加，办事机构设在总参谋部作战部。接着，各地各级的人民防空领导机构相继成立。全国性的人民防空工作随之展开，主要任务是临战准备，领导群众开展挖防空洞活动。这项活动在“三北”地区开展得比较深入和广泛。

首都北京是全国人民防空的重点地区。早在 1969 年 8 月 10 日，国务院、中央军委即组成首都人民防空领导小组。在北京，市、区（县）均成立了人民防空专业队，其中市属专业队有 195 个连队，3. 19 万人。各区（县）专业队有 2508 个连队，8. 82 万余人。北京市全部机关、厂矿、企业、街道、院校和生产队共 1. 3 万余个单位均有兼职人员做人防工作。专业队伍结合战备任务，开展了专业训练。医疗救护、治安保卫等专业队还组织了演习。全市安装了防空电动警报器 46 部，警报覆盖城近郊区。在各级人民防空机构的组织领导下，北京市几乎家家户户、男女老少都动手挖防空工事。到 10 月 25 日，全市即有 300 多万人参加挖防空工事，挖防空壕（沟）135 万余米，防空洞 18 万余个、合 74 万平方米，单人掩体约 14 万个，可掩蔽 321. 3 万人。同时，对原有防空设备进行了整修，原有的永久性防空洞 1637 个、面积 25 万余平方米，可做防空洞的地下室 124 个、面积 11 万余平方米，全部处于备用状态。对市区和市近郊区可利用的地下管沟进行了全面整修。原有的与新建的防空设施共可掩蔽 421. 3 万人。

在东北，至 1969 年 11 月上旬，21 个 20 万人口以上的城市，建成防空工事 700 多万平方米，可容纳 1100 万人，占上述城市人口的 72%。这些城市均组建了抢修、救护、消防、治安等防空专业队伍。部分城市还进行了人民防空演习，人民群众有了较强的战备观念。

军事指挥机关和部队也同时展开构筑防空工事。如总参谋部机关1969年即构筑和改建了永久性、半永久性防空工事5900余平方米，加上简易防空工事，可容纳总参谋部机关全体工作人员和绝大部分家属子女。

群众性的挖防空洞活动取得显著成绩。到1970年第一季度，全国有27%的大中城市人防工事能掩蔽市区全部人口，有70%的大中城市能掩蔽一半以上的城市人口。但是，这时构筑的防空工事和建立的防空措施有相当一部分是为了应急之需，仓促上马，基本上是简易的，缺乏全面规划、统筹安排和长远打算，防空洞普遍存在着质量不高、被覆跟不上的问题。在密集的居民区和商业区如何建设防空工事以及工事的防水、排水和通风防潮等问题还需要进一步解决。

为了使人民防空适合长期战备的需要，由临战准备转变到长期准备，全国人民防空领导小组在总结前一时期防空工作经验的基础上，于1970年2月26日对全国的人民防空工作作出了明确要求和指示：（1）以人民战争的战略思想继续抓好战备思想和防空常识教育，树立常备不懈的思想。战备教育，要防止片面性，不要靠情况刺激，要把战备教育和必要的演练结合起来。（2）贯彻打防结合的方针。“三北”一些地区和沿海部分地区，构筑防空工事，要做到打防结合，以利战时既能反空袭、反空降，又可与敌人坚持地面斗争。纵深地区城市防空工事的构筑，主要是以防为主，可能空降的一些城市附近，构筑必要的防空降工事。（3）构筑防空工事非权宜之计，要有长期打算，要通盘规划，分期实施。（4）建立精干的防空专业队伍，作为城市人防工作的骨干。（5）进一步健全人防领导机构和指挥组织。各人防办事机构，人员要相对稳定。通信警报网要逐步完善，以保障战时指挥通信顺畅。（6）疏散是现代战争中对付敌人突然袭击最有效的措施，是城市人民防空工作的重要环节，要有步骤有计划地做好人口疏散和抓紧工业搬迁工作。6月16日，全国人民防空领导小组对进一步抓好人民防空工作作出部署与安排：（1）防空工事严格执行统一规划、有步骤实施的方针。城区工事应逐步做到互相连通，大、中城市要有几条通往郊区的地下干道。（2）结合构筑工事，解决战时留在城市坚持生产和工作人员的粮食储备问题。（3）整个城市人民都要组织起来，纳入通盘计划，明确紧急情况下，走、留人员及办法。（4）抓紧大中城市交通枢纽、重要厂矿企业的人防工作。（5）防空演习一般一个季度组织一次，要有重点、由简到难，以取得经验，训练队伍。

全国各地认真贯彻执行全国人防领导小组的指示要求，对前一时期的防空工事进行整顿，对整个防空工事的构筑作出统一规划，使之逐步达到永久化、半永久化。到1970年底，许多城市的防空工事已连片成网。在此基础上，大部分城市开始规划建设通往郊区的疏散干道。“三北”地区一些靠近边境的城市，许多工厂、学校已经可以转入地下，防空工事初步达到能躲藏、能生活、能生产、能工作、能进攻的要求。北京军区辖区内，77%的城市人口有了防空工事，其中56%的人有永久、半永久性的防空工事。北京市近80%的城市人口有了永久、半永久性的防空工事，城市的警报和通信指挥系统基本建立起来。邻近北部边防要点的城市进度更快，群众普遍进行了“三防”教育。各地从实战需要出发，有计划地组织了防空演习。全国人民防空工作开始向长期化、制度化方向转变。

在战备防空中，各地城市还进行了人口疏散和工业搬迁。1969年，北京市迁出人口达30.8万人，约占当时北京市常住人口总数的4%。到1970年第一季度，全国疏散城市人口640多万。到1970年底，北京军区防区范围内的省市疏散140多万人。兰州军区防区范围内的省市疏散城市人口55万多人。各地还制订了战时大规模疏散的计划。多数城市制订了工业搬迁规划。东北和广西等地城市的一部分工业企业已经搬迁。

六、恢复和加强民兵武装

“文化大革命”开始后，许多地区的人民武装部门受到冲击，人民武装干部遭受批斗，一些地区民兵卷入派性斗争和武斗，民兵组织的正常活动基本停止。1969 年珍宝岛事件以后，为了准备对付全面战争，在战备动员一开始，毛泽东就强调要抓紧建设民兵武装，提出：“战争打起来，要组建地方部队，小县一个营，中县二个营，大县一个团。”以后还多次指示，打起仗来，还是要靠人民战争，靠民兵，要加强民兵的军事训练。遵照上述指示，民兵建设得到迅速恢复和加强。

（一）民兵队伍的组建

以县为单位组织民兵团、营，是全国实行普遍民兵制初期的做法。1958 年曾经大办民兵师，但实行起来多数是形式上存在的组织，而民兵实体主要是以乡、村为基础组建的民兵连（排）。而且在“文化大革命”开始后的几年间，民兵疏于管理，民兵人员、组织、训练都需要整顿和加强。1969 年 5 月初，军委办事组座谈会讨论了毛泽东关于县建立民兵营、团的指示，要求抓紧建设民兵，一旦战争打起来，能够补充野战军，并建立地方武装。

之后，在各军区、省军区和各级人民武装部的组织领导下，陆续开始整顿民兵组织，着重民兵团、营的组建试点。民兵独立团、营是在基干民兵的基础上组建起来的。东北地处苏联战争威胁的前沿，民兵建设发展迅速。至 10 月底，东北三省即组建了 119 个独立团和一些独立营，人数达到 170 余万人，并配备了部分武器。在内地城市，根据需要也开始建设各种民兵组织。北京地区在60 个工厂的民兵中配发了高射机枪，在各工厂建立起高机排或高机班。10 月 22 日，首都钢铁厂成立了北京地区第一个民兵高炮团，辖 9 个连 830 人，并开始军政训练，准备担负城市防空任务。11 月上旬，在各地试点的基础上，中央军委根据紧急战备形势，决定在全国普遍建立民兵独立营、团。至 1972 年，全国组建民兵独立团、营的工作结束，并根据便于领导、便于活动、便于迅速集中执行应急任务的原则进行了一次组织调整，共建成民兵独立团 1671 个、独立连 51330 个，总计 943 万余人。民兵独立团、营的人数编制，参照地方部队团、营的编制，每营人数在 500 ~ 900 人之间。“三北”地区，除新疆、内蒙古外，绝大部分市、县按要求组建起了民兵团、营，沈阳军区还在大中城市组建了22个民兵独立师。根据中央军委的要求，各地建立起来的独立团、营民兵，平时不脱产，战时根据需要组成地方部队。参加民兵独立团、营的人员为年龄在18～25岁的男性基干民兵（复员退伍军人到30岁），政治条件和身体条件均按征兵标准执行。民兵独立团、营的干部在县、市中统一选任，历年的退伍复员军人在其中占了相当大的比例，并有少量现役军人担任民兵独立团、营的干部。

这一时期建立的民兵，在组织与装备等方面力求适应现代战争的需要。边防地区的民兵连队组建了以打坦克为重点的爆破小分队，一般配备有四〇火箭筒、爆破筒、防坦克地雷、爆破工具包、工兵锹镐，以及轻机枪、冲锋枪等武器装备，具有一定的反坦克作战能力。1969～1975年，仅辽宁、吉林、黑龙江三省就先后组建这样的爆破分队55162个。这些小分队部署在主要交通线两侧的隘口，与野战及守备部队的反坦克力量、防坦克工程障碍相结合，形成防坦克作战体系。在海陆边防地区和重要作战方向，普遍组建了民兵地面炮兵分队和侦察分队。在重要的城市，组建了民兵高射炮兵分队和防化分队。城市基干民兵队伍是城市防空的专业队伍。东北地区到1969年底组建了一批民兵高炮团、营。到1970年第一季度，全国主要城市组建民兵对空射击队伍4个师、48个团、233个营、1800多个连。在沿海，以渔民为主体组建了反潜、布雷、扫雷、侦察、运输等海上民兵专业技术分队。1970年，海军多数机场、码头、岸炮、观通站等都与驻地建立了多种形式的军民联防，建立联防点1646个、渔业民兵17万余人、渔轮977艘、机帆船2680条、木帆船28.6万余条。各地还普遍建立了民兵通信兵分队，保障战时执行各种紧急任务。群众医疗组织也有了很快发展。到1970年底，华北地区组建起县以上平战结合的后方医院和野战医院390所，公社以上的医疗队（站）6000多个。

70年代前期，全国民兵组织得到进一步统一，民兵领导机构得到进一步加强。1969 年开始建立民兵独立团、营时，各地的名称不统一。为了便于组织、便于活动，并与以往普通民兵、基干民兵的划分相衔接，1973 年底，总参谋部、总政治部总结了各地的经验后，将民兵独立团、营统一改称为民兵武装基干团、营。同时，加强了省军区、军分区对民兵的领导力量，重申省军区、军分区的主要任务是做民兵工作。1969 年机关精简中，军务部和动员部进行了压缩合并，有关民兵工作的机构和人员都作了大幅度缩减。随着战备中民兵工作的恢复和发展，1975 年 3 月，中央军委决定将总参谋部军务动员部分编为军务部和动员部。4 月 1 日，两部开始分署办公。此次分编重新加强了民兵工作的地位和领导力量。之后，各军区、各军兵种也恢复了动员部门。到 1976 年，全国武装基干民兵的人数已发展到 1800 多万，约占全国民兵总数的 7.1%。其中，有 160 多万经过部队锻炼、具有良好军事政治素质的退伍军人成为民兵骨干。

（二）民兵武器装备的加强

民兵独立团、营建立以后，国务院、中央军委通过不同渠道解决其武器装备。首先是利用各地民兵库存武器；其次是部队换装下来的武器优先装备民兵独立团、营。同时，各省“小三线”工厂按照组建规划，逐步生产民兵独立团、营的制式武器。在“三北”地区，中央军委重点调拨了一批反坦克火器，在重要的人防城市和交通枢纽配置了高射火器。到 1970 年第一季度，沈阳、北京、兰州军区有计划地给民兵独立团、营配发武器 23 万件。到 1970 年底，北京军区配发给民兵的武器达到 26 万余件。

民兵还开展了群众性的制造土武器活动。这项活动以黑龙江省最为突出。黑龙江省民兵因陋就简、就地取材，土洋结合，以“三土”（土枪、土炮、土地雷）“两反”（反坦克、反空降）为重点制造了近百种武器。他们试制的样品经本省组织多次试验和总后勤部专家初步鉴定，认为大多数具有较好的威力和杀伤效果，而且结构简单，使用方便，材料来源丰富，便于战时动员生产，适应人民战争和全民皆兵的需要。全省有72个县、1000多个单位可以就地取材生产地雷、手榴弹、炸药等土武器。1969年12月31日，军委办事组将黑龙江群众制造土武器的经验推广全国。在沿海岛屿地区，海南岛崖县南海公社的渔民在打潜训练中发动群众，成功地试制了土深水炸弹、土火箭和渔炮等攻潜武器。上海渔业公司的民兵，将用于发现鱼群的渔探器进行了改装，可在1000米的范围内，有效地发现潜艇。

70年代前期，民兵的武器装备建设得到进一步改善和加强。民兵武器装备的基础普遍较差，数量少、质量差，缺口很大。到1972年，民兵制式枪支仅占枪支总数的40%，制式火炮只占火炮总数的23.4%，大量的是旧杂式武器，弹药短缺，维修不足，难以发挥作用。为了改善和更新民兵武器装备，1973年8月，国务院、中央军委决定，改变“小三线”军工厂归中央统一管理的办法，将“小三线”军工厂全部划归省、市、自治区领导，其产品由省、市、自治区支配。此后，各省的民兵武器装备来源有了较好的保障，武器装备的数量质量显著提高。至1976年，民兵武器数量比1972年增长了两倍多，其中火炮数量增长了30多倍。国产制式武器的数量占民兵武器总量的77.5%。

在武器装备得到改善的同时，中央军委采取措施加强了对民兵武器的管理、维修和存储。1975年10月，总参谋部、总后勤部召开了新中国成立以来第一次民兵装备工作会议，决定在总后勤部和军区后勤部设立管理民兵军械工作的机构，加强省军区、军分区和县（市）人民武装部管理民兵武器装备的力量；健全修理机构，划拨民兵装备维修费，分工负责民兵各类武器装备的维修；扩建、改建和新建一批民兵武器仓库，配备仓库管理人员等。这些措施使民兵武器装备的管理逐渐走上制度化轨道。

（三）民兵的训练

各军区采取分级培训的办法，举办各种形式的集训班，对民兵独立团、营和海边防地区、反空降作战地区，以及大中城市的基干民兵，进行了军事训练，以培训民兵技术干部、教员和骨干，提高民兵专业技术分队自身的训练能力。训练内容除射击、投弹、地雷、爆破等技术和战术动作外，主要进行“三打三防”训练。在战备重点地区还进行了村自为战和游击战术的训练。沈阳军区训练了民兵“三打”骨干 39 万余人。北京军区训练了打飞机、打坦克骨干 25 万余人，平均每个农村生产大队 2～3 人。在黑龙江的东宁和虎饶采取一个边防连和一个民兵连“一帮一”的办法训练民兵，有效地提高了民兵的战斗力。许多地区的民兵独立团、营还进行了小型野营拉练。如，江西省民兵独立团、营共 1000 个连，有 700 个连进行了拉练。海军、空军各舰队和基地的岸炮、高炮、雷达、观通站、航空场站、仓库等单位，与当地民兵组织挂钩，成建制地培训民兵专业技术分队。1970 年，海军各部队共派出 2500 余人进驻沿海渔村和渔业公司，帮助整顿和训练民兵队伍，对民兵普遍进行了战备教育、联防教育、军事训练和有重点地开展了打潜艇训练。民兵部分船队可分别完成海上侦察、布雷、补给、救护、捕俘，以及用土办法搜索、攻击敌潜艇等任务。空军在各机场、高炮部队和雷达分队的驻地附近，培训民兵空军专业技术兵，先后建立起 2000 多个专业技术分队。

经过训练，基干民兵特别是边境地区民兵，基本上能够做到招之即来，来之能战。黑龙江省穆陵县民兵团进行的一次演习，全团共 1100 多人，在三个半小时内集结完毕。在东北、华北、西北的边境重点地区，大量涌现的以民兵为主体、以自然村为基地的“战斗村”，成为抗击反侵略的一线堡垒。到 1970 年 8 月，“三北”地区已建成战斗村 3665 个。有的地区把战斗村建设与战场建设、根据地建设结合起来，向军民联防、村村联防、成片成网的方向发展。如，黑龙江省东宁县三岔口公社东方红大队等 7 个大队的民兵，已初步形成既能村自为战又能集中歼敌的联防体系。沈阳军区在沿海沿边一线有 613 个连队同 1487 个民兵连实行军民联防。驻内地的海军、空军及各兵种部队，普遍实行了军民联合搞战备。

1969 年战备以来，民兵军事训练得到较快的恢复和加强，但是由于民兵受训对象众多，而训练能力、武器弹药、器材和经费有限，致使每年训练人数不少，效果却不突出。为了提高民兵训练质量，适应战备需要，1973 年，总参谋部研究制定了《一九七三——一九七五年民兵军事训练纲要》，确定突出重点、集中主要力量、有计划地培养一批能执行战斗任务的民兵骨干力量的训练方针。训练的重点是专职武装干部、民兵排以上干部、武装基干连，以及高炮、地炮分队的技术战术基础训练。不同地区的训练重点也有所侧重，“三北”地区以炸、阻坦克训练为主；大中城市、交通枢纽加强打飞机、打空降之敌的训练；可能开展地道战的地区，逐步开展地道战训练；等等。针对不同的人员，安排每年集中训练的时间从 10 天到一个月不等，并规定了各类人员的训练纲目。经过训练，专职武装干部要求达到会讲、会做、会教，能组织训练，能指挥民兵连打仗；武装基干连要求学会射击、投弹、地雷爆破、站岗放哨。7 月 21 日，该训练纲要下发全军执行。制定与实施《纲要》，提出一定周期内民兵的训练任务和要求，组织民兵有计划、有目的、有步骤的训练，是民兵军事训练工作的重要发展。由于《纲要》适应了民兵特点，训练方法和要求符合实际，因而得到了较好的落实。《纲要》的实施延长了一年，从 1973 年到 1976 年的 4 年间，全国 85% 的专职武装干部、80% 的民兵营（连）长和 75% 的民兵武装基干连完成或基本完成了《纲要》提出的训练目标。

1969 年，中国面临苏联严重的战争威胁，中共中央和毛泽东要求人民解放军加强战备，准备打仗。由此，全军掀起战备高潮。这次全军大战备活动，是抗美援朝战争结束以来规模最大的一次，其强度、持续的时间、投入的人力物力财力均是空前的。人民解放军在国家受到严重战争威胁的形势下，加强战备，进行反侵略战争准备，做到有备无患，是完全必要的。通过大规模的战备活动，全军指战员受到了一次深刻的国防教育，增强了国防观念，增强了战备观念，树立了抗击侵略、保卫祖国的信心；同时，国防战备工程建设成绩显著，加强了国防建设。战备活动的开展，对扭转60年代中期以后军队片面突出政治、忽视军事工作的倾向起了一定作用，有利于加强部队的建设，也有利于军队摆脱“文化大革命”政治运动的困扰。

第四节　军队领导机关与院校的精简整编

中共九大以后，“文化大革命”运动按照毛泽东提出的任务，进入“斗、批、改”阶段。精简军队和地方领导机构是“斗、批、改”阶段的最后一个步骤。毛泽东曾多次指示“精简机构，改革不合理的规章制度”，“改革一切不适应社会主义经济基础的上层建筑，以利于巩固和发展社会主义制度”；“在这次精兵简政中，必须达到精简、统一、效能、节约和反对官僚主义五项目的”。林彪也提出精简机关要“减部门、减层次、减人员”。据此，中央军委确定了适当归口、减少层次、裁减人员的整编部署。军队各系统各部门制订了精简、改革的方案。其最突出的特点就是裁减、合并。地方机构改革与军队机关整编同步进行，一些地方部门在整编中合并到军队系统。

根据中共中央的统一部署，在“准备打仗”的形势下，军队进行了精简整编，重点是军队高级领导机关与院校。

一、总部机关的精简整编

1969年8月23日，军委办事组向总参谋部、总后勤部，以及各军种、兵种、国防科委，公布了经毛泽东、林彪批准的总参谋部和总后勤部机关精简方案。11月28日，又公布总政治部机关的精简方案。三总部均按公布的方案进行了精简整编。

按照整编方案，总参谋部原编15个部、局，将装备计划部拨归总后勤部，与军械部合并；将军事交通部拨归总后勤部，与运输部合并；将动员部与军务部合并为一个部，称军务动员部；将军委直属的防化学兵部改为总参谋部的一个部，称防化学部。这样，总参谋部共编 13 个部、厅、局，即办公厅（军委办公厅兼）、作战部、情报部、三部、军训部、军务动员部、防化学部、政治部、机要局、测绘局、外事局、气象局、管理局。

总政治部（不含直属单位）原编 13 个部、院（其中国防科学工作部已撤销），除干部部不变外，将秘书处、政治工作研究处、管理局与直属政治部合并，称总政治部办公室；将组织部、青年部合并，称组织部；将宣传部、文化部合并，称宣传部；将保卫部、军事法院、军事检察院合并，称保卫部；将群众工作部、联络部合并，称群众工作部。按此编制，整编后总政治部共设 1 室 5 部，即办公室、干部部、组织部、宣传部、保卫部、群众工作部。

总后勤部原有 11 个部 1 个局，加上总参谋部整编中并入的部，共为 13 个部 1 个局。整编方案是：将财务部、军需部、物资部、运输部的油料业务部分合并，称供应部；将运输部的运输业务部分与总参谋部军事交通部合并，称军事运输部；将军械部及运输部的汽车、陆军船舶的装备管理与总参谋部装备计划部合并，称装备部；将工厂管理部、军马部的军马生产部分合并，称企业部；将军马部的兽医、药材部分合并于卫生部，仍称卫生部。合并后，总后勤部保留 8 个部 1 个局，即司令部、政治部、供应部、卫生部、装备部、军事运输部、企业部、营房部、管理局。

这次调整后，三总部各机关编制人数均大幅度减少，总参谋部机关经过调整，原有处、室、科 294 个，减为 123 个，减少 58%；编制干部由 3886 人减为 1944 人，减少 50%。总后勤部减员幅度也在 50% 左右。总政治部人员减少幅度最大，比原编制干部数减少了 78%。

与总部机关精简整编同时，1969 年 9 月 24 日，军委办事组对军事科学院的精简工作作出批示：要缩小机构，精减人员。根据这一要求，军事科学院于 11 月调整了体制编制。全院在编人员由 891 人，减少到 300 人，裁减幅度达 66%。整编后，设院办公室、政治部，及战争理论、战术、战史以及外国军队四个研究部，撤销了军事技术直观教研馆。

二、大军区和省军区机关的精简整编

1969 年 9 月 4 日，军委办事组向各大军区发出《大军区机关精简方案》。按照整编部署各军区统一设司令部、政治部、后勤部。

司令部，将防化部合并于军训部，军事交通部拨归军区后勤部，动员部与军务部合并称军务动员部，军务部的装备科拨归后勤部。精简后，编办公室、作战部、情报部、通信兵部、军训部、军务动员部、政治部、机要局、管理局。

政治部，将青年部合并于组织部，文化部合并于宣传部，联络部合并于群众工作部，军事法院、军事检察院合并于保卫部。精简后，编秘书处、组织部、干部部、宣传部、保卫部、群众工作部、报社。有的军区根据对敌斗争需要，可编联络部。军区机关不编党委办公室，可编 1 ~2 名工作人员，负责党委秘书工作。

后勤部，将财务部、军需部、物资部和运输部的油料部门合并称供应部，军马部（除军马生产部门合并于生产管理部外）并于卫生部，司令部军务部的装备部门、运输部的车船装备管理部门和军械部合并称装备部，司令部军交部与运输部合并称军事运输部。精简后，编司令部、政治部、供应部、卫生部、装备部、军事运输部、生产管理部、营房部。有的军区因无直属后勤分部，可编直属供应部。

军委办事组所颁布的大军区整编方案，只大致明确编制框架，具体部门编制人数由各军区制定，报总参谋部备案。根据这一要求，军区机关进行了精简整编。军区机关进行精简后，干部数大体占原编制数的 40% ~50% 。

1969 年 12 月 5 日，中央军委又发布省军区系统机关的精简方案。根据方案，省军区领导机关统一设司令部、政治部、后勤部。

司令部，军训处与作战处合并，称作训处；民兵组织动员、征集退伍处与军务处合并，称军务动员处；将军务处装备部分拨归后勤部。精简后，编办公室、作训处、通信处、军务动员处、机要处、政治处、管理处。边防省军区可根据对敌斗争的需要编侦察处。有炮兵、工程兵部队的省军区，可根据需要编特种兵处。

政治部，青年处合并于组织处，文化处合并于宣传处，军事法院、军事检察院合并于保卫处。精简后，编秘书处、组织处、干部处、宣传处、保卫处、群众工作处。有的边防省军区可根据对敌斗争的需要，编联络处。

后勤部，将财务处、军需处和运输处的油料部分合并称供应处；将司令部军务处装备部分、运输处的车船装备部分和军械处合并称装备处；将运输处的运输部分合并于战勤处，军马处并入卫生处，军马生产部分并入生产管理处。精简后，编战勤处（西藏、内蒙古军区编司令部）、政治处（西藏、内蒙古军区编政治部）、供应处、卫生处、装备处、生产管理处、营房处。

这一方案要求省军区机关干部精简比例，一般占原编制人数20%～30%，少数占到40%。西藏、内蒙古军区机关干部的精简比例则占原编制人员60%左右。

三、军兵种机关的精简整编

海军的精简整编。1969年9月5日，中央军委批准海军拟定的机关精简方案。根据方案，海军机关由原来的司令部、政治部、后勤部、航空兵部、装备部、工程部等6个部，合并精简为司令部、政治部、后勤部。精简后，司令部设8个部、2个局、2个室，即作战部、情报部、通信部、军训部、军务部、航保部、航空部、直属政治部，以及机要局、管理局、办公室、造船工业科研办公室。政治部为5个部、1个处、1个社，即组织部、干部部、宣传部、保卫部、群工部、秘书处和报社。后勤部设8个部，即司令部、政治部、供应部、装备部、修理部、航空器材部、工程部、卫生部。整编后，海军机关人员比原编制数减少50.1%。

11月，海军领导机关按照方案进行了精简和调整。这是海军领率机关继1957年和1963年几次整编之后的又一次较大规模整编。

空军机关的精简整编。空军机关的编制，在1957年与防空军合并时有过较大变化，此后直至1966年陆续有一些局部调整。1969年9月5日，中央军委批准空军机关的整编方案。据此，空军机关进行了精简整编。根据方案，空军机关由原来的司令部、政治部、后勤部、工程部、军训部、军校部、科研部、高射炮兵指挥部、第二高射炮兵指挥部、雷达兵部和直属政治部11个部，合并精简为司令部、政治部、后勤部。军训部和军校部合并为军训部，高射炮兵指挥部、第二高射炮兵指挥部、雷达兵部和科研部，经过精简，均列入司令部序列。直属政治部并入空军政治部。工程部撤销。工程部的业务工作，外场机务维护由司令部负责，修理、订货工作由后勤部负责。精简后，司令部设10个部，即作战部、情报部、通信兵部、军训部、军务部、第二高射炮兵部、雷达兵部、机务部、科研部、政治部；4个局，即航行局、气象局、机要局、管理局；1个室，即党委办公室兼司令部办公室。政治部设5个部，即组织部、干部部、宣传部、保卫部、群工部，以及空军报社和秘书处。后勤部设8个部，即司令部、政治部、供应部、装备管理部、修建部、航材部、工厂管理部、卫生部。以上三大部，共设30个二级部（局、处、社），编制人数比原来减少了45.3%。

空军机关整编后，按照机构设置对应的原则，各军区空军也进行了整编。1970年1月25日，中央军委批准了空军党委1969年12月22日所报军区空军机关精简整编方案。方案规定，军区空军机关，由原司令部、政治部、后勤部、工程部、军训部、高射炮兵部、雷达兵部7个部52个处87个科，精简为司令部、政治部、后勤部3个部29个处（“三北”地区的军区空军为30个处）；昆明、成都军区空军指挥所由原司令部、政治部、后勤部、工程部4个部，整编为司令部、政治部、后勤部3个部。

在这次整编中，空军还改变了航空兵师的体制编制。1970年2月18日，中央军委批准，将空军飞行部队和基地统一由航空兵师领导，基地改为场站，由师级改为团级；师属飞行大队改为航空兵团，机务大队编在航空兵团里。航空兵师设司令部、政治部，辖3

个团、2 个场站。歼击航空兵师还设有 1 个夜间作战的独立大队。这种体制改变了原来机构重叠，使用与管理不统一的矛盾，提高了航空兵部队的机动能力和独立作战能力。至 1971 年 5 月，空军各航空兵师全部按新的体制编制进行了调整。

军委直属的兵种有炮兵、第二炮兵、装甲兵、工程兵、铁道兵、通信兵。1969 年 12 月 5 日，中央军委发布《军委各兵种机关精简方案》和《军区炮兵、装甲兵、工程兵机构的精简方案》。按照整编要求，军委各兵种机关统一设司令部、政治部、后勤部。

司令部，统一编办公室、作战处（通信兵为通信处）、军训处、军务处、科研处（通信兵为电讯工业办公室）、政治处、管理处。第二炮兵司令部另编情报处、通信处、工程处、机要处；铁道兵、工程兵司令部另编通信处、机要处；通信兵司令部编工程计划处。

政治部，统一编秘书处、组织部、干部部、宣传部、保卫部。工程兵、铁道兵政治部，另编群众工作部、报社。炮兵、第二炮兵、装甲兵、通信兵不另编杂志社，需出版的内部刊物归宣传部负责。

后勤部，统一编战勤处、供应处、装备处。第二炮兵、工程兵、铁道兵、通信兵后勤部，另编政治处（部）、卫生处；第二炮兵后勤部另编特种装备处、修理处；装甲兵、工程兵后勤部，另编订购处、生产管理处；铁道兵、通信兵后勤部，另编工程物资处、生产管理处。各兵种司令部、政治部、后勤部所属处（部）之下一般不设科级机构。

各军区根据所担负的任务与具体兵种作用的不同，兵种机构的设置与级别各有不同。沈阳、北京、南京、济南军区，保留军区炮兵、装甲兵、工程兵领导机构；广州、武汉军区，保留军区炮兵、工程兵领导机构；广州军区将装甲兵领导机构改为军区司令部装甲兵部；武汉军区保留司令部装甲兵部；福州、昆明军区保留军区炮兵领导机构，将军区工程兵领导机构改为军区司令部工程兵部；兰州军区将司令部炮兵部改为军区炮兵领导机构，军区司令部增编装甲兵部，保留工程兵部；成都、新疆军区，保留军区司令部炮兵部、工程兵部。

军区炮兵领导机构，编司令部、政治部；军区装甲兵、工程兵的领导机构，编司令部、政治部、装备器材部；各部下设处。军区司令部编设的兵种部下设科。

1970 年初，军委各兵种机关和军区炮兵、装甲兵、工程兵根据这一方案进行了精简整编。

四、军队院校的精简整编

改革教育制度是毛泽东酝酿已久的一个思想。《关于无产阶级文化大革命的决定》指出："改革旧的教育制度，改革旧的教学方针和方法，是这场无产阶级文化大革命的一个极其重要的任务。""学制要缩短。课程设置要精简。教材要彻底改革，有的首先删繁就简。"这是就国家总体教育制度而言的。关于军事教育改革，1965 年 3 月 24 日，他在接见巴勒斯坦解放组织代表团时说：办"军事学校我不反对，可以办，但不要学得太长了，一读二三年，太长了，几个月就行了"。"有些现代科学需要长一些时间学，例如导弹、原子弹，这是讲研究和制造。单单武器的使用和训练士兵不需要很长时间。训练炮兵一个月就行，训练驾驶员、飞行员，几个月就够了，最多一年。主要是在战场上训练"。"有少数人读书是必要的，懂得点军事知识，懂得点社会科学，懂得点自然科学"。"文化大革命"中毛泽东又指示，军队学校要大量缩减，不要办那么多。1969 年，林彪在视察部队时也说："技术兵文化要高一点，步兵不一定那么高。学生打仗还不行。""我们部队就是在战争中学文化"。

遵照中央军委的一系列指示精神，军队开始着手整编院校。1969 年 2 月 19 日，军委办事组转发总参谋部拟制的军队院校调整方案。根据这一方案，院校进行了大规模的调整。

整编前，军队原有学校（含飞行学校）125 所，按学校的性质区分，计：指挥、政治学校 45 所，技术学校 65 所，飞行学校 15

所。调整方案要求，裁减82所，保留43所。学校调整的原则是撤销所有的指挥、政治、体育、艺术学校；技术学校，凡是在部队能学到的技术，一律立足于部队中学，高级技术学校（含维护修理学校）基本上保留；撤销各军区的步兵学校，由各军、师建立小型教导队，编制10人左右，以办毛泽东思想学习班的方式轮训部队干部。按照这样的原则，确定保留的有工程技术学校19所，医务学校6所，兽医学校1所，飞行学校16所，及新建1所军政大学，共计43所。

新建的军政大学，由撤销后的高等军事学院、南京军事学院、政治学院、后勤学院合并组建，直属中央军委。1970年8月军政大学在北京成立，黄永胜兼校长，张秀川任政治委员，下设训练部、政治部、校务部，及第一、第二、第三、第四、第五大队。

1969年3月，院校调整工作开始。3月底，总参谋部、总后勤部抽调人员成立了院校调整小组，具体实施院校精简合并以及多余机构的处理及营房设施调整等工作。至1970年2月，82所院校撤销、移交完毕，保留的院校也完成了定点、定编工作。被撤销院校的人员处理办法：一是整建制使用，如组建生产兵团、“五七”劳动学校等；二是适合留部队工作的干部即行调出分配工作；三是下放农村劳动锻炼。整改后的院校教学普遍缩短学制，突出政治课程，简化业务课程。如，新成立的军政大学，任务是办毛泽东思想学习班，轮训陆、海、空三军的中高级干部和担负外训任务，教学内容只安排了马克思、恩格斯、列宁、斯大林、毛泽东的著作，以及中共党史、党章等教学内容。空军的各航校，学制由过去的两年半缩短为一年；保留的地面院校基础课被取消，专业理论课被削弱，训练时间只有3～8个月，严重影响了毕业学员的质量。

五、部分党政机关并入军队

1969年开始实行的中共中央和国家机关精简整编中，陆续将一些部门合并于军队。这些部门被认为是机构重叠，或工作不力、领导不力，或因为在“文化大革命”中派别纷争，历久不止，无法恢复正常工作，以及存在其他问题。这些部门有中央气象局、国家测绘局、中央调查部、中国民用航空总局（简称民航）、国防科学技术研究领导机构、邮电部电信部分、国家体育运动委员会等。

中央气象局与总参谋部军事气象局合并。1969 年 12 月 4 日，国务院、中央军委发出总参谋部军事气象局与中央气象局合并的通知。当年，两局就完成了合并，合并后称中央气象局，总参谋部军事气象局缩编为一个处，并入中央气象局。该局隶属于总参谋部。军内仍保留总参谋部军事气象局的名称。各省、市、自治区以下各级气象部门仍归当地各级革命委员会建制领导。中央气象局对各省、市、自治区，各军种、兵种，以及各基地的气象业务部门实施业务指导。各大军区的军事气象保障工作，由各省、市、自治区、海军舰队、军区空军的气象部门承担，由大军区负责组织。1970 年 9 月以后，根据周恩来的指示，决定省、市、自治区以下各级气象部门（省局、地台、县站），除建制仍属各级革命委员会外，其领导关系，实行由省军区（或大军区）、军分区、县（市）人民武装部和各级革命委员会的双重领导，并以军事部门为主。属于基本建设、财物经费、劳动工资、物资供应等计划，仍分别纳入各级革命委员会的各项计划。

国家测绘总局与总参谋部测绘局合并。1969 年 11 月 10 日，国务院、中央军委发出总参谋部测绘局与国家测绘总局合并的通知，决定撤销国家测绘总局。为便于对外交往，在总参谋部测绘局保留国家测绘总局的名称。总局原担负的测图任务，由总参谋部测绘局接收。战备测图任务，纳入统一规划；经济建设测图任务，属于国家安排的项目和“大三线”建设的测图，由总参谋部测绘局统一组织安排；属于各省、市、自治区的一般经济建设测图，以省、市、自治区为主组织实施，必要时军队予以协助。总局的设备、资料及用房由军队接收使用。从测绘总局挑选少数技术人员到部队工作，其余一律下放，或开办“五七”干校，或交由各省、市、自治区革委会负责安置。通知发出后，两局开始合并。12 月 8 日，总参谋部、国家测绘总局军管会共同制订出国家测绘总局撤销后的交接工作计划。尔后，国家测绘总局及所属单位与总参谋部测绘局和相关的军区分别组成移交、接收小组，按照规定的任务措施，于1969年冬～1970年春两局完成了合并工作。

中央调查部与总参谋部情报部合并。根据中央和国家机关的整编方案，1969年8月12日，由总参谋部牵头成立了中央调查部与总参谋部情报部整编领导小组，开始制订两部合并及编组方案。合并方案经过反复研究后，1970年5月13日，中共中央、中央军委发出两部合并的通知，合并后称“中国人民解放军总参谋部情报部”，规定总参谋部情报部是党政军的对外军政情报统一机关（不担负国内治安情报工作），隶属于总参谋部。此后，两部按规定进行了合并。

民航划归军队建制。鉴于首都机场对外检查工作有民航局、公安局、海关等多家单位参与，难以协调进而造成工作上的漏洞，1968年12月9日，周恩来批示将民航局划归空军系统，作为军事建制，边防检查等事项作相应改变。1969年11月20日，国务院、中央军委作出批准改变民航的组织体制和规章制度的决定，将民航划归中国人民解放军建制，成为空军的组成部分，各项制度按军队相关制度执行。民航各级机构的设置，按照空军机关、部队的组织形式进行相应的改革。民航的飞行学校也列入空军飞行航校的序列。民航对外名称不变，仍为国务院的直属局。有关国际航空交通运输业务的外事工作，除由军事系统请示报告外，也可直接请示国务院有关部门办理。

国防工业部门和国防科学技术研究领导机构移交军队管辖。1969年，国务院在机构改革中酝酿将国防工业部门和原属国务院系统的第三、第四、第五、第六机械工业部移交军队管辖。这个设想报毛泽东同意后开始组织实施。同年8月31日，国务院和中央军委决定成立航空工业领导小组，吴法宪任组长；造船工业、科研领导小组，李作鹏任组长；常规兵器工业领导小组，邱会作任组长；电讯工业领导小组，李作鹏任组长。12 月 22 日，中共中央又宣布成立中央军委国防工业领导小组，邱会作任组长，下设军委国防工业领导小组办公室，负责组织领导和协调第三、第四、第五、第六机械工业部的生产建设和科研工作。同时宣布撤销国务院国防工办。1970 年 1 月 1 日开始，国防科委所属院校的大多数也分别划归总参谋部、总后勤部、海军、空军领导。6 月 7 日，中共中央决定，将 6 个机械工业部划归军队系统管辖。即第二、第七机械工业部划归国防科委管辖；第三机械工业部划归空军管辖；第四机械工业部划归总参谋部通信兵部管辖；第五机械工业部划归总后勤部管辖；第六机械工业部划归海军管辖。

邮电部电信部分合并于军队。1969 年 11 月 5 日，经国务院、中央军委批准，改革邮电体制，将邮电部的电信、邮政从中央到基层全部分开，电信部分划归军队领导，邮政部分与铁道、交通部门合并。

国家体委划归军队领导。1970 年 5 月 11 日，中共中央、国务院、中央军委、中央文革小组发布命令，将国家体育运动委员会改为国家体育局，归总参谋部领导，对外保留“中华人民共和国体育运动委员会”名称。

在此期间，国家海洋局被划归海军领导。

1969～1970 年军队机关的整编是在“文化大革命”特殊形势下进行的，没有经过充分、系统、科学的论证与试验，主要凭一些领导人的个人意志裁并、砍削，因而实施中产生了许多问题。

军队高级机关的整编、归口，统一了机关编制，使领导关系简明直接，但适应各军兵种特点不够，过分地强调统一，给工作带来不利影响。如空军机关编成三大部后，由于肢解了工程技术部门的职能，严重削弱了航空机务保障工作，海军也有类似的问题。在整编中，总部与军区、军兵种机关过分强调减少职能部门，一些必不可少的综合工作和专业工作部门被取消或者压缩，如撤并了装备、动员、联络、财务和军需等职能部门，改变了综合、计划、供应、军工和科研等管理体制，取消了一些综合工作和专业工作部门，削弱了对各级业务工作的领导。院校和科研机构遭到严重破坏，各项业务工作基本停滞。此外，机关的整编并没有达到精简的目的。编制上，员额大大减少，一些精通业务的骨干被精简。但机关的任务不减，相反增加了许多额外工作，而工作方式与手段却没有改进，各部门便纷纷增设专项领导小组、办公室等，各级机关从部队抽调人员帮助工作。结果，名义上机关精简了，实际上人数却增多了。

院校的整编实际上是破坏式的砍削。被撤销的院校，大量有经验的教员流失，多数校舍、校产挪作他用，大部分教学设施和资料损毁和流失，严重地影响了干部和专业技术人员的培训。保留的院校，学制缩短，业务课程减少。学员原本基础薄弱，学校的学习又类同于走形式，毕业后只能应付本专业单一简单条件下的应用，而不能适应复杂局面。

军事理论和军事学术研究力量在整编中被严重削弱，正常的研究体系遭到破坏，保留的研究人员在研究方向、指导思想等方面也受到束缚，使军事科研无法为军队建设提供前瞻性服务，阻碍了人民解放军与世界先进军事潮流的同步发展。

国防工业与科研的体制变更后，破坏了装备建设的统一计划、统一管理，也破坏了科研工作的协作与交流，加上“文化大革命”以来许多行之有效的规章制度被废止，致使这一时期生产的装备不配套，质量问题多。飞机、舰艇、坦克、火炮、枪支、弹药、雷达、通信设备等都存在此类问题。如海军接收的5种型号的主要舰艇，遗留的质量问题和关键性技术问题就有469项。全军1969～1971年接收的700多架歼－6型飞机，有50%缺少必要的配套器具。有些装备生产后，因为不配套而不能投放部队；一些装备部队的产品，由于质量不好，发生严重事故，造成很大损失。

将部分党政机关划入军队序列，使这些部门在动乱时期维持了相对完整的组织机构和基本工作秩序，使中共中央、国务院得以对其进行必要的控制和指导。但是，这些地方部门被并入军队，并不是一项适合军队和社会发展与需要的改革。许多直接为国家经济建设服务的部门由军事系统领导，不利于这些部门充分发挥职能作用，给地方工作带来许多不便，同时也使军队指挥机构更加臃肿庞杂，军队自身建设也受到影响。另外，合并以后，这些部门并没有真正融入军队，军队系统也没有完全接受他们成为其中的一员。1972 年以后，上述部门的领导关系陆续得到调整，重新纳入政府系统。

第五节　林彪反革命集团的覆灭

“文化大革命”中，林彪利用毛泽东的信任，在军队中制造了一系列冤案，打倒一批军队高级干部，使军队原来比较健全、合理的领导机构遭到破坏。1968 年 3 月杨、余、傅事件后，军委办事组代替中央军委常委的领导，林彪、叶群及其亲信黄永胜、吴法宪、李作鹏、邱会作把持军委办事组，控制了军委很大一部分权力。1969 年，中共九大和九届一中全会继续维持了这种不正常的军队领导体制，并使林彪一伙在党内的地位进一步提高。林彪被作为毛泽东的接班人，写入九大通过的党章总纲。

1970 年 3 月初，毛泽东提出筹备召开四届人大和修改宪法，并提出不设国家主席。林彪把四届人大看做是自己巩固权力和夺取更大权力的机会，由此，他一反“文化大革命”以来一贯紧跟的做法，带头反对毛泽东不设国家主席的意见。林彪一伙表面上主张由毛泽东任国家主席，私下里却表明由林彪任国家主席的真实意图。在筹备四届人大的过程中，林彪集团与江青集团的矛盾也开始表面化。林彪、江青两个集团在“文化大革命”初期互相勾结打倒老干部，但九大以后，为争夺在中央更大的权力，他们之间的矛盾日益尖锐地暴露出来。8 月中旬，在中央修改宪法工作的两次会议上，吴法宪坚持在表述毛泽东发展了马克思、列宁主义前面要加上“天才地、全面地、创造性地”三个副词，而张春桥、康生则主张删去这三个副词，双方为此发生激烈争论。这三个副词是林彪一贯坚持的，而又是屡次被毛泽东本人删掉的。从表面上看，这似乎只是一种表述方式之争，实际上，这是林彪、江青两个集团的明争暗斗，借题发挥，争论的实质是要争夺党政最高领导权。

8 月 23 日，九届二中全会在庐山召开。林彪在会议上抢先讲话，继续坚持设国家主席并坚持“毛泽东是天才”的观点。随后，陈伯达、叶群、吴法宪、李作鹏、邱会作分别在华北组、中南组、西南组、西北组发言，引用陈伯达选编的恩格斯、列宁、斯大林称天才的几条语录，与林彪的讲话相呼应，并不指名地攻击张春桥“否认毛泽东是天才”、“贬低毛泽东思想”，同时编发了集中反映这类发言的华北组会议第二号简报，借此在会议中造成一种气氛，企图按林彪集团的意愿操纵会议。

毛泽东觉察到林彪一伙的宗派活动，于 8 月 25 日召开政治局常委扩大会议，决定收回华北组会议第二号简报，责令陈伯达、吴法宪检讨。8 月 31 日，毛泽东又写了《我的一点意见》，策略地发动对陈伯达的批判。这对林彪集团是一个沉重打击。

一、“批陈整风”及批评军委办事组

针对九届二中全会出现的问题，从会议后期开始直到 1971 年上半年，毛泽东从批判陈伯达入手，主要抓了整顿全党尤其是军队的领导作风，同时揭露林彪集团的阴谋，批评军委办事组，削弱林彪集团。

（一）批评军委办事组

1970 年 9 月 22 日，周恩来、康生约黄永胜谈话，传达毛泽东的指示，建议黄永胜、吴法宪、李作鹏、邱会作四人在想通后，应该对九届二中全会上所犯的错误写出书面检讨，“揭露事实真相，与陈〔伯达〕完全决裂”。同时指出，这样做“对党对己都极有利”①。

9月29日、10月12日，吴法宪、叶群先后给毛泽东送交检讨，而黄永胜、李作鹏、邱会作迟迟不检查自己的错误。毛泽东在吴法宪、叶群的检讨书上作了严厉的批注，批评吴法宪、叶群宣扬天才论，是别有用心；违反党的组织原则，搞非组织活动，由几个人发难，企图欺骗200多个中央委员。毛泽东对二人的检讨较少有肯定之意，相反处处表示出不满和怀疑。

九届二中全会刚结束时，会议的情况严格限定在高级干部范围内，只传达到军队的大军区一级党委委员和省市自治区党的核心领导小组成员。11月16日，毛泽东指示，陈伯达的问题扩大传达到地、师级干部，并要求各单位“了解他（指陈伯达）的情况和问题的同志，进行检举和揭发”②。

1971年1月9日~2月14日，中央军委举行座谈会，进行“批陈整风”。座谈会结束时，黄永胜作总结讲话。他讲陈伯达的问题很多、很严重，但对自己及办事组其他人在中央全会上的活动和问题只字不提，连“受陈伯达的蒙蔽”、“上当”之类的词句也没有。从黄永胜的总结讲话中看不出陈伯达的问题与军队高级干部存在任何关系，似乎军委开会批陈只是划清界限，吸取其教训。他在讲到开展批评与自我批评时，检查了军委办事组班子存在的问题有三条：一是抓自身思想革命化不够。在政治生活中，开展批评与自我批评不够。二是路线觉悟不高。三是作风上也存在不少问题。在工作中忙忙碌碌，陷于事务，工作缺乏通盘安排，有时顾此失彼。黄永胜谈的几条问题属于泛泛而谈，也没有涉及与陈伯达的联系与思想路线、政治路线问题。然而，他对座谈会的评价是，“会议开得是好的，收获很大”。

毛泽东对这次军委座谈会很不满意。2月19日，他在一个报告

① 《周恩来传》（1949~1976）下，1026页，北京，中央文献出版社，1998。

② 《中共中央关于传达陈伯达反党问题的指示》，1970年11月16日。

上批示："请告各地同志，开展批陈整风运动时重点在批陈，其次才是整风。不要学军委座谈会，开了一个月，还根本不批陈。"[①] 2月20日，军委办事组专门开会贯彻毛泽东的批示，并于当日向毛泽东写出报告，表示诚恳接受主席的批评。毛泽东又在军委办事组的报告上批示："你们几个同志，在批陈问题上为什么老是被动，不推一下，就动不起来。这个问题，应该好好想一想，采取步骤，变被动为主动。"又批示：为什么老是认识不足？原因何在？应当研究。[②] 2月22日，在中共中央政治局会议上，黄永胜、吴法宪、李作鹏、邱会作及其他政治局成员都作了检讨。会后，军委办事组又集体写出书面检讨报告，承认：我们军委办事组有几个同志在九届二中全会上犯了方向、路线错误，表示"要在'批陈整风'运动中认真检查自己"[③]。

3月，黄永胜、李作鹏、邱会作三人写出个人检讨，送给毛泽东。3月23日，毛泽东将他们的检讨批转给周恩来，并指示由周恩来、康生、江青先商量一下，给黄永胜等人创造一次机会，让他们在一定范围内作检讨，不要再失去机会了。当天下午，周恩来与康生、江青商定再召开一次中央批陈整风会议进一步批陈，并联系实际，自我教育。毛泽东接到报告后提出：此事应向林彪汇报。3月24日，毛泽东又指示：吴法宪、叶群需要重新写出检讨。

3月26日，周恩来派专人将黄、李、邱的检讨送给在北戴河的林彪。3月29日，周恩来与黄永胜、吴法宪、李作鹏、邱会作、李德生、纪登奎等人前往北戴河向林彪汇报批陈整风几次会议的情况，以及准备召开中央批陈整风汇报会的安排等。林彪表示：完全

---

① 《建国以来毛泽东文稿》第13册，206页，北京，中央文献出版社，1998。

② 参见《建国以来毛泽东文稿》第13册，208～209页，北京，中央文献出版社，1998。

③ 《建国以来毛泽东文稿》第13册，212页，北京，中央文献出版社，1998。

拥护毛泽东自庐山会议以来一系列指示和工作部署，完全同意中央召开批陈整风汇报会议。林彪在谈话中还为自己在庐山会议上的讲话作辩解，也不表示要出席中央批陈整风汇报会。

4 月 15 日，中央批陈整风汇报会开始举行，有中央、地方和部队的负责人共 99 人参加。中央政治局原拟汇报会开 5 天，上报毛泽东后，毛泽东指示延长到 7 天，7 天不够，还要延长。汇报会实际开至 29 日结束，共计 15 天。

4 月 19 日，林彪从北戴河返回北京。次日，周恩来致信林彪，送去有关中央批陈整风汇报会材料及毛泽东的批示。但林彪仍无出席会议之意。29 日，在批陈整风汇报会结束时，周恩来代表中央讲话，对黄、吴、叶、李、邱的错误作了严肃定性："军委办事组五位同志所犯的错误，是方向路线错误"，"五位同志犯这样严重的错误，最根本的原因就是不听毛主席的话，站错了立场，走错了路线"，并指出"在组织上是宗派主义的错误"①。这次批陈整风汇报会，实际上主要是批军委办事组犯错误的 5 人，隐含的目的是促使林彪认识错误，分化林彪集团。林彪采取了消极的态度。在批陈整风汇报会前后，林彪与毛泽东之间的对立愈呈表面化。

毛泽东决定采取组织措施抑制林彪集团。4 月 7 日，中共中央决定纪登奎、张才千参加军委办事组，为该组成员。批陈整风汇报会召开的前几天，毛泽东又决定增加陈毅、徐向前、聂荣臻等军委副主席参加会议。三位军委副主席在军内外享有崇高威望，但是自 1968 年 3 月杨、余、傅事件后，一直处于有职无权状态，除出席过党的全国代表大会及中央全会外，不参与中央及军委的领导工作。此次决定他们这些老帅出席会议，表明毛泽东在解决"文化大革命"以来军队高层问题上，注重依靠与发挥军内老一辈革命家的作用。这一举措，对于开展与林彪集团的斗争具有重要意义。

（二）全军进行路线教育和开展反骄破满教育

针对庐山会议出现的问题，毛泽东在庐山会议上及会议后反复

---

① 周恩来：《在批陈整风汇报会上的讲话提纲》，1971 年 4 月 29 日。

谈起路线问题。毛泽东说：革命要有正确的路线，有了正确的路线，就有了一切。如果路线错了，就要垮台，就要失败。针对多年来林彪把学习毛泽东著作与学习马列著作割裂的现象，毛泽东提出高级干部要加强学习，要读书，光读我的几本不行，还要读点马列主义的经典著作。毛泽东又强调指出，“军队要谨慎”。

根据毛泽东提出的高级干部读书的指示，1970 年 9 月 11 日，军委办事组向中央政治局常委提出关于读马列著作计划的报告，拟出选读马、恩、列的五本书。9 月 12 日，周恩来主持政治局会议，讨论军委办事组的报告，决定将五本书增至九本并选读毛泽东的五篇著作。9 月 27 日，毛泽东批示：“九本略多，第一次宜少，大本书宜选读（如反杜林）。”最后，中央选定了六本马克思、恩格斯、列宁的著作和五篇毛泽东著作。[①] 11 月 6 日，中共中央下发高级干部学习的通知，传达毛泽东的指示：党的高级干部，不管工作多忙，都要挤时间，读一些马列的书，区别真假马列主义。规定“学习时间，首先靠自己挤，坚持天天读。可以规定共同的学习日，每周不少于两次”。

中共中央的通知下发后，全党全军的高级干部学习活动迅速开展起来。全军军级党委常委以上干部，建立了集体学习制度。军政大学开办了辅导员训练班，为全军学习六本马列著作培养理论教员。到 1971 年第一季度末，各单位已普遍读完毛泽东的五篇著作及《共产党宣言》，一些单位还读了《哥达纲领批判》，后来又逐篇通读《唯物主义和经验批判主义》、《反杜林论》和《法兰西内战》等著作。根据毛泽东对军队批评的精神，军队各大单位高级干部在

---

① 六本马恩列著作，是马克思恩格斯的《共产党宣言》，马克思的《哥达纲领批判》和《法兰西内战》（选读），恩格斯的《反杜林论》（选读），列宁的《唯物主义和经验批判主义》（选读）和《国家与革命》（选读）。五篇毛泽东的著作，是《实践论》、《矛盾论》、《关于正确处理人民内部矛盾的问题》、《在中国共产党全国宣传工作会议上的讲话》和《人的正确思想是从哪里来的?》。

传达学习九届二中全会精神时，着重检查了军队在“文化大革命”中存在的问题。南京军区等三个军区的党委和江苏、贵州等七个省及自治区党的核心小组讨论认为，部分参加“三结合”的军代表，滋长了骄傲情绪和急躁情绪。毛泽东阅读了他们的报告后批示：“应该进行一次思想和政治路线方面的教育。”①

根据毛泽东批示，军队开始进行反骄破满教育。11 月 13 日，《解放军报》发表社论《谦虚谨慎戒骄戒躁》。全军机关和部队专门安排时间集中阅读学习。此后一段时间内，军队各级各种集会上，反骄破满都是一项重要内容。

1971 年 1 月 5 日，济南军区政治部给中央军委、总政治部写了反骄破满的体会与整顿报告。报告就克服骄傲自满情绪，提出三破三立：一是破“一贯正确论”，立一分为二的世界观。要使一些自以为“一贯正确”的同志认识到，“一贯正确”本身就是不正确的，它从根本上违背了唯物辩证法；把自己打扮成“一贯正确”，目的是为了争功，表现是个“骄”字，实质是个“官”字，根子是个“私”字。二是破“领导高明论”，立群众是真正的英雄的观念。针对有的同志总觉得自己“比群众高明”，好摆官架子，动辄批评训斥，大小事都要他说了算的问题，用毛主席“既当‘官’，又当老百姓”、“决不许可摆架子”的指示武装干部的头脑，引导大家从谈“文化大革命”的经验教训入手，看官气十足的危害。三是破骄傲有“资本”论，立为人民再立新功的思想。通过进行小整风，展开思想交锋，在灵魂深处搞斗、批、改，自觉放下“战功”与“新功”两个包袱。1 月 8 日，毛泽东对报告批示：“此件很好，从理论和实践的结合上讲清了问题”，“我军和地方多年没有从这一方面的错误思想整风，现在是进行一场自我教育的极好时机了”②。

---

① 《建国以来毛泽东文稿》第 13 册，133 ~ 134 页，北京，中央文献出版社，1998。

② 《建国以来毛泽东文稿》第 13 册，200 页，北京，中央文献出版社，1998。

1月9日，周恩来主持中共中央政治局会议，讨论毛泽东对济南军区报告的批示。会议认为，当前应以批修整风的自我教育运动作为推动各项工作的中心。11日，中共中央、中央军委、总政治部联合向全国县、团级以上单位发出文件，要求“开展一场反对骄傲自满、提倡谦虚谨慎的自我教育运动。认真学习马克思主义、列宁主义、毛泽东思想，读几本书，密切联系实际，开门整风，学习济南军区报告的三破三立，批判反革命修正主义，开展批评和自我批评，弄通思想，提高觉悟”。指示规定了整风运动的基本方向和内容。由此开始，党内展开“批修整风”（在已传达陈伯达问题的干部中直接称为“批陈整风”）运动。

此时，中央指导的华北会议正在进行中。华北会议，是根据毛泽东批示，由中共中央具体部署和指导在北京召开的。1970年12月22日开始，1971年1月24日结束。参加会议的有北京卫戍区、天津警备区、华北各省军区及华北地区有关单位负责人，共249人。从1971年1月9日起，出席中央军委座谈会的143人也参加了会议。会议揭发、批判了陈伯达的罪行，同时也错误地批判了北京军区第一政治委员李雪峰、军区司令员郑维山。[①] 1月24日，中共中央决定，李德生任北京军区司令员，谢富治任北京军区第一政治委员，纪登奎任第二政治委员。同时改组了北京军区党委，谢富治任党委第一书记，李德生任第二书记，纪登奎任第三书记。华北会议结束后，结合会议精神，军队各总部及各大单位先后召开党委扩大会议，进行“批陈整风”，总计参加会议的师（团）以上干部1800余人。1971年2月21日，中央关于扩大传达陈伯达问题的文件下发后，全军又在13.3万余名团职和18级以上党员干部中传达了中央下发的有关批判陈伯达问题的12个文件，进行批陈和帮助党委整风。这些会议持续的时间一般都在一个月以上。

到4月底，团职以上干部的“批陈整风”基本结束。4月29

---

① 1979年12月6日，中共中央发出通知，为李雪峰、郑维山平反。

日，中央决定继续扩大传达陈伯达的问题到党的基层骨干。部队传达到连长、指导员，机关传达到相应的党委书记、副书记，或党的核心小组组长、副组长一级。传达的内容是中央以前下发的10余份文件及新编的陈伯达罪行材料。全军各基层单位从5月上中旬陆续展开传达学习，采取办学习班或召开团党委扩大会议的形式，时间15～20天，最长的达40天。多数单位基本上一批搞完，少数单位分两批进行；有的一次传达分批学习。至7月份，全军基本传达完毕。

在批陈的基础上，各大单位的党委扩大会议集中时间进行克服骄傲自满、改变领导作风的思想整风。采取的方式是学习毛泽东在历史上及现实中的有关论述；发动群众给干部提意见（此称为“开门整风”）；领导干部进行自我批评。团以下机关和部队，均开展了提倡谦虚谨慎、反对骄傲自满的正面教育，学习了毛泽东1月8日批示和中共中央转发的济南军区政治部的报告。整风运动中，还专门对“三支两军”的人员进行了整训。

二、九一三事件和林彪反革命集团的覆灭

庐山会议和随后的“批陈整风”运动，从思想上、组织上步步深入地对林彪集团进行揭露。林彪面临政治上的溃败，开始暗中策划武力对抗，以其儿子、空军司令部办公室副主任兼作战部副部长林立果为首，组织“联合舰队”，谋划反革命政变，企图谋害毛泽东。

林立果伙同空军副参谋长兼司令部办公室主任王飞、空军司令部办公室副主任周宇驰等人在空军组织了一个“调查研究小组”，名义上是研究空军的建设问题，实质上是林立果为发展个人势力而建立的小集团，林彪曾专门接见调研小组主要成员。1970年8月庐山会议上林彪集团受挫后，便决定进行武力夺权的准备，林彪授意林立果搞一个武装夺权计划。林立果以“调研小组”组成“联合舰队”，并自称“旗舰”。“联合舰队”是林彪策划反革命政变、谋害毛泽东的骨干力量。

1971年3月21～24日，林立果同“联合舰队”的主要成员周宇驰、空军司令部办公室副处长于新野、空军第4军政治部副处长李伟信，在上海制订了反革命政变计划——《“571工程”纪要》（“571”即“武装起义”的谐音）。随后，林立果等人为发动反革命政变，秘密而紧张地进行组织准备，以及军事和技术等一系列的准备工作，在广州和上海分别建立为政变服务的武装力量。

1971年4月中央“批陈整风”汇报会以后，黄永胜等人在军队封锁知情范围，拒不按规定传达。毛泽东了解到这种情况后，断定：他们的检讨是假的。庐山的事情还没有完，还根本没有解决。这个当中有“鬼”。他们还有后台。他认为黄永胜一伙人拒绝改正错误，并且继续搞阴谋，明里暗里进行对抗，是因为后面有林彪。

毛泽东决心揭露他们的阴谋。在北京，毛泽东对中央政治局部分成员不断打招呼，尔后又决定南巡，给地方党政领导人打招呼，揭露林彪。8月15日，毛泽东乘专列离京南下，16日到达武昌，27日转长沙，31日莅南昌，9月3日到杭州，10日抵上海，11日离沪北返，12日16时回到中南海。沿途，毛泽东召见各地党和军队的负责人谈话。毛泽东的谈话从中国共产党成立以来的路线斗争史讲起，反复申明一个主旨：“要搞马克思主义，不要搞修正主义；要团结，不要分裂；要光明正大，不要搞阴谋诡计。”这给各地重要领导人指明，在即将到来的政治斗争中要坚持的立场。毛泽东谈话的重点是1970年的庐山会议。他指出：他们先搞隐瞒，后搞突然袭击，五个常委瞒着三个，[①] 也瞒着政治局的大多数同志，除了那几位大将以外。那些大将，包括黄永胜、吴法宪、叶群、李作鹏、邱会作。他们发难，不是一天半，而是8月23日、24日至25日中午，共两天半。有人急于想当国家主席，要分裂党，急于夺权。毛泽东在谈话中直接点了林彪的问题：林彪同志那个讲话，没有同我

---

① 五个常委，指中共九届一中全会选出的毛泽东、林彪、周恩来、陈伯达、康生五人。瞒着三个，是指瞒着毛泽东、周恩来、康生。

商量，也没有给我看，他们有话，事先不拿出来，大概总认为有什么把握了，好像会成功了。毛泽东还批评了林彪有关称赞毛泽东是天才的一些论调，如全世界几百年，中国几千年才出现一个天才；顶峰论，一句顶一万句，大树特树，等等。

对林彪主管的军队工作，毛泽东也作了许多批评。如，军队内部不团结，有山头，管理松懈，高级领导人政治思想不强，不听指挥，缺乏组织纪律性，在“三支两军”中存在骄傲自满、命令主义、军阀作风，军队的训练水平降低了，等等。他表示：现在我要抓军队的事。他还多次亲自领唱《国际歌》、《三大纪律八项注意》，并进行重点讲解。

毛泽东还针对叶群、林立果的不正常行为，指出：我一向不赞成自己的老婆当自己工作单位的办公室主任。林彪那里，是叶群当办公室主任，他们四个人（指黄永胜、吴法宪、李作鹏、邱会作）向林彪请示问题都要经过她。做工作要靠自己动手，亲自看，亲自批。不要靠秘书，不要把秘书搞那么大的权。二十几岁的人捧为“超天才”，这没有什么好处。毛泽东对九届二中全会上出现的问题定性为“两个司令部的斗争”。

林彪、叶群通过他们的亲信获悉毛泽东的谈话内容后，陷于极度恐慌之中。他们决定加快实施反革命政变计划，企图在毛泽东南巡途中加以谋害。与此同时，林彪、叶群还为南逃广州，另立中央和叛国外逃做准备。9 月 7 日，林立果指示“联合舰队”进入“一等战备”。同日，周宇驰找到江腾蛟①谋划刺杀毛泽东的行动。江腾蛟还接受了担任南线行动总指挥的任务。9 月 8 日，林彪手书了政变令：“盼照立果、宇驰同志传达的命令办。”当晚，林立果携带林彪手令乘专机回到北京，组织谋划政变方案。

正当林立果的“联合舰队”紧张谋划时，南巡途中的毛泽东觉察到他们的一些异常迹象，果断地改变行动计划。专列到达上海

① 江腾蛟，南京军区空军前政治委员。

后，毛泽东未下车，在列车上找人谈话后，于9月11日中午离沪直返北京，12日下午1时到达北京丰台火车站。林彪一伙谋害毛泽东于南巡途中的方案未及实施即宣告失败。

9月11日晚，林彪、叶群、林立果接到王维国的密报，得知毛泽东已离沪北上后，感到谋杀的阴谋活动已成泡影，便立即决定南逃广州，图谋另立中央政府，分裂国家。9月12日，林立果、周宇驰、王飞、江腾蛟等人分别在西郊机场、空军学院的秘密据点和空军司令部办公大楼上策划南逃办法，并安排南逃飞机8架。当天晚上8时15分，林立果乘256号三叉戟飞机到达山海关。这架飞机是林立果等计划13日早8时林彪一家人乘坐由北戴河飞往广州的专机。

9月12日晚，周恩来总理在人民大会堂主持讨论四届人大《政府工作报告》草稿。22时许，周恩来接到汪东兴的电话，告知北戴河林彪之女林立衡反映林彪、叶群、林立果等人谋划出逃的情况。随后，周恩来又接到北戴河的报告，得知有一架专机正停候在山海关机场。周恩来立即叫来在大会堂参加讨论《政府工作报告》草稿的吴法宪，要他查明这架飞机的情况。

吴法宪打电话询问主管专机的空军司令部副参谋长胡萍。胡萍谎称是因训练去了山海关。周恩来当即对该机作了两条指示：（一）这架飞机没有命令任何人不准动；（二）飞机准备今天晚上飞回北京。胡萍一方面假托飞机发动机出故障，不能飞回；另一方面立即将周恩来查问飞机的事用电话告诉周宇驰。

确知山海关机场已有一架飞机后，当日23时30分，周恩来给叶群打电话。周恩来从与叶群的通话中，感觉到林彪、叶群的活动异常，于是进一步明确指示李作鹏：山海关机场①的专机不要动，要动须有周恩来、黄永胜、吴法宪、李作鹏四人一起下令才能放飞。

---

① 山海关机场属于海军管辖。

林彪、叶群得知周恩来查问专机后，认为南逃广州的阴谋难以实现，于是，决定逃往外国。林立果立即将北逃苏联的决定电话通知在北京的周宇驰。23 时 40 分，林彪、叶群、林立果慌忙钻进一辆“红旗”高级防弹轿车，由北戴河急驰山海关机场。出发时，警卫部队开枪拦阻，未成，又乘车追去。

周恩来得知林彪等人登车驶向山海关的消息后，立即指定专人到要害部门掌握情况：命李德生到空军司令部，纪登奎到北京军区，由中央办公厅警卫处副处长兼中央警卫团政委杨德中陪同吴法宪到西郊机场。通过他们，周恩来直接掌握这些军事部门的指挥。同时，周恩来又命李作鹏通知山海关机场，再次强调控制飞机起飞的命令。李作鹏传达时将必须有周恩来、黄永胜、吴法宪、李作鹏“四个人一起下命令才能飞行”的指示篡改为“四个首长其中一个首长指示放飞才放飞”①。

13 日 0 时 22 分，林彪的汽车开进山海关机场。林彪、叶群、林立果等人慌忙登上飞机。随后，飞机强行滑向跑道，机场在阻拦无效的情况下，只好采取灯火管制的办法。0 时 32 分，256 号三叉戟飞机在一片黑暗中升上天空。飞机上乘员共 9 人，有林彪、叶群、林立果、刘沛丰及林彪专车驾驶员和专机机组人员潘景寅等 4 人。13 日 1 时 50 分，飞机越过中蒙边界上空进入蒙古人民共和国。13 日 2 时 30 分许，林彪一伙乘坐的飞机因油料将尽，在野外迫降时坠毁在蒙古国温都尔汗附近。机上人员全部死亡。

在北京的周宇驰得到林立果叛逃的消息后，伙同于新野、李伟信三人乘车窜往北京沙河机场。周宇驰等向机场方面出示林彪手令骗得一架直升机，胁迫驾驶员陈修文往蒙古方向飞去。13 日 3 时 15 分左右，周恩来得到直升机起飞的报告。请示毛泽东后，周恩来命令北京军区空军立即对直升机迫降，否则将其击落，绝不能放它飞走。

---

① 《中华人民共和国最高人民法院特别法庭判决书》，1981 年 1 月 23 日。

北京军区空军奉命起飞 8 架歼－6 型战斗机，升空搜索拦截。直升机驾驶员陈修文发觉周宇驰等人的企图后，机智地采取措施调转航向飞回北京，降落到怀柔。在直升机降落时，陈修文与周宇驰搏斗，周宇驰开枪将陈修文杀害。周宇驰、于新野见无处逃遁，最后开枪自杀，李伟信向当地政府机关自首。

林彪叛逃后，毛泽东、周恩来采取了紧急措施以应付可能出现的意外事件。命令全军进入紧急战备状态，派陆军部队进驻机场警备，北京卫戍区加强了机动兵力，调整了兵力部署。同时，根据掌握的情况，迅速扣押王飞、江腾蛟等参与政变的重要人物，查封林立果在北京的几个秘密据点。

九一三事件发生后，中共中央根据调查了解的情况证实，黄永胜、吴法宪、李作鹏、邱会作与林彪有着非正常的密切关系，对林彪的逃跑事件也负有一定责任。但是，林彪事件后，这几个人拒绝中央的挽救，拒不向中央交代林彪及他们自己的问题，反而私下串连，统一口径，企图掩盖罪行。9 月 24 日，中共中央决定黄永胜、吴法宪、李作鹏、邱会作四人离职反省，彻底交代问题。

从 1969 年到 1971 年九一三事件，国内的“文化大革命”运动进入“斗、批、改”阶段。“斗、批、改”运动不但没有消除动乱的因素，反而使矛盾向更深层次发展，引发了新的动荡，军队建设继续遭受严重破坏。这期间，人民解放军在以毛泽东为首的党中央和中央军委的领导下，继续担负“三支两军”和维护全国局势稳定的任务。全军指战员同全国人民一道，开展了“批陈整风”运动和粉碎林彪反革命集团的斗争，保持了军队自身的稳定，为国家局势的稳定作出了重大贡献。面对苏联的军事挑衅和战争威胁，人民解放军奉命进行珍宝岛自卫反击作战等行动，打退了苏军的多次入侵，保卫了祖国领土的完整；遵照中共中央的决策，全面加强战备，大力加强战场建设、边海防建设、人防工程建设、民兵武装建设、战备训练和野营拉练等，做到有备无患。

第三章　清除林彪反革命集团的恶劣影响，军队建设出现转机

九一三事件后，在中央军委领导下，军队开始揭批林彪反革命集团，清算其扰乱破坏军队建设的罪行，对军队进行初步整顿，大力恢复军事训练，整顿国防工业，加强管理教育，努力恢复和发扬人民解放军的优良传统，部队以军事训练为中心的正常秩序逐步恢复，军队建设出现良好势头。

第一节　从政治上、组织上清理林彪反革命集团给军队建设造成的恶劣影响

为从组织上清除林彪反革命集团，中共中央和中央军委决定调整军委的领导。1971 年 9 月 24 日，中共中央决定由军委副主席叶剑英主持中央军委工作。25 日，根据中共中央的决定，军委副主席叶剑英同时主持总参谋部工作。10 月 3 日，中共中央决定：撤销军委办事组，成立中央军委办公会议。中央军委办公会议由叶剑英主持，其成员有叶剑英、谢富治、张春桥、李先念、李德生、纪登奎、汪东兴、陈士榘、张才千、刘贤权，在中央军委领导下负责军委日常工作。

一、揭批林彪反革命集团的罪行，清查有牵连的人和事

1971 年九一三事件后，中共中央发出通知，向党内高级干部通报了九一三事件。至 10 月下旬，传达到全体党员和群众。

虽然党内、军内许多高层领导人对林彪一伙的野心和阴谋有所

察觉，但在全国广大人民和部队广大官兵心目中，林彪是中共中央副主席和中央军委副主席，是中共九大党章规定的毛泽东的“接班人”，因此群众对九一三事件一时感到难以理解。为了使全党全军全国人民认清林彪野心家、阴谋家的本质，清查和批判林彪反革命集团的罪行，清除林彪反革命集团的恶劣影响，中共中央决定开展“批林整风”运动。根据中共中央的部署和要求，中央军委和解放军总政治部对全军开展“批林整风”运动作了部署。1971 年底 ~ 1974 年，全军对林彪反革命集团的罪行进行了系统的揭发批判。

揭批林彪反革命集团搞政变的阴谋活动和罪行。1971 年 12 月 ~ 1972 年 7 月，中共中央连续下发了由中央专案组整理的《粉碎林陈反党集团反革命政变的斗争》等三批材料，[①] 揭露了林彪反革命集团在中共九届二中全会前后的阴谋活动。全军广大指战员同全国人民对林彪等人的罪行表示了极大的义愤，一致拥护中共中央和中央军委所采取的各项措施，积极投入对林彪反革命集团的斗争。全军指战员以毛泽东关于“要搞马克思主义，不要搞修正主义；要团结，不要分裂；要光明正大，不要搞阴谋诡计”的指示为武器，对林彪反革命集团的阴谋活动和罪行进行了深入揭发批判，认清了林彪及其一伙野心家、阴谋家的本质，认为林彪最后走上外逃叛国、机毁人亡的下场是他自食其果，罪有应得。

揭批林彪的历史问题。林彪反革命集团为了达到篡党夺权的目的，利用“文化大革命”之机，篡改党史和军史，吹捧林彪一贯正确。九一三事件后，朱德、叶剑英、刘伯承、陈毅、徐向前、聂荣臻等军队老干部参加座谈会或致信毛泽东和中共中央，以自己的亲身经历，揭发林彪历史上的若干问题。1972 年 5 月 25 日，中央军委将这些揭发材料摘要整理后，下发全军，对部队进行教育。

揭批林彪破坏军队建设的罪行。1959 年林彪主持中央军委日常

---

① 三批材料，分别是 1971 年 12 月、1972 年 1 月、1972 年 7 月印发的《粉碎林陈反党集团反革命政变的斗争》（材料之一、之二、之三），其中包括了《“571 工程”纪要》等一系列重要材料。

工作以后，特别是“文化大革命”开始以后，大搞所谓“突出政治”，“政治可以冲击其他”，严重削弱和破坏军事训练和军队其他各项建设；采取阴谋手段打倒军队一大批高级干部，大搞山头主义、宗派主义，破坏军队的团结和统一；大搞形式主义，严重破坏军队的优良传统和作风。为清理林彪及其一伙给军队建设造成的严重影响，1971～1974 年，总参谋部、总政治部、总后勤部、军事科学院、军政大学、海军、空军、第二炮兵、国防科委、国防工办、炮兵、装甲兵、工程兵、铁道兵等大单位，从各个不同侧面或领域整理了林彪及其一伙破坏军队建设的一系列罪行材料。这些材料对系统揭批和清理林彪反革命集团给军队建设造成的影响和破坏，对澄清军队建设中一些是非问题以及恢复军队的优良传统和作风起到了重要作用。

同时，还对林彪鼓吹的“天才论”、形而上学和唯心论，从理论上进行了深入的批判。

通过对林彪反革命集团罪行的揭发和批判，提高了全军广大指战员的思想政治水平。全军指战员认识到：林彪一伙是一个反革命阴谋集团，是一伙阴谋家、野心家。他们的目的，是妄图推翻以毛泽东为首的中共中央，篡党夺权。

在“批林整风”运动中，清查与林彪反革命集团有牵连的人和事，从组织上清除林彪的影响，纯洁军队内部，是一件十分重要而复杂的工作。10 月 4 日，毛泽东召集中央军委办公会议成员谈话时说：林彪搞了十几年，军队问题不少，要肃清影响。

“文化大革命”开始后，林彪一伙大搞山头主义、宗派主义，安插、重用亲信，控制了军队的许多重要部门和单位。有的人为达到投机钻营的目的，主动投靠，为林彪反革命集团效力，充当吹鼓手，干了大量坏事；有的人参加林立果为准备反革命政变力量而组织的小“联合舰队”或“教导队”、“训练班”，等等。

清查和处理与林彪反革命集团有牵连的人和事，关系到军队的安定、团结，关系到军队建设全局，是一项政策性很强的工作。

1971 年 10 月 7 日，叶剑英在总参谋部处以上党员干部大会上的讲话中指出：为了纯洁军队，去除“毒瘤”，要搞好清查工作。中央军委坚持贯彻“稳”、“准”的方针，缩小打击面，扩大教育面。对不同的情况、不同的单位和不同的人，采取不同的政策、不同的方法和不同的措施。跟林彪搞阴谋活动的只是一小撮，参与林彪反革命集团阴谋活动的人只是少数，死心塌地地跟着林彪走的也只是少数人、个别人，大部分是上当受骗的。有牵连的人和事也只发生在少数人身上，相信大多数干部和党员是好的。要帮助有牵连的人提高认识，划清界限，要相信绝大多数人经过教育后会回到正确道路上来。11 月 30 日，总政治部针对林彪反革命集团对全军各单位的不同影响，向中共中央和中央军委提出清查方案。方案提出：在林彪反革命集团过去控制很严的单位，要加强领导，放手发动群众，把问题揭发出来，彻底查清全部罪行，不放过一个坏人；同时为了教育、挽救那些犯错误的干部，从政治上、思想上、组织上进行清理整顿；对受影响较深、问题较多的单位，要进一步发动群众，深入进行揭发，查清问题；一般单位和部队，要组织学习马克思主义、列宁主义、毛泽东思想，批判林彪集团推行的反革命政治路线、宗派主义组织路线，经过批判，彻底肃清流毒和影响，发扬光荣传统，纠正不正之风。12 月，中央军委同意按总政治部的意见在全军开展清查工作。

按照中央军委的要求和总政治部清查方案的规定，从 1971 年底开始，全军全面展开清查工作。对黄永胜、吴法宪、李作鹏、邱会作等林彪反革命集团主要成员曾经直接控制的机关和部队，作为重点清查的单位。为了搞好这些单位的清查工作，军委办公会议成员进行了分工负责：叶剑英和副总参谋长张才千负责总参谋部，李先念和国家计委革委会主任余秋里负责总后勤部，总政治部主任李德生负责空军等。全军军以上单位，均建立了清查领导小组，要求党委主要负责人亲自挂帅，领导此项工作。另外，要求师团两级党委也要有一名常委负责此项工作。全军各单位广泛发动群众，深入搞好清查工作。组织骨干、知情人反复认真学习文件，正确掌握政策，重证据而不轻信口供，搞好内查外调，把问题的来龙去脉一件一件地核实查清。

在清查中，各单位注意区别和处理两类不同性质的矛盾，严格掌握政策界限。对犯错误的人，严格分清楚正常的工作关系和非正常的宗派关系。对于正常工作关系的人，不予以追究；对于搞宗派的人，参与林彪反革命集团阴谋活动的人，严格清查，其重点是清查九大以后，特别是九届二中全会以后的事。清查中，对于林彪死党的家属子女，加强教育，热情帮助，使其提高觉悟，揭发问题，划清界限，不受歧视。

从清查出来的事实看，跟随林彪反革命集团干坏事的人，大体上分为三类：有的属于心甘情愿，死心塌地成为林彪反革命集团的死党；有的是被林彪一伙的极“左”面目所蒙蔽，上当受骗，虽然做了一些错事，但有悔改的决心和表现；还有一些人是慑于淫威，说了一些违心的话，办了一些违心的事。基本事实查清后，区别不同情况，按党的政策进行了定案和处理：对有一般问题的人，及时结案，恢复工作；对问题复杂的少数人，留置待进一步清查。大量的事实证明，广大指战员对林彪反革命集团的阴谋活动，是有抵制和斗争的，不少人还为此受到了打击和迫害。清查结果表明，林彪一伙把一些单位和一部分人看作所谓的“可借用力量”，这只不过是他们的如意算盘。真正死心塌地跟他们搞阴谋活动的只是极少数人，跟着林彪搞政变的只是个别人。犯严重错误的也是少数人，多数人是属于上当受骗，做过一些错事。至1974年底，全军清查工作基本结束。

虽然这次清查与林彪反革命集团有牵连的人和事时，“文化大革命”尚未结束，江青一伙进行干扰和破坏，清查工作不可能完全彻底。清查中也存在一些事实判定不当的情况，致使部分人受到不公正的对待。这在当时的背景下是很难避免的。但总体上，由于周恩来、叶剑英的正确指导，清查工作没有造成太大的偏差，基本上清除了跟随林彪搞阴谋活动的人，从总体上对纯洁军队组织、维护军队的团结和稳定，起到了积极作用。

二、解放军队老干部

林彪一伙为了达到政治上的野心和目的，利用“文化大革命”之机，使用手中的权力，采取合法的和非法的、公开的和秘密的卑劣手段，诬陷、诽谤、罢免了一批军队领导干部。有的在政治上受到迫害，在精神上受到折磨，在肉体上遭到残酷摧残。国务院副总理、中央军委副主席贺龙长期遭到严重摧残，于1969年6月含冤去世。据统计，截至1971年9月九一三事件，林彪一伙在军队中制造冤案，“使八万多人遭到诬陷、迫害，一千一百六十九人被迫害致死”①。

九一三事件后，毛泽东觉察到有些干部是遭受林彪一伙的诬陷而被打倒的，应该纠正、平反。1971年11月14日，毛泽东在接见参加成都地区座谈会的同志时，对“二月逆流”作了正面评价。1972年1月6日，“文化大革命”开始后被迫“靠边站”的中央军委副主席陈毅元帅因病逝世，毛泽东亲自参加追悼会，并对陈毅夫人张茜及其子女说：陈毅同志是一个好同志！陈毅为中国革命、世界革命作出贡献，立了大功劳。是林彪搞阴谋，要把这些老同志搞掉。

1972年初，毛泽东同叶剑英等人，多次专门谈到关于解放军队老干部和安排他们出来后工作的问题。他说，军队老干部的问题已经好几年了，即使犯错误也已经有了认识，应当让他们出来工作；解放老干部不仅是军队的事，也是全国的事，现在需要思想转弯，要先对下面下点毛毛雨，做些工作。他还具体询问了一些已被打倒或“靠边站”的老干部情况，如北京军区原司令员杨勇、北京军区原第二政治委员廖汉生、武汉军区原司令员陈再道、武汉军区原第

---

① 《中华人民共和国最高人民检察院特别检察庭起诉书》，1980年11月20日。

二政治委员钟汉华、昆明军区原司令员秦基伟、昆明军区原第二政治委员李成芳、内蒙古军区原司令员兼政治委员乌兰夫等人。他指示，中央专案组审查的干部中有的搞错了，要清查一下。老干部的问题不解决，对子女影响很大。父母犯错误，说子女也有错误，这样不对。过去有些问题是靠逼供信搞出来的，不可靠，不能搞这个东西。过去在中央苏区搞过逼供信，在延安也发生过。靠逼供信搞出来的材料不可信，不能算。毛泽东还对如何看待“文化大革命”中干部犯错误的问题作了指示，他说：“我们一些干部的看法不对，有的是形而上学，把干部一时的错误说是一贯的错误，这样不能正确的认识一个干部。”

根据毛泽东关于解放老干部的指示精神，中央军委和总政治部及时部署了军队解放老干部的工作。1972 年 1 月 14 日，总政治部提出：要认真落实毛泽东对犯错误干部的政策，坚持“惩前毖后，治病救人”的方针。对于“文化大革命”以来经长期审查至今尚未作出结论的干部，要抓紧查清，区别情况，妥善处理；处理错了的，要纠正过来。对于犯错误包括犯了路线错误的好人，要以教育为主，帮助他们认识错误、改正错误，既弄清问题，又团结同志。对于确系遭受林彪一伙打击陷害的同志，应予以平反。为了加快审批进度，总政治部根据周恩来的指示，将专案审查的所有高级干部列出名册，说明情况，提出意见，提供给中央军委和中央政治局讨论。总政治部第一批即向中共中央政治局上报了近 200 名大军区以上领导干部。

由于中央军委和总政治部认真贯彻毛泽东解放老干部的指示，经过全军上下的积极努力，先后对“二月逆流”，七二〇事件，杨、余、傅事件等重大冤假错案进行了复查。贺龙、谭政、罗瑞卿、萧华、杨成武、杨勇、陈再道、乌兰夫、苏振华、刘震、刘志坚、梁必业、秦基伟、廖汉生、钟汉华、李成芳、余立金、黄新廷、莫文骅、郭鹏、杜义德、王尚荣、郭化若、傅崇碧等一大批在“文革”中遭诬陷迫害的军队高级干部获得了平反、解除监禁或“解放”，许多人恢复工作，重新安排了领导职务。根据毛泽东的提议，1973年为邓小平恢复党组织生活并安排了工作。当年12月22日，中共中央决定邓小平为中共中央政治局委员、中央军委委员，参加中共中央和中央军委的领导工作。

由于毛泽东亲自过问和中央军委的高度重视，解放老干部工作取得了相当大的成绩。自“文化大革命”以来被打倒的大多数老干部的冤假错案开始得到重新处理，有的老干部虽然暂时没有得到平反昭雪，但处境已得到相对改善。但是，由于“文化大革命”运动还在继续，江青一伙对老干部的平反工作极力干扰，这项工作受到很多限制，还有很多干部未获得平反昭雪，被解放干部的结论往往还留有“尾巴”，并不彻底。

三、调整军队领导班子

为了保证军队组织上的纯洁，九一三事件后，中共中央和中央军委对军队的领导班子进行调整，清除了与林彪反革命集团有关联的人。

叶剑英对军队领导班子的调整高度重视。他说：通过“批林整风”，既要政治落实，也要组织落实，要产生两种成果。如果组织不落实，我们的领导就没有保障。对林彪反革命集团危害比较严重的领导班子要进行重点调整，将死心塌地跟着林彪反革命集团干坏事的人，清除出各级领导班子，充分发挥老干部的骨干作用，军以上领导干部要进行交流。按毛泽东确定的“要搞马克思主义，不要搞修正主义；要团结，不要分裂；要光明正大，不要搞阴谋诡计”的“三条基本原则”和培养无产阶级革命事业接班人的五个条件，[①] 大胆地选拔一些干部，把三结合的领导班子建立起来。

---

① 无产阶级革命事业接班人的五个条件，是1964年毛泽东在中央工作会议上提出的。第一条，要搞马列主义，不搞修正主义；第二条，要为中国和世界的大多数人谋利益；第三条，要能够团结大多数人；第四条，有事同群众商量；第五条，有了错误要作自我批评。

根据上述精神，中央军委对林彪反革命集团危害较严重的总参谋部、总后勤部、空军、海军等单位的领导班子进行重点整顿。将与林彪反革命集团有关联的干部及时调离领导岗位，对解放出来的年富力强的干部，安排适当的位置。在总参谋部、总政治部、总后勤部、各大军区、省军区等高级领导机关，为大量被解放干部安排了领导职务。同时，对“三支两军”回部队来的干部，也进行了适当安排。

经过“批林整风”和一批老干部的解放，军委领导成员发生了较大变化。1974 年 1 月，中共中央决定由叶剑英、王洪文、张春桥、邓小平、陈锡联、苏振华组成军委六人小组，负责处理军委日常工作，军委六人小组对内对外不行文，一律以中央军委名义开展工作。

在调整领导班子中，还注重干部的交流工作，对在一个单位任职较久的领导干部进行一定数量的交流。1973 年 12 月 22 日，根据毛泽东提出大军区司令员相互交流的建议，中央军委发布命令：北京军区司令员李德生与沈阳军区司令员陈锡联对调，南京军区司令员许世友与广州军区司令员丁盛对调，济南军区司令员杨得志与武汉军区司令员曾思玉对调，福州军区司令员韩先楚与兰州军区司令员皮定均对调。八个大军区司令员对调前后，对全军的中、高级干部也进行了一些交流。

这一次全军领导班子的调整工作至 1974 年 12 月基本结束。各大单位领导干部的配备是：

总参谋部，总参谋长（缺，1975 年 1 月邓小平兼任），第一副总参谋长杨成武，副总参谋长彭绍辉、张才千、向仲华、李达、王尚荣、胡炜、何正文。

总政治部，主任（缺，1975 年 1 月张春桥兼任），副主任梁必业、田维新、魏伯亭。

总后勤部，部长张宗逊，政治委员张池明、郭林祥，副部长张令彬、张贤约、张天云、封永顺、邱创成、徐斌、张汝光、詹海英、孙洪珍、栾学文、白相国，副政治委员卢南樵、康立泽。

沈阳军区，司令员李德生，第二政治委员曾绍山，政治委员毛远新，副司令员唐子安、江拥辉、萧全夫、汪洋（兼参谋长）、邓岳、刘永源、游好扬、张峰、吴习智（兼后勤部部长）、汪家道、刘德才、曾雍雅、罗坤山、孙玉国，副政治委员李伯秋、李少元、邹衍、王淮湘、刘振华、陈绍昆、刘光涛、张午（兼政治部主任）、甘渭汉。

北京军区，司令员陈锡联，第一政治委员纪登奎，政治委员陈先瑞、解学恭（兼）、刘子厚（兼）、吴德（兼），副司令员滕海清、吴先恩、萧文玖、张云龙、郑三生、宋玉琳、杜文达、尤太忠、马卫华、王振祥、康林、谢振华、万海峰、刘海清、萧选进、徐深吉，副政治委员张南生、黄振棠、吴岱、张正光、陈仁洪、陈祥、吴涛、马杰、徐光友、迟浩田，参谋长徐信，政治部主任李宝奇，后勤部部长衣瑞伦。

济南军区，司令员曾思玉，政治委员徐立清，副司令员范朝利、杨国夫、傅家选、李水清、成少甫、熊作芳（兼参谋长）、张铚秀、孙继先，副政治委员李耀文、陈美藻、鲍先志、李勃、方正，政治部主任曹普南，后勤部部长况开田。

南京军区，司令员丁盛，第一政治委员张春桥（兼），第二政治委员彭冲（兼），副司令员聂凤智、钱钧、饶子健、廖容标、萧永银（兼参谋长）、段焕竞、周纯麟、胡大荣、吴仕宏、詹大南、刘昌毅，副政治委员周贯五、刘西元，政治部主任王展，后勤部部长鞠文仪。

福州军区，司令员皮定均，政治委员李志民，副司令员朱绍清、邓克明、王建安、龙飞虎、石一宸、朱耀华、陈再道，副政治委员廖海光、卢胜、詹化雨、佘积德、尹明亮、王直、卓雄、谢家祥，参谋长李景昌，政治部主任阴法唐，后勤部部长周桂生。

广州军区，司令员许世友，第一政治委员韦国清（兼），政治委员韦祖珍、华国锋（兼）、孔石泉、赵紫阳（兼），副司令员詹才芳、吴富善、杨梅生、江燮元、吴纯仁、邱国光、叶建民、黄荣海、颜德明、陈海涵、欧致富、钟赤兵，副政治委员晏福生、方正平、萧元礼、杨树根、訾修林、钟汉华、彭嘉庆，参谋长孙干卿，政治部主任于厚德，后勤部部长靳兆西。

武汉军区，司令员杨得志，第一政治委员王六生，第二政治委员刘建勋（兼），第三政治委员萧思明，副司令员李迎希、孔庆德、姚喆、杨秀山、韩东山、李化民、林维先、闵学胜、张树芝、江文、张震、李光军、张显扬、吴瑞山，副政治委员张玉华、潘振武、谢胜坤、钟文法、陈代富、王猛（兼政治部主任），参谋长郑志士，后勤部部长金振中。

昆明军区，司令员王必成，第二政治委员李成芳，政治委员周兴（兼），副司令员陈康、鲁瑞林、田维扬、查玉升、徐其孝、韦统泰、梁中玉、刘春山、张荣森、吴效闵，副政治委员胡荣贵、张子明、兰亦农、蔡顺礼、王砚泉、雷起云、李克忠、王宗槐，参谋长崔建功，政治部主任展明，后勤部部长王文成。

成都军区，司令员秦基伟，第一政治委员刘兴元，第二政治委员李大章（兼），政治委员严政、谢家祥，第一副司令员陈宏，副司令员李文清、韦杰、邓少东、胡继成、王诚汉、王东保、谢正荣、郑本炎（兼后勤部部长）、茹夫一、陈明义，副政治委员余洪远、余述生、谢云晖、何云峰、段思英、欧阳平、任荣，参谋长徐成功，政治部主任鲍奇辰。

兰州军区，司令员韩先楚，政治委员冼恒汉、李瑞山（兼），副司令员徐国珍、康健民、李书茂、郭鹏、伍生荣、王德润、刘静海、高锐、张藩、杜绍三，副政治委员高维嵩、孔俊彪、刘建功、李樾、李虎、卜占亚、谭开云，参谋长马友里，政治部主任孙殿甲。

新疆军区，司令员杨勇，第一政治委员赛福鼎·艾则孜（兼），政治委员曹思明，第一副司令员徐国贤，副司令员幸元林、张竭诚、陆敬轩（兼后勤部部长）、刘发秀、赖光勋（兼参谋长）、李长林、谭善和，副政治委员左齐、裴周玉、曹达诺夫·扎伊尔、熊晃、胡华居、姜林东（兼政治部主任）、何林兆、罗荣。

海军，司令员萧劲光，第一政治委员苏振华，第二政治委员王宏坤，副司令员刘道生、周希汉、周仁杰、马忠全、王万林、孔照年、高振家，副政治委员杜义德、卢仁灿、王昕，参谋长潘焱，政治部主任刘居英，后勤部部长王晓。

空军，司令员马宁，政治委员傅传作，副司令员成钧、曹里怀、邝任农、张廷发、薛少卿、邹炎、张积慧，副政治委员高厚良（兼政治部主任）、杜玉福。

炮兵，司令员张达志，政治委员兰文兆，副司令员匡裕民、吴信泉、孔从洲、宋承志、向守志、钟辉、刘禄长，副政治委员谢良、丁本淳、郭超、李信。

第二炮兵，司令员张翼翔，第二政治委员吴烈、陈发洪，副司令员廖成美、符先辉、王珽、严家安，副政治委员于敬山、刘友光、王文介。

装甲兵，政治委员姚国民，副司令员贺晋年、程世才、张文舟、钟人仿、顿星云、宋庆生、沙风、林彬、赵杰、黄祖华，副政治委员杨昆山、于丁。

工程兵，司令员陈士榘，政治委员李真，副司令员胡奇才、谭友林、唐凯、马苏政、王耀南、崔萍、武宏，副政治委员谢明、李良汉、严庆堤、刘月生。

铁道兵，司令员刘贤权，第二政治委员崔田民，政治委员宋维栻，副司令员刘金轩、罗华生、彭海贵、别祖后、萧春先、兰庭辉、何辉燕、亓谦斋，副政治委员王贵德、郭延林、王洪川。

通信兵，主任周世忠，政治委员黄文明、陈鹤桥，副主任黎东汉、龙振彪、周涌、陈挽澜、崔伦、黄萍，副政治委员范阳春、吴钊统。

国防科学技术委员会，主任陶鲁笳，副主任罗舜初、罗元发、栗在山、钱学森、朱光亚。

军事科学院，院长宋时轮，第一政治委员粟裕，政治委员王新亭、廖汉生，副院长阎揆要、贺光华、高体乾、郭化若、王蕴瑞，副政治委员钟期光、韩双亭。

军政大学，校长萧克，政治委员唐亮，副校长刘忠、聂济峰、阳震、孙泊、杨光隆、国光、段苏权、陈中民、陶汉章，副政治委员董超、林谦、李锡文、李丙令、何德庆。

第二节　恢复人民军队的优良传统

一、在学习马列、毛泽东原著和学习哲学的活动中恢复理论联系实际的学风

学习马克思列宁主义理论，要理论联系实际，从客观实际出发，反对本本主义、教条主义和空洞说教，这是中国共产党一贯强调的学风，是中国共产党的三大作风之一。但是，林彪别有用心地散布所谓马列“过时”、走“捷径”、“一本万利”等论调，强调毛泽东的话句句是真理，一句顶一万句，将学习毛泽东著作的活动变成了学语录、背“警句”，极少学原著。所谓的“活学活用”、“急用先学”、“立竿见影”，实际是各取所需，简单对号，断章取义，割裂原意，严重败坏了理论联系实际的学风。部队建设中存在的许多问题，特别是“左”的思想，在很大程度上都与理论联系实际的学风遭到破坏有关。

中共九届二中全会后，毛泽东提出全党全军特别是党的高级干部都要读马列的书。九一三事件发生后，他作了进一步强调。1971 年 10 月 4 日，毛泽东指示：军队政治教育，主要是搞路线方面的教育，要讲马列主义。据此，总政治部分别召集各大军区宣传部和军委直属各大单位宣传部的负责人，座谈讨论了部队路线教育中学习马克思主义的问题。1972 年 5 月 9 日，总政治部向全军下发《关于高、中级干部学习的意见》和《关于连队政治教育的意见》。

在这两个文件中，除了指出学习理论的重要性和规定了相应的

学习内容外，突出强调两个问题：一是强调读原著，学哲学，加深对马克思主义基本原理的理解；二是要坚持理论联系实际的原则，要把认真学习马克思主义著作同揭发批判林彪反革命集团的斗争紧密结合起来，同加强军队建设和改造世界观紧密结合起来，肃清林彪把理论和实际割裂开来，推行实用主义、形式主义给军队建设造成的影响。

根据总政治部的部署，全军展开了新一轮读马列、毛泽东著作的活动。截至 1973 年底，团以上干部重点学习了马克思恩格斯《共产党宣言》，马克思《哥达纲领批判》，恩格斯《反杜林论》，列宁《国家与革命》，毛泽东《实践论》、《矛盾论》等著作，并通读了《毛泽东选集》一至四卷；基层干部和多数战士通读《毛泽东选集》一至四卷，并选读了马克思、恩格斯、列宁、斯大林部分著作。这个阶段学习马列毛泽东著作的活动，注重对马克思主义基本原理和立场、观点、方法的理解和掌握，而不是个别结论的生搬硬套。在学习中，对原著的每个章节都反复学，从而使指战员对唯物论的反映论、唯心论的先验论、巩固党的领导和马克思主义的国家学说等基本原理有了比较完整系统的了解。此外，注重读书同改造世界观、改进工作相结合，把落脚点放在正确处理个人利益和国家利益的关系上，使干部战士更加安心部队、安心边疆工作。在开展读书活动中，各级领导干部大兴调查研究之风，到基层搞调查研究。通过召开座谈会，畅谈读书体会，开展自我批评等，增强团结，促进部队的各项工作。

在学习马列著作和毛泽东著作活动中，全军取消了一些形式主义的规定。如，取消了原来规定的学习毛泽东著作必须每天一小时，并且要放在每天工作、训练的第一小时的“天天读”制度；取消了借研讨学习毛泽东著作的经验和体会而自我吹嘘、弄虚作假的“讲用会”制度。

二、开展“解放军学全国人民”活动

人民解放军始终坚持人民军队性质，牢记人民军队的宗旨和职

责，发扬人民军队的优良传统，在“文化大革命”动乱时期极为艰难的情况下，为保卫祖国的安全，为维护党和国家及人民的利益，为支援国家社会主义建设，作出重要贡献。军队在执行三大纪律八项注意、遵守党和国家的政策法令等方面的情况基本是好的，军政、军民关系总体上是密切的，这是主流。但是，军队执行“三支两军”任务，介入地方事务，使军政、军民关系出现了许多不和谐现象。少数“三支两军”人员由于缺乏工作经验，不能正确处理军队与地方的关系、个人与组织的关系，滥用职权，发生对待群众态度粗暴的现象。“文化大革命”开始后，由于新组建和扩编部队，营房十分紧张，而地方一些大专院校停止招生和部分地方机关撤销后的空余房屋，被军队大量借用、占用。军队在开办“五七”农场、“五七”干校中，以及在营建、施工中，借用、占用了地方的一些土地。这些问题的存在，虽然是“文化大革命”动乱的影响所致，不完全是军队本身的原因，但是在人民群众中造成不良影响，降低了人民解放军的威信。

针对这些问题，1971 年 8 ~ 9 月，毛泽东在外地巡视期间，同各地负责人谈话时指出：“工业学大庆，农业学大寨，全国学人民解放军，这不完全，还要加上解放军学全国人民。”① 1972 年 1 月 1 日，总政治部根据毛泽东的指示，向全军发出《认真贯彻执行毛主席关于解放军学全国人民的指示的通知》，要求全军指战员响应毛泽东号召，自觉地向全国人民学习。“认真学习和落实毛主席关于人民军队、人民战争、拥政爱民、军队要谨慎等一系列教导，发扬我军向人民学习、和人民打成一片的光荣传统”，“同时要教育我军干部、战士防止和克服居功自恃、骄傲自满等不正之风，牢固树立向人民群众学习的正确态度”。1 月 27 日，总政治部在《一九七二年政治工作要点》中，将“解放军学全国人民”的内容与我军传统

① 《建国以来毛泽东文稿》第 13 册，248 页，北京，中央文献出版社，1998。

的“拥政爱民”结合起来。

解放军在向全国人民学习的活动中，着重解决三个方面的问题。

第一，摆正军队与人民群众的关系。全军首先进行牢记人民军队全心全意为人民服务的宗旨教育，使干部战士真正懂得人民是创造世界历史的动力，是真正的英雄，是人民军队的力量源泉。人民解放军来自人民，服务于人民，是人民的子弟兵。在长期革命斗争中，人民解放军正是由于坚持了全心全意为人民服务的根本宗旨，才得到了人民群众的拥护，军民团结共同战斗，取得了一个又一个胜利。各部队特别注意利用冬季野营训练与人民群众广泛接触的机会，请地方老干部、老民兵英雄和贫下中农讲述战争年代军民团结战斗的胜利史，广泛征求人民群众的意见，听取他们的批评意见和期望，引导指战员虚心地、诚恳地学习人民群众在社会主义建设中的丰富经验，学习他们艰苦朴素、勤俭节约的优良作风。

第二，尊重地方党委的一元化领导。中共中央和中央军委于1972年8月21日发出《关于征询对三支两军问题的意见的通知》、《关于三支两军若干问题的决定（草案）》，明确规定：“三支两军”工作必须适应变化了的新情况，在一个地区，应当由当地最高一级的地方党委对党政军民各方面实行一元化领导，省军区、军分区、县人民武装部三级军事机构，除保持军事系统的垂直领导和隶属关系外，同时是同级地方党委的军事工作部，受同级地方党委领导。驻各地的野战军，除接受军事系统的垂直领导外，在与地方有关的各项工作上，也必须接受所在省、市、自治区党委的领导。为贯彻落实这一通知精神，全军反复学习毛泽东关于“我们的原则是党指挥枪，而决不容许枪指挥党”的教导。全军部队（包括省军区、军分区、人民武装部）和“三支两军”的人员，严于律己，检查了在尊重地方党委一元化领导上存在的问题。

各单位根据检查出来的问题，诚恳地向所在地区的地方党委作了自我批评，制定了改进措施：支持、尊重、服从地方党委的一元化领导，不得以任何形式干涉地方工作；撤销军队各级“三支两军”办公室，“三支两军”干部由地方党委统一领导和管理。至1972年底，各部队撤销了“三支两军”人员的临时党委（支部）或地区支左领导小组，由地方党委统一领导和管理。参加地方党委的军队干部，认真贯彻党的民主集中制，虚心向地方干部学习，风气大有改变。

第三，严肃群众纪律。1972年5月24日，中央军委向全军转发总参谋部、总后勤部关于撤出部队住用地方大专院校房屋的报告。7月22~26日，总政治部召开各大军区、军委各直属单位群工部长紧急会议，传达和学习中央关于迅速处理部队违反政策纪律问题的指示精神，听取各部队执行政策纪律的情况汇报，研究了检查整顿的措施。7月27日，中共中央和中央军委批转北京军区、第66军、天津警备区三个党委的报告，进一步要求全党全军抓紧抓好清退工作。报告指出：“侵占学校、医院和工矿企业的房屋，把全民所有制工厂、农场等企事业变为部队某个小单位所有，无偿占有地方的车辆和物资，甚至有的人利用职权，违法乱纪，走后门，投机倒把等等违反纪律严重脱离群众的现象”，“必须引起各级地方和部队党委的严重注意，并且采取坚决的措施加以克服”。

根据上述指示精神和部署，全军从实际出发，积极采取措施落实。第一，坚决做到不擅自占用地方房产。已借用的，原则上都一律退还；暂时不能退还的，与地方协商，逐步解决；损坏的，修复或合理赔偿。部队在参加社会主义建设、抢险救灾、支农，以及执行训练、施工、营建等任务住用民房时，严格要求，尽量少占，给群众以方便；搞农副业生产和干部家属居住民房时间较长的，与当地政府和贫下中农协商，合理付给房费。第二，严格清查占用地方土地的情况。部队生产用地，以开荒为主。如果部队确实无法解决吃菜问题，需要使用生产队少量熟地种菜时，须经群众同意，订立合同，当地政府批准。占用地方良种场、农科所的土地，服从地方繁育良种和科学试验的需要，一般都退回。第三，迅速退还地方的财产。部队办小工厂、营建、施工长期借用地方的物资和器材，一般都迅速退还，特别是影响地方生产的，立即退还；部队急需，又不影响地方生产的，征得地方同意，补办借物手续，用后归还；损坏、丢失的，按价赔偿；军办工厂借用地方的机器、设备，如归还后确实影响生产，甚至导致停工的，与地方协商，作价购买，如地方不同意，则如数退还。为保证清退工作的完成，各大单位先后成立了专门的办事机构。

全军各单位积极行动起来，清退借用或占用的地方房屋、车辆、土地。有的单位接到文件后3天内就搬出了占用的地方房屋。多数单位采取“挤”、“并”和个别调整部署的方法，把房子退给地方。许多领导机关和领导干部，合并办公室、宿舍，有少数部队暂时住进了窑洞和帐篷。广大指战员说：虽然住得挤了，但挤掉了忽视群众利益的思想，军内外的团结更加密切了。在清退中，各单位把房子打扫干净、整理好，有些单位新增添的房屋和设备，原封不动地交给地方。有的把土地上的杂草清除，作物喷洒农药，沟渠疏通后退还给地方。有的把车辆检修保养后退还给地方。军队的这些行动，深深地感动了人民群众。截至1972年9月20日，全军共清退借用、占用地方房屋600多万平方米，土地34万多亩，车辆940多台，各种机械2870多件。

由于各种原因，到1974年底，全军仍占用地方房屋580余万平方米。其中，有的是经地方机关批准已拨归部队使用，原使用单位要求退还；有的价购或与地方对调，因不甚合理，原用房单位要求补偿或换回；有的因部队尚未定点基建或营建速度缓慢，暂时还不能退还；还有一些是部队执行任务暂借地方一些住房和“三支两军”干部家属占用原“支左”单位的房屋。对此，1974年12月21日，总政治部、总后勤部提出三项处理意见：（1）发扬我军艰苦奋斗和拥政爱民的光荣传统，把困难留给自己，把方便让给群众。要本着能挤就挤、能腾就腾的原则，尽量压缩住房，能多退不要少退，能早退不要晚退，积极创造条件，把应退的房屋尽快地退还地方。确有困难一时退不了的，应主动向地方说明情况，妥善处理。（2）抓紧营建工作，创造条件，逐步退还地方房屋。（3）经地方党、政机关批准，拨归军产或已折价购买及与地方对换的房屋，如群众还有意见，就在地方党委统一领导下，与地方有关单位和群众协商处理，做好工作，办好手续。1975 年，全军各部队认真传达贯彻总政治部和总后勤部的处理意见，积极推进清退工作，进一步缓和了军政、军民之间的矛盾，促进了军政、军民团结。截至 1978 年 5 月，全军借用地方的房屋基本清退完毕。

开展“解放军学全国人民”的活动，使广大干部、战士受到很大教育，有力地促进了部队建设，进一步密切了军政、军民关系。

三、整顿党的组织

“文化大革命”中，军队始终坚持党的集体领导原则，重视发挥党委的领导核心作用、党支部的战斗堡垒作用和党员的先锋模范作用，保证了中国共产党对军队的绝对领导，不仅使军队总体上始终没有乱，而且担负了维护全国稳定的重任。但是，由于“文化大革命”极“左”思潮的冲击和林彪反革命集团的破坏，军队党的组织建设也受到不同程度的削弱。

在林彪反革命集团控制严密的单位，由他们的亲信组成“小班子”，形成党委中的“党委”，党委外的“党委”，党委上的“党委”，党内宗派严重。一些单位存在着以个人领导代替党委集体领导、搞“一言堂”的情况。重大问题不经党委会讨论，而是个人决定；党委集体议决的事，个人有“否决权”，可以任意推翻。有些单位的党委、支部中，存在着委员闹独立性问题，自己分管的工作既不向组织汇报，也不喜欢别的委员过问，形成分工分家的现象。有的党委、党支部中，正副书记不团结，工作中出现互相埋怨、互不支持的现象，影响了部队建设。有的单位很少进行党的教育，偶尔上一次党课，也是只讲所谓的活思想，以政治教育代替党课教育，造成有的党员不了解党的性质，不了解党的组织原则，不了解党的纪律，不了解党的三大作风。个别政治不纯的人也乘“文化大革命”混乱之机，混进了党内。

在“批林整风”运动中，中央军委对军队党组织中存在的问题十分重视，在部署揭批和清查工作时，明确要求进行整顿。1972 年 2 月 24 日，总政治部在《关于整顿军队肃清林彪影响加强政治工作建设的几个问题》的指示中，对军队党组织的整顿工作做了安排和部署，全军据此对党组织进行了整顿。

针对党的观念薄弱的状况，加强了党的知识和党性观念教育。主要是学习中国共产党章程、毛泽东关于中国共产党的一系列论述和 1971 年 8 ~ 9 月在外地巡视期间的谈话。针对“文化大革命”中党组织原则遭到破坏的实际情况，重点加强了党的组织原则教育，特别是正确理解和贯彻党的民主集中制原则，使党组织成员进一步明确自己与党组织的关系，即只能把自己置于党组织之内，而不能摆在党组织之外，更不能摆在党组织之上；进一步明确党的组织原则和纪律，即个人服从组织，少数服从多数，下级服从上级，全党服从中央，并加以彻底履行；在加强党的一元化领导的教育中，进一步明确党委集体领导下的首长分工负责制，一切重大问题，必须经过党委、党支部讨论，然后首长分工执行，认真贯彻；进一步明确党委、党支部集体领导的核心作用，不允许以行政领导代替党的领导，更反对“一言堂”，坚决杜绝多中心和无中心的现象。教育中，还要求党的领导干部和全体党员自觉地服从党的领导，执行党的路线、政策和决议，做到跟党、跟路线而不是跟人；增强党性，反对派性；结合揭批和清查运动，认真汲取领导干部和党员犯错误的教训，提高政治鉴别力和免疫力。要求党的领导干部和全体党员襟怀坦白，光明磊落，反对当面一套背后一套、文过饰非、专横跋扈等不良倾向。

根据组织建设存在的问题，坚持和恢复党的有关规章制度。恢复了党课制度，明确由党委和党支部书记上好党课；恢复了党委、党支部委员思想交流，党员之间谈心制度；坚持了党日制度，并进一步明确党日用于党的会议和党的活动；进一步健全了党的会议制度，规定定期召开党代表大会、党员大会、党小组会；坚持了基层党支部、军政干部定期向党支部大会报告工作制度。

整顿中，各级党组织进行了批评和自我批评，开展党内思想斗争，并认真听取党员和党外干部、战士的批评意见和评议，对普通党员进行发挥模范带头作用的教育。对问题严重的单位，党的组织进行改组，尤其对林彪反革命集团控制过的机关党委及一些部队党委，进行了彻底整顿。特别是对那些由他们亲信组成的“小班子”、党委中的“党委”、党委外的“党委”、党委上的“党委”，进行了清理。

经过整顿，党组织建设取得了很大成绩。一是纯洁了组织。把那些问题多、群众反映差的人调离了党的领导班子，性质严重的人开除出党。对曾经受林彪死党控制较严的党组织，进行了改组。同时，在各级党的领导班子中，吸收了一大批中青年优秀党员。二是增进了党组织的团结。党的民主集中制和党委集体领导下的首长分工负责制得到了较好的贯彻。三是党的领导干部提高了组织领导能力。对“民主和集中”、“书记和委员”、“党委会和行政会”等关系有了正确认识。四是党员增强了党的观念。下级党委不是向自己的上级党委汇报工作，而是找老首长汇报，跟人不跟党，撇开正常的组织系统，实行单线领导等不正常的现象，得到了纠正。五是经过整顿各级党的组织，保证了党的方针政策能够及时得到贯彻，中央军委和总部的指示能够及时得到落实。狠抓党组织建设后，部队面貌发生了新的变化。

四、加强基层建设

“文化大革命”开始后，中央军委为保持部队稳定，明确规定军以下部队，一律不搞“四大”，坚持进行正面教育。但是，由于“文化大革命”中无政府主义思潮严重，军队基层建设同样受到不同程度的影响或冲击。个别单位纪律松弛，思想混乱，事故频频发生，严重地影响了内部关系和战斗力。九一三事件后，人民解放军按照中共中央和中央军委的指示，大力加强基层建设。

（一）开展尊干爱兵活动，密切官兵关系

尊干爱兵，是人民解放军的光荣传统，也是政治建设的内容之一。但是，“文化大革命”开始后，尊干爱兵的传统遭到破坏，影响了官兵关系和基层部队建设。突出的问题：一是抓“活思想”、树立假典型盛行，挫伤了基层干部和士兵扎实工作的积极性。二是在开展“四好连队”、“五好战士”活动的后期，强调荣誉多，做过细的政治思想工作少，官兵之间的矛盾得不到及时解决，时常发生恶性事故。三是有些基层单位的干部对战士探亲、婚恋问题和家庭困难关心少，致使一部分战士不能安心服役。

1972 年 1 月 14 日，总政治部要求，部队要搞好官兵关系，恢复尊干爱兵的光荣传统，纠正思想工作中简单粗暴的现象。同时，鉴于“四好”、“五好”活动存在的形式主义、锦标主义等问题，决定取消“四好连队”、“五好战士”评选活动。

根据总政治部的要求，全军部队开展了“尊干爱兵”光荣传统教育活动。认真学习和深刻领会毛泽东等老一辈无产阶级革命家有关“尊干爱兵”的论述，从思想上提高了干部战士对尊干爱兵重要性的认识，使干部懂得能否搞好官兵关系不仅是方法问题，而且是根本态度和感情问题，发扬“官兵一致”、“尊干爱兵”的优良传统，对搞好部队建设、内部团结和完成各项任务具有重要意义。通过尊干爱兵活动，干部以深厚的感情关心和爱护战士，及时解决同战士之间的思想疙瘩。有了问题，干部主动作自我批评。对有某些思想问题的战士，坚持正面教育，提高认识，启发自觉；对犯有一般性缺点、错误的战士，弄清情况，加强个别教育，实事求是地加以处理，不搞惩戒；对后进战士，亲近他们，团结他们，创造必要的条件，促使他们向先进转化。即使是对犯有错误的战士，也具体分析他们犯错误的原因，多用个别教育的方法，启发他们自觉地认识错误，改正错误。不滥施处分，不搞各种变相的斗争会，不歧视并热心关怀、帮助后进战士；战士也更加自觉地尊重和关心干部，服从命令听指挥，有意见有问题及时向干部提出、汇报。

有少数民族干部、战士和驻在少数民族地区的部队，组织学习毛泽东关于正确对待少数民族的指示和党的民族政策，进行民族政策的再教育，深刻认识加强民族团结、落实党的民族政策对于加强部队建设和边防建设的重要意义。要求汉族的干部战士正确对待少数民族的干部战士；尊重少数民族的风俗习惯，学习驻地少数民族的语言，做好少数民族群众的工作；关心少数民族战友的成长和进步，重视从少数民族战士中发展党员、选拔干部；互相学习，共同进步，搞好部队建设。

对基层干部强调与战士实行“五同”的传统，即同吃、同住、同劳动、同操作、同娱乐，密切官兵关系。

在开展“尊干爱兵”教育活动中，基层单位普遍制订了尊干爱兵公约。通过开展尊干爱兵活动，使部队官兵之间、上下级之间的团结更加紧密，官爱兵、兵尊干的光荣传统得到保持。

（二）加强基层管理，落实条令条例

自“文化大革命”开始以来，军队基层单位事故发生率逐年上升，有的相当严重。这些事故的发生，有的是不按条令条例教育和管理部队造成的，也有的是基层单位干部不善于严格区分和正确处理两类不同性质的矛盾、不善于做过细的政治思想工作、不讲究方式方法、管理教育简单粗暴使矛盾激化等原因造成的。

1972年2月7日，中央军委下发《关于严防事故的通令》，要求加强思想教育，加强各级干部的政治责任心，加强对部队的严格管理，提高基层干部带兵的管教能力等，严防事故发生。11月1日，经中央军委批准，总政治部颁发《基层保卫工作的任务和注意事项》，提出基层保卫工作的6项任务，分别是：对基层进行防奸保密教育，提高部队的政治觉悟和警惕性，严守党和国家的军事机密；进行遵纪守法和共产主义道德品质教育，增强部队的政策、法纪观念，抵制资产阶级思想的侵蚀，预防犯罪行为；做好政治审查工作，保证部队纯洁巩固；搞好驻地社情、敌情调查，发现问题及时报告，并做好防范工作；发生政治、刑事案件，及时报告，并在保卫部门指导下调查弄清；严格各种规章制度，特别要加强武器弹药的保管，堵塞漏洞，保证安全。提出 7 条注意事项：对有小拿小摸和一般不正当男女关系问题的人，坚持调查研究，个别教育，不搞公开揭发，不准追逼、搜查、体罚和侮辱人格；对后进战士，要一分为二，热情帮助，不得讽刺挖苦，冷淡歧视；对认识模糊有错误言论的人，要加强教育，不准乱戴帽子，滥行批判斗争；不准检查和扣留干部、战士的信件，对干部、战士的申诉或控告，不准压制，不准打击报复；对检举坏人和违法乱纪行为的人，应予保护，不当面对质；对家庭、社会关系有重大“政治问题”的人，教育他们相信党的政策，正确对待；对私拿部队物品和擅自进入营区的群众，要问明情况，进行劝阻和说服教育，不得鸣枪威吓，不得捆绑、打骂、污辱。

为把抓安全防事故工作落到实处，党委、支部分工专人抓安全，逐级落实。各级成立安全小组，班有安全员，在干部战士中普遍开展安全防事故竞赛活动。领导和机关面向连队，深入实际，调查研究，认真总结推广依靠群众、做好预防工作的经验，对工作薄弱、分散执勤的基层单位加强检查指导，注重培养基层干部，不断提高他们的思想、政策水平和管理教育能力。充分发挥党支部的战斗堡垒作用，发挥党、团骨干带头作用，搞好群众性的预防事故工作。特别是注意抓好关键时期和关键环节中的防事故工作，力争将事故消灭在萌芽之中。年初、年底、复员补兵期间，部队工作头绪多，人员流动大，思想问题多，各级就把防事故的重点放在做好细致的思想工作和组织工作上，启发、引导战士们端正服役态度，正确对待去、留和工作的分配等问题。在季节变化、任务转换、情况不明、底子不清、思想无准备、容易发生事故的情况下，就发动群众开展预防活动，查找可能发生事故的苗头和解决问题的方法，将事故消灭在萌芽状态。针对行车事故频发的情况，加强对驾驶员的安全观念和行车规则教育，做好预防车辆事故的工作。在管理教育中，各级既大胆管理、严格要求，又防止简单、粗暴；发扬民主，认真听取战士的意见，同时教育战士自觉遵守纪律。1972 年，各大单位分别召开事故现场会，总结经验教训。

鉴于许多条令条例处于废止状态，各大单位有针对性地制定了一些暂行规定。如，昆明军区制定《关于军容风纪暂行规定》、《关于防淹亡事故的规定》等。这些规定，对于加强部队按条令管理、预防事故起了重要作用。

加强管理工作，贯彻条令条例和各种规章制度，对于克服无政府主义的影响，加强部队的组织纪律性，起到了积极的作用，基层单位的事故迅速减少。1972 年上半年，全军行政责任事故比上一年同期减少 8.1%，伤人数减少 10.8%，亡人数减少 12.9%；1973 年上半年，全军行政责任事故又比 1972 年上半年减少 12.2%，亡人数减少 7.7%。

（三）关心干部和战士的生活

60 年代后，军队的生活待遇不但没有逐步提高，而且呈下降趋势，特别是基层工作环境和生活环境比较艰苦。粉碎林彪反革命集团后，中央军委把改善基层干部战士的生活和待遇提到了议事日程。

1972 年 5 月 25 日，中央军委决定：对行政 21 级以下的一部分基层干部的级别进行调整；机关干部、“三支两军”干部和专业技术干部的级别调整，与部队干部统一衡量；调整级别后，生活仍有困难的干部，还应酌情给予补助。

8 月 15 日，经中央军委批准，总政治部下发《关于执行中央军委〈关于调整部分干部级别的通知〉中若干具体问题的处理意见》，规定：（1）对一些职务不明确的机关参谋、干事、助理员等，根据他们的德才表现、历任职务，和职务明确的干部统一衡量。（2）师司、政、后机关的副科长，团副参谋长、政治处副主任、后勤处长为正营职务。团司、政、后机关正副股长的职务等级，按照干部配备实际情况和使用习惯掌握。（3）在这次调级中，对犯错误干部本着思想批判从严、组织处理从宽的原则，犯有一般性错误的可以不受影响。有严重问题正在被审查的干部，一时难以作出结论的，其级别调整时间适当延缓。

根据上述规定，全军在1972年对基层干部工资进行了调整。调整人数占21级以下干部55%左右。这是自取消军衔制度以后的第一次。这次调整，体现了党和国家对基层干部生活的关心和爱护，对于缓解基层干部家庭负担，改善生活状况，加强部队建设，都有着重要意义。

1972年初，中央军委决定从当年起，对营职以上干部在部队工作有困难，但在地方仍能坚持正常工作的，按转业办理，由军队每年提出计划，国家统一安排。在此之前，由于受“左”的指导思想的影响，从1969年开始，营、连、排职干部退役后，一律回原籍安置，其中大部分到了农村，复员干部生活无保障，意见很大，部队反应强烈，影响了部队基层干部的思想稳定。中央军委经过广泛征求各方面的意见，得到中共中央的支持，1975年改变了以前的规定，营以下干部退役后，由地方政府安置工作。

1973年，对战士津贴、退伍补助标准等进行了调整。7月2日，中央军委规定：战士从服役第6年起，可享受排级干部的政治待遇。津贴标准：服役6年内的战士按原规定不变，第7年每月增加为26元，第8年32元，第9年38元，第10年44元，第11年以后50元。适当提高了退伍补助费：战士退出现役，除发给路费和当月的津贴（包括各种补助津贴）外，服役两年或不到两周年的发给50元，服役3周年的60元，服役4周年的90元，服役5周年的140元，服役6周年的200元，服役7周年的260元，服役8周年的340元，服役9周年的420元，服役10周年的500元，服役11周年以上的600元。战士在服役第4、第5年内的可准予探亲一次，假期一般不超过15天；从第6年起每年准予探亲一次，假期一般不超过20天；往返路费准予报销。凡因工作需要，不能按上述规定给予假期探亲的，经组织批准，其直系亲属来队探亲者，准予报销往返车船费一人次。

第三节　恢复军事训练

一、恢复军事训练的部署

“文化大革命”对军事训练造成了严重冲击。同时，由于林彪在军队中片面强调“突出政治”，造成军政对立，致使军事训练一度处于停滞状态。1969 年紧急战备以后，部队进行一些应急性的战备训练，军事训练有所恢复，但是训练工作中存在的问题仍然十分严重。一是军政对立，思想混乱，普遍不敢大胆抓军事训练。军事干部抓训练就被上纲戴帽，被批评为“单纯军事观点”、“资产阶级军事路线”；政工干部过问训练，被批评为“不务正业”，等等。有的甚至提出“宁愿机械生锈，也不要思想生锈”的错误口号。有许多部队中存在着“军事训练不敢抓，指标不敢提，训练成绩不敢问”的现象。二是参训部队少，军事训练时间不落实。由于贯彻毛泽东“五七指示”[①]，生产任务逐年加重，军事训练在部队整个工作中摆不到应有的位置上。上级基本不规定军事训练的任务，不提指标，无明确要求，取消检查、报告制度；下级无人专门负责抓军事训练。全军战略预备队 13 个军、17 个技术兵种师，1971 年没有一个完整的师真正落实全训。有的军区，1970 年的全训部队平均训练时间仅 40 天，施工、生产部队训练时间只有 20 天。海军有的部队，1970 年按计划规定政、军、劳时间比例为 5∶4∶1，实际落实军事训练时间只占 17%。空军飞行训练时间大幅度下降。以歼击机飞行为例，1956 年平均每人飞 78 小时，而 1966 年～1971 年 8 月，每人平均一年只飞 38 小时。三是部队技术、战术基础差，军事素质普遍下降。由于林彪一伙对训练工作的破坏，战士技术战术生疏，干部、机关不会组织指挥。海军有的潜艇支队，艇长、部门长技术不熟练，致使 70% 左右的潜艇不能出海。由于缺乏训练，部队行政事故

① 关于“五七指示”，见本卷第六章第一节。

十分严重。四是全军院校过少，严重影响干部培训。“文化大革命”前，全军有院校 125 所，1969 年整编后只剩下 43 所。指挥院校全部被撤销，指挥干部得不到入学培训的机会。工程技术院校裁减也很严重，致使专业技术干部的培训远远不能满足部队建设的需要。7 个兵种原有 29 所院校，院校裁减后每个兵种只留下 1 所培训维修技术干部的学校。全军通信技术干部编制 10188 名，至 1971 年底，缺额 3617 名，急需补充，而通信兵一所学校每年只能培训 400 名学员。军、师教导队只编一个空架子，担负不了教学任务，团集训队连空架子也没有。虽然 1969 年后军师教导队搞了一些集训，但干部军政素质差的现象还相当严重。五是制度废弛，教材奇缺，训练物资器材无保障。部队普遍存在着“训无大纲，教无教材，练无器材，学无条令，验无标准”的问题。军事训练的经费、油料无保障；生产训练器材的工厂，有的已改行转产；弹药保障不落实，有的坦克部队因训练弹药和油料缺少，50% 的炮长没有打过炮。

针对这种情况，1971 年 8 ~ 9 月，毛泽东在外地巡视期间同沿途各地负责人谈话时就严肃指出：“过去我们部队里在军事训练中有制式教练的科目。从单兵教练，到营教练，大约搞五六个月的时间。现在是只搞文不搞武，我们军队成了文化军队了。”① 九一三事件后，10 月 4 日，毛泽东在接见新成立的中央军委办公会议成员时指示说，“军队要严格训练，严格要求，才能打仗。锻炼部队一是靠打仗，一是靠平时训练”。

根据毛泽东的指示，针对军事训练中存在的问题，总参谋部军训部于 1972 年 1 月 29 日向中央军委提出加强军事训练的基本方案，提出要发扬优良的练兵传统，从实战出发，严格训练，严格要求，全面提高部队的军事素质。战略预备队，各军要保持 1/2 或 2/3 的部队进行全训，技术兵种师要保持 2/3 的部队进行全训；各军区和

---

① 《建国以来毛泽东文稿》第 13 册，248 页，北京，中央文献出版社，1998。

海军、空军的战备值班部队要进行全训。全训部队除冬季长途野营训练外，步兵每年训练 90 天，技术兵和海军舰艇部队 120 天，海军、空军的飞行部队 170～180 天、飞行 60～80 小时。军事训练内容，以打好技术、战术基础为主，并注重干部、司令部训练；要逐步恢复指挥院校和必要的技术院校；加强现有教导队建设，恢复或新建急需的教导队；抓紧组织编写教材；研究、改进训练物资保障工作；恢复、健全行之有效的训练制度；等等。

1972 年 10 月 28 日，总参谋部根据中央军委的指示，在《关于一九七三年加强军事训练问题的建议》中进一步明确军事训练的重点和要求。一是抓好基层干部轮训；二是抓好连队基础训练；三是加强反坦克训练；四是切实搞好野营训练；五是各级都要加强对军事训练的领导。12 月 7 日，中央军委将总参谋部的《建议》向全军转发，并要求各单位结合部队实际情况，认真研究贯彻执行。根据上述方针和原则，全军全面恢复了军事训练。

二、大办教导队，轮训基层干部

九一三事件后，面对干部军事素质严重下降、急需通过培训提高的状况，叶剑英十分重视办好教导队。1972 年 2 月 6 日，他在听取南京军区汇报作战设想和战备工作时说：训练问题，看来一般的方法不行，一般方法扭转不过来这个局面。建议你们以师为单位，办好教导队，师长或副师长任队长，把打过仗的团、营长都集中起来，编成一个连的架子，对那些没打过仗的干部进行训练，从单兵学起，进行示范，传、帮、带，把经验传给新一代。他要求，两年之内要把连、排长轮训完，使他们平时会组织训练，战时会指挥打仗，两年内扭转局面，通过办教导队，把部队优良的作风传下去。

4 月 19 日，中央军委向全军发出《关于办好教导队加速轮训部队基层干部的指示》。按照中央军委的指示和要求，全军部队从 1972 年开始，以军或师为单位普遍兴办了教导队，轮训基层干部。至 1974 年底，全军教导队的训练大体经历两个阶段。

第一阶段为 1972 年春～1973 年底。根据中央军委指示，这一阶段教导队主要训练基层干部学会单兵技术、班战术和专业兵种的基本技术。以军为单位的教导队，一般由军的领导干部任队长，师的领导干部任排长，团的领导干部任班长，营以下干部当兵；以师为单位的教导队，一般由师的领导干部任队长，团的领导干部任排长，营的领导干部任班长，连以下干部当兵。集训的干部按连队编成，过连队生活。领导干部通过亲自任教、培养示范分队、组织备课、示范教学、跟班作业、现场指导等多种方法，进行传、帮、带。其内容从党支部建设到怎样做思想政治工作，从技术动作到战术的组织指挥，从行政管理到一日生活的养成教育，一点一滴地把人民解放军带兵、练兵、打仗的经验和光荣传统传给新一代。有的单位还把战斗英雄集中到教导队，介绍打仗的经验。轮训中，从基础科目学起，以“三会”、“两能”① 为标准，一个动作一个动作地教，一个动作一个动作地练，一个科目一个科目地验收。到 1972 年，全军教导队举办了 1800 多期，培训的基层干部占应训基层干部的 44%。到 1973 年底，全军基层干部基本上受过教导队轮训。教导队的训练与部队训练紧密结合，不少教导队带出示范连、先行连，把部队训练中的难点带到教导队来解决，把部队教学方法上存在的问题拿到教导队来改进，把教导队的教学经验拿到部队去推广，将编写的教案印发部队参考。全军有近 2 万名团以上干部到教导队任职任教，其中陆军 30 多个军有 60% 的军、师军政干部第一把手当连长或排长。教导队贯彻毛泽东“严格训练，严格要求”的指示精神，狠抓基础，提高学员的练兵、带兵、用兵能力。经过轮训，有 80% 以上的干部基本达到“三会”，回到连队后，积极大胆抓训练，促进了连队训练工作的开展，部队训练的质量进一步提高。

第二阶段为 1974 年。这一阶段训练主要解决连、排干部掌握本级战术的问题。在第一阶段轮训的基础上，为了提高干部指挥能力，1973 年 9 月 30 日，总参谋部在《全军轮训基层干部的主要情

① “三会”、“两能”，即会讲、会做、会教，能组织训练、能指挥打仗。

况和进一步办好教导队的意见》中提出：要着重解决连、排干部的本级战术，学会组织指挥，达到连长能指挥一个连，排长能指挥一个排。指挥训练，要按照学习理论、研究战例、战术作业、实兵指挥等四个环节进行。以练为主，多搞现地战术作业和实兵指挥。要求军、师党委要把轮训基层干部作为整军备战的重要措施，作出统一的规划，分期分批地抓好落实，提高训练质量。10 月 25 日，中央军委向全军转发了总参谋部的《意见》。

各军区、各军兵种根据中央军委指示精神，对干部特别是基层干部的指挥训练作了规划。做法是：连、排干部大都由军、师教导队负责训练，每期一般为 3 ~4 个月；营、团干部大都由军区军政干校负责训练，每期一般为 6 ~7 个月；2 ~3 年内将基层干部轮训一遍。训练的主要内容是学习毛泽东军事思想和本级战术、组织指挥。

至 1974 年 10 月下旬，全军普遍举办马列和毛泽东著作学习班，进行基层干部的轮训。有 4 个军区举办师以上干部读书班，学习毛泽东著作，结合作战任务，研究了有关战役战术课题。6 个军区的 34 个军级单位，组织了营、团干部和参谋集训。经中央军委批准的营、团、师战术演习有 36 次。团以上单位一般都进行了 1 ~2 次首长机关演习。11 个军区的教导队已轮训基层干部 36%。军、师两级教导队共训练干部 50 万人。

大办教导队是在“文化大革命”开始以来军队训练遭受严重破坏甚至处于停滞的状态下，为恢复军事训练、恢复军队战斗力而采取的一项重大战略措施。通过大办教导队，使没有经过严格训练、缺乏带兵经验的广大基层干部掌握了如何带兵、如何组织训练的方法，不但对全军军事训练的恢复起了重要的促进作用，而且对恢复人民解放军的优良传统作风，提高人民解放军的战斗力起了重要作用。

三、恢复基础训练

基础训练既是提高指战员军事技能和军事素养的基本手段，也是部队作风养成的基本途径，历来是部队军事训练的重点。因此，在粉碎林彪反革命集团后，连队基础训练是人民解放军恢复训练的重点之一。根据中央军委的部署和总参谋部军训部的具体要求，全军 1972 年 2 月 ~1974 年底加强了基础训练。

在陆军，步兵重点进行了射击、刺杀、投弹、爆破、土工作业等五大技术训练和单兵到连以下战术训练，普遍增加了夜间训练时间；学会总参谋部规定的"五手"① 反坦克技术和战术。各兵种重点抓专业技术、战术训练。炮兵、坦克兵主要进行单炮、单车和连的射击；工程兵主要进行筑城、渡河、爆破、地雷、道路、桥梁等基础科目训练；通信兵着重抓基本技术和应用技术训练；防化学兵多数单位完成专业技术训练和单兵、小组战术训练；第二炮兵以巩固提高部队的专业技术和战术为重点，演练了导弹发射。后勤各类分队结合工作特点，加强军事和专业技术训练，重视在执勤过程中提高专业技术技能。各部队还重视制式教练，开展军事体育训练。沈阳、兰州、新疆、武汉、济南、南京、福州、昆明、成都军区组织加强步兵师，进行了紧急情况下带战术背景的拉练，按打仗要求，携带全副装备的战备物资，按照作战预案练紧急收拢、紧急疏散，练走练打，练指挥，练协同动作，练后勤保障，全面锻炼部队，促进了战备。

在海军，舰艇部队主要是进行单艇（舰）的专业基础训练，提高技术战术水平。在海区内熟悉海域、熟悉航线，进行了基础训练和带战术背景的小合练。大部分单位都有计划地组织港岸和海上训练。准备赴越南扫雷的部队，积极搞好临战训练，在较短时间内研究出一套破除美军水雷的有效办法。结合战备任务，针对敌军作战特点，把打敌舰艇作为训练的主要课题，突出反潜和扫雷、布雷训练。1974 年，学习和推广西沙自卫反击作战经验，加强技术基础训

---

① "五手"，指使用四〇火箭筒、地雷、炸药包、爆破筒、反坦克手雷等五种手段打坦克。

练，着重进行远离海岸、礁岛区航行和无码头条件下的油水补给等训练。

在空军，狠抓飞行训练质量，强调搞好安全工作。航空兵部队加强飞行理论和技术基础训练，恢复了战斗科目演练。空军飞行员训练，恢复空战科目，增大了训练难度。航空兵部队进行转场训练，熟悉空域。部分老飞行员恢复多年未飞的高级特技、对复杂特技的歼击机攻击等科目；部分新飞行员进行4机编队、双机穿云、“夜简”[①]驾驶术和战斗技术训练，训练质量有一定的提高。本着“积极领导，稳步前进”的方针，过去基本不飞的空战、对抗复杂特技科目，也逐步恢复。在1974年冬季拉练中，空军航空兵有39个团、40个大队1231架飞机，结合作战预案，进行了以反空袭、反空降、支援地面部队作战为背景的空中拉练。演练了疏散隐蔽（进洞）、紧急转场、长途航行、外场降落、截击、轰炸、对地面目标攻击等科目，锻炼提高了干部的指挥能力和部队机动作战水平。

在基础训练中，全军指战员恢复和发扬人民解放军“官教兵、兵教官、兵教兵”的优良传统，广泛开展了互教互学、评教评学。部队训练重点比较突出，作风比较扎实；设置复杂情况，由易到难，循序渐进，扎扎实实，反复苦练。

训练时间和参加训练的人数进一步得到落实。至1973年底，野战军全训部队步兵一般落实军事训练日90天，技术兵120天；省军区全训部队70天，执勤部队40天；生产、营建部队30天；参训人员达90%左右。至1974年4月，据11个军区统计，共有79个陆军师（比1973年多10个）另195个团参加了全训。海军、空军80%以上的战斗部队，第二炮兵55%的发射营参加了全训。全训部队的兵力一般均达85%，生产人员约占10%。1974年的冬季拉练，参加拉练的陆、海、空军部队，有63个军以上机关，257个师另201个团，飞机1800多架，舰艇440多艘。军委各总部、军兵种机关，

---

① “夜简”，指夜间简单气象条件。

以及一些省军区、军分区、院校、后勤分部等也都进行了拉练。

经过基础训练，全军的技术战术水平逐步提高。至1974年，全军炮兵直接瞄准火炮的首发命中率，由九一三事件以前的20%上升到85%以上。空军歼击机飞行员经过空战科目训练的，由1971年的2.1%上升到32%。海军东海舰队水面舰艇的正副舰艇长，能在复杂条件下操纵的，由九一三事件以前的19.3%增加到27%。有些军区战术技术专业训练成绩比较突出。如南京军区，普及了5种打坦克武器器材的训练，研练了打敌坦克群的战术；步兵完成了第3~4练习实弹射击，及格以上连次占96.4%；有17个团、65个营、826个连进行了游泳泅渡训练。沈阳军区，步兵武器第1~5练习实弹射击，及格率达96.8%；手榴弹实弹投掷及格率达97.8%；炮兵单炮和连射击，及格率达93.7%；坦克部队的教练、战斗射击，及格率达89.4%。在基础训练中，各部队涌现出一大批神枪手、神炮手及其他技术过硬的骨干。

四、开展以打坦克为主的“三打三防”训练

在1969年“三打三防”训练的基础上，1972年6月，总参谋部再一次向全军提出要充分重视以打坦克为主的“三打”训练和以防原子为主的“三防”训练，推动了部队“三打三防”训练的进一步深入。

（一）开展以打坦克为主的“三打”训练

培训打坦克骨干。1972年8月21~30日，总参谋部在北京举办了全军反坦克训练班，参加集训的共228人。集训使参训人员熟悉坦克的特点、坦克作战的组织指挥，掌握了在各种地形条件下对各种类型坦克的打法，尤其是打集群坦克的办法。全军反坦克训练班结束后，各军区举办反坦克训练班，培训野战部队和各省军区、军分区、人武部的反坦克骨干。1972年，先后有9个军区举办了团以上干部参加的反坦克集训。广州军区举办两期反坦克骨干集训，共培训营以上干部和专业干部、人武干部1998人。军区以下部队也举办了反坦克骨干集训，共培训干部骨干3.3万余人，每连培训骨

干4～6名，带训部队4.5万余人，培养反坦克训练先行连238个。另外，还组织了部队、人武部和民兵10万余人参观图片展览和反坦克武器威力试验。有些单位组织步兵连反敌集群坦克战术演习，训练效果较好，受训人员学会了3～4种反坦克方法。

组织实兵打坦克综合演习。各军区、各军兵种分别进行了打坦克实兵演习。其中规模最大的是1973年10月13～28日北京军区在张家口、张北方向组织的打敌集群坦克研究性实兵演习（即试验性演习）。参加演习的有北京军区野战军、空军、炮兵、装甲兵、工程兵和民兵，沈阳军区空军和广州军区工程兵的部队，连同保障人员共2.1万余人。动用飞机55架，各种火炮385门，坦克、装甲车371辆。中共中央、中央军委、各总部、各军兵种、国防科委、军事科学院、军政大学、各大军区，共1.3万余人参观了演习。中共中央副主席叶剑英和李德生亲临现场指导并发表了重要讲话。通过演习，指战员进一步加深了对毛泽东军事思想的理解，提高了各级指挥员打敌集群坦克的组织指挥能力，研究了打敌集群坦克的技术战术，增强了敢打必胜的信心。

探索战法。打坦克训练，战术比技术难，进攻比防御难，打集群坦克比打单个坦克难。部队在训练中一开始对敌情设想、战斗编组、战术手段、组织指挥等问题心中无底，物资器材保障不力，影响了打坦克训练的效果。鉴于此，总参谋部军训部要求各部队：加强打敌坦克群战术的研练，重视研究在原子条件下军队的作战行动。团以上领导干部和机关，要有计划地加强攻防战术研究，组织试点，总结经验，指导部队。炮兵机关和部队，为集中研究打坦克的战术技术，组织了不同作战类型、不同火炮种类、不同射击方法和不同天候下的试验和研究，取得了新的经验和成果。在训练中，贯彻近战歼敌的原则，实行远近战相结合，以近战为主；在战斗手段上，运用打、炸、阻相结合的方法；在武器器材上，采取土洋结合，利用制式器材或自制器材进行训练。全军开展了群众性的战法研究，在军事学术上取得了一批重要成果。1973年11月18～23

日，沈阳军区召开打集群坦克现场会。现场会参观了加强步兵营防御打集群坦克研究性战术演习。参加演习的部队有：步兵1个营另1个连，坦克3个营，炮兵1个营另5个连，工兵、民兵各1个连，喷火器1个排。共动用坦克82辆，各种火炮58门，飞机28架次。重点研究了抗击敌航空兵、炮兵火力突击和逐次展开的敌集群坦克，抗击敌集群坦克各梯次的连续冲击，适时反冲击歼灭突入之敌等三个问题。通过组织参观表演，坦克乘员介绍坦克的战斗性能、特点及要害部位，学习和研究打坦克的有关资料，部队对打坦克有了感性认识。

抓器材革新。由于以前很少进行反坦克训练，器材十分紧缺。步兵营、连反坦克火器少，多是一些打步兵的武器；团以上单位打坦克的炮兵火力也较弱；空军反坦克武器还处在刚刚试制阶段。在几次较大规模的演练中，部队和机关普遍感到打敌集群坦克的训练方法亟待改进，并应大量增配打坦克训练急需的器材装备。于是，在贯彻勤俭练兵的原则下，全军指战员因地制宜、因陋就简地制作一些简易器材，大搞技术革新，利用现有器材改造或重新制成反坦克器材，逐渐适应训练的需要。至1972年，许多部队达到每人有一件、每班有一套打坦克器材，其中有不少是指战员自制的。新疆军区第5师教导队创造空心装药炸药包，使爆破威力提高了一倍。北京军区部队发明手电筒式反坦克小火箭，重量轻，每人一次可携带四五个。广州军区部队创造火箭布雷办法，射程可达到800～1600米。1972年7月20日～8月8日，总参谋部在北京组织了全军反坦克武器展览和表演汇报。由空军、炮兵、装甲兵、工程兵等军兵种，以及北京、沈阳、兰州、新疆军区参加，共展出各种反坦克武器57项，其中已装备部队的14项，尚在研制未定型的29项，部队正在革新的14项。

打坦克训练取得较大的进步和成绩。在时间上，全军在1972年落实了7～15天反坦克技术、战术训练，以后，打坦克训练时间逐年增加。在人员上，多数单位和人员参加训练，打坦克之风吹遍全军。在内容上，步兵结合“五大技术”训练，进行了 3 ~ 5 种反坦克武器器材的训练，并结合单兵、班战术训练，摸索了打敌坦克的多种办法。经过集中研究和训练，部队普遍提高了打坦克重要性的认识，增加了打坦克的基本知识，增强了用现有装备打坦克的信心，步兵学会了使用四〇火箭筒、爆破筒、磁性手雷、炸药包、反坦克地雷等进行打坦克的技能，学会了反坦克障碍物的构筑方法，学会了改造梯田、设置反坦克壕、设置路障等。炮兵、装甲兵、工程兵以及空军和海军结合各自的特点，学会了打坦克的专业技能。各级干部和司令部，结合作战任务，学会了打坦克尤其是打集群坦克训练的组织指挥。

（二）开展“三防”训练

全军各部队在普遍开展“三打”训练的同时，普遍进行了“三防”知识教育，开展群众性的“三防”训练。针对“三防”训练缺少教员问题，各军区从防化业务部门和防化分队中挑选人员组成若干个“三防”教学小组，携带教具与器材到部队巡回讲课，为基层连队培训“三防”骨干。从 1972 ~ 1974 年，全军共培训出“三防”骨干 12 万余人，多数部队能自行组织“三防”训练。

随着“三防”训练的普及和深入，部队的“三防”素质不断提高，从 1973 年开始，部队在核、化条件下的作战演练进一步开展起来。全军各部队在军事演习中设置核、化情况，研讨部队在核、化条件下的战斗行动，以提高部队的“三防”能力。各大军区、海军、空军和部分野战军及省军区，先后召开“三防”训练现场会，参观“三防”训练基础科目表演，交流训练经验，有力地推动了全军“三防”训练向新的深度和广度发展。1973 年 11 月，昆明军区进行模拟化学条件的防护战术演习；同年 12 月，福州军区进行模拟核、化条件的防护演习，组织各兵种分队演练核、化条件下的作战行动；1974 年 5 月，武汉军区组织部队进行首长、司令部研究性演习，探讨战时防化部队首长、司令部组织防化保障的内容与工作程序。新疆军区根据所处的地理条件，积极进行核条件下实兵演习的准备。1974年，福州军区结合模拟核、化条件的实兵学习，召开“三防”训练现场会，组织全军区各部队主管训练的领导和重点城市人防干部共380人参观见学。上述演习，探讨了部队在核、化条件下的组织指挥、政治工作、后勤保障等问题，为全军深入开展在核化条件下的作战行动，提供了宝贵经验。

通过“三防”训练，进一步提高了全军指战员对“三防”训练的认识，丰富了知识，培训了一支“三防”骨干队伍，提高了“三防”训练的质量，增强了各级指挥员在核、化条件下的组织指挥能力和部队的防护能力。

五、恢复和增建部分院校

由于“文化大革命”和林彪反革命集团的破坏，至九一三事件时，军队院校仅存43所，显然不能适应军队建设的需要。而且，这些院校在教育方针、训练内容、教员队伍、培养目标、体制编制、规章制度、教学保障、组织领导等方面存在许多问题。因此，九一三事件后，中央军委决定：一方面对现有院校进行整顿，另一方面恢复和增建部分院校。

1972年上半年，总参谋部、总政治部、总后勤部在对17所院校进行调查研究之后，于7月17日提出《关于加强院校建设几个问题的意见》。对现有院校的整顿提出明确要求：（1）要正确处理政治与军事、红与专的关系，落实毛泽东关于干部要“又红又专”的思想。（2）各总部和军兵种，应根据各院校的性质任务、部队的实际和学员的水平，确定学制和课程内容。既要反对贪多求全的烦琐哲学，也要反对越短、越少越好的取消主义。军政教育时间比例，军事专业学校一般军事（专业）70%，政治25%，劳动5%；专业技术较复杂或学制在一年以内的，专业时间比例还可适当增加。学员的政治教育内容，由各院校针对具体对象，根据中央的部署和全军的要求，由各院校确定。（3）各级党委要重视教员队伍建设。教员来源，主要从部队选调有实践经验的干部和优秀战士，由学校培养；并根据需要，报经总政治部批准或选调学员的机关同意，从学员中选留；还可从分配给军队的地方大专院校毕业生中选一些。（4）院校必须明确为部队建设服务的思想，要根据部队建设的实际需要确定训练任务，明确培养目标，有计划地加速培训干部。（5）院校现行的体制编制，应进行适当调整。学员定额在1000人以上或专业复杂的院校，一般可实行三级制，增设大队。根据院校任务的需要，适当调整教员数量，可增编一定数量的政治和军事教员。教员可按专业组成教研室，属训练部或大队建制，政治教研室属政治部。教员任课期间要深入教学实际，密切教学关系。各院校根据实际需要，可编配实验和保管人员，有的学校可编配练习分队。（6）院校应恢复健全训练计划（大纲）、教材审查、备课试教、检查考核、总结报告等制度。要加强行政管理，严格组织纪律，抓紧作风培养，重视养成教育。（7）要进一步改进教学保障工作，认真贯彻勤俭办校的原则，发扬艰苦朴素的作风。在新装备下发部队的同时，应发给学校，教学需要的器材、备件应当保障，原则上学校训什么，就应有什么。院校的训练经费，应保证教学需要，不得挪作他用。（8）院校的领导班子要尽快配齐，党委要统一思想，统一认识，统一行动，加强对训练工作的领导，深入教学第一线，提倡领导亲自任教，切实抓好典型，认真总结经验。总部和军兵种对所属院校要加强领导，经常调查研究，组织经验交流，及时解决问题。各军区也应加强对所辖区内院校的领导。经军委批准后，全军根据上述意见对现有的院校进行了整顿。

为改变院校太少不能适应部队人才需求的状况，中央军委决定恢复和增建一部分院校，并于1973年6月4日成立全军“院校调整领导小组”。由副总参谋长彭绍辉任组长，总政治部副主任田维新、总后勤部副部长张贤约任副组长；成员有总参谋部作战部、军训部、军务动员部，总政治部干部部、宣传部，总后勤部司令部、营房部等部门的领导干部，共11人。其主要任务是对新建院校的任务、规模、体制、校址等问题进行调查，提出方案，供领导小组讨论研究。全军院校调整领导小组成立后，于当日即召开第一次会议，对全军院校的恢复和增建问题进行研讨。会议认为，1969 年裁减院校后，人民解放军培训干部的工作受到严重影响；总参谋部向中央军委提出增建 38 所院校的建议，以及空军还要求增加 2 所预备学校，装甲兵要求增加 1 所学校，都很有必要。但是，增建学校的校址问题，需要进行研究、协商和准备。会后，对恢复和增建院校中的学制、名称、权限、校址、编制等一系列问题，进行认真分析研究，充分调查论证，广泛征求意见，并根据需要与可能的实际情况，向军委提出方案建议。

11 月 5 日，全军院校调整领导小组向中央军委建议，恢复和增建 41 所院校。即：恢复和增建军政干部学校（指挥院校）19 所，其中各军区、海军、空军、炮兵、装甲兵、工程兵、铁道兵、通信兵和总后勤部各 1 所；军医学校 12 所，其中各军区（不含北京军区已有的 1 所）、海军、空军各 1 所；专业技术院校 10 所，其中海军潜艇、通信学校各 1 所，空军航空预备学校 2 所、通信学校 1 所，炮兵学校 1 所，通信兵工程学校 1 所，总参谋部体育学院 1 所，总后勤部军械学校 1 所、运输技术学校 1 所。同时，对一些具体问题提出了意见。关于学制，指挥院校不超过 1 年；技术院校中专水平的 1 ~2 年，大专水平的不超过 3 年。关于学校名称和权限，训练营、团指挥干部的学校统称军政干部学校，执行军级权限；训练大专水平技术干部的学校统称学院或大学，执行军级权限；训练中专水平技术干部或连排干部的学校统称学校，原则上执行师级权限。关于校址，为了充分发挥原有校舍和训练场地的作用，节省开支，恢复和增建院校所需校址，原则上在过去撤销的院校旧址中调整解决，不另新建。凡部队住用的，应尽量腾出来。交给地方的，除办工厂、已开工生产者外，可与地方协商，收回办校。需要扩建和改建的，应本着因陋就简、勤俭办校的精神，逐步解决。关于编制，恢复和增建的院校组织机构要精干，所需干部应尽量从超编干部中调配。必须增加的员额，拟在全军现编定额中调整解决，不增加军队总员额。

经中共中央批准，12 月 8 日中央军委将该报告转发全军各大单位，要求贯彻执行。院校的恢复和增建工作从 1974 年开始着手进行。

六、恢复训练制度

针对林彪反革命集团对训练制度的破坏，1972 年 1 月 29 日，总参谋部军训部建议：恢复、健全行之有效的训练制度，如计划、检查、请示报告、备课示教、车炮场日和会操等项制度。步兵的技术、战术教材，在各军区编写的基础上，由总参谋部组织汇稿；各军兵种，要逐步编写出各自的教材和训练纲目；为了加强军事学术研究，交流训练经验，恢复必要的军事学术刊物。部队、院校训练经费和油料要明确标准，实行“专款专用”。建议调整军训器材工厂的管理体制，以保证军事训练器材的需要。6 月 15 日，总参谋部在向中央军委的报告中提出：经过实践，《内务条令》、《队列条令》、《纪律条令》，以及相当多的条例、教材是好的，对训练是有益的，在新的形势下，根据任务与要求做一些修改是必要的，但是要尽快下发，以满足部队之急需。

根据上述要求，各项训练制度逐渐恢复。至 1973 年上半年，各种军事训练条令、教材印发部队 200 种，使部队训练有所遵循。全军训练规章制度逐步健全，使训练工作逐步走上了轨道。各军区、各军兵种对所属部队训练，作出了具体规定：一是坚持计划制度，军区和军制订年度训练计划，师制订季度计划，团制订月计划，连制订周进度表，做到任务明确，心中有数；二是坚持备课示教制度，教学前认真进行备课，写好教案，组织示教，然后再教学；三是坚持登记制度，连队对训练内容、时间、人数和效果及时登记；四是检查考核制度，连队每学完一个科目都进行一次检查评比，师、团除不定期检查考核外，每半年进行一次检查考核；五是会议汇报制度，连每周、团每月、师每季度坚持分析研究一次训练情况，团、师、军每月逐级向上级汇报一次训练情况。各单位根据训练制度，统筹安排部队各项任务，确定全训、半训和施工生产部队的训练任务。军政训练统一安排，按比例落实，基本做到每周 3 天军事训练，2 天政治学习，半天党日活动，半天机动；每年步兵训练 90 天、技术兵 120 天。由于恢复训练教学制度，军训教学逐步走上轨道，扭转了多年以来不敢抓训练的倾向，使全军的军事训练出现了“文化大革命”以来从未有过的好形势。尽管各种训练层次较低，但是对于恢复、提高部队战斗力，仍具有重要意义。

第四节　初步整顿国防工业

一、国防工业遭到严重破坏的局面

“文化大革命”开始后，国防工业战线的广大科技人员、干部、工人和解放军指战员排除干扰，发扬艰苦奋斗的光荣传统，取得尖端技术重大突破，常规武器装备的自行研制也取得新进展。至 1970 年底，国防工业共有六个机械工业部，还有为国防工业服务的科研院所、学校，能够成批生产现代化水平的飞机、导弹、舰艇、坦克、火炮、枪支、弹药、雷达和各种通信设备。但是，由于“文化大革命”对国防工业的干扰破坏，国防工业系统存在许多问题，严重影响了武器装备科研、生产质量和任务的完成。

一是管理体制混乱。1969 年，国防工业科研、生产管理体制调整后，成立了中央军委国防工业领导小组及其办公室（简称军委工办），下设航空、电子、兵器、造船 4 个小组，分别领导第三、第四、第五、第六机械工业部，以及相应的研究院、试验基地和高校。1970 年，第二、第七机械工业部划归国防科委管理，其研究和生产试验单位分别交总参谋部、总后勤部、海军、空军领导。1971 年 4 月 12 日，中共中央批转中央军委国防工业领导小组《关于国防工业管理体制的报告》，确定国防工业管理体制实行中央和地方双重领导，以军队为主，中央、大军区、省（市、自治区）三级管理的原则。根据这些规定，除中央一级领导机关不变外，大军区设国防工业办公室；各省（市、自治区）革命委员会和省军区（卫戍区、警备区）共同设立国防工业办公室，既是革命委员会也是省军区（卫戍区、警备区）管理国防工业的领导机关，编制列入军队的序列。上述体制存在许多弊端：管理多头、重叠，机构臃肿。同此前相比，国防工业管理机构“增加了一倍”，而效率并未提高。其中，以中央一级最为明显。航空、电子、兵器、造船等 4 个领导小组之下的 4 个办公室不是组织方针政策的贯彻落实，而只能起工厂的调度作用。各军区的国防工办和航空工业办公室形同虚设。各自为政，条块分割，造成极大浪费。科研院所、工厂、实验基地、使用部队之间相互脱离，有的各成体系，效率低，浪费大。科研、生产没有统一标准，产品不配套。在科研、生产中，对同类零配件应该有统一标准，使其具有通用性。而当时的管理体制破坏了部门之间的专业分工和正常协作关系，使产品使用局限性很大。

二是定型机构瘫痪，造成武器装备质量下降。建立定型机构，确定武器装备的定型生产，是国防工业成熟的重要标志。在 60 年代前期，中国国防工业就已形成定型制度，建立定型机构，促进了科研、生产的良好发展。但是，“文化大革命”开始后，定型制度被作为管、卡、压的罪魁祸首，遭到废弛。定型机构在数年间处于瘫痪状态，由此导致军工产品的质量问题较多。至 1972 年 3 月 4 日，有几百架飞机质量有问题不能出厂，上万具四〇火箭筒不能使用，几十万支步枪不合格。尽管如此，由于缺乏监督，工厂依然在生产这些不合格的武器。部队普遍反映，武器装备性能较差，故障多。如，81 型电台容易烧毁强放管，884 型电台在开进中天线容易折断；六三式自动步枪性能不如五六式半自动步枪；高射炮质量不过关，技术性能差，故障很多；部分飞机、舰艇因质量问题不能使用，或一直停在码头，不能出航，或严重影响作战训练和飞行安全。

三是国防工业科研和生产计划失调。国防科研、生产第四个五年计划（1971 ~ 1975），是在林彪反革命集团的干扰和破坏下制订的。该计划一方面不顾国家经济能力，片面追求大计划、高指标，既冲击国民经济发展，也干扰了常规武器的研制和生产。1970年，曾提出要在1975年达到年产飞机3000架、舰艇15万吨、坦克5000辆、炸药50万吨、常规兵器和通信设备可装备500个师的生产目标。根据这个要求，第三、第四、第五、第六机械工业部在5年内需要新建748个工厂，新增设备18.9万台，投资需要210亿元。至1972年3月，已展开的项目共223个，其中1970、1971年新开项目就有113项。预计这批建设项目到1975年才能全部完成，投资约需60亿元。由于生产能力较低，有些计划实际无法完成。另一方面，某些科研和生产单位任务又过少，时常有一部分企业生产任务“吃不饱”。许多既可生产军品又可生产民品的工厂，特别是生产零配件的工厂，被确定专门生产军品后，生产任务不满额，设备闲置，浪费很大。

四是派性严重。1970年6月，第二、第三、第四、第五、第六机械工业部成立革命委员会。接着，所属科研院所和工厂的领导班子也陆续建立，军管随之结束，从而结束了“文化大革命”以来各级领导班子的瘫痪状态。但是，派性斗争依然严重，第七机械工业部是当时闻名全国的“老大难”单位。同第七机械工业部相似，主管无线电工业的第四机械工业部、主管航空工业的第三机械工业部，派性斗争也比较严重，致使工厂和科研院所难以开展正常的生产和研究。

二、国防工业的初步整顿

九一三事件后，根据毛泽东的指示，中共中央决定由周恩来、叶剑英、李先念、余秋里领导国防工业进行整顿。

（一）加强组织领导

为了保证原子能工业、核武器、导弹的科研和生产的持续发展，中共中央首先调整了中央专委的组成。新中央专委组成后，从1971～1974年，周恩来主持召开了20多次会议，审定和部署科研、试验、生产任务，制定一系列重要措施，发挥了重大作用。为了保证国防科技特别是尖端武器的研制和生产，中共中央根据周恩来等人的建议，派遣工作组帮助整顿。

针对一些单位派性严重的情况，周恩来、叶剑英、李先念、余秋里组织中共中央、国务院业务组以及中央军委办公会议的有关人员广泛听取各方面意见，提出了整改措施。针对第七机械工业部派性严重的情况，1972 年 12 月，中共中央派汪洋、李光军到第七机械工业部分别担任党的核心小组组长、第一副组长，初步扭转了领导班子不团结的局面。第三、第四机械工业部一直是中央军委直接领导的单位，叶剑英等人对整顿工作十分重视。叶剑英指派专人下去搞调查研究，并亲自主持军委办公会议听取有关汇报，研究整改意见。经过整顿，经中央批准，任命李际泰、王诤分别担任第三、第四机械工业部部长，加强了领导力量。在此期间，对研究院所和工厂的领导班子也进行了整顿和调整。至 1973 年底，基本健全了领导班子，长期存在的派性纷争基本得到遏制。

鉴于国防科研和生产单位分散在全国各地，国务院、中央军委除反复强调要加强自身系统的垂直领导外，还要求各省、市、自治区加强对国防工业的领导，注意衔接，防止脱节，从而形成了党、政、军齐抓共管国防工业的良好局面。

（二）调整管理体制

根据同行业合并的原则，从 1972 年起，国务院、中央军委决定，各科研院所、工厂归口管理。1972 年 12 月 ~ 1973 年，国务院、中央军委先后批准将第三、第五、第六机械工业部领导的 35 个工厂，以及北京无线电技术情报研究所等 4 个单位划归第四机械工业部领导；将中国人民解放军第五研究院划归第七机械工业部建制；将中国人民解放军第九研究院划归第二机械工业部建制；将第八研究所（试飞基地）仍划归第六研究院建制；将第六研究院划归第三机械工业部建制。

1973 年 8 月 20 日，国务院、中央军委联合发出《关于小三线军工厂归地方领导的若干问题的通知》指出，1969 年，把“小三线”军工厂的管理权限上收，严重损害了地方办军工的积极性。根据中央既定方针，“小三线”军工仍全部归省、市、自治区领导。

为了理顺国防工业管理体制，国务院、中央军委1973年9月拟制了《关于调整国防工业管理体制的决定（草稿）》，并于1974年5月下发执行。主要规定：（1）第三、第四、第五、第六机械工业部由国务院直接领导。恢复国务院国防工业办公室，任命方强为主任，受国务院、中央军委领导，以国务院为主，对国防工业的生产、建设和科研，进行统筹规划，全面安排，组织执行。（2）撤销中央军委国防工办领导小组和航空、电子、兵器、造船4个领导小组及其办事机构。（3）根据生产和科研相结合的原则，实行部、院结合，厂、所挂钩，将一些院、所分别划归各机械工业部。各军兵种只保留必要的研究装备使用的精干机构。（4）第三、第四、第五、第六机械工业部的直属企业，有计划、有步骤地下放给省、市、自治区管理。大部分企业实行地方和部双重领导，以地方为主；少数骨干企业，实行部和地方双重领导，以部为主。（5）省、市、自治区党委对自己地区的国防工业企业实行统一领导。在革委会内设立管理国防工业的机构。各大军区不再设立管理国防工业的机构。（6）鉴于电子工业的重要性，除电子工厂较少的地区外，可在省、市、自治区革命委员会下设专门机构，统一管理该地区的电子工业。（7）切实搞好军民结合、平战结合，学会两套本事。这个决定是在总结独立的大军工体系的教训后作出的。其主要变化是：第三、第四、第五、第六机械工业部，由军队领导变为由国务院直接领导；几个机械工业部的直属企业和国防工业的院校下放给省、市、自治区，实行地方和部双重领导，以地方为主；省、市、自治区设立管理国防工业的机构和管理电子工业的专门机构，撤销各大军区管理国防工业的机构。

根据上述规定，国防工业的管理体制在1975年上半年完成调整，从而向精干、高效的目标迈出了一大步。

（三）建立健全定型机构

武器装备定型工作中存在的问题，引起了中央领导和有关部门的重视。1971 年底，周恩来委托国务院副总理、军委办公会议成员李先念对定型工作中存在的严重问题进行整顿。李先念首先召集有关方面负责人，统一思想认识。1972 年 7 月 29 日，中央军委国防工办提出：“力争在两、三年内从根本上扭转质量不好和装备不配套的局面，使国防工业的综合生产能力得到更好的发挥，部队得到质量优良配套齐全的武器装备。”叶剑英、李先念等对此十分重视，强调：“产品要定型，不定型就不能投入生产。”

1972 年 1 月 13 日，中央军委办公会议具体讨论并形成了建立健全定型机构的意见：“今后产品定型委员会的工作仍要加强，不能废除。可由总参谋部、海军和空军牵头，分别成立陆、海、空三军军工产品定型委员会，负责新产品转入批量生产前的审查和批准定型等工作。”据此，总参谋部、海军、空军及各兵种分别提出定型机构的组成人选，上报国务院和中央军委审批。1973 年 1 月，国务院、中央军委分别批准成立陆军、海军、航空军工产品定型委员会。陆军军工产品定型委员会由副总参谋长张才千任主任，总后勤部副部长封永顺、中央军委国防工办主任李如洪任副主任。同时还决定，在陆军军工产品定型委员会之下设炮兵、装甲兵、通信兵、工程兵、铁道兵、防化学兵、轻武器、车船定型委员会等 8 个二级定型机构。至 1973 年 9 月，陆军军工产品定型委员会和 8 个二级定型委员会，都已展开工作。海军军工产品定型委员会由 19 人组成，周希汉任主任，定型委员会之下设一精干的办事机构，由海军后勤装备部定型处兼管。航空产品定型委员会由 12 人组成，曹里怀任主任，并在航空产品定型委员会之下设一精干的办事机构。

上述各定型委员会成立后，对国防工业的整顿产生了积极作用。为进一步加强统一领导，国务院、中央军委于 1974 年 2 月批准成立军工产品定型工作领导小组，执行一级定型委员会的职权，由张才千任组长。同时，将陆军、海军、航空等 3 个定型委员会调整改组为海军、航空、炮兵、装甲兵、工程兵、铁道兵、通信兵、防化学兵、轻武器、车辆等 10 个二级定型委员会，归军工产品定型工作领导小组领导。

在国防工业中，尖端武器的研制和生产历来是重点。为加强国防尖端武器定型工作的指导，国务院、中央军委于1974年12月9日决定成立尖端武器定型小组，由总参谋部、总后勤部、国防科委、国家计委、国防工办、上海市、海军、空军、二炮的领导干部共11人组成，副总参谋长李达任组长。同时，明确规定：该小组在国务院、中央军委、中央专委领导下，负责组织领导国防尖端武器及其配套装（设）备和人造地球卫星的定型工作，并对各种武器型号进行定型审查鉴定，做出定型结论，报国务院、中央军委审批。定型小组的办事机构由国防科委司令部兼任，总参谋部、总后勤部有关部门协助办理。

至此，国防工业产品定型机构全部建立健全起来，在后来的科研和生产中发挥了积极的指导作用。

（四）调整科研和生产计划

国防工业的发展要与国民经济和基础工业的发展相适应，制订国防工业发展计划要从实际出发，要服从国家全局。林彪反革命集团被粉碎后，根据周恩来的指示，对国防科研和生产计划项目采取减、停、缓的办法，果断进行调整。叶剑英在中央军委办公会议上强调指出：现在是搞好国防工业的转折点，要扭转贪大求全的思想，武器装备研制要缩短战线，突出重点，立足现实。他还要求，国防工业部门的领导干部要敢于正视困难，有勇有谋，迅速把国防科研和生产引导到正确轨道上来。

1972年3月4日，中央军委国防工办提出国防工业的发展原则：（1）正确处理国防工业同国民经济的关系。（2）根据作战对象和作战对象的装备、战略战术，制订武器装备的发展方针。（3）必须考虑支援世界革命人民斗争的需要。（4）必须贯彻军民结合、平战结合的方针。（5）在基本建设规模上，必须贯彻大中小结合、多建中小的方针。（6）在布局上，必须贯彻毛泽东关于加强大、“小三线”建设的指示，把“大三线”建成品种齐全的比较强大的战略后方。同时，还提出武器装备的发展方针：（1）航空工业以歼击机为重点，并积极发展中、轻型轰炸机和直升机，适当地发展运输机和特种机，相应地发展教练机。（2）造船工业以中型鱼雷潜艇和快艇为重点，积极研制核动力潜艇和中型火炮导弹舰。（3）兵器工业以炮弹、炸药、火炮、高射武器、反坦克武器为重点，有计划地发展坦克和装甲运输车辆。（4）电子工业实行军民结合、平战结合，首先保证军品，为工业、农业、国防、科学技术现代化服务，狠抓电子基础产品。

在上述方针、原则的指导下，国防工办、国防科委压缩研制项目，调整了国防科研和生产计划。余秋里到有关部门调查研究，从消除极“左”思潮的影响入手，具体指导计划调整。各单位对尚未定型、质量问题较多的产品，停止生产，坚决取消生产计划；对已生产的，在返修、鉴定以前，暂停使用；对于质量较好的产品，则保持产品定型、生产成线、协作定点、成批生产。

经过对国防工业科研、试验、生产计划的适当调整，战线有所缩短，重点有所突出，布局更加合理，初步恢复了正常秩序。

（五）整顿产品质量

1971 年底，鉴于航空产品有严重质量问题，周恩来委托叶剑英以抓航空产品质量为突破口，抓国防工业产品质量整顿。叶剑英召集中央军委办公会议成员多次听取有关汇报，首先在思想上对抓质量整顿取得了一致认识。叶剑英说：不但要抓军工产品主件的质量，而且要抓好零配件的质量。根据上述指示精神，对质量问题严重的产品，一般采取停产整顿的办法。航空产品中的直－5 型、歼－6 型飞机，步兵使用的七〇式轻型火焰喷射器，都是当时停产整顿的重点。1971 年 12 月，国务院、中央军委召开航空产品质量问题座谈会，本着抓援外、保质量，抓歼－6 型促其他、抓航空工业促国防工业的精神，通过对援外歼－6 型飞机的质量检查，初步分析了军工产品的质量问题。1972 年 5 月，国务院、中央军委发出《关于整顿国防工业产品质量和加强配套问题的指示》，要求：

(1) 各地区立即行动起来，首先在5、6月全面深入地动员国防工业各单位，发动群众，从解决领导思想认识问题着手，进行一次群众性的质量大检查，认真检查各厂生产的各种武器、装备、弹药的质量问题和产品及装备不配套的情况。(2) 在全面发动、揭露矛盾的基础上，具体分析造成质量问题的原因，提出加强军工生产的有力措施，坚决贯彻到实际工作中去。(3) 各省、市、自治区、各大军区、各省军区要由主管国防工业的领导亲自负责，高姿态，严要求，严肃认真地抓好这项工作。(4) 国防工业各部，要派人到一两个地区，同省、市密切配合，抓好这项工作。

至1972年9月，各地区、军兵种和国防工业部门遵照国务院、中央军委指示，狠抓军品质量的整顿，取得了一定成绩。军委国防工办会同第三、第四、第五、第六机械工业部着重对已成批生产的飞机、导弹、舰艇的配套情况进行分析，决定对已成批生产但质量存在问题的，由地区国防工办和主管部门共同组织工厂认真整顿，年内优质过关。1973年3月22日，国务院、中央军委明确指出：在该年度中，对于战备、援外重点产品，特别是反坦克武器、弹药的质量问题，要制订规划，继续整顿，组织整改。当年，重点整顿了反坦克武器的产品质量。

各国防工厂在上级主管部门的领导下，充分依靠群众，实行领导干部、工人、技术人员三结合，认真查找质量问题，在总结经验教训的基础上，制定了产品质量整改措施。经过努力，质量意识增强，产品质量很快提高。对产品质量整顿较好的单位，国务院和中央军委给予了及时表扬，并推广这些单位的先进经验。其中，沈阳地区的第112、第410厂在沈阳军区、辽宁省委和第三机械工业部的领导下，1972年狠抓产品质量整顿工作，工厂党委充分依靠群众，实行领导干部、工人、技术人员三结合，认真解决暴露出来的问题，受到国务院和中央军委的表扬。

经过军队、地方、工厂的共同努力，军工产品质量整顿取得显著效果，基本达到了预期目标。但是，由于极“左”思潮的干扰和派性斗争的破坏，整顿工作仍然受到一些影响。

三、国防工业在初步整顿中的发展

在国防工业初步整顿中，各部门克服各种困难，在科研、试验、生产各方面都有所发展，取得了一定成绩。

（一）国防尖端武器取得新突破

国防尖端武器的研制和生产，是新中国国防工业的重点。“文化大革命”开始以后，国防工业战线的干部、科研人员、职工和人民解放军指战员，排除各种干扰，坚守各自工作岗位，至九一三事件前，获得导弹核武器和第一颗氢弹试验爆炸的成功，并成功发射第一颗人造地球卫星，取得了举世瞩目的成就。林彪反革命集团被粉碎后，在中央专委的具体领导下，在战略导弹技术、人造地球卫星试验、鱼雷核潜艇等方面，又有了新的进展。

1971 年 11 月 15 日，液体中远程地地导弹全程飞行试验成功。试验证明，在长射程状态下，导弹各系统工作协调、可靠。这次试验还考验了发射方式，并取得了弹头再入试验场环境和弹头烧蚀的资料。

1972 年 8 月 10 日，第一枚“风暴 1 号”试验火箭飞行试验基本成功。这是继 1970 年 4 月 24 日“长征 1 号”运载火箭发射成功后，又一颗运载火箭发射成功，从此拉开了中国航天活动的序幕。此后，为满足技术试验卫星对运载能力和入轨精度等方面的要求，对火箭进一步改进，采取减轻结构质量、提高发动机调整精度和使推进剂得到充分有效的利用等多项措施，使火箭的运载能力增加了 50%。

从 1965 年起，中国开始研制洲际导弹。到 1971 年，第一批试验弹研制完成，试验基地建设也初具规模。1973 年，经过 3 次试验弹发射试验，洲际导弹研制和全程飞行试验取得局部成功。这一成功试验，标志着中国导弹技术已达到新的水平，对于发展国防科技、提高部队装备技术水平、增强反侵略战争的能力，都具有重要意义。

1973～1974 年，在北京和上海相继建成 3 座天线口径为 30 米的标准卫星通信地球站，通过租用国际通信卫星电路，开通了中国与多个国家和地区的国际通信业务。这是继 60 年代末研制成功第一台气象卫星云图接收设备之后，特别是自 1972 年以来，按照“租星过渡，C 频段（中心波长 6 厘米，中心频率 5 千兆赫）起步”的发展方向展开的第一步，从而使中国实现了卫星通信。

核潜艇的研制始自 1958 年。1974 年 4 月，第一艘鱼雷核潜艇相继完成系泊试验和航行试验，8 月 1 日交付海军部队使用。导弹核潜艇以核反应堆作为推进动力源，可长期潜伏在水中活动，具有比常规动力潜艇远为优越的作战性能和更为广阔的活动范围；装备导弹等多种武器，既能完成反潜、反舰和对陆上目标实施攻击等多种使命，又具有陆基战略武器无法比拟的“第二核打击力量”的优点。试验结果证明，鱼雷核潜艇水下航速较高，续航力大，隐蔽性好，设计和建造是成功的。

（二）常规武器装备自行研制的新进展

根据国防现代化建设和援越抗美斗争的需要，常规武器的发展，仿制和自行研制同时并举，以自行研制为主，取得了一定的进展。陆军武器，特别是防空武器和反坦克武器有了较大的发展；空军武器，飞机的改进和研制取得了新成果；海军武器，第一代战斗舰艇的研制工作基本完成；军事电子装备的研制取得了良好的成绩。

50 年代末，中国在苏联的帮助下开始研制导弹驱逐舰。60 年代中期，为适应洲际导弹全程试验海上护卫、警戒的需要，中央军委批准自行研制第一代导弹驱逐舰。1971 年 12 月，第一代导弹驱逐舰首舰交付海军。舰舰导弹是装备在舰艇上用以攻击敌方水面舰艇的武器，具有比舰炮及鱼雷射程远、命中精度高、机动性能好等特点。50 年代末，中国开始仿制舰舰导弹。60 年代初，中国开始自行研制。1973 年 9 月，051 驱逐舰导弹武器系统进行首次导弹飞行试验，以单射和齐射方式，共发射 4 枚导弹，全部命中固定目标与活动目标，获得圆满成功。同年9月，海鹰1号舰舰导弹试验成功。1974年8月，海鹰1号岸舰导弹经过25枚弹的研制性飞行试验，证明性能稳定，符合使用要求，海军军工产品定型委员会批准定型。岸舰导弹是从海岸发射用以攻击敌方水面舰艇的防御性武器。与岸炮相比，它具有射程远、命中精度高、威力大等特点。这是自1965年4月中国开始研制岸舰导弹以来的首次试验成功。

1972年1月，经过改进的强5甲型飞机在预定上空投放氢弹试验成功。试验证明，强5甲型飞机速度快、机动性能好，易于在低空隐蔽活动。中国的强击机一开始就走上自行研制的道路，陆续发展了强5型飞机以及多种改型机，并形成了系列。

1972年，研制人员先后攻克插刀式引信测合机、程序控制连发机构和随动系统可靠性与平稳性等关键技术，全天候、全自动85毫米高射炮系统定型。这种高射炮系统采用了炮瞄雷达、数字式指挥仪、模拟指挥仪，以及瞄准镜、变倍指挥镜、对空测距机、跟踪仪等光电仪器。1974年，经过6次联动试验和6次靶场试验，性能可靠、全天候、全自动74式双37毫米高射炮定型。这种高射炮系统是在65式37毫米高射炮的基础上通过改进总体结构而研制的，设计了可控硅电传动等装置，配置了稳定可靠的指挥仪、对空二米测距机和瞄-10型雷达。

1973年，火箭布雷车研制成功。1969年珍宝岛事件后，国防工业加强了反坦克武器研制工作。1973年9月，叶剑英等中央领导人对长沙工学院、第五机械工业部第282厂和广州军区工程兵“三结合”研制成功多用途火箭布雷车的创造精神和做法十分称赞。这项成果经改进后投入生产，定名为74式火箭布雷车，提高了部队反坦克能力。为适应反坦克作战的需要，兵器科研部门把提高反坦克导弹直射距离和穿甲破甲能力作为研制工作的重点。1973年，完成了J-201型反坦克导弹研制工作。J-201型反坦克导弹的战术技术性能虽然还不高，但为中国反坦克导弹技术的发展奠定了基础。

1973年12月，歼教-6型飞机经过7年的设计、试验，终于定型。歼击机的研制和生产一直是航空工业的重点。为了便于教学，各型歼击机需要研制相应的教练机。这是中国第一种超音速喷气式歼击教练机，供训练超音速歼击机飞行员之用，也可执行其他双座飞行任务。

1974 年 4 月，中国自行研制的第一代中型常规动力鱼雷潜艇交付海军使用。根据国防科技“三五”计划，国防工业战线 1966 年开始研制常规动力战斗潜艇。在研制工作中，科研部门突破水下航速等关键技术，自行研制的潜艇航速比仿制的常规潜艇提高了 40%。

1974 年 12 月，第一架运－8 型中型运输机研制成功，并通过了试飞。该飞机最大平飞速度每小时 662 公里，实用升限 1.04 万米，最大航程 5615 公里，能装载货物 20 吨，空运武装士兵 96 人或空降兵 82 人，可同时运送装担架重伤员 60 人、轻伤员 20 人和医护人员 3 人。

（三）国防工业新材料和新技术的开发

国防工业的发展，离不开不断发掘的新材料和不断掌握的新技术。自 70 年代起，电子技术、激光技术在发达国家大量运用，对中国国防工业来说，既是机遇更是挑战。尽管有“文化大革命”的各种干扰破坏，但国防工业战线在新材料的发掘和新技术的开发运用方面，仍取得了很大成就。

1972 年，6 种特种合成润滑油脂研制成功，各项性能指标达到国际先进水平，稳定性和蒸发度均优于国外产品，能满足各型导弹对特种润滑油脂的需要。这是从 50 年代末到 60 年代中期，为了配合原子弹、导弹和新型高速飞机的研制，中国在润滑油脂合成技术上取得的巨大突破。

1972 年，中国第一台高重复频率调 Q 钇铝石榴石激光器研制成功。激光具有速度快、精度高等优点，激光技术的发展在武器装备制造和人造卫星测量等方面具有巨大的应用价值。从 60 年代初，中国开始研究激光技术。该激光器研制成功，标志着中国国防工业的基础研究达到了新水平。

1974 年，在攻克耐高温、耐高压、防潮湿、防盐雾、防霉菌、抗倾斜摇摆、抗冲击、抗振动等难关之后，核潜艇配套的核动力装置试验成功，并定型生产。

（四）辅助设施建设取得新的进展

为适应科研、试验、生产的需要，根据规划，建设了一些辅助设施。它们的建成，对国防工业建设发挥了重大作用。

1972 年，中国第一座海上固定鱼雷发射平台建成。该平台长 20 米、宽 18 米、高 18. 7 米，其中水上部分为 7. 2 米，分 3 层；配有水面舰艇和潜艇鱼雷发射系统，可分别模拟水面舰艇和潜艇发射反舰鱼雷。平台由 240 米长的运雷钢架栈桥与陆上简易码头相连，每天可以进行多次发射试验，不仅大大减少了对试验舰船的需求，更主要的是创造了可控鱼雷发射试验的初始条件。发射时，该平台可使鱼雷保持准确的发射方位和入水姿态，排除了舰艇实施发射时船体运动的影响，能可靠地测定鱼雷的性能。

1972 年底，陕西华阴综合性试验基地第一期工程基本完成，建成由数十座试验室、工房、库房及附属设施构成的试验技术区，开辟了由 9 个试验阵地、4 条射击靶道、1 个高射扇面、22 座瞭望塔、若干个测试基线和弹着区等构成的试验场地。这是新中国第一个综合性试验基地。它的建成，满足了武器精度试验的需要。60 年代初，中央军委就向中共中央和国务院提出建设综合性试验基地的方案，并得到了支持，但由于“文化大革命”的影响，建设受阻，速度减慢，到 1972 年才终于取得重大进展。

与此同时，为改变国防科研人才培养不足的状况，从 1972 年起，北京工业学院、华东工程学院等国防工业院校陆续招生。1973 年 7 月，在酝酿恢复部分军队院校时，国务院、中央军委决定，为国防工业服务的原哈尔滨工业大学南迁的人员、设备仍迁回哈尔滨，恢复原建制。

第五节　与“四人帮”搞乱军队企图的斗争

一、“四人帮”利用“批林批孔”运动企图搞乱军队

九一三事件后，主持中央军委日常工作的叶剑英根据中共中央的统一部署，在全军开展“批林整风”运动，清理林彪反革命集团给军队建设造成的影响和破坏，并进行初步整顿，军队的思想政治建设、组织建设、作风建设和教育训练等方面得到了迅速恢复，军队建设出现了“文化大革命”以来未曾有过的好形势。但是，江青一伙企图利用林彪倒台的机会实现对军队的控制。他们对叶剑英领导下的整顿和整风心存不满，认为军队是“老家伙治军”，“根本不听”他们的话，“军队最难办”，“要整一整军队”。于是，他们利用1974年初开始的“批林批孔”运动，制造舆论，攻击军队“多次运动，盖子没有揭开”，“修正主义路线没有变”，把矛头指向叶剑英及军队，企图搞乱军队，乱中夺权。

“批林批孔”运动发动期间，江青采取多种手段插手军队，煽动军队动乱。她从《解放军报内部参考》上看到关于南京军区某军防化连“批孔批不下去了，遭到了一些抵制”的反映，便于1974年1月13日以个人名义直接给该连写信，鼓动指战员参加运动。1月15日，江青派她的亲信越过中央军委和南京军区，将她的信和一批“批林批孔”材料专程送到该连。1月13～28日，江青还分别给空军司令员马宁、海军政治委员苏振华和中央军委领导人叶剑英及邓小平等写信，企图凌驾于中央军委之上，以个人名义指挥军队开展运动。江青还擅自在军队中搞“批林批孔”试点连队，将试点连队的部分干部、战士召到北京，听汇报、作指示。1月24日和25日，又以突然袭击的方式先后在北京首都体育馆召开驻京部队“批林批孔”报告会和中央、国家机关“批林批孔”动员大会，公开批评、责骂军队领导人，并点名指责总政治部关于“批林批孔”运动的规定是“下禁令”，是“屁话”。为了搞乱军队，江青一伙又私自

派出记者或“联络员”到军委总部机关，以及各军兵种部队，监视活动，搜集部队工作的“黑暗面”，散发攻击部队干部“罪行”的材料，鼓动机关、部队的干部及战士，上访、串连、贴大字报等，“帮助”部队搞运动。另外，江青对一些人当面授意到部队“点火放炮”、“放火烧荒”。她甚至亲自跑到部队里去鼓动“造反”，说“我造了军委的反，你们也要造军委的反”。他们还规定：派往部队的人，不准各级党委过问，只同他们保持单线联系，“抛开党委，一竿子插到底”。他们还煽动军队搞“四大”，把“批林批孔”的矛头指向中央军委领导。

江青还与王洪文、张春桥合伙攻击叶剑英等中央军委领导人，以及解放军各总部和军队其他领导机关。1974 年 2 月，江青将写给叶剑英和她的反映军队后勤机关运动问题的群众来信，批转给王洪文：“后勤问题看来得点火，如何作法待议后再定”；将另一封写给她和毛泽东的反映海军运动问题的群众来信，也批给王洪文：“海军问题得研究一下，空军也冷下来了，捂盖子、翻案，不解决不行了”；将一封反映总参谋部问题的来信批给王洪文、张春桥：“总参是有一些死官僚？还是林彪余孽在作祟？”“要放火烧荒才好”。张春桥立即批示：“是要烧一烧。”1974 年二三月间，王洪文、张春桥、江青在军队系统召开的“批林批孔”汇报会和军队文艺单位负责人会议上，连续指责军队领导机关：对“批林批孔”运动领导不力，在军队要“放火烧荒”。王洪文、张春桥提出：各总部在运动中要“揭盖子”、“打内战”，“要下个决心，一定要揭开，揭不开就砸，砸不开就用炸弹炸”。“总后已经瘫痪了，我看瘫痪得越彻底越好。不要怕派性”。“打内战也可以，有些问题要靠打内战才能解决”。他们还指责军队一些领导干部“执行资产阶级反动路线”，走的是“没有林彪的林彪路线”，“比党外资产阶级还厉害”，煽动要对这些单位和领导人夺权，等等。

由于受到江青一伙所作所为的影响，少数受派性影响严重的人开始“造反”、夺权，一些单位组织了以“大字报为武器”的“批林批孔”试点。解放军各总部、军兵种机关和军政大学等单位，又不同程度地掀起“四大”，贴大字报，揭盖子，把矛头指向被指控为“搞复辟倒退”的一批领导干部。军队高级领导机关和一大批高级干部受到了巨大“压力”，无法正常工作。

江青一伙还利用“批林批孔”运动，涣散军队的组织纪律。他们把部队下级必须坚决执行上级的命令、下级向上级敬礼等制度，指责为“资产阶级法权”；把军队中干部与战士的上下级关系，比作为“奴隶主与奴隶”的关系，要求破除，提出在军内搞“大民主”。王洪文在部队中说“服从命令是有条件的。对的服从，不对不服从”。他们指责部队的一日生活制度是“条条框框”。江青在部队中说：“听说部队每天还要叠被子吗？你们搞这个干嘛呀！”“军队走路，三五成群，打打闹闹才好呢！”他们攻击部队的纪律整顿和传统教育，是“恐怖教育”。上述这些言论与做法在部队中产生了恶劣影响，使一部分干部、战士一度又产生无政府主义和极端民主化倾向，违纪事件增多。江青一伙还支持解放军报社造反派夺权，造成解放军报社近半年时间内失去编辑稿件的权力，变相“停刊”。

在江青一伙的煽动下，“批林批孔”成为部队的“头等大事”，军队原计划中应实施的战备工作、军事训练以及部队建设等工作被迫搁置。粉碎林彪反革命集团后，军队建设出现的好形势再次遭到严重破坏。直到1974年7月，因江青、王洪文、张春桥、姚文元遭到毛泽东的严厉批评，并称他们为“四人帮”后，他们的活动才有所收敛，军队建设的形势才稍有好转。

二、抵制“四人帮”对军队的捣乱破坏

经过多年的“文化大革命”运动，人民解放军广大指战员和全国人民一样，对“文化大革命”运动已感厌烦。特别是九一三事件后，经过“批林整风”，广大指战员思想觉悟明显提高，对江青一伙的阴谋和野心已有所认识，对江青一伙利用“批林批孔”进行乱军活动的企图，保持了高度警觉，不为他们的煽动与蛊惑所动，并

以各种方式进行抵制。

还在1973年秋“批林批孔”运动的酝酿时期，报刊上陆续登载一批由江青一伙授意撰写的批孔文章，并明显影射周恩来，在军队中引起了思想混乱。当时，中共中央政治局尚未讨论部署“批林批孔”的问题，总政治部为了稳定部队，于10月27日向部队发出关于运动的几条规定：（一）关于批孔的口径，要求按中央两报一刊的精神，宣传中不要随便提口号，更不要乱点名。（二）关于批孔的位置和声势，要求把“批林整风”放在首位，在深入批林中联系批孔。不要把批林与批孔并提，更不要单提批孔运动。（三）各军区及军兵种的报纸不要报道批孔的动态，可以发表批孔的文章，但在数量上也要适当控制，文章内容和宣传口径都要适当掌握。11月13日，针对部队的反映，总政治部再次指示各军区、军兵种报社：（一）报纸上可以转载和发表一些批孔文章。对于批孔的意义，批林和批孔的关系等重大提法，要按照中央两报一刊的口径，批判文章要注意科学性、准确性。（二）中央报刊和新华社目前都没有发过关于批孔方面动态性的报道，军内报刊也不要发表这类报道。这些规定和指示对稳定军队和军队各项工作的正常开展，起了重要作用。

“批林批孔”运动开始时，江青向部队频繁发信、送材料，并亲自到部队中活动。这些行动，引起了部队指战员的质疑和反感，认为江青是在部队中搞非法活动。有的部队把江青寄的信和材料退回给江青。有的人对1974年1月24日“批林批孔”大会上宣读江青写给军委的信提出质疑。工程兵某师一位副科长说：江青写的信“是指示信”，江青和叶副主席是什么关系，她为什么指示军委副主席？这位科长还对江青的两个亲信迟群、谢静宜①在会上大放厥词

① 迟群，原系中国人民解放军8341部队宣传科科长，“文化大革命”中任中共清华大学委员会书记、清华大学革命委员会主任。谢静宜，原系中国人民解放军8341部队机要员，“文化大革命”中任清华大学革命委员会副主任，北京市革命委员会常委、副主任，中共北京市委常委、市委书记等职。

提出指责。

“批林批孔”开始后，干部、战士对运动暗中进行抵制，反应消极。在“四人帮”的高压之下，部队检讨称：“对批孔重大意义认识不足，重视不够，没有弄清批林和批孔的关系，没有把批孔作为大事来抓，因而，行动迟缓、领导不力。”尽管后来经过层层发动，造成了一些声势，但许多单位实际上没有具体动作。2 月份，中央军委召集各大单位汇报运动情况时，仍是调子高，内容少。如总参谋部只贴出 57 张大字报，工程兵仅贴了 7 张大字报。其他单位均不同程度存在类似状况，这与江青一伙人发动运动的初衷相差甚远。各单位以“工作要研究，运动牵扯精力”、“搞大字报恐怕泄密”为由，应付“批林批孔”运动。对江青一伙交办的事能顶则顶，能拖则拖。叶剑英等军队领导人识破了“四人帮”揪斗军队干部的企图，扣压了一些要求批斗干部的报告。后来，中央军委明确指示：不提倡部队中贴大字报，反对利用“批林批孔”运动解决干部战士中存在的具体问题。

周恩来、叶剑英等中央和军委领导人，坚持认为军队“批林批孔”不能与地方同样进行，军队的运动应该有领导、有秩序、有区别地进行。运动初期，周恩来接连主持政治局会议，讨论规定军队的野战军和军委及军区的作战、机要、通信、情报、运输、供给等部门，在“批林批孔”中不搞“四大”，野战部队不成立战斗队，不搞外出串连，部队的运动要在党委统一领导下进行。针对“四人帮”破坏党的组织原则，私下操纵个别部队的运动，使少数部队产生了混乱的苗头，1974 年 5 月，中共中央发出了关于“批林批孔”运动政策问题的通知，重申：陆军、海军、空军的军以下领导机关和部队一律坚持正面教育，进行“批林批孔”运动的单位“要注意掌握党的政策”、“不要扩大化”、“不要再算老账”。周恩来针对江青一伙“放火烧荒”，军政大学一度出现混乱，有些大字报矛头指向上级领导的情况，及时召见军政大学的领导人，指出：“批林批孔”与 1966 年“文革”初期的发动不同，这不是又一次“文化大革命”，军政大学一定要掌握好，一切要以中央的正式文件为准，不要乱传没有经过中央审核批发的材料或讲话。在周恩来讲话以后，军政大学逐渐稳定下来。

1974年上半年，由于受“批林批孔”运动的影响，部队的训练时间大多数没有落实。下半年，总参谋部指示全军：“全训部队要努力完成毛主席批准的步兵90天、技术兵120天的军事训练。”为了弥补上半年训练的不足，总参谋部要求在原来正常训练每月步兵10天、技术兵12天的基础上，各增加2天的训练量，并不能降低年度训练质量。下半年，虽然口头上还在讲“把批林批孔运动放在首位”，但由于训练工作有具体的严格要求，实际上已经改变了“批林批孔”运动占据工作中心的状况。

中共中央、中央军委和全军广大指战员，对江青一伙利用“批林批孔”运动企图搞乱军队的行为，进行了各种形式的抵制和斗争，从而维护和保持了军队的稳定。但是，江青一伙利用“批林批孔”运动进行的乱军活动，给部队建设造成了干扰破坏。

第六节　西沙群岛自卫反击战

1974年1月17~20日，人民解放军南海舰队一部在陆军、空军和民兵及渔民的协同下，对入侵中国西沙永乐群岛的南越军队进行自卫反击战，英勇地保卫了国家主权和领土完整。

一、南越军队入侵西沙群岛

西沙群岛是中国南海四大群岛之一，位于海南岛东南约330公里的海域中，由宣德、永乐两个群岛和其他岛礁组成，总面积约10平方公里。其中，宣德群岛由永兴岛、赵述岛及石岛、东岛、北岛、南岛等岛屿组成，永兴岛面积最大，为西沙的主岛。永乐群岛由甘泉、珊瑚、金银、琛航、晋卿等岛屿组成。西沙群岛地理位置十分重要，是中国与东南亚各国海上交通的必经之路，也是通往非洲、欧洲和大洋洲的航海要道。这里自然资源丰富，石油和其他矿产储量丰富，又是优良的渔场。该群岛在政治上、军事上和经济上都具有重要地位。

西沙群岛同东沙群岛、南沙群岛、中沙群岛一样，自古以来就是中国领土。早在西汉时期，中国人民已开始在南海航行。唐代以后，中国人民越来越多地在这一带海域从事捕捞活动，中国历代政府随之对这些岛屿进行了管辖。明代航海家郑和下西洋途中，多次在南海诸岛锚泊休整。宣德群岛、永乐群岛都是中国政府当时为纪念郑和航海的业绩而命名的。第二次世界大战前，西沙群岛中的一些岛屿一度被法国占领，以后又被日本占据。第二次世界大战结束后，西沙群岛同南海诸岛一起，为当时的中国政府正式接收。1951年8月15日，中国外交部长周恩来在《关于美英对日和约草案及旧金山会议的声明》中指出，“西沙群岛和南威岛正如整个南沙群岛及中沙群岛、东沙群岛一样，向为中国领土”。此后，中国政府多次重申这一立场。世界许多国家包括苏联和越南的教科书和地图中，都明确标示西沙群岛以及整个南海诸岛是中国领土。

印度支那停战以后，法国无理地将它侵占的珊瑚岛移交南越政府。1956年，南越政府声称对西沙群岛拥有“主权”，并派兵占领了西沙永乐群岛的一些岛屿。为此，中国政府于5月29日发表声明指出，中国西沙群岛和其他属于中国的岛屿的主权绝不容许侵犯。1958年8月，南越当局派武装部队增防甘泉岛，进而侵占了琛航岛。9月4日，中国政府发表关于规定中国领海的声明，重申西沙群岛是中华人民共和国领土。14日，越南总理范文同照会中国总理周恩来，表示“越南民主共和国承认和赞同中华人民共和国政府一九五八年九月四日关于规定中国领海的声明”，“越南民主共和国政府尊重这一决定”。迫于世界舆论的压力，南越当局一度将侵占甘泉、琛航、金银岛上的军队全部撤走，只有珊瑚岛上留驻1个排的兵力。1961年初，南越海军在西沙群岛海面劫持中国渔船1艘，渔民20人，竟然又侵占了一些岛屿。

至1973年8月底，南越军队已占领中国南沙、西沙群岛的6个岛屿。9月又宣布，将南沙群岛中的南威、太平等10多个岛屿划归其福绥省管辖。11月，南越军舰野蛮地撞毁在西沙海域作业的中国渔船，将中国渔民劫持到岘港。1974年1月11日，中国外交部发表声明，重申“南沙、西沙、中沙和东沙群岛都是中国领土的一部分。中华人民共和国对这些岛屿具有无可争辩的主权”。同时指出，这些岛屿附近海域的资源也属于中国所有，中国政府绝不容许西贡当局对中国领土主权的任何侵犯。

南越当局不顾中国政府多次声明和严正警告，于1月15日派出驱逐舰16号（“李常杰”号）侵入西沙永乐群岛海域，对在该海区从事正常捕鱼生产的中国南海水产公司402、407号渔轮进行袭扰，并炮击悬挂中华人民共和国国旗的甘泉岛。17日，南越驱逐舰4号（“陈庆瑜”号）到达甘泉海域，南越军队随之侵占了金银、甘泉两岛。中国渔民和民兵同入侵的敌人进行了针锋相对的说理斗争。18日，南越驱逐舰5号（“陈平重”号）、护航舰10号（“怒涛”号）相继到达永乐群岛海区，企图试探中国方面的态度，固守已占岛屿，相机侵占其他岛屿。

为了维护国家主权，保护渔业生产，针对南越军队的侵犯活动，中共中央和中央军委决定加强巡逻，采取相应的军事措施，保卫西沙群岛。叶剑英、邓小平等军委领导人，部署了打击南越入侵军舰，收复珊瑚、甘泉、金银三岛的军事行动。1974年1月17日，中央军委命令海军南海舰队立即派出舰艇驶抵西沙永乐群岛海域进行巡逻，海南军区派出民兵随海军舰艇进驻西沙永乐群岛的晋卿、琛航、广金三岛。

二、海上自卫反击战

根据中央军委命令，南海舰队猎潜艇第73大队所属271号（指挥艇）、第274号两艇于1974年1月17日抵达琛航岛以北海域巡逻，一面监视敌舰，一面掩护和运送民兵登上晋卿岛。此间，南海舰队航空兵起飞双机至永乐群岛上空巡逻。18日12时，猎潜艇第74大队281号、282号艇抵永兴岛，因282号艇主机故障，在永兴岛抢修，与第281号艇同时在此待命。当晚，扫雷舰第10大队396号、389号舰驶抵琛航岛锚地，与271号、274号艇会合。为便于掌握事态发展，以海军榆林基地副司令员魏鸣森等领导人组成海上指挥所。

针对南越军队的侵略企图，广州军区根据中央军委指示，要求海上指挥所和各舰艇编队提高警惕，在与南越侵略军进行说理斗争的同时，应在军事上采取相应措施；如果南越军队敢于发动突然攻击，应立即进行自卫反击。1月19日晨，南海舰队指示海上指挥所：敌可能准备打，企图吃掉我，应立即做好战斗准备；如敌进攻我占岛屿，编队要坚决还击，支援岛上战斗。

19日5时15分，南越军舰分两路企图包围中国海军编队。南面，南越军4号、5号舰，由金银岛和羚羊礁以南向琛航、广金岛接近；北面，南越军10号、16号舰由广金岛西北方向向中国海军接近。中国海军编队发现后，紧急起锚，以396号、389号两舰进至广金岛西北海面，拦阻南越军10号、16号舰；271号、274号两艇至广金岛东南海面，与南越军4号、5号舰对峙。中国海军舰艇与南越军编队同航向航行，迫使南越军舰不能靠近岛屿。7时40分，南越军4号、5号舰各放下一条舢板，每条舢板拖带两只橡皮舟，运送40多名士兵，强行登上琛航、广金两岛。登上琛航岛的南越军经中国民兵说理斗争后被迫撤退。登广金岛的南越军不理睬中国民兵之劝阻，仍继续前进，并向中国民兵开枪。中国民兵被迫还击，打死南越士兵1人，打伤3人。8时40分，登岛的南越军撤回军舰。

与此同时，南越军依仗军舰吨位大，多次向中国海军舰艇挤压。8时25分，南越军16号舰拦截中国海军389号舰。389号舰不减速，不转向，继续前进。南越军16号舰匆忙转向，撞坏了389号舰左舷栏杆，中国海军向南越军发出警告。9时4分，南越军4号舰小口径火炮射击两发，中国海军连续3次发出“你首先射击，我向你提出严重警告”的信号，南越军舰始终不予回答。

10 时 19 分，南越军舰向外机动，与中国海军编队拉大距离。10 时 22 分，4 艘南越军舰同时向中国海军开火，造成中国 389 号舰、274 号艇相继中弹受损。在危急时刻，海上指挥所命令各舰艇坚决自卫还击。于是，中国海军 271 号、274 号艇各对一艘南越军舰还击，396 号、389 号舰集中火力打击南越军 16 号舰。

南越的 4 艘军舰大的近 1800 吨，小的也有 650 吨，排水量总吨位约 6000 吨，装备有 127 毫米口径以下火炮约 50 门。中国海军的 4 艘舰艇，排水量总吨位 1700 多吨，火炮少，口径也小。对比之下，南越军装备上占优势。但是，中国舰艇充分利用灵活机动的长处，接近敌舰，紧紧咬住不放，发挥小口径火炮射速快的威力，很快压住了对方的火力，改变了不利态势。南越军舰火力被压制后，中国海军 271 号、274 号艇攻击对方的 4 号舰，并牵制其 5 号舰。中国海军 396 号、389 号舰的攻击，使对方 16 号舰中弹起火后远离，两舰遂转移火力攻击对方的 10 号舰。389 号舰带着浓烟烈火冲向对方舰，直打到距对方 10 号舰 10 余米处，指战员们用轻重武器扫射，投掷手榴弹。中国海军 271 号艇在战斗中，主炮发生故障，受到对方 4 号舰的威胁，274 号艇主动掩护，两艇配合，将对方指挥舰 4 号舰主炮击毁，并击中该舰的驾驶台和通信机房，使其通信中断。对方 4 号舰企图脱离阵位，中国海军 274 号艇紧追不舍。10 时 42 分，中国海军 396 号舰转而向对方 4 号、5 号舰射击，支援 271 号、274 号艇编队。10 时 59 分，对方 16 号舰见受伤严重的中国 389 号舰舰身倾斜，行驶缓慢，乘机调转头来袭击。396 号舰发现后，迅速转向，迎击对方 16 号舰，掩护 389 号舰撤出战斗。

经一小时激战，南越海军 4 号、5 号、16 号舰被中国海军击伤，分别向东南和西北方向后撤。南越海军 10 号舰基本丧失机动和抵抗能力，缓慢地向羚羊礁方向行驶。11 时 49 分，从永兴岛到达作战海区的中国海军 281 号、282 号艇奉命追歼南越海军 10 号舰。海上指挥所要求两艇：集火近战，速战速决。12 时 12 分，两艇开火，经 3 次火力打击，南越海军 10 号舰起火爆炸，14 时 52 分，沉没于羚羊礁以南 2.5 海里处。

此时，中国海军 389 号舰受重伤后已抢滩，274 号艇受轻伤舵机失灵，271 号艇主炮出了故障，包括 281 号艇和 282 号艇在内的 6 艘舰艇弹药消耗已过半。同时考虑到南越海军可能反扑，因此在击沉其 10 号舰后，中国海军未继续扩大战果，而是集中兵力，调整部署，以备再战。为防止南越飞机空袭，南海舰队航空兵出动飞机至战区上空掩护舰艇行动。

三、收复被占岛屿

19 日海战结束后，南海舰队为输送陆军收复南越侵占的岛屿和打击受伤与增援的南越军舰，组织后续部队向战区开进。鱼雷艇第 21 大队 5 艘鱼雷艇于 19 日 22 时抵永兴岛，因随行的 502 号运油船触礁，鱼雷艇得不到油料补充，遂将 5 艘艇剩余油料集中到 3 艘艇上，20 日 8 时 3 艘艇驶抵永乐群岛海区；另有 8 艘护卫艇及 332 号护卫舰、275 号猎潜艇，南海水产公司 402、407 号渔轮搭运广州军区榆林要塞区派出的守备第 10 团 3 个连、1 个两栖侦察队和部分加强分队，共 500 余人，于 20 日 4 ~8 时先后抵达永乐群岛海区。

广州军区的作战部署是：首先集中兵力攻占位于珊瑚岛、金银岛之间没有坚固工事的甘泉岛；得手后，再攻占工事坚固、兵力较多的珊瑚岛；最后进攻金银岛。同时，组织力量打击南越军队增援永乐群岛的舰艇。

20 日 9 时 35 分，中国海军输送船队第一梯队 4 艘护卫艇掩护载运步兵的 402、407 号渔轮抵达甘泉岛。经火力准备后，9 时 50 分，步兵换乘橡皮舟和舢板在甘泉岛东南滩头登岛，将南越军队从滩头阵地压缩至岛的中部。10 时 10 分，岛上的南越军队全部缴枪被俘，甘泉岛被收复。10 时 35 分，中国海军输送船队第二梯队 4 艘护卫艇及 396 号扫雷舰对珊瑚岛实施火力准备。10 时 46 分，换乘橡皮舟和舢板的步兵连及两栖侦察队分别从岛的西南、正南、东南三个方向同时发起进攻。11 时 25 分，珊瑚岛被收复，南越官兵范文红少校以下 30 余人全部被俘获。13 时 45 分，中国海军输送船队第三梯队 275 号猎潜艇收复金银岛。至此，中国海军收复永乐群岛全部岛屿。

20 日下午，南越当局派军舰运载 1 个营的兵力，企图增援珊瑚岛。中国海军南海舰队和广州军区空军立即派出军舰和飞机迎击。南越军舰进至距西沙永乐群岛 40 多海里的海域后返回岘港。

西沙群岛之战，是一次远离大陆以海战为主的陆军、海军、空军和渔民及民兵参加的协同作战，是人民解放军第一次海岛反侵略作战，赢得了战斗胜利。共击沉南越护航舰 1 艘，击伤驱逐舰 3 艘，毙伤“怒涛”号舰舰长以下官兵 100 余人，俘虏南越军队少校以下官兵 48 人和美国驻岘港领事馆联络官 1 人，收复了被南越军队侵占的 3 个岛屿。中国军民也付出了一定代价，274 号艇政治委员冯松柏等 18 人牺牲，67 人受伤，舰艇重伤轻伤各 1 艘。1 月 23 日，国务院、中央军委颁发嘉奖令，表彰参战的全体军民。

2 月 27 日，中国外交部发表声明，将在西沙永乐群岛自卫反击作战中俘获的 48 名南越官兵和 1 名美国联络官，全部遣返。西沙之战虽然规模不大，但是意义重大，显示了中国保卫自己领海主权的决心和信心，经验十分宝贵。

此次战斗，在武器装备不占优势和态势不利的情况下，参战官兵机动灵活，迅速改变态势，并夺取了海战的胜利。其主要经验是：第一，中央军委的决策与指挥正确。在南越军舰侵入西沙永乐群岛海域并向中国渔轮挑衅后，决定采取以政治斗争为主，与敌周旋的方针；当南越军队企图以优势兵力吃掉中国巡逻舰艇时，决定在军事上采取相应措施，切实做好准备，既不惹事，也不示弱，坚持不打第一枪的原则，同时继续坚持说理斗争，在政治上掌握了主动权；在南越军队进攻时，坚决予以反击。第二，参战部队和民兵一切行动听指挥，严格执行政策纪律，有英勇顽强和敢打必胜的精神。第三，指战员灵活运用战术。战斗打响后，人民解放军参战部队发挥自己舰小灵活、炮小射速快的特点，采取集中兵力和近战歼敌的战术，很快压住敌人，控制了战场主动权，从而赢得了战斗的胜利。西沙之战，以海战为主，陆、海、空军和渔民及民兵协同作战，取得了小舰打败大舰、劣势装备打败优势装备之敌的宝贵经验，但同时也暴露了“文化大革命”给军队建设造成的不良影响，特别是武器装备质量差和军事训练受到严重冲击而军事素质不高的问题。

1971 年九一三事件到 1974 年底，人民解放军开展“批林整风”运动，揭批林彪反革命集团的罪行，清查有牵连的人和事，从政治上、思想上、组织上对林彪反革命集团造成的恶劣影响进行较全面的清理；解放一些遭受林彪反革命集团打击迫害的军队老干部，调整了各级领导班子；恢复政治工作的优良传统，整顿学风，改善与人民群众的关系，加强基层建设。通过“批林整风”，全军广大指战员在政治上、思想上提高了分辨是非的能力，也抵制了“四人帮”反党乱军的活动，保证了党对军队的绝对领导和军队的统一与稳定。同时，全军恢复教育训练和训练制度，特别是大办教导队训练干部和组织部队进行“三打三防”训练，使军事训练出现了自“文化大革命”开始以来没有过的好形势；整顿国防工业，国防科研和生产取得巨大成绩。同时，人民解放军履行神圣职能，取得了西沙群岛自卫反击作战的胜利，保卫了祖国领海的安全。但是，由于“文化大革命”尚未结束，“四人帮”千方百计插手军队，进行反军乱军活动，军队建设仍然受到干扰破坏。

第四章　1975 年军队整顿和“四人帮”被粉碎

第一节　1975 年军委扩大会议

一、会议的筹备

在“文化大革命”中，中国人民解放军虽然在履行中共中央、中央军委赋予的各项任务和保卫国防及援外作战等方面取得显著成绩，但由于林彪、“四人帮”的干扰破坏，军队中存在着许多急需解决的重大问题。1971 年林彪反革命集团覆灭后，毛泽东于 10 月 4 日提出要召开军委扩大会议，解决部队因林彪反革命集团干扰破坏所存在的问题。毛泽东在召集军委办公会议成员谈话时指出：林彪搞了十几年，军队的问题不少，“四好运动”包括训练都有形式主义的东西，把部队作风也搞坏了，要好好整顿我们的军队。根据毛泽东的指示，叶剑英立即同军委办公会议成员一起着手筹备军委扩大会。1971 年底开始，成立会议文件起草班子，深入机关、部队调查，广泛征求对整顿的意见。军委办公厅、三总部和军事科学院分别组织专门小组，调查、研究部队建设中的问题，为会议准备文件和材料。到 1972 年 2 月底，由叶剑英主持起草的《在军委扩大会议上的报告》、《中央军委扩大会议决议》两个文件初稿形成，对林彪主持军委日常工作 12 年中推行的一套错误的东西进行系统清理和批判，提出了整顿军队的内容和措施。后来，根据毛泽东的指示，军委扩大会议推迟召开，但筹备会议所进行的大量调查研究与论证为尔后的清理整顿工作打下了基础。

1975年1月5日，中共中央任命邓小平为中央军委副主席兼人民解放军总参谋长；1月10日，在中国共产党十届二中全会上，邓小平被选为中共中央副主席、政治局常委；1月17日，在第四届全国人民代表大会第一次会议上，邓小平被任命为国务院副总理。四届人大一次会议以后，邓小平代理病重的周恩来总理，相继主持国务院和中共中央的日常工作。邓小平受命于危难之时，面临的形势和任务十分复杂而艰巨："文化大革命"还在继续，党内"左"的思想影响和派性还相当严重，林彪反革命集团破坏军队的深层次问题尚未消除，"四人帮"的气焰还很嚣张，他们利用各种机会作祟；苏联仍在中国边境陈兵百万，军队的战备任务依然很重；四届人大重新提出四个现代化建设的宏伟目标，实现国防现代化是人民解放军建设的一项基本任务，等等。面对党、国家和军队一系列错综复杂的问题和严峻的形势，邓小平以无产阶级革命家大无畏的气魄与非凡的胆略，领导全党、全军和全国人民，同"四人帮"进行针锋相对的斗争；为了消除"文化大革命"动乱，为了促进国家实现安定团结和发展国民经济及国防建设，他遵照毛泽东的指示，领导全国各条战线进行整顿。他指出，现在问题相当多，军队被搞得相当乱，生产的形势不好，铁路运输上不去，规章制度被破坏，事故多得惊人，派性严重，领导班子涣散，党风受到严重损坏，党的文艺、教育思想被割裂，毛泽东思想被割裂。因此，各方面都存在整顿问题。他指出，1975年军委工作的第一件事是"军队要整顿"①。

1975年1月25日，邓小平在总参谋部机关团以上干部大会上发表主题为"军队要整顿"的重要讲话。他说："我们这个军队有好传统。从井冈山起，毛泽东同志就为我军建立了非常好的制度，树立了非常好的作风。我们这个军队是党指挥枪，不是枪指挥党。经过长期反对军阀主义的斗争，军队内部很团结，联系群众也很

---

① 《邓小平军事文集》第3卷，33页，北京，军事科学出版社、中央文献出版社，2004。

好。可是从一九五九年林彪主管军队工作起，特别是在他主管的后期，军队被搞得相当乱。现在，好多优良传统丢掉了，军队臃肿不堪。”“军队的总人数要减少，编外干部太多要处理；优良传统要恢复。”他还指出，“这些年来，我们军队出现了一个新的大问题，就是闹派性，有的单位派性还很严重。这个问题主要在干部”。而“要安定团结，就必须消除派性，增强党性”。“不消除派性，安定团结不起来，军队战斗力也一定会削弱。每个干部都要把党性放在第一位。原来喜欢搞派性的，要觉悟，要改正，改正了就好。今后军队干部的使用、提升，一条重要的原则，就是不能重用派性严重的人，不能重用坚持派性不肯改正的人”。针对军队的纪律情况，他说：“要加强纪律性”，“军队要像军队的样子”。“还有一些问题也要解决，如落实政策。现在有好多政策没有落实”。他强调：“军队要整顿，要安定团结，要落实政策，这些原则是不会错的。”他要求“总参谋部所有的干部，本着这样的精神团结起来，把工作做好”，“各个单位要认真研究，把政策落实好”。他提出，要首先从北京的机关、部队做起。“总参谋部、总政治部、总后勤部的责任更大，三个总部本身首先要整顿”①。邓小平的讲话，观点鲜明，态度坚决，提出了军队要整顿的主要问题和全面整顿的任务，为军委扩大会议的召开做了充分的思想准备。

2月5日，中共中央决定取消军委办公会议，成立中国共产党中央军事委员会常务委员会。常务委员会的组成人员：叶剑英、王洪文、邓小平、张春桥、刘伯承、陈锡联、汪东兴、苏振华、徐向前、聂荣臻、粟裕。军委常委会由叶剑英主持，在中共中央和毛泽东主席领导下，负责处理军委日常工作。总参谋部第一副总长、总政治部第一副主任、总后勤部党委第一书记、军委办公厅主任列席常委会议。新的军委常委会成立后，在叶剑英、邓小平主持下，即着手军队的整顿，开始筹备召开中央军委扩大会议。

---

① 《邓小平文选》第2卷，1~2、3页，北京，人民出版社，1994。

这次军委扩大会议，从筹备到召开一直贯穿着叶剑英、邓小平等老一辈领导人与“四人帮”在军委会中的代表人物王洪文和张春桥的矛盾与斗争。2 月 9 日，军委常委召开第一次会议，讨论研究军委扩大会议的筹备及会议的主要内容问题。王洪文提出，军委扩大会议的第一项议题是政治思想工作。张春桥在发言中大谈理论问题，大谈商品、货币的关系问题。叶剑英则明确提出：军队“要解决的问题很多，但一次会议解决不了，中心是解决人的问题，也就是编制问题、压缩军队定额问题、干部问题”。邓小平也强调，军委扩大会议应集中解决军队的编制问题，以此达到整顿军队、加强战备、实现安定团结的目的。这就从根本上否定了王洪文和张春桥的意见。

为了准备好军委扩大会议的文件和为全面整顿做好准备，中央军委确定在总参谋部专门成立一个军队整顿编制体制小组，由副总参谋长张才千任组长，负责对军队体制编制问题进行调查研究，并向军委提出整顿的具体意见和建议，为军委决策提供依据。不久，中央军委又责成总参谋部、总政治部分别成立国际形势研究小组和军队工资制度调研小组，主要负责对国际形势和军队工资制度等问题进行调查研究，并向军委提出相应报告。与此同时，军委和总部还陆续派出工作组，深入全军各部队进行调查研究，进一步摸清主要问题，为中央军委指导全军的整顿工作获取第一手材料。军委常委会对此项工作高度重视，先后召开了十余次会议，听取军委、总部各小组的汇报，研究讨论和决定有关军队整顿的一些重大问题，还几次召集全军各大单位负责人进行座谈，征求他们对整编及其相关问题的意见和建议。军委整顿编制小组，在进行了全面调查研究的基础上，写出《关于压缩军队定额、调整编制体制和安排超编干部的报告》呈送军委常委会。5 月下旬，军委常委会同意把军委整编小组的这个报告作为军委扩大会议的主要文件。

王洪文和张春桥在 2 月军委常委会上提出的军委扩大会议主题的意见遭到叶剑英和邓小平的否定之后并不甘心。3 月 1 日，张春桥和姚文元在《红旗》杂志发表他们主持编选的《马克思、恩格斯、列宁论无产阶级专政》的语录（即“二十三条”），为他们的主张提供理论根据。同日，张春桥在全军各大单位政治部主任会议上，大讲“经验主义是当前的主要危险”，谎称“主席要我们注意反对经验主义”，企图按他所提的调子搞所谓学习，实际是把斗争矛头指向邓小平等老干部。

面对“四人帮”一伙新的阴谋，邓小平进行了针锋相对的斗争。4月，他就江青、张春桥、姚文元提出的反经验主义问题向毛泽东提出自己的看法。5月3日，毛泽东召集在京中央政治局委员开会，对江青等人进行批评，指出：“我看批判经验主义的人，自己就是经验主义。我看江青就是一个小小的经验主义者。”并说：我自己也犯了错误，春桥那篇文章，我没有看出来，讲经验主义的问题我放过了。他还批评江青、王洪文、张春桥、姚文元说：“不要搞四人帮，你们不要搞了，为什么照样搞呀？为什么不和二百多的中央委员搞团结，搞少数人不好，历来不好。”[①] 根据毛泽东的意见，5月下旬~6月初，邓小平主持政治局会议，对“四人帮”进行严肃批评。王洪文、江青被迫作了检讨。这一回合的斗争有力地打击了王、张等人的嚣张气焰，为召开军委扩大会议创造了良好的政治氛围。

军委扩大会议经过4个月紧张的筹备，到6月中旬，会议的各项文件及其他一切工作准备就绪。6月14日，军委将拟制的军委扩大会议议题和文件，以及开会的时间等事项，上报中共中央和毛泽东，获得同意，决定6月下旬召开中央军委扩大会议。

二、会议的召开

中央军委扩大会议于1975年6月24日~7月16日在北京召开，会期共23天。会议由军委副主席叶剑英、邓小平主持。参加会议的

① 《建国以来毛泽东文稿》第13册，396、398页，北京，中央文献出版社，1998。

有中央军委常务委员会委员、各总部领导人，各大军区、各军兵种、国防科委、军事科学院、军政大学等大单位的主要负责人，以及国家计委、国家建委、国防工办各一位领导人，共计76人。会议遵照毛泽东关于“军队要统一”、“军队要整顿”、“要准备打仗”的指示，针对军队建设存在的主要问题，集中讨论了精简整编和安排超编干部两项议题，并通过了《关于压缩军队定额、调整编制体制和安排超编干部的报告》。同时，讨论研究了如何加强军队的思想作风和组织建设，以及加强军事训练、恢复和发扬军队优良传统等问题。会议分为4个小组讨论，与会人员心情舒畅，很少顾虑，气氛很好。叶剑英、邓小平深入各小组听取意见，并与一些与会同志个别谈话，打招呼，宣传军队整顿的必要性。7月14日、15日，邓小平、叶剑英先后在会上发表重要讲话，阐述军队整顿的主张，提出军队整顿的任务。会上，徐向前、聂荣臻等作了重要发言，一致赞成邓小平、叶剑英的讲话。

会议分析了国际国内形势，认为：虽然战争不可避免，帝国主义是战争策源地的状况没有改变，但战争在三五年内打不起来，有可能推迟，我们必须争取可能的时间，搞好工作，准备打仗。上述分析在一定程度上改变了以前“立足于早打、大打、打核战争”的观念。这样，人民解放军可以集中精力考虑自身的现代化、正规化建设。会议还认为，要加紧经济建设和国防建设，把国民经济搞上去，国防建设只有随着国家经济建设、工农业生产的发展才能相应地发展，才能真正地发展起来。

会议分析了军队的状况。邓小平在讲话中指出：军队总的来说是好的。不管在历史上，还是新中国成立以后到现在，军队始终是革命的主力军，是无产阶级专政的柱石。我们的军队是经得起考验的。不讲抗美援朝这些大仗，就是珍宝岛、西沙群岛和中印边界反击战这些不大的仗中，不管派一个班、一个连、一个团也好，都能完成任务。这说明，我们军队的传统是好的，是英勇善战的。但是，由于林彪一伙的破坏，军队建设中也存在不少问题，概括起来就是五个字：“肿”、“散”、“骄”、“奢”、“惰”。所谓“肿”，就是军队规模过大，部队严重超编，超编干部多。军队臃肿不堪，军队的人数增加很多，军费开支占国家预算的比重增大，把很多钱花在人员的穿衣吃饭上面，使有限的军费不能更多地投入武器装备的改善，影响了军队现代化建设水平的提高。所谓“散”，就是有派性和组织纪律性差，政治纪律也差。军队“支左”，卷入派性，又把派性带回部队。少数人喜欢垒山头、搞小圈子、任人唯亲，喜欢那些吹捧自己、听自己话的人。一些个人和单位，个人不服从组织，下级不服从上级，甚至违抗命令，不考虑整体利益，只考虑一派利益，个人利益、小宗派利益高于一切，要名、要利、要地位，不满足就不高兴，甚至不服从调动。有的还拒不落实政策，不遵守政治纪律。所谓“骄”，就是投入“支左”后，大权在握，滋长了骄气，有的甚至是骄横。不讲团结，不讲纪律。有的军内相互之间的关系相当紧张，军政、军民间的关系也相当紧张。过去团结的好传统丧失了。军人乘车也不给老弱妇幼让座了，三大纪律八项注意至少有某种程度的丧失。有的人喜欢指手画脚，把群众路线的优良传统也丢掉了。所谓“奢”，是指有人搞资产阶级生活方式，闹享受，闹待遇。一切都向高级发展，住房子越多越好，甚至公私不分，没有什么界限了。部队请客送礼，建楼堂馆所，相当厉害，还在发展。军队搞奢侈，有好多的事是违反政策的。有的随便从地方拿东西。生产赚了钱个人随便开支，有的领导干部互相争批条权。还有，占地方房屋，有的是霸占。所谓“惰”，就是有些高级干部，革命意志衰退，追求个人利益，不保持革命晚节；有的小病大养，无病呻吟，官僚主义，工作不努力，不踏实，不深入基层，不亲自动手，不动脑筋，靠秘书办事。讲五分钟话，都要写成稿子照着念，有时还念错；有些人怕字当头，不敢办事，不敢讲话，怕讲错了挨批，不敢负责任。惰性不只是个人存在，有些机关也不同程度地存在，有的领导班子是“软”、“懒”、“散”。这有思想原因，也有组织原因。

针对军队存在的严重问题，会议集中研究讨论了压缩军队定额、调整体制编制和安排超编干部问题。会议认为：中国兵源雄厚，平时少养兵，战时多出兵，既有必要，又有可能。压缩定额，可以给国家的工农业建设增加力量，有利于把经济建设搞上去。平时把民兵建设搞好，储备好干部，储备好兵员，储备好装备，做好战时动员扩编计划，一旦战争打起来，可以就地出干部，就地出兵员，就地出装备，迅速把部队扩编起来。会议再次申明，“编制就是法律”、“兵贵精不贵多”是今后军队的组织原则。会议确定压缩军队定额和调整编制的原则是：精简机关，裁并重叠机构，减少保障部队和普通兵员，保留政治工作骨干和技术骨干，有重点地加强技术兵种部队。通过精简整编，把部队搞得比较精干，提高部队质量，提高作战能力。在讨论中，各单位对压缩军队定额、调整体制编制的《方案》提出一些修改和补充意见。凡是合理的意见，及时予以吸收采纳；涉及改变体制和制度的意见，留待会后进一步调查研究，专题解决。

会议明确了军队整顿的方针、政策，统一了认识，对军队的全面整顿作出部署和安排。第一，调整体制编制，进行“消肿”，3 年减少员额 160 万人。精简机关，裁并重叠机构把兵员减下来，减少保障部队，淘汰旧装备，保留骨干，保持部分满员师，加强特种部队。第二，调整各级领导班子。改组怕字当头的软班子、干劲不足的懒班子、闹不团结的散班子，纯洁组织。配备、健全各级领导班子。落实党的政策，抓紧专案清查工作。第三，安排超编干部。精干现有领导班子，安排好超编干部，使其各得其所，既利于部队平时建设，又适应于战时发展需要；既有利于发挥老干部作用，也有利于中青年干部的成长。第四，对国防科技和武器装备进行整顿。抓好国防科技规划和尖端武器的研制，提高常规武器质量和武器装备管理水平。第五，对军事训练和院校教育进行整顿。把训练放到战略位置，增建军事院校，加强对干部的教育训练，掌握现代战争知识，提高干部指挥水平和管理水平。第六，进行思想作风和纪律方面的整顿。加强思想政治建设，加强党委集体领导，加强政治机关建设，提高政治机关威信，提高政治干部的质量，反骄破满，增强党性，消除派性，加强纪律性，发扬艰苦奋斗的传统作风，加强军政、军民团结。

7 月 15 日，叶剑英作会议总结，指出：林彪把持军委日常工作达 12 年之久，对我军建设干扰破坏很大。他反对以马列主义、毛泽东思想和党的正确路线教育部队，宣扬唯心论和形而上学，用封建阶级和资产阶级思想腐蚀部队；他反对党对军队的绝对领导，大搞山头主义、宗派主义、分裂主义，破坏军队的团结和统一；他制造军政对立，破坏解放军政治工作的优良传统，取消军事训练，严重削弱部队的战斗力；他对抗毛泽东人民战争的伟大思想，推行消极防御的错误方针；破坏军队的组织建设，破坏民兵建设，破坏国防科研和军工生产，严重损害军队战备工作。由于林彪一伙的干扰破坏，军队编制搞得很乱，很不适应打仗的要求。为了改变这种状况，中共中央、中央军委确定压缩军队定额，调整体制编制，这是加强军队建设，准备打仗的一项重大措施。通过精简整编，提高作战能力，做到小打，现有部队就可以；中打，稍加充实也能对付；大打，能保证部队迅速扩编。叶剑英说：理论联系实际是马列主义的一条根本原则，是我们党的传统作风。必须紧密联系部队的实际，有效地解决军队内部存在的问题，把军队的建设和工作搞好。他针对江青等人结成“四人帮”和利用派性反党乱军的严重情况，严肃地指出：要彻底批判和消除资产阶级派性，增强无产阶级党性。因为派性分裂革命队伍，破坏党的团结，搞乱部队思想，派性不消除，就不能贯彻落实安定团结的方针，也不能把军队工作搞好。军队需要高度的集中统一，绝不允许有资产阶级派性存在。他针对军队一大批高级干部被打倒或受审查，“四人帮”极力阻挠解放老干部的情况，明确提出：对干部，要坚持辩证唯物主义和历史唯物主义，抓紧专案处理和复查工作，认真落实党的政策。问题查清了，要尽快作出结论，妥善处理；一时查不清的，要根据现有材料作出结论，不能老拖下去；过去搞错了，一定要甄别平反，一切诬蔑不实之词应予推倒；被迫害致死的应予昭雪，恢复名誉。他强调，要坚决执行三大纪律八项注意，一切行动听指挥。他还告诫全军高级将领，要保持警惕，不容许任何野心家插手军队，搞阴谋活动。叶剑英的讲话，实际上已经把党和军队同“四人帮”的斗争提到军队高级干部面前。

三、会议的意义

这次军委扩大会议是在军队建设遭到“文化大革命”9年来严重破坏的情况下召开的。中央军委召集军队众多的高级干部聚集一堂，长达23天时间专门研讨军队建设问题，这是“文化大革命”以来的第一次。会议摒弃了“文化大革命”中“左”的一套做法，继承和发扬中国共产党、人民解放军长期形成的优良传统和作风，充分发扬民主，畅所欲言，求真务实，认真讨论清除林彪反革命集团破坏军队的流毒影响与整顿军队的原则、措施、步骤等重大问题。会议形成的共识和作出的决策，不但对于指导当时的军队整顿发挥了决定性作用，而且对于以后整个改革开放历史条件下人民解放军的建设也产生了重大而深远的影响。

会议统一了对军队建设现状的认识，为清除“左”的一套和林彪的影响，端正军队建设的指导思想，起了很大的推动作用。这次会议的突出贡献和特点是对军队建设指导思想上的拨乱反正。无论是叶剑英、邓小平的报告还是与会人员的发言，都对林彪反革命集团给军队建设造成的严重破坏进行了深刻分析，是对林彪反革命集团破坏军队罪行进行的一次全面清算。会议提出的许多重大问题，实质上是对林彪等人十几年来所鼓吹和推行的一套“左”的东西的否定。会议确定整顿军队的各项任务和指导原则，就其基本内容而言，实际上恢复了50年代人民解放军确立的军队建设的总方针和总任务，并提出了新形势下坚持贯彻这一方针的基本思路。此后，邓小平新时期军队建设思想的一系列重要观点，都可以在这次会议的精神中找到源头。

会议着重解决军队的消“肿”问题，是中国特色精兵之路的第一步。这次会议集中主要精力研究解决体制编制问题，不但确定了在3年内将军队员额减少160万的目标，而且提出了精简机关，裁并重叠机构，减少保障部队和普通兵员，有重点地加强技术兵种部队等精兵的原则和办法，其中心思想是“减少数量，提高质量”。这不但是军队当时消“肿”的重大举措，而且是对军队建设客观规律的正确认识和把握。可以说，它是邓小平确立的走中国特色精兵之路建军原则的起点。

这次会议一定程度上遏制了“四人帮”反军乱军的气焰。会议期间，叶剑英、邓小平分别向部分领导透露了毛泽东对“四人帮”的多次批评，并严肃指出：当前有个别中央领导人到处送书、送材料、写信，不通过组织，自己发指示、搞运动，把部队思想搞乱了，这是不正常的，要警惕，绝不容许任何野心家插手军队，搞阴谋活动。叶剑英和邓小平的讲话使与会人员提高了政治警惕。依据这次会议精神，各总部、各大军区、军兵种的领导班子进行了调整。作为军委常委，王洪文、张春桥也出席了会议，但是他们在整个会议期间一言不发。张春桥还以头痛作为托词。他们虽然对会议感到格格不入，反对军队整顿，反对“老家伙”当政，但是看到与会人员中大多受到过“文革”运动的冲击，并有20多位是“文化大革命”中被打倒的老干部，看到众多高级干部团结一致，只好被迫沉默。后来张春桥说：“邓小平一当总长，第一次讲话，就讲要整顿军队，反派性。”“我坦率地说，我不敢去讲，我要讲就和邓小平讲的不是一回事，我讲要抓无产阶级专政理论的学习，他讲整顿军队，反对派性”。“邓小平一上台是逢会必讲，到军委扩大会时已达到高峰”①。由此可见，“四人帮”对军委扩大会议的召开，是又恨又怕。

---

① 王洪文、张春桥接见总政治部党委委员时的谈话纪要，1976年6月12日。

这次会议所开启的军队整顿工作，在端正军队建设方针、改变部队作风，以及调整体制编制、压缩定额等军队亟须解决的问题上都形成了正确的方法，使军队建设出现全面好转的势头。整顿中提出的一系列建军思想和原则，在全军产生了深刻影响。通过整顿，统一了全军干部战士的思想，提高了觉悟，为保持部队稳定和粉碎“四人帮”的斗争打下了坚实的思想政治基础。同时，作为邓小平领导下全国各个领域整顿的一个重要组成部分，军队整顿也促进了其他整顿工作的开展。虽然1976年初开始的“批邓、反击右倾翻案风”打断了军队整顿的进程，但是军队整顿已经取得了初步成效。

第二节　整顿调整体制编制

中央军委扩大会议以后，全军各部队对会议文件进行了认真传达、学习和贯彻。按照会议确定的方针、原则、部署和措施，整顿工作迅速全面展开。其中，体制编制的整顿，是清除林彪反革命集团破坏军队的一项重要举措，是实现消“肿”、加强部队建设、提高军队质量的重要步骤。

一、调整大单位领导班子

叶剑英、邓小平把军队领导班子的调整配备作为整顿调整体制编制的重中之重。尤其是对高层领导班子的调整配备特别重视。“文化大革命”接连不断的政治运动和林彪、江青一伙到处乱“打棍子”乱“扣帽子”，残酷打击迫害干部，使得一些干部不敢大胆负责地干工作，人人自危，遇到问题绕道走，领导班子中存在“软、懒、散”的现象。针对上述情况，邓小平指出：要进一步落实干部政策，自上而下地整顿各级领导班子；解决软班子、懒班子、散班子的问题。叶剑英指出：要建立精干的、敢字当头的、强有力的各级领导班子，以形成坚强的领导核心；调整、改组那些怕字当头的软班子，干劲不足的懒班子，闹不团结的散班子。他提出，要首先配备好各大军区、各总部、各军兵种的领导班子和军级以上领导班子的军政一把手，然后配好师以下的领导班子。

早在军委扩大会议召开之前，军委就对有关大军区、军兵种领导班子的主要成员进行了一些调整。7 月，重新任命了总参谋部的领导班子。除邓小平任总参谋长外，杨成武、张才千、向仲华、彭绍辉、李达、王尚荣、胡炜、何正文、伍修权任副总参谋长。

军委扩大会议后，叶剑英、邓小平抓紧时机，采取果断措施，迅速对军队各单位的领导班子进行组织调整。为了调整配备好军队各大单位的领导班子，经中共中央和毛泽东批准，中央军委确定由叶剑英、聂荣臻、粟裕、陈锡联、杨成武、梁必业 6 人组成领导小组，专门负责整顿领导班子。从 7 月中下旬起，军委调整班子领导小组先后与各大军区、军兵种、各总部（不含总参谋部）、军事科学院、军政大学和国防科委等 24 个大单位的主要负责人，就所在单位的领导班子进行调查了解、酝酿协商，在充分调查了解的基础上，进行了反复慎重的研究讨论。领导小组本着把党性好、作风好、团结好、敢字当头的、有能力的干部选配到各级领导岗位的原则，特别重视选配好军政第一把手和参谋长、政治部主任，以形成坚强的领导核心；从有利于安定团结出发，按照实际情况，既做一些调整，又注意保持相对稳定；对于政治上不强，作风上不能保持艰苦奋斗优良传统的，甚至闹派性的人，不予以重用；对那些犯了错误又能改正的人，予以适当安排。领导小组提出了各单位领导班子调整配备的初步方案，其中包括留任的、当顾问的、交流调出的、挂职休养的、离休的以及担任常委的人选名单。又经军委常委会讨论研究后，形成了一个总体上比较好的高层领导班子的调整配备方案，上报中共中央和毛泽东主席。8 月 30 日，经中共中央和毛泽东审核批准后，中央军委宣布了各总部、各大军区、各军兵种调整配备任命。调整后各大单位领导班子的配备如下：

总政治部，主任张春桥，副主任梁必业、徐立清、傅钟、黄玉昆、田维新。

总后勤部，部长张宗逊，副部长张震、贺诚、张令彬、张元培、李元、封永顺、张汝光、孙洪珍，副政治委员曹思明、李真、白相国（兼政治部主任）。

沈阳军区，司令员李德生，政治委员曾绍山、毛远新（兼），副司令员江拥辉、萧全夫、邓岳、刘震、孙玉国、刘德才（兼旅大警备区司令员），副政治委员邹衍、张午、甘渭汉（兼旅大警备区政治委员）、李伯秋、王淮湘、刘光涛，参谋长杨迪，政治部主任裴光，后勤部部长翟仲禹。

济南军区，司令员曾思玉，第一政治委员白如冰（兼），政治委员萧望东，副司令员范朝利、熊作芳、刘贤权、吴效闵、张峰，副政治委员任思忠、方正、左齐，参谋长王金泉，政治部主任阴法唐，后勤部部长周水朵。

南京军区，司令员丁盛，第一政治委员张春桥（兼），第二政治委员彭冲（兼），政治委员廖汉生，副司令员李水清、聂凤智、詹大南、段焕竞、张希钦、周纯麟，副政治委员刘西元、王展，参谋长邓家泰，政治部主任孙克骥，后勤部部长严光。

福州军区，司令员皮定均，政治委员李志民、廖志高（兼）、江渭清（兼），副司令员朱绍清、龙飞虎、朱耀华、张显扬、石一宸，副政治委员廖海光、宋维栻、王直，参谋长何家产，政治部主任曹普南，后勤部部长周桂生。

广州军区，司令员许世友，第一政治委员韦国清（兼），政治委员赵紫阳（兼）、张平化（兼）、孔石泉，副司令员江燮元、黄荣海、欧致富、叶建民、吴纯仁，副政治委员姜林东、杨树根、单印章，参谋长孙干卿，政治部主任于厚德，后勤部部长靳兆西。

武汉军区，司令员杨得志，政治委员王平、刘建勋（兼）、赵辛初（兼），副司令员李化民、孔庆德、林维先、周世忠、吴瑞山、张树芝（兼河南省军区司令员），副政治委员吴烈、张玉华、陈代富、王猛，参谋长郑志士，政治部主任谢镗忠，后勤部部长张书坤。

昆明军区，司令员王必成，政治委员周兴（兼）、刘志坚，副司令员查玉升、刘春山、徐其孝、张铚秀、罗坤山、鲁瑞林、张荣森，副政治委员王砚泉、李克忠、陈发洪，参谋长朱英，政治部主任史景班，后勤部部长王文成。

成都军区，司令员秦基伟，第一政治委员刘兴元（兼），第二政治委员李大章（兼），政治委员严政，副司令员韦杰、王诚汉、萧永银、王东保、梁中玉、陈明义（兼参谋长）、胡继成、谢正荣、茹夫一，副政治委员魏伯亭、段思英、罗应怀、任荣，政治部主任王焕如，后勤部部长杨以山。

兰州军区，司令员韩先楚，政治委员冼恒汉（兼）、李瑞山（兼），副司令员李书茂、刘静海、吴华夺、杜绍三、黎原、徐国珍、康健民，副政治委员高维嵩、孔俊彪、卜占亚，参谋长马友里，政治部主任孙殿甲，后勤部部长余致泉。

新疆军区，司令员杨勇，第一政治委员赛福鼎·艾则孜（兼），第二政治委员郭林祥，政治委员司马义·艾买提（兼），副司令员郑三生、谭友林、张竭诚、赖光勋、李长林、艾则佐夫·哈斯木、幸元林，副政治委员颜金生、曹达诺夫·扎伊尔、何林兆，参谋长马森，政治部主任魏佑铸，后勤部部长杜海林。

海军，司令员萧劲光，第一政治委员苏振华，第二政治委员王宏坤，副司令员刘道生、周仁杰、周希汉、马忠全、梅嘉生、王万林、孔照年、高振家，副政治委员杜义德、卢仁灿、王昕（兼政治部主任），参谋长杨国宇，后勤部部长王晓。

空军，司令员马宁，政治委员傅传作，第二政治委员余立金（兼民航总局政治委员），副司令员张廷发、成钧、邹炎、张积慧、曹里怀，副政治委员高厚良（兼政治部主任）、黄立清、杜玉福，参谋长王定烈，后勤部部长刘忍。

炮兵，司令员张达志，政治委员张池明，副司令员宋承志、高存信、孔从洲、苏进、吴信泉，副政治委员欧阳毅、钟辉、谢良。

第二炮兵，司令员向守志，政治委员陈鹤桥，副司令员廖成美、符先辉、严家安、李懋之，副政治委员刘友光、于敬山、王宗槐。

装甲兵，司令员黄新廷，政治委员莫文骅，副司令员贺晋年、程世才、宋庆生、林彬、赵杰，副政治委员姚国民、杨昆山、于丁。

工程兵，司令员谭善和，政治委员王六生，副司令员武宏、崔萍、徐国贤、唐凯、廖述云，副政治委员刘月生、严庆堤。

铁道兵，司令员吴克华，政治委员吕正操，副司令员兰庭辉、郭维城、何辉燕、别祖后、亓谦斋，副政治委员訾修林、郭延林、李际祥。

国防科学技术委员会，主任张爱萍，政治委员陶鲁笳，副主任陈彬、钟赤兵、钱学森、朱光亚、李光军（兼参谋长）、张震寰、马捷、胥光义（兼后勤部长），副政治委员萧向荣、栗在山。

军事科学院，院长宋时轮，第一政治委员粟裕，第二政治委员萧华，副院长张翼翔、高锐、郭化若、贺光华、高体乾，副政治委员韩双亭（兼政治部主任）。

军政大学，校长萧克，政治委员唐亮，副校长段苏权、陶汉章（兼教育长）、李夫克、阳震、陈中民、孙泊，副政治委员谢明、聂济峰、何德庆、林谦。

同时，中央军委通知，经毛泽东、中共中央批准，罗瑞卿、谭政、陈士榘、陈再道、王建安为中央军委顾问。

10 月 1 日，中共中央和毛泽东批准公布了北京军区领导班子①：司令员陈锡联，第一政治委员纪登奎，第二政治委员秦基伟，副司令员傅崇碧、马卫华、康林、刘海清、肖选进、尤太忠，副政治委员黄振棠、吴岱（兼政治部主任）、万海峰、迟浩田、吴涛，参谋长徐信。另外，陈先瑞调任成都军区政治委员，滕海清调任济南军区副司令员，徐光友调任工程兵副政治委员。同日，中央军委通

① 关于北京军区的干部配备，由于军区第一政治委员纪登奎暂时离京，未能及时确定，故推迟公布。

知，刘兴元任成都军区司令员，赵紫阳兼任成都军区第一政治委员。张廷发任空军政治委员，吴富善、何廷一任空军副司令员，旷伏兆任空军副政治委员。

12 月 29 日，中共中央和毛泽东批准公布了北京卫戍区领导班子：司令员吴忠，第一政治委员吴德，政治委员杨俊生、黄作珍（主要在北京市委工作）、刘绍文（兼任，主要在北京市委工作）。

第一批大单位领导班子调整配备任务完成后，中央军委从 9 月份开始进行军级领导班子的调整配备工作。主要是选配好作战部队的军和省军区的军政一把手，以及三总部机关的二级部、局的领导干部。这项工作，到 1975 年年底之前基本完成。

经过这次大的调整，全军一大批在“文化大革命”中受冲击的领导干部重新走上领导岗位，使各大单位的领导班子不但在政治上得到很大加强，而且在组织上纯洁了，年轻了。1974 年底调整完成的大单位领导班子，平均每个单位 15.6 人，最多达 30 人。1975 年整顿调整后的大单位领导班子，平均每单位 10.6 人，最多 18 人（均不计各军区、军兵种司、政、后机关专职首长和兼军队职务的地方领导）。各大单位党委常委原来大多在 15 人左右，调整后分别为 9 人左右。老弱病残，不能工作的，基本安排离退休。大单位领导班子成员的平均年龄，由 61 岁下降到 59 岁，军级单位主要负责人的年龄也下降了几岁。但是，这一次大调整毕竟是在“文化大革命”中进行的，不可能完全解决“文革”给军队造成的组织问题；同时不可避免地受到“文革”政治气候的影响，不可能完全排除有政治问题的、闹派性的甚至造反起家的人。尽管如此，通过对军队高级领导班子的调整，“文革”派性势力普遍受到抑制，使“四人帮”企图插手军队和操纵军队的阴谋未能得逞。这对于全国、全军局势的稳定起了重要作用，为尔后粉碎“四人帮”奠定了组织基础。

中央军委在抓军队高层领导班子整顿、调整配备的同时，对军队中下层领导班子也进行了整顿。整顿中，把组织整顿和思想整顿结合起来，抓住主要问题，进行典型剖析，整顿思想作风。深入学习军委扩大会议文件，加强思想政治教育，提高思想认识，提高觉悟，严格政治纪律和组织纪律，消除资产阶级派性，克服骄、奢、惰等不良风气，加强班子内部团结，保持和发扬人民解放军艰苦奋斗的优良传统与作风。经过整顿，中下层干部队伍的组织建设和思想政治建设均有明显进步。

二、压缩军队员额，调整体制编制

军委扩大会议之后，中央军委在抓领导班子调整的同时，大刀阔斧地进行调整编制和压缩员额工作。

“文化大革命”开始以后，军队的组织编制出现了一些混乱状况。由于担负“三支两军”繁重任务和准备打全面战争等原因，增加定额，扩大编制，致使部队的编制定额不断被突破，总员额严重超编。据1972年9月统计，全军军以下战斗部队为306万人，仅占全军总人数的51.4%，其中能实施机动作战的步兵、炮兵、坦克部队只有195万人，占32.8%；各种保障部队近162万人，占27.2%（内含工程兵和铁道兵部队103万人，占17.3%）；机关（包括军兵种）及直属单位和学校、仓库、医院、科研单位127.3万人，占21.4%。上述情况带来的后果是，编制扩大了，人员增加了，军队的战斗力并没有相应提高；战斗部队与保障部队、机关直属单位的兵力比例失调，指挥机构重叠交叉，层次多，后勤保障体系庞杂，指挥调度不灵，机动不便；近600万兵员生活开支占本来就不多的军费比重相当大，部队武器装备无法加强与更新，严重影响现代化建设的发展和军队战斗力的提高。

精简员额和调整体制编制工作于1975年初即已开始。1975年春季征兵及退伍工作中，通过采取增多复员数降低征兵量的办法，减少兵员25万人。1月24日，国务院、中央军委批准撤销甘肃省农建第1师、第2师和林建师。3月21日，中央军委召开陆军编制会议，研究陆军部队的编制问题，确定步兵师编为大、小两种，减少骡马，增编汽车。3月25日，中共中央、中央军委同意撤销新疆生产建设兵团，改变体制，将农垦师划归自治区建制，现役干部由全军统一安排。3 月，还对总部机构进行了调整，将通信兵部调归总参谋部，改称总参谋部通信部；将总参谋部军务动员部分编为军务部、动员部；将总后勤部装备部所属的装备计划工作划归总参谋部，成立总参谋部装备部，在总后勤部编制内恢复军械部，这两个部均于 4 月 1 日开始办公；总政治部宣传部分编为宣传部、文化部，群工部分编为群工部、联络部。4 月 14 日，中央军委转发总参谋部、总政治部、总后勤部《关于院校编制若干问题的报告》，明确了军队院校体制编制调整的若干问题，全军院校按此进行了调整和整顿。6 月 5 日，国务院、中央军委决定，撤销南京军区浙江、江苏和安徽生产建设兵团。

1975 年 7 月 19 日，中共中央批准中央军委《关于压缩军队定额、调整编制体制和安排超编干部的报告》。8 月 23 日，中央军委颁发了《关于组织编制审批权限的规定》，明确规定：（一）凡增加定额，组建或撤销团（导弹部队营）以上部队和相当师以上机关、学校等单位，报军委审批；营和相当团、营的机关直属单位以及县、市人武部的增减调整，在不增加全军总定额的原则下，由总参谋部审批。（二）各军兵种师以上部队和各军区、各军兵种、各总部、国防科委机关、军事科学院、军政大学编制表，报军委批准颁发；各军兵种独立团、营，各军区地方部队独立师、团和守备、边防部队的编制表，省军区、军分区、军区空军、海军舰队、基地和其他相当于军、师一级的机关、院校编制表，各军区、各军兵种、国防科委机关的直属单位以及仓库、医院、疗养院编制表，由总参谋部批准颁发。总部机关的直属单位编制表，分别由各总部批准颁发。其余单位的编制表，由各军区、各军兵种和国防科委在规定的定额内批准颁发。

9 月 7 日，中央军委批转总参谋部拟制的《压缩军队定额调整编制体制的方案》。该方案贯彻军委扩大会议精神，进一步明确精简调整的重点和目标是：大力精简机关，裁并重叠机构，减少保障部队，压缩普通兵员，淘汰陈旧装备，部队实行简编，保留技术骨干和技术装备，保持一定数量的齐装满员部队，有重点地加强技术兵种部队的建设。《方案》规定全军总人数精简26.2%。其中：

陆军：步兵部队，精简27.3%；工程兵、铁道兵精简最多，两者精简数占陆军兵种部队精简总人数的92.1%；有些部队实行简编，保留技术骨干，减少普通兵员。精简裁并的单位主要有野战步兵撤销担负生产任务的6个师；守备部队，撤销1个师部、2个守备区和11个团，将1个守备区改为团，将2个守备区和7个守备团编缩为营，榆林要塞区由军级降为师级；地方部队，黑龙江、吉林、辽宁、内蒙、河北、宁夏、甘肃、山东、安徽、江苏、浙江、福建、江西、广西、广东、云南、河南等17个省（区）各组建1个独立师；执行警卫任务的部队，除保留上海警备师、天津独立师外，撤销其他独立师师部，编为独立团、营，县市中队移交地方公安部门改为人民警察；炮兵部队撤销防坦克炮师师部；第二炮兵撤销1个工区；装甲兵部队将2个坦克师机关改为坦克乘员训练基地；工程兵部队撤销7个工区、27个建筑团；铁道兵部队撤销3个师部、37个团。

海军：精简17%。主要对基地、舰艇、高炮和航空兵部队的体制编制进行调整。撤销上海基地和6个高炮营，淘汰陈旧舰船，充实发展舰艇和岸舰导弹部队。将部分工程建筑部队改为基建工程兵性质的部队，不计入军队定额。

空军：精简16.4%。主要精简机关，充实发展航空兵和地空导弹部队。调整军区空军和航空兵部队体制编制，撤销4个军部、6个高炮师，将成都、昆明军区空军指挥所改为军部，空降兵部队实行简编，工程建筑部队改为基建工程兵性质的部队，不计入军队定额。

国防科委：撤销原第20基地，将所属第1、第4、第5、第6部和第7工区及第8部，依次改称第20、第24、第25、第26、第27、第28基地，归国防科委直接领导；第20、第24、第25、第26基地为军级，其他仍为师级。

各军区机关及其直属单位精简 38%。

总部及其直属单位精简 16.6%。裁并重叠机构，撤销、合并保障单位，将部分修理、服务性单位改为编外单位，实行企业化管理。

全军大规模的精简整编工作，从 1975 年第 4 季度全面展开。这项工作涉及面广、牵扯单位多、政策性强、问题复杂、难度大，不仅中央军委领导高度重视，而且部队各级领导各负其责、各施其能、亲自动员，做深入细致的思想政治工作，认真组织贯彻落实，全军指战员以提高部队整体质量建设大局为重，克服个人主义或小团体利益的思想，坚决服从命令。在精简整编中，全军上下同心协力，发扬令行禁止和雷厉风行的优良传统和作风，裁撤、升降、走留，一切听从上级组织的决定。被调整单位发扬风格，团结协作，表现出人民军队良好的精神风貌。整个精简整编工作行动快，步子稳，时间虽短，但成效显著。到 1976 年，陆军部队和军区机关按新的编制结束整编工作。保留的步兵师，按计划分别整编为满员师和简编师。铁道兵地铁部队、部分工程建筑部队和县（市）中队移交给地方有关部门。撤销了部分空军军部、高射炮兵师、地方独立师和步兵师。全军总人数比 1975 年减少了 13.6%。精简整编工作取得了很大成绩。

正当全军指战员认真贯彻军委扩大会议精神，精简整编工作取得显著效果时，“四人帮”又掀起了“批邓、反击右倾翻案风”运动，使精简整编和整顿工作没有全部完成就被迫停顿下来。

三、安排超编干部

安排超编干部，是军队整顿调整体制编制中一项十分重要而复杂的工作。“文化大革命”开始后，军队干部正常的流转秩序被打乱，除对少数基层干部进行复员外，正常的干部转业工作停顿下来，转业干部的安置政策遭到破坏，造成军队干部大量堆积；遭受林彪反革命集团打击迫害的老干部，需要重新安排工作；“三支两军”任务结束，一批干部撤回部队，致使干部超编进一步严重。据1974年年底的统计，全军共有干部152.6万人，超编46.7万人，压缩定额、调整体制编制后，又多出干部10余万人，超编总数达60余万。特别是“三支两军”人员撤回部队后，在各级领导班子中形成“双套人马”，普遍超编一倍以上。团以上各级班子中（含副参谋长、副主任），大军区平均36人，最多的44人；省军区平均38人，最多的58人；陆军军、师、团达20~40人。而且各级干部平均年龄偏大，陆军师师长、政治委员平均49岁；步兵团团长、政治委员平均45岁。对超编的60万干部作适当安排，是一件非常不容易的事，牵涉面广，政策性强，涉及军队干部的切身利益，工作量和工作难度都很大。中央军委领导高度重视，叶剑英、邓小平作了多次指示。叶剑英在军委扩大会议上强调：把超编干部安排好，这是一件大事，直接关系到安定团结方针的落实，一定要把工作做深、做细、做好。要使走者愉快，使留者安心。中央军委调整班子领导小组，将安排好全军超编干部作为一项重要任务。根据中共中央批准的中央军委《关于压缩军队定额、调整编制体制和安排超编干部的报告》，总政治部专门制订了《关于安排超编干部的方案》。对妥善安排超编干部的方针、政策、原则、步骤、措施、组织工作、思想工作、生活待遇以及家属的安排等等，均做了详细而明确的规定。《方案》充分体现了中共中央、中央军委对军队干部的关怀和爱护，充分体现了党的干部政策和优良传统，具有很强的指导性和可操作性。1975年8月7日，军委将其批转全军执行。依据方案的精神，全军各级党委研究拟定了机关、部队超编干部安排的实施方案。在具体安排中，各级党委十分认真、慎重，坚持公道、正派，坚持原则，坚持党委集体讨论决定，坚持思想领先，做好每一个人的思想工作，对哪些人当副职，哪些人当顾问，哪些人适合做研究工作，哪些人送学校培养，哪些人离休退休，哪些人转业复员，均一一作出妥善安排。

对超编干部的安排主要有两个途径。

第一个途径是在军内安排。超编的大部分师以上干部和部分团以下干部在军内安排。其具体的安置办法：一是增编副职。团以上各级领导班子，在新的编制中，多编几名副职，大军区、军（兵）种分别配副职3～5名，军、师、团编配副职2～3名。这在调整领导班子中已有所体现，许多班子的配备还略超过了这个编制数。二是设顾问。这是解决“文化大革命”中干部大量超编问题一种临时的、特殊的办法。“文化大革命”开始后，许多干部遭到无辜打击迫害，被撤销职务，有的靠边站。九一三事件后，这些干部大批解放，需要重新安排工作。这些干部有的年事已高，不宜再安排在领导班子中，但身体状况较好，还可以为军队的事业做工作，加之当时在全国（包括在军队中）尚未建立干部离休（退休）制度。为解决这批干部的工作，经中共中央批准，在军队中设置了顾问。设置的范围主要是中央军委、各总部及其二级部、各军兵种和各大军区及其司政后机关、国防科委、军事科学院、省军区和军分区及相同级别的警备区、有关院校等。顾问的职责是为同级党委提供咨询建议，当参谋，按原来的职级享受生活待遇，享受同级党委成员的政治待遇。有的单位顾问较多，还设置了顾问组长，顾问组长列席同级党委会议。在这次整顿中，调整各级领导班子的同时即设置了顾问。各级顾问由同级和高一级干部担任。三是做研究工作。各军区、军（兵）种和院校组建军事科学研究机构，抽调有一定政治思想水平，并有作战和部队工作经验，身体能坚持工作的现职师以上干部，从事军事学术、政治工作和后勤业务等研究。四是送学校培养。将一些年龄不大、身体较好、有作战和实际工作经验的营职以上干部，有计划地送各大单位所属军政干校和其他学校培养、储备。五是离职休养。年大体弱，基本丧失工作能力的，1953 年 12 月 31 日以前入伍的师职和相当于师职以上干部，1942 年 12 月 31 日以前入伍的团职和相当于团职以上的干部，第二次国内革命战争时期入伍的干部，暂留军队离职休养。离休干部的安置采取大分散、小集中，一般安置在中小城市。与此同时，对 1969 年以后临时分散安置休息的营职以上干部，区分不同情况，就地进行适当安排。

第二个途径是由地方安排。退出现役的干部由地方安排。其具体办法：一是转业。退出现役的干部，一般办理转业手续，由地方各部门根据工作需要和干部的具体条件，参照军队中所担任的职务，分配适当工作，享受地方同等级别工资待遇。连、排职干部一般转业回原籍，转为厂矿、企事业等基层单位职工，或地、县、人民公社干部。鉴于军队干部转业后按地方工资待遇普遍降薪的实际情况，在干部转业时，除按现行规定发给安家补助费外，14、15 级干部增发 4 个月的本人原薪金，16、17 级干部增发 5 个月的本人原薪金，18 级以下干部增发 6 个月的本人原薪金，作为生活补助费。二是复员。退出现役后需要复员以及本人自愿复员的连、排职干部，以及个别营、团职干部，经组织批准，办理复员。为了帮助复员回农村的干部解决生产、生活上的一些实际问题，除按规定发给复员费外，增发回乡生产补助费。复员回农村的干部，需要修建住房的，所需材料由当地政府负责价拨。干部复员，一般回本人原籍省、市、自治区。如原籍无直系亲属或有其他特殊情况需要照顾的，也可到爱人、父母所在地区安排。入伍前是国家机关工作人员或厂矿、企事业单位职工的，如本人要求，可复工复职；原是部队职工的，一般由本人原籍省、市、自治区安排适当工作。与此同时，对 1969 年以来全军复员没有安排工作的干部，本着负责到底的精神，与地方协商根据干部的具体情况安排适当工作；已丧失工作能力的，由县、市人民武装部就地办理退休手续。三是退休。年满 55 周岁以上的，或因公致残、积劳成疾，基本丧失工作能力的干部，按照国务院 1958 年 7 月 5 日关于军队干部退休处理的暂行规定办理退休。退休一般到干部或爱人原籍省、市、自治区安置。有特殊情况的，可到父母或子女工作的地区安置。

60 万超编干部，除军队自身安置一小部分外，大量干部是作转业或复员安置。转业、复员是这次安排超编干部工作中，问题最复杂、工作量和难度最大、时间最长的一项工作。按照中共中央、中央军委的指示要求，全国党、政、军齐心协力，积极安排军队转业干部。军队和地方各级党委十分重视这项工作。解放军各总部、各大军区、军兵种、国防科委、军事科学院、军政大学等单位，均成立了专门的“军队转业复员干部安置办公室”，负责各大单位的转业复员干部的统一移交和安置工作。地方各省（市）、专区、县也成立了“军队转业复员干部安置办公室”，负责对军队转业复员干部的接收和安置工作。军队各大单位派出得力干部到各省（市）的“军转办”去移交干部档案，介绍干部的有关情况，协助地方安置好转业干部及其家属的工作。在中共中央的关怀下，在党、政、军的共同努力下，这项工作进展很快，在 1975 年下半年 ~ 1976 年上半年即完成了全军第一批 10 万余转业干部的安置，基本做到“三满意”，即转业干部本人满意、军队组织满意、地方满意。第一批转业干部安排工作的顺利实施，为此后全军大量转业干部安排工作的顺利完成提供了经验，摸索了路子，创造了条件。

整顿体制编制工作，从总体上来说进展比较迅速、顺利。后来，尽管由于受到政治因素的严重干扰，个别问题没有完全落实，但是体制编制的整顿调整工作取得的成绩很大，经验很宝贵。经过整顿，军队开始精干，体制编制趋向合理，指挥效能和工作效率得到提高，特别是邓小平有关体制编制建设的思想已深入人心，部队的面貌有了新的起色。

第三节 把教育训练放到战略地位

一、把教育训练放到战略地位思想的提出

九一三事件后，部队军事训练得到恢复，取得很大成绩，但仍存在诸多问题。如军事训练制度不落实，军事训练时间和内容被挤占，指战员不敢理直气壮地开展军事训练，担心被扣上不突出政治的帽子，训练事故多，等等。另外，在教育训练指导思想上，60 年

代开始提倡的“少而精”，在“左”倾思想影响下，逐渐演变成“少而粗”、“少而浅”，以政治训练替代军事训练。如果不从根本上解决，军事训练不但难以坚持，而且训练质量难以提高，更难以适应现代战争作战的需要。对军事训练这种徘徊的局面，邓小平十分担忧。他认为，要扭转低层次循环的落后状态，不仅要使全军指战员从根本上提高对军事训练重要性的认识，而且需要从军队建设全局的高度来落实。

因此，邓小平在1975年中央军委扩大会议上提出：“战略要研究的问题，不仅是作战问题，还包括训练。要把训练放在战略问题的一个重要位置上。”他进一步阐述说：现代战争是立体战争，是合成军队作战，空中也有，地面也有，水里也有，不是过去的小米加步枪了。“现在当个连长，同过去的连长可不一样了。过去的连长，驳壳枪一举，就是‘冲啊’！现在连长的知识要求比过去多得多，更不用说连以上的干部了。打起仗来，给你配几辆坦克，配一个炮兵连，还要进行对空联络，你怎么指挥啊？这就要求提高干部的指挥水平。对我们指挥作战的水平不能估计高了。如果不注意军队训练，至少在战争初期要相当倒霉就是了。”因此，他要求各级干部对军事训练要足够重视，要下大力气抓。①

把军事训练放在战略地位的指导方针的提出，是对1954年军事系统党的高级干部会议提出、在60年代中期以来遭到破坏的把军事训练作为“军队建设中长期的、经常的中心工作”方针的重新肯定，并有新的发展，对于从根本上扭转林彪一伙不重视军事训练的恶劣现象，医治军队建设的严重创伤，使军队建设重新走上健康发展的轨道，有着十分重要的意义。从根本上说，邓小平提出这一思想，是从国际国内形势和军队的使命出发，揭示了和平时期军队建设的客观规律。一是强调军事训练的中心位置。二是强调抓干部训练，努力提高干部指挥现代战争的能力，搞好军兵种协同作战训

① 参见《邓小平文选》第2卷，21页，北京，人民出版社，1994。

练。三是强调通过严格的训练，培养部队高度的政治觉悟、顽强的战斗作风、严格的组织纪律、熟练的战术技术、坚强的体能和提高战斗力。

根据邓小平关于“要把训练放在战略问题的一个重要位置上”的思想，全军的军事训练全面展开，并取得了显著成绩。至1975年12月，全年陆军有85个师另198个团全训，按师计算，全训的占44.5%，比1974年增加3.8%。海、空军战斗部队基本全训。入冬以后，全军从机关到部队分批进行了拉练。在拉练中，许多部队组织检验性演习，缩小训练与实战的距离，检验和促进了战备。1976年上半年，尽管“批邓、反击右倾翻案风”对全国各项工作有很大影响，但全军的军事训练在1975年的基础上，指导思想明确，党委重视，群众性的练兵运动既蓬蓬勃勃又扎实有序，仍然取得了好成绩。

二、狠抓干部指挥训练

由于“文化大革命”开始后军事训练遭到了严重破坏，虽然粉碎林彪反革命集团后大办教导队，全军干部训练取得一些成绩，促进了部队训练，但那只是恢复性的基础训练，而干部的指挥训练仍是薄弱环节。特别是中、高级干部指挥训练，无论是认识上、组织上还是内容和时间安排上，都未彻底解决。营、团、师、军干部的组织指挥能力，还不适应未来作战的要求。据1975年对3个军的调查，2790名营以上干部中，指挥过战斗的占6.5%，没有打过仗的占37.7%，没有上过军校的占43.6%，绝大多数没有组织指挥过本级演习。不少干部不了解敌人的作战特点，不熟悉军兵种知识，不会组织指挥协同作战。基层干部虽经过轮训，但真正达到连长能指挥一个连、排长能指挥一个排的要求，还有很大差距。

1975年9月，三总部在部署冬季拉练时强调：在拉练中，各部队要通过检验性演习，提高各级干部对合成军队作战的指挥能力。1975年，中央军委和总参谋部强调干部指挥训练的重点是抓中、高级干部的指挥训练，主要内容是研究打运动战、打敌集群坦克的组织指挥问题。

为了深入贯彻中央军委和总参谋部的指示精神，狠抓干部指挥训练，全军各级单位有针对性地采取了多种措施。一是抓短期集训。各大军区制订规划，举办师以上干部集训班，重点训练干部指挥。省军区、军、军区炮兵负责营、团干部训练。许多单位采取小集中的办法，学习本级战术和机关战时业务。有的军区结合演习，集训了营以上干部。1975 年，有 27 个军组织了营、团干部集训。军政大学、军政干校培训的干部共6000 多名，都进行了干部指挥训练。全军共集训师以上干部2000 多名，营、团干部和参谋人员 2.8 万多名。野战部队教导队采取轮训的办法加强对连排干部的指挥训练。有的军区一些部队，把教导队办到基层，搬到岛上，开门训练，或采取以队带连的办法，提高训练效果。同时，各部队还举办了参谋人员及专业干部集训。全军基层干部集训率约达 90%。通过集训，广大基层干部的战术思想水平和组织指挥能力普遍有了提高，对所学科目基本达到各级干部指挥的要求。二是抓在职学习。各级干部、机关除坚持每周半天军事学习日制度或进行每月小集中学习外，为了不影响部队的其他工作，采取由上级出题、分别作业、统一评比、尔后总结提高的函授作业方法。这样，有任务、有要求，组织形式简便，解决了工学矛盾，使干部在职学习更有成效。三是抓首长、机关演习和战术合练。为了缩小训练与实战要求的距离，提高干部熟练组织指挥的能力和提高合成军队协同作战的能力，各级在近似实战的条件下结合多种地形进行检验性演练。团以上机关多数进行了首长、机关图上作业或携带通信工具的现地演习。有的军区有 1/3 的军、师组织了首长机关带通信工具的现地演习。在演练中，各级单位注意训练改革，多数单位都以检验性的方法组织实施，较好地锻炼和提高了干部、机关组织指挥能力及部队协同作战能力。经过训练，连、排干部全部能够胜任本级指挥；营、团、师、军干部，也基本胜任本级指挥。

训练中，各级单位还注重军事思想水平的提高。中央军委要求，高、中级干部要把学习毛泽东军事思想同军事训练结合起来。为此，全军在学习哲学、学习马列著作的基础上，从 1975 年起，重点学习毛泽东军事著作。各大单位举办师、团、营干部读书班，使大多数高、中级干部参加了轮训。如济南军区在 1975 年举办一期师以上干部读书班，140 余人参加了学习；举办团、营干部读书班 30 期，2340 人参加了学习。在高、中级干部的带动下，基层干部也积极投入了学习活动。至 1975 年底，全军干部较系统地学习了《中国革命战争的战略问题》、《抗日游击战争的战略问题》、《论持久战》、《战争和战略问题》和“十大军事原则”等毛泽东军事论著。通过学习，各级干部结合作战任务，理论联系实际，研究了有关战例和战役、战术问题，有效地提高了军事思想水平和组织指挥能力，提高了军事训练的质量。

三、进一步加强战术技术专业训练

1975 年，全军训练在 1974 年的基础上进一步提高。

在训练中，陆军各兵种根据各自的情况，有针对性地进行训练，成效比较显著。步兵进行四〇火箭筒、地雷等 5 种器材打坦克的普及训练。炮兵、装甲兵注重打运动坦克和夜间打坦克的训练。工程兵加强了快速构筑、设置反坦克障碍的研究，组织了架设长江浮桥的合练，先后 15 次架通 50 吨浮桥。通信、侦察和后勤等分队通过专业技术训练，提高了战时执勤和保障能力。不少单位专门组织打敌集群坦克的战术训练试点，南京军区组织步兵团进攻演习，沈阳军区组织步兵团平原地区防御演习，兰州军区组织步坦对抗试验性训练，武汉军区组织了加强步兵师打坦克进攻演习。从战术手段、协同作战、改革演习方法等方面初步摸索经验，并结合演习编写了教材。在南京、广州、新疆、昆明等 6 个军区的 13 个军中，已经建成和继续建设的打坦克训练点共有 30 个。

海军舰艇部队组织锚泊集训、转移海区和远航训练 68 次，重点抓实际使用武器的训练，进行了导弹发射、施放鱼雷、实扫水雷等训练，加强了防原子、防化学、防生物武器的训练。共进行各种火炮射击690次，1975年比1974年同期增加56%。海军训练时间和内容比往年有所增加。到1975年11月底，水面舰艇部队、潜艇部队训练都超过1974年全年训练的时间。有1/2的鱼雷艇大队完成主要使命科目。驱护舰完成单舰主要使命科目达46%。海航部队普遍进入了高级复杂科目训练，每个飞行员（机组）平均飞行56小时零9分，比上年增加15.7%。

空军航空兵加强了战斗科目训练。歼击机飞行员达到两种气象作战水平的有4700多名，1975年比1974年增加38%。1976年上半年，空军部队的攻击、截击、空靶、地靶、轰炸等训练架次，均比1975年有所增加，其中空战训练为上一年的3.5倍。同时，空军部队还加强了实际使用武器、装备的训练，以及防原子、防化学、防生物武器的训练。

全军各级单位还普遍进行了拉练，并注重在拉练中练战术技术。1975年入冬以后，全军有89个军以上机关和30个野战军、50多个陆军师，海军8个水警区、11个支队，空军80多个航空兵团进行了拉练。海军各型舰船370艘进行海航训练，空军有各型飞机1000多架进行转场飞行训练。总部和军兵种机关均进行了拉练。在拉练中，许多部队组织检验性演习，缩小训练与实战的差距，检验和促进了战备。全训部队分别组织了35次师规模、55次团规模近似实战的演习。各军兵种认真抓好单兵、单炮（车）、单机、单艇（舰）技术训练。步兵分队一般进行了2～4次实弹射击。

为了提高战术技术专业训练水平，各军兵种在训练中突出抓了几个方面的重点与难点。一是突出打坦克训练。各军兵种部队对打坦克训练都给予高度重视。在训练时间上，优先安排，占全部训练时间比重较大；在科目安排上，既注意突出重点又注意全面兼顾；在器材保障上，除用汽车、拖拉机、板车等进行训练外，还仿制和改制了一些可以运动的模拟坦克，以及大量打坦克训练器材；在训练要求上，逐步提高难度，由打静止坦克到打运动坦克，由打单辆坦克到打集群坦克，使打坦克训练有了新发展。为解决连以下战术训练打坦克和打运动之敌的问题，先后进行步兵班进攻、步兵连对立足未稳之敌进攻的战术试验，以总结经验，向全军推广。在营以上合练中，也都重点研究了打坦克和打运动之敌的问题。二是强调夜间训练。结合人民解放军武器装备落后的现状，全军在训练中发扬夜战的优良传统，十分重视夜间训练，既坚持夜训制度，落实训练课时，又抓好“夜老虎”连、营的训练，以点带面，全面提高夜训水平。三是重视“三防”训练。1975 年 5 月，总参谋部在河南商丘召开全军“三防”训练经验交流会，副总参谋长彭绍辉主持会议。参加会议的有武汉军区领导，各军区司令部和部分野战军的军、师、团及有关省军区领导，各军兵种、各总部、国防科委、军事科学院、军政大学等有关部门的领导，共 249 人。与会人员参观了“三防”表演，交流了训练经验。会议强调，“三防”训练是合成军队战备训练的组成部分，必须加强，不能削弱；要特别重视研究原子、化学、生物武器条件下作战的组织指挥问题；在军事演习和野营拉练中，应适当设置“三防”的内容，以提高干部的组织指挥能力。根据中央军委和总部的要求，步兵 90% 以上的全训分队普及了“三防”训练。1976 年 9 月，新疆军区组织了在核条件下加强陆军师的实兵演习。四是普遍重视抓骨干，抓试点。许多部队的步兵连队做到每班有 2 ~ 3 名打坦克骨干。不少单位抓试点连，召开现场会，总结交流打坦克训练经验。南京、济南、新疆、成都等军区建立了打坦克训练点，有计划地加强了骨干培养与轮训。五是重视研究训练方法。步兵结合单兵、班的战术训练，摸索打敌坦克的各种办法。炮兵、装甲兵、工程兵等技术兵种，根据专业特点，加强了打坦克训练研究。广大指战员发扬敢于创新的精神，从训练内容、方法、制度、教材、装备器材等方面，提出了不少改革建议。在训练内容上，许多部队根据现代战争的特点，适应打坦克、打飞机、打空降的要求，突出重点；对不利于发挥群众智慧的教学方法进行了改革，废止注入式教学，实行启发式教学，破除“一刀切、一锅煮”，实行因人施教、小群练兵的方法。北京、济南等军区的部队研究改革训练考核制度，实行“开卷考试”，做到考前公布题目，考中有学有帮，考后分析提高。六是重视器材革新。各部队贯彻勤俭练兵的方针，发动群众，以革新打坦克器材为重点，开展技术革新活动，制作了大量打坦克训练器材。

全军开展以“三打三防”为主的战术技术专业训练，训练成绩显著提高。在 1975 年，步兵武器第 1～4 练习实弹射击及格率达 98%以上，坦克训练射击及格率达 98%以上，手榴弹实弹投掷及格率约达 95%，单炮实弹射击及格率约达 95%。导弹部队通过训练，提高了射击水平，1975 年共发射导弹 36 枚，命中 32 枚。广大指战员进一步熟悉与掌握了基本战术技术和专业技能。

四、加强协同作战训练

1975 年初，总参谋部要求全军要把协同作战训练作为军事训练的重点。军委扩大会议强调：在军事训练中，要着重抓好干部训练和合成军队协同作战训练（包括团以上司令部和各兵种合成演习）。并且指出：这个问题还是个弱点，总参谋部要及时发现问题，认真总结经验，加强指导。9 月 22 日，三总部在部署冬季拉练时，特别强调拉练中各部队要进行检验性演习，并要有计划地安排技术兵种参加，加强各军兵种协同作战的演练，提高各级干部对合成军队作战的指挥能力。海军舰艇部队，应进行锚泊、转移基地训练。空军航空兵部队，要进行空中拉练。各军区应有计划地安排海军、空军与陆军进行协同训练，研究三军协同动作。

1975 年，各军兵种的协同作战训练大为加强。在协同作战训练中，部队根据所担负的战备任务，有针对性地进行了训练。福州、南京、广州军区都指定部队，以解放台湾为背景，围绕渡海登陆演习课题，进行了协同作战训练和其他训练。演习部队进到濒海地区进行装载、航渡、上陆和巩固登陆场战斗的训练。福州军区登陆训练部队用 50 多个训练日，进行了技术战术训练、适应性训练和团的战术合练。广大指战员普遍反映，这样训练，打破旧程序，重点突出，接近实战，便于研究解决问题，对部队锻炼较大。许多部队重视地方“开门办学”的经验，把部队拉到野外，拉到预定作战地区，在接近实战的条件下进行训练。沈阳、广州、北京军区一些部队，坚持以连、营为单位实施小拉练，按打仗的要求，干部练指挥，战士练动作，兵种练协同，全面锻炼了部队。南海舰队组织驱逐舰、护卫舰等，首次航行中沙群岛，在复杂的珊瑚岛礁区航行，历时 8 天，航行 1500 海里，沿途带动 6 个师以上机关、43 艘舰艇，多次进行对抗性战术演练，提高了远航作战能力。

1975 年 3 ~ 6 月，工程兵组织沈阳、济南、南京、广州、武汉军区共 5 个舟桥团在湖北鄂城进行首次架设长江浮桥的合练演习，这是人民解放军第一次以现有装备器材在长江架设浮桥。演习中，首先使用国产 62 式舟桥器材，在 1000 余米宽的江面上成功架设起载重 50 吨的浮桥，随即又在不同流速、不同流量、不同风浪等条件下 14 次架设起 62 式 50 吨加强型浮桥、2 ×50 吨双行道浮桥和 62 式与 74 式混合浮桥，安全通过各种兵器、车辆、机械 2100 余台次。同时进行的漕渡训练，渡送坦克、火炮、车辆 3000 余台次。中央军委组织各总部、各军区、各兵种领导和有关部门领导，以及野战军、炮兵师、坦克师、工程兵师、铁道兵师的领导参观学习。通过演习，提高人民解放军克服大江大河障碍的能力，积累了工程兵与步兵、炮兵、装甲兵等兵种协同作战训练和遂行战斗任务的经验。

冬季拉练中，各部队结合作战任务，在情况复杂、近似实战的条件下，进行了诸军兵种协同作战训练。据 11 个军区的不完全统计，共组织诸军兵种协同作战训练军规模 1 次、师规模 57 次、团规模 220 多次。海军各型舰艇在飞机和导弹、岸炮、技术勤务、雷达等分队的配合下，到海区进行拉练，进行了协同演习。空军除出动飞机配合陆军进行检验性演习外，还进行了空中拉练，主要训练战斗转场、连续机动，并结合防空作战任务，进行了以打轰炸机为重点的训练。

至 1975 年 11 月底，全军团以上单位大多数进行了首长机关演习，实兵师、团演习共 90 次。部队普遍反映，检验性演习，近似实战，情况突然、复杂，实兵、实装，易于发现和解决问题，缩小了训练和实战的距离，使部队尤其是各级指挥员得到近似实战的锻炼，有助于干部战士进一步增强战备观念。

五、加强院校建设

邓小平在1975年再次强调说："为了提高干部的指挥水平、管理水平，增加他们的知识，要好好办学校，包括各总部、各军兵种、各级的学校，都要办好。不打仗，除了搞演习以外，办一点学校，这总是一个办法。"① 1975年，院校建设的步伐进一步加快。从年初开始，中央军委和总参谋部、总政治部、总后勤部对1973年中央军委已决定恢复和增建的41所院校在恢复筹建的基础上，进一步研究论证，确定其编制和任务。同时，对全军院校的全面建设和教学等事项进行了全面计划与安排。

1975年4月14日，中央军委批准总参谋部、总政治部、总后勤部《关于院校编制若干问题的报告》，对训练分工、学员定额、体制编制等问题作出规定。

关于训练分工。总的原则是，院校训练对象要有重点，训练分工要避免重复，同类型的专业技术干部尽量归口训练，不要各搞一套。军政大学，培训全军师以上军事、政治、后勤干部和少数优秀的团职干部。军区军政干部学校，培训步兵营团职军事指挥干部，全区营团职政治干部、后勤指挥干部和部分优秀连职干部。部队较少的军区，也可训练部分专业干部。军医学校，主要培训助理医生、医务技术人员和护士。炮兵学校，培训全军炮兵营团职军事指挥干部，师属以上炮兵连长和专业排长。第二炮兵学校，培训导弹技术干部，导弹团以下军事指挥干部，营团职政治干部、后勤指挥干部和部分优秀连职干部。装甲兵学校，培训连营团职军事指挥干部和技术干部，也可培训少数技术复杂的坦克修理工。工程兵学校，培训全军工程兵营团职军事指挥干部，工程、机械技术干部，

① 《邓小平文选》第2卷，21页，北京，人民出版社，1994。

机械、舟桥连长，以及工程兵直属部队的营团职政治干部，后勤指挥干部和部分优秀连职干部。铁道兵学校，培训营团职军事指挥干部、政治干部、后勤指挥干部和部分优秀连职干部，专业技术干部，全军军事交通干部。通信兵学校，培训全军营团职通信指挥干部，通信工程技术干部和陆军部分通信技师，总参谋部、总后勤部、各兵种、国防科委直属部队连职通信指挥干部，通信兵直属部队营团职政治干部、后勤指挥干部和部分优秀连职干部。海军学校，培训营团职（少数师职）军事指挥干部、政治干部和后勤指挥干部，舰艇长、部门长和各类技术干部，空勤、地勤干部。空军学校，培训营团职（少数师职）军事指挥干部、政治干部和后勤指挥干部，各类技术干部，空勤、地勤干部，全军对空警戒雷达、气象专业干部和海军歼击机飞行员。总后勤部学校，培训全军军医、兽医、药剂师，军械、汽车修理、陆军船舶、营建、油料技术干部，总后勤部直属部队营团职军事指挥干部、政治干部、后勤指挥干部和部分优秀连职干部。总参谋部学校，培训全军体育、测绘、防化、外语、侦听干部。此外，还规定：空降部队的干部，由所在军区和其他有关学校训练；有关学校可培训部分参谋；有外训任务的学校可编外训机构。

关于学员定额和抽调比例。总的原则是，干部的培养，主要是在职锻炼提高，进院校培养的只是一部分。因此，各类干部的选调比例要恰当，不宜过大。技术干部的培养，要从有实践经验的战士、干部中选调培训。学员名额的计算以编制数为准。在职干部学员，不计编制定额。具体规定：营以上军事指挥干部、政治干部和后勤指挥干部，按6%～8%选调入校学习。军政干校培训的优秀连职干部、营团职干部学员可按10%的比例选调入校学习。技术干部，大专水平的按4%、中专水平的按7%培训。技术兵种专业连排干部按8%选调入校学习。海军舰艇部门长按15%培训。

关于体制编制。总的原则是，从实际出发，吸取以往办校的经验教训，发扬抗大精神，勤俭办校，机构要精干，教员队伍要适当充实，领导干部要任教，院校编制要适应教学需要，符合“精兵简政”的精神。院校机关（除军政大学外），设训练处、政治部、院（校）务处，处（部）下均设科（室）。新建院校（包括恢复、分建的）均按此体制实行。原有学校待研究其体制编制时逐步调整。院校学员超过 700 人的，或专业比较复杂的，设校——大队（系）——队三级，不满 700 人的和军医学校，设校——队两级。教研室，可以分别设在训练处和政治部，也可以设在大队（系），或把部分教员编在队。工教人员比例，大专院校和军政干部学校，工教人员（不包括勤务分队，下同）与学员的比例分别为 1∶1.9、1∶2左右，教员与学员的比例分别为 1∶5、1∶6 左右。中等专业技术学校，工教人员与学员的比例为 1∶2.3 左右，军医学校为 1∶2.5 左右，教员与学员的比例均为 1∶6 左右。学员人数和专业较多的院校，工教人员比例可适当放宽；学员人数较多的院校，比例可适当压缩。

关于各院校的名称和相应的权限。恢复和增建的 41 所院校，均遵照中央军委 1973 年 12 月 8 日颁发的规定执行。原有院校，根据中央军委文件精神作部分调整。

关于教导队（训练队）的编设。原则上，凡属学校培训的和能临时集训的，就不再编教导队机构。

全军院校采取有力措施，认真贯彻落实，建设成效显著。一些疏散到外地的院校，如第二、第四、第七（后改为第三）军医大学，为便于教学，陆续搬回原址。对于派性严重的院校，中央军委和三总部派工作组进行坚决整顿。从 1975 年下半年起，大部分院校开始恢复招生、上课。为配合干部训练，军政干校全部招生。至 1975 年底，全军院校相继恢复到 84 所。

1976 年，全军在抓好干部在职训练的同时，各单位抓紧了教导队和院校对干部的培训。军政大学培训师以上干部 1000 余人，军区军政干校培训营团干部和参谋人员 5000 余人。沈阳、武汉军区干校各配属 1 个步兵团，担负教学中的演习任务，以解决学员的实际指挥问题。通过训练，干部的军事思想水平和作战指挥能力普遍有所提高。

第四节　整顿思想作风，加强教育管理和加速解放老干部

九一三事件后，人民解放军整顿作风纪律取得了一定效果。但是，“文化大革命”尚未结束，加之“四人帮”的干扰破坏，军队在思想作风和组织纪律方面的问题仍然比较多。1975 年初，邓小平出任总参谋长后，在总参谋部机关团以上干部会议上讲话中就指出：“这些年来，我们军队出现了一个新的大问题，就是闹派性，有的单位派性还很严重”；“再一个问题是军队的纪律很差”；“还有一些问题也要解决，如落实政策”。[①] 7 月，他在中央军委扩大会议上指出，军队存在“肿”、“散”、“骄”、“奢”、“惰”等五个方面的问题，其中“散”、“骄”、“奢”、“惰”四个方面均与思想作风有关。因此军队要整顿，不仅要整顿体制编制，而且要整顿思想作风。邓小平谈到军委扩大会议的任务时指出：“这次会议我们搞编制，就是整肿字。但不只是整肿，同时还要注意散、骄、奢、惰，要联系起来解决。”[②] 会后，全军开展了思想作风的大整顿。

一、进行消除派性、增强党性的教育整顿

邓小平认为，军队散的问题，“主要表现在有派性和组织纪律性差这两个方面”[③]。“文化大革命”以来，由于派性的影响，军队一些领导班子不团结，友邻单位之间不团结，影响了战斗力，甚至影响了军民关系，成为长期难以克服的痼疾。叶剑英、邓小平把消除派性作为军队整顿的重要内容。1975 年 1 月 18 日，中央军委决

① 《邓小平文选》第 2 卷，1 ~ 2 页，北京，人民出版社，1994。

② 《邓小平文选》第 2 卷，20 页，北京，人民出版社，1994。

③ 《邓小平文选》第 2 卷，16 页，北京，人民出版社，1994。

定：要坚决消除派性，加强党的建设和党的一元化领导。六七月中央军委扩大会议，把消除派性、增强党性的教育整顿工作推向了高潮。邓小平在会上分析军队的状况说："军队整顿当中，还要加强干部学习，增强党性，反对派性，加强纪律性，发扬艰苦奋斗的传统作风。"① 叶剑英在总结讲话中指出："对那些搞派性的，要限期改正。不改的，要坚决调离。"② 徐向前、聂荣臻也在会上讲话，表示赞成叶剑英和邓小平的意见。会后，邓小平在同一些领导人谈话中，进一步阐述了有关精神。他说：有人认为选拔干部坚持标准是派性，其实不是派性，是党性；配班子要特别注意，关键的岗位，关键的地方，必须掌握在可靠的人手里，也就是必须掌握在党性好的同志手里。

军委扩大会议后，全军把消除派性、增强党性教育作为整顿的一项重要内容。各级党委认真学习文件，进行对照检查，整顿不断深入，收到了较好效果。总参谋部党委摆问题，揭矛盾，交心通气，开展批评与自我批评。从揭露出的问题看，有些单位派性严重，研究和处理问题带有宗派性，对保过自己的人有错误不批评，甚至包庇纵容，对持不同观点或反对过自己的人不能正确对待，甚至加以排斥；有的单位和有些干部组织纪律性差，工作不大胆，怕得罪人，怕抓辫子，对违反党的原则和组织纪律的事情不批评，不斗争，责任心不强；有些干部居功自傲，老虎屁股摸不得。上述问题虽然不是主流，但是严重地妨碍了党的政策的落实，妨碍了安定团结和各项工作，影响了机关建设，危害很大。因此，总参谋部党委决定：在精简整编工作中，首先要配好各级领导班子，特别要选好第一、二把手，真正把党性好、作风好、团结好的干部放到领导岗位上。为取得整顿的经验，总参谋部党委常委着重抓了三部、通信部和政治部领导班子的整顿。通过整顿，进一步端正领导干部的

---

① 《邓小平文选》第 2 卷，20 页，北京，人民出版社，1994。

② 《叶剑英军事文选》，652 页，北京，解放军出版社，1997。

思想政治路线，增强党性，促进团结，出现了新气象。在整顿中，全军各级领导班子认真解决“软”、“懒”、“散”的问题和其他长期存在的问题。

一些同兄弟部队搞不好团结的单位，认真分析原因，采取整改措施，取得了成效。某军区所属部队，纠正过去那种专门批评兄弟部队的做法，主要领导相互走访，征求意见，作自我批评，增强了相互之间的团结。为了落实和巩固教育整顿的成果，新疆军区党委建议：在全军范围内，有步骤有计划地交流、对调一些军以上干部；在军区和省军区范围内，交流、对调一些师团干部；考虑到新疆的实际情况，有些师级干部也应同内地适当交流。中共中央和中央军委采纳了这一建议，从 1975 年开始，不仅交流干部，而且在全军较大规模地调整了部队防区。部队对调中，讲党性、讲大局、讲团结、讲风格，基本做到了交好、走好、接好等“三好”，上级满意、地方满意、交接双方满意等“三满意”。

经过整顿，各部队进一步提高了领导干部的思想政治觉悟，很大程度上消除了派性，增强了党性，促进了各级领导班子的团结，工作更加协调。领导干部民主作风增强，领导干部之间、干部与群众之间、兄弟部队之间加深了互相了解和信任，工作互相支持配合。部分党委不团结、长期闹派性，以及“软”、“懒”、“散”的问题基本得到解决。不少单位出现学习步步深入，思想不断提高，问题逐步解决的新气象，而且事故发生率明显下降。无论是部队还是机关，顾大局、向前看、讲团结、讲党性已蔚然成风。

二、继续开展反骄破满、密切军政军民关系教育

“文化大革命”开始后，军民军政团结光荣传统遭到了一定程度的破坏。在“批林整风”中，通过开展“向全国人民学习”活动，军政军民关系有了很大改善，但也存在不少问题。如部队纪律松懈，影响了军队在人民群众中的形象。尤其是 1975 年初，不少群众给中央军委和总部写信，反映有的外出军人不守纪律，着装不整，不讲礼貌，不遵守公共秩序，甚至打人骂人，违法乱纪。邓小

平在军委扩大会议上指出：军队一部分人在“文化大革命”中滋长了骄气，有的甚至不只是骄气，而是骄横，有的人喜欢指手画脚，把群众路线的优良传统也丢掉了。现在军政、军民团结都存在不少问题，有的部队军政之间、军民之间的关系相当紧张。①

为了解决军政军民关系中的问题，1975 年，全军进一步开展反骄破满、密切军政军民关系的教育和检查活动。1975 年 1 月 28 日，国务院、中央军委联合发出通知，要求“要向全国军民广泛宣传毛主席关于安定、团结的重要指示”，“要掀起全国学人民解放军，解放军学全国人民的高潮”。“各部队要认真总结拥政爱民，支援社会主义建设，支持社会主义新生事物的经验。同时，对执行政策纪律方面的问题进行一次认真的检查。在总结检查的基础上，重新制定拥政爱民公约，宣传表扬一批好的单位和个人”。3 月 30 日，针对军容风纪存在的问题对军民关系带来的消极影响，总参谋部、总政治部联合发出《关于严整军容风纪的通知》。《通知》说：“由于无政府主义的影响，部队的军容风纪方面存在着许多需要认真解决的问题，有的人外出不守纪律，着装不整，不讲礼貌，不遵守公共秩序，甚至打骂群众，违法乱纪。这些不良作风，损害着我军的声誉，影响了军民团结。”《通知》提出，部队的军容风纪要很好地整顿，尤其是各大中城市要整顿，首先北京要整顿好。《通知》要求各级领导机关和干部，要加强对部队的纪律作风教育，提高认识，肃清林彪在军队作风建设方面的流毒和影响；严整军容风纪，外出军人必须按规定着装，要整齐清洁，举止端正，遵守纪律，维护公共秩序；领导干部和领导机关要以身作则，给部队做好样子；要抓好部队的日常养成教育，发生问题，及时纠正。5 月 11 日总参谋部、总政治部发出补充通知，重申：凡参加集会、晚会，参观体育比赛和展览会等，主办单位要认真组织，提出要求，并检查落实；参加单位和人员要切实遵守规定，听从指挥；要按规定着装，入场

① 参见《邓小平文选》第 2 卷，18 页，北京，人民出版社，1994。

后（指室内场馆）一律脱帽，不准吸烟，不准交头接耳、大声喧哗；参加集体活动时，要指定专人整队入场，按规定座次入座，按次序退场，不得迟到早退，要互相监督，遵守纪律，有缺点要服从纠察，不得无理取闹。各部队接到通知后，迅速向全体指战员进行传达教育，开展军容风纪和作风纪律方面的整顿，使部队军容风纪大有改观，作风纪律进一步增强，促进了军民关系的改善。

各大单位还明确要求经常对部队进行建军宗旨、拥政爱民、三大纪律八项注意的教育，学习地方上的好思想、好作风、好经验，开展拥政爱民活动，搞好军政、军民团结。1975年，铁道兵抽调3个师7个团121个连共1.34万人，在执行京广铁路水害抢修任务中，帮助当地受灾群众生产自救，重建家园。在1975年河南驻马店地区遭受水灾中以及1976年唐山地震之后，人民解放军更是不顾危险，积极抢救人民生命财产，赢得了人民群众衷心拥护和爱戴。

为进一步搞好军民团结，密切军民关系，各部队派出大批医务人员为群众治病，帮助社、队培训赤脚医生，巩固和发展合作医疗。据广州、北京、南京、福州军区和第二炮兵统计，1975年冬季拉练期间，共培训赤脚医生7100多名。1975年全国农业学大寨会议后，军队在人力、物力、技术等方面，对地方进行了大力支援。

在1975年冬季拉练中，全军部队在地方党委的统一安排下，同人民群众一起大搞农田基本建设，助民劳动日近400万个，平整土地15万余亩。沈阳军区第68军在冬季拉练中，协助地方修“大寨田”495亩，挖水渠1200多米，修建水库出土量2万余立方米。

在此期间，部队调动较为频繁。各部队在处理涉及军民关系的事宜时，主动同当地党组织交换意见。部队一到新驻地，就参加工厂、农村的生产劳动，请工人、贫下中农作报告，开展向当地人民学习的活动。

经过开展反骄破满教育活动，军队的组织纪律性进一步加强，许多自“文化大革命”以来被忽视的问题，或久拖不决的问题，经过整顿，基本得到解决，军政军民关系更加密切，军队的威信进一步提高。

三、修订纪律条令、内务条令，加强行政管理

“文化大革命”开始后，军队的条令条例和规章制度被视为资产阶级管、卡、压的枷锁而遭到批判，使行政管理工作不能理直气壮地开展，事故发生率连年攀升。九一三事件后，军队的管理教育整顿取得了一定的成绩，但是由于受“文化大革命”长期影响而产生的问题积重难返，加上江青等人利用“批林批孔”运动又一次干扰破坏军队作风纪律建设，致使管理教育不严，行政事故频频发生。1974 年 1～11 月，全军发生多起恶性行政死亡事故和飞机坠毁事件。与此同时，由于“文化大革命”对军队条令条例、规章制度破坏严重，全军广大指战员对原有的条令、条例和规章制度应如何执行，感到不明确，其内容也不统一，有必要按照发展了的新情况进行审查修改，重新颁发，以统一全军的步调。同时，要普遍加强基础训练和养成教育，通过制式教练和条令、军容风纪教育，进一步加强部队的组织纪律性，端正军人姿态，讲究礼节礼貌。

鉴于这种情况，1975 年，中央军委扩大会议决定，要尽快落实条令条例的修改。中央军委指示军事科学院广泛征求部队意见，以毛泽东思想为指针，对 1963 年颁布的《中国人民解放军内务条令》和 1964 年颁布的《中国人民解放军纪律条令》进行修改。据此，军事科学院集中力量，在较短时间内完成了调研和修改两大条令的任务。之后，总参谋部、总政治部、总后勤部召开联席会议，对修改的条令进行了讨论，中央军委常委逐章逐条地进行了审查。11 月 22 日，主持中央军委日常工作的叶剑英副主席将新修订的内务条令和纪律条令上报毛泽东。毛泽东批准后，11 月 25 日，中央军委通知将这两大条令向全军颁发试行。

《内务条令》共 12 章 71 条，对人民解放军的性质、任务、日常生活的规章制度，如军容风纪、武器装备管理、安全工作等，做出了具体规定。《纪律条令》共 5 章 17 条，对纪律条令的总原则，对奖励、处分、控告和申诉、特殊问题的处理，做出了具体规定。

两个条令重新修订和颁发试行，对当时规范和统一全军的管理，具有重要意义。12 月 16 日，总参谋部、总政治部通知全军各大单位普遍深入地进行一次条令教育，并规定部队训练、新兵训练和各级教导队及轮训队的训练，都要把共同条令教育作为重要课程之一。各级领导干部要带头学好，模范执行；部队要逐章逐条地学习讨论，做到正确理解，人人熟悉，个个照办，边学边落实。领导机关要深入下去，检查指导，抓好典型。通过学习贯彻《内务条令》、《纪律条令》，进一步促进军队革命化建设，加强部队的管理教育，提高部队战斗力，更好地完成各项战备任务。

新的内务、纪律条令颁发后，全军迅速掀起学习和贯彻条令的热潮。把贯彻执行军委颁发的内务、纪律条令，搞好部队的养成教育和管理教育，防止和减少各种事故，作为 1976 年的主要工作。把管理教育工作列入党委议事日程，分工专人负责，并做到有布置、有要求、有分析、有检查；通过提高对管理教育工作重要性的认识，改进基层干部的管教方法，严格规章制度，采取措施预防事故，加强行政管理工作；召开管理教育、防事故工作会议，分析形势，总结经验，制定措施；领导干部率领工作组深入连队，调查研究，反复进行安全防事故和三大纪律八项注意的教育，整顿部队组织纪律，狠抓各项规章制度的落实。

两个条令重新修订和颁发后，部队加强了行政管理，全军组织纪律状况明显改善，事故发生率明显降低。1975 年全军发生行政事故比 1974 年减少 204 起。以往事故较多的工程兵，1975 年发生事故比 1974 年减少 26%，其中致伤人数减少 39%，死亡人数减少 34%。海军反映，官兵关系有所改善，组织纪律性和作风培养得到进一步加强，恢复和健全了各种规章制度，不服从命令、顶撞领导、吵架打架、逾期不归等现象及违法乱纪的行为大大减少。

四、落实政策，加速解放老干部

九一三事件后，军队在揭批和清查林彪反革命集团过程中，对一些冤假错案进行了清查，给相关蒙冤人员落实政策，解放一批干部。但是，尚有大量的冤假错案没有来得及清理，涉及的干部多，影响面宽，既影响蒙冤干部本人的生活和工作，也影响到家属的就业、学习和生活。邓小平指出：全军冤假错案平反昭雪的工作还没有很好落实，很多干部还没作结论，有的虽然作了结论，但没有安排适当的工作，这种状况要尽快改变。老干部中政治上好的、身体好的、有经验的，都应安排工作岗位。

1975 年，根据中共中央、中央军委关于抓紧专案处理和复查工作的决定，各部队把落实政策作为党委的一项重大任务。但是，“四人帮”极力阻挠平反昭雪工作，使军队开展这项工作十分艰难。毛泽东察觉后非常不满，亲自指示对一些冤假错案进行纠正。5 月 17 日，毛泽东在中央军委关于拟安排军事医学科学院原院长贺诚任总后勤部副部长的请示报告上批示：“贺诚无罪，当然应予分配工作。过去一切污蔑不实之词，应予推倒。”① 后来，毛泽东又说：“不要轻视老同志，我是最老的，老同志还有点用处。”②

毛泽东的态度给予平反昭雪工作以有力支持。6 月，总政治部召开落实平反昭雪政策座谈会，进一步统一思想。与会者学习了毛泽东在贺诚任职请示报告上的批示，更加提高了落实政策的自觉性。对各单位在落实政策中提出的方针、原则性问题，总政治部及时进行研究，提出解决办法。为了使大批中层、基层干部的平反昭雪工作有明确的政策依据，6 月 19 日，总政治部做出具体规定：对已处理离队的干部，原则上不再召回部队。如个别特殊情况必须召回部队的，需经大军区一级党委批准。凡被错误处理离队的原营职（含行政 18 级）以上干部，符合转业条件的，可改做转业处理；被错误地做资遣处理的原连职（含行政 19 级）以下干部，改做复员，请地方革命委员会酌情安排工作。上述人员中，已丧失工作和劳动

① 《建国以来毛泽东文稿》第 13 册，432 页，北京，中央文献出版社，1998。

② 《建国以来毛泽东文稿》第 13 册，488 页，北京，中央文献出版社，1998。

能力并符合退休条件的，可改为退休。上述干部，从离队至改办手续期间，可计算军龄，补发薪金。原系随军家属，因受干部问题牵连而回农村的，在干部改为转业、退休后，请各地公安机关准许他们随同干部到新的地区（城镇）落户。这个规定得到了国务院、中央军委的批准，并转发各省、市、自治区和全军执行。

全军落实政策座谈会和中央军委扩大会议以后，落实政策的步伐进一步加快。各单位认真贯彻毛泽东关于贺诚问题批示的精神，进一步提高认识，统一政策，加强领导，抽调人员，充实办事机构。各大军区、省军区、军兵种、总部机关实行党委、清查组和群众相结合，基本上查清了过去没有查或查得不清的一些重大问题，解放了一大批干部。不该降职、免职的，调整职务，重新分配工作；不该做复员处理的营以上干部，安排工作或改为退休。

1975年，专案处理和复查工作成绩显著。全军受审查的人员共4.4万多人，截至11月底，已做结论的有3.8万多人，占87%。其中，正军职以上干部361人，已经批准结案的有312人，还有49人做了审查结论。对已审查做出结论的，及时安排工作。但是，这次清理工作是在“文化大革命”还没有结束的情况下进行的，有“四人帮”的干扰破坏，也有派性的影响，因此一些人的所谓政治问题、历史问题没有得到彻底解决，平反昭雪的范围和彻底性也受到局限。特别是1976年错误地开展“批邓、反击右倾翻案风”运动，致使平反昭雪工作中断。

第五节　整顿国防工业，加强武器装备管理

九一三事件后，周恩来在叶剑英、李先念、余秋里的协助下，对国防工业进行初步整顿，国防科研和生产形势有了明显好转。但是，江青反革命集团乘1974年初“批林批孔”运动之机，制造种种借口，把斗争矛头指向周恩来。6月，周恩来病重期间，叶剑英主持中央专委工作。张春桥在中央专委会议上别有用心地大讲要警

惕“卫星上天，红旗落地”，阻碍整顿工作继续进行，使初步恢复的国防科研、生产形势又急剧恶化。“文化大革命”以来一直坚持正面教育比较稳定的一批试验基地，也开始乱起来，使国防科研和武器的生产及管理工作面临许多严重问题。（1）有些武器装备质量差，不配套，数量不足，特别是飞机、舰艇等大型技术装备，质量问题比较突出。（2）有些单位对装备控制不严，使用混乱，保养、保管很差，造成大量装备失修。有的单位把坦克当压路机，有的单位装备锈蚀严重，有的单位装备被盗和丢失事件屡有发生，维修备件和原材料供应不足。（3）装备保障设施跟不上装备发展的需要。有的舰艇缺码头，有的码头缺油、缺水、缺电，有的导弹无阵地，有的部队车辆、火炮没有车炮库，长期露天放置，增加了自然损耗，等等。

一、整顿国防科技工业，调整领导班子

邓小平担任中央军委领导职务后，把发展国防科技作为实现国防现代化的战略任务，把武器装备建设的整顿列为1975年军委的一项重要工作。他在1975年3月20日军委常委会上指出：武器生产“现在分得很乱。空军的归空军，海军的归海军，实际上没有人管……可以由科委统一起来”。“要抓好关键生产机构和研究机构，配好班子，把人员搞精干”。

邓小平在叶剑英、李先念等人的协助下，对国防科技工业进行了全面整顿。首先从消除动乱、消除派性、整顿领导班子、促进安定团结抓起。邓小平强调说：一定要建立敢字当头的领导班子。现在看起来，“老大难”单位，无非是这么个问题。你要斗派性，没有敢字当头的领导班子就根本不可能。要建立必要的规章制度，要落实政策，没有这样的领导班子也搞不成。有的人就是一个怕字，怕字当头，不干工作，小病大养，无病呻吟，这样的领导干部，索性请他好好休息。领导班子问题一定要抓紧解决，要找一些能够办

事，敢于办事的同志来负责。[①]

为了搞好国防工业系统的整顿，加强国防科技工业的领导力量，1975 年 1 月，经中共中央批准，任命刘西尧为第二机械工业部部长，李成芳为第五机械工业部部长，边疆为第六机械工业部部长。3 月，任命张爱萍为国防科委主任，陶鲁笳为政治委员，陈彬、马捷等为副主任，萧向荣等为副政治委员。邓小平对国防科委新上任的张爱萍等领导人说，你们要勇敢地干工作，只要你们大胆工作，不要怕讲错话，错了我们负责，我和叶帅负责。对那些继续搞派性的人，限期改正，到 7 月 1 日还不改的，坚决调走，不管他老资格、新资格，统统一样。

张爱萍上任后，首先带领工作组深入第七机械工业部派性闹得最凶的单位蹲点调查研究。第七机械工业部的前身是国防部第五研究院，为中国航天事业的发展作出过重要贡献。但是，“文化大革命”开始后，第七机械工业部形成几派，各派你争我斗，混乱局面旷日持久。由于派性猖獗、人心混乱，科学家们处于受气而无奈的境地。1965 年制定的“八年四弹”（即从远程到洲际导弹的四种型号试验弹），时间超过了两年，可任务没完成一半。进行三次洲际导弹试验，均未成功，而这一急需攻关的事情没有人组织干，想干也不让干。人才及专家大部分只有参加政治学习、接受批斗、参加两派活动的义务，没有参加研制核武器的权利。钻研核武器理论，就被批成走“白专”道路；积极投入研制工作，就被批为“唯生产力论”或“为错误路线生产”；按照规章制度去检查各部零件的质量，就被指责是“搞资产阶级的管卡压”、“只顾低头拉车不抬头看路”；等等。这些“帽子”、“棍子”，使专家们无法好好工作。

针对上述严重问题，张爱萍决定从派性开刀，整顿第七机械工业部的秩序。在各种会议上，他对派性展开了坚决的毫不留情的批判，对第七机械工业部进行了思想上的整顿、生产秩序上的整顿和

① 参见邓小平在国防工业重点企业会议上的讲话，1975 年 8 月 3 日。

对领导干部的整顿。第七机械工业部广大科技人员和干部，在批判派性、促进安定团结的同时，按照精简型号、统一方案、集中力量、突破重点的原则，对导弹、运载火箭的研制计划进行了讨论，提出“团结一致，上下一心，树雄心，立壮志，尽早研制出战备需要的战略导弹”的口号。

1975年5月19日，中央军委领导在听取张爱萍等汇报关于国防科委及第七机械工业部等单位整顿的情况后，充分肯定了整顿的成绩。叶剑英、邓小平分别作了指示。邓小平说：对那些继续搞派性的人不能等了。我们决不能用党和国家的利益去等那么几个人。万里在铁路系统定了一个月的时间，一个月改了的，可以教育的，留下工作；一个月不改的，坚决调开。叶剑英说：关键是领导。还搞派性的调离，要按照中央文件的精神同派性作斗争。千万要争取时间，搞好备战。凡是影响安定、团结，妨碍事业发展的人，要坚决调出来。按照叶剑英和邓小平的指示，国防科委领导在整个第七机械工业部又进行了深入广泛的动员，先后召开了“增强党性、反对派性，争做七一派，向七一献礼”的誓师动员大会。经过整顿，扭转了第七机械工业部的混乱局面。

在国防科委重点抓第七机械工业部“老大难”单位整顿的同时，其他单位的整顿也全面展开，消除派性，对所属部门、研究院（所）进行组织调整。同时，对一些机构和领导班子进行调整和充实。3月9日，国务院、中央军委批准测量船基地归海军建制，由海军和国防科委双重领导，以海军为主，并共同组织测量船基地筹建指挥部。4月3日，海军和国防科委决定共同组成测量船基地筹建工作组。5月7日，海军所属第七研究院，国防科委所属第十、第十四研究院和总后勤部所属第二十研究院，先后分别划归第六机械工业部、第四机械工业部和第五机械工业部建制。6月18日，国务院、中央军委决定，成立国务院、中央军委常规装备发展领导小组，陈锡联任组长，张才千、方强、胡炜任副组长，日常工作分别由总参谋部装备部和国防工办办理。7月2日，国务院、中央军委决定成立第八机械工业总局，对战术导弹的工业生产、科学研究、学校教育和基本建设进行统筹规划，全面安排并组织实施。9 月 6 日，中央军委批准撤销西北综合导弹试验基地，改称西北导弹试验基地，将其所属的试验部改为渭南测控中心，华北导弹试验场扩编为华北导弹试验基地，东北导弹试验场扩编为东北导弹试验基地等，并归国防科委直接领导。10 月 7 日，中共中央批准邹家华、叶正大、郑汉涛、周一萍、李如洪、乔治任国防工办副主任。10 月 13 日，中央军委任命张蕴钰为国防科委副主任兼核试验基地司令员。同日，国务院、中央军委决定张才千任国防尖端武器定型小组组长。与此同时，还对一些导弹试验基地、试验训练基地和研究院及国防工业办公室等单位的领导班子进行了调整和充实。国防工办还对各工厂的领导班子进行了整顿和调整。经过整顿，国防科技工业系统科研、生产秩序普遍好转。

二、恢复和健全国防工业企业的规章制度，提高产品质量

产品质量是兵器工业生产中一个突出问题。邓小平在 1975 年 8 月 3 日关于国防工业企业整顿的讲话中强调：“一定要坚持质量第一。这个问题很重要，特别是军工产品。在战场上关键时刻有几发炮弹打不响，就可能影响整个战斗。现在的军工产品是现代化的武器，更要注意这个问题。我最近看到一些材料，说有多少国防工厂完成产值多少，产品质量好的和比较好的达到百分之九十五以上。你们切不可满足于这些数目字，这个话以后少讲为好。说产品质量大多数是好的，这不解决问题，有时恰恰在百分之一甚至百分之零点五里面，关键产品、关键零件出了问题。”“有几次科学试验没有成功，经过检查，并不是技术没有过关，而是那百分之一甚至百分之零点五的零部件质量没有过关”①。他指出，质量问题主要原因，是有些领导干部思想政治路线还不端正，没有牢固树立“军工产品，质量第一”的思想，对产品质量不重视，没有认真把好质量

① 《邓小平文选》第 2 卷，26 页，北京，人民出版社，1994。

关；不能严格按产品设计图纸和技术条件生产，轻率修改工艺；企业管理混乱，国防科研和军工生产战线的许多规章制度被废弛，有规章制度不严格执行，有的规章制度不健全，一些工作处于无章可循或有章不能循的状态。他指出："没有必要的责任制度，质量难于保证，这方面要很好地整顿。"①

遵照邓小平和中央其他领导人的指示精神，国防科委狠抓产品质量问题，采取了一系列措施。协同各省、市、自治区，组织有关企业围绕产品质量问题开展一次思想政治路线教育，在提高认识的基础上，放手发动群众，进行质量大检查，彻底揭露和解决存在的问题；从部、局到各地区各企业，在党委领导下，指定一位领导干部主管产品质量，并进一步加强质量管理机构，充实干部，定期检查分析情况，认真抓好典型；对重点产品的质量问题，如23、30航弹，新四〇火箭筒及火箭弹、发动机轴等生产，发动群众，加强领导，组织"三结合"攻关组，搞会战，限期解决；在兵器工业企业领导干部会议上，把抓好产品质量作为重大问题进行研讨；制定了《兵器工业加强产品质量管理的若干规定》（草案），下发各单位组织实施；在国防科研和兵器工业生产部门普遍建立和健全必要的规章制度；等等。

通过狠抓科研和生产单位的劳动纪律整顿，建立健全各种行之有效的工作制度、劳动制度、质量保障制度等，采取有利于提高生产质量的措施，使国防科研和军工生产单位分清责任是非，严格奖惩范围，保证产品质量，提高工作效率，使兵器工业向有序化方向迈进，产品质量有了初步好转。

三、重新制订武器装备长远规划

原订的武器装备五年（1976～1980年）和十年（1976～1985年）发展计划存在目标过高、过急的问题，当时中国科技水平和经济能力难以达到。为了调整和制订好五年和十年的国防科研和武器

---

① 《邓小平文选》第2卷，26页，北京，人民出版社，1994。

发展计划，邓小平于1975年4月主持召开国防工业重点企业汇报会。他在会上提出了缩短战线、精简型号、突出重点，搞好常规武器发展规划，加强集中统一管理，狠抓科研的方针。叶剑英提出，当前部队武器装备建设要重点抓好的四项主要任务：一是要把性能落后的旧杂装备淘汰一批；二是部队的装备缺编不少，要补齐，按战时编制储备；三是装备不配套、不能用于打仗的，要解决配套问题；四是部队装备严重失修的，要解决。

为了抓好武器装备建设，1975年3月，总参谋部成立装备部。遵照叶剑英和邓小平的指示精神，总参谋部装备部与国防科委着手重新制订武器装备五年、十年的发展目标和研究计划。为了保证武器装备发展目标和规划符合实际，切实可行，总参谋部装备部和国防科委在充分调查研究的基础上，提出武器装备的发展必须考虑到国家的经济基础比较薄弱，不可能有过多的财力、物力用到国防上，因此不能提出过高、过急的目标；同时，还根据敌方情况、军事思想、战略战术、装备发展趋势，以及中国科研技术等方面的种种情况，有针对性地确定武器装备发展的方向和重点。目标规划既要积极发展我军的武器装备，又不能跟在别国的后面跑或与其比高低。根据上述指导思想，在充分论证的基础上，制订了国防科研和武器装备发展五年、十年计划。新规划确定把洲际导弹、潜地导弹、卫星通信工程的研制试验任务作为国防科技发展的重要战略目标。在狠抓导弹、核武器研制的同时，继续以军队“打坦克、打飞机、打军舰”的需求为重点，搞好常规武器的科研和生产。对导弹、运载火箭的研制计划也进行了大幅度压缩。“五五”计划的总目标，是达到部队的装备能适应打仗的要求。具体分为两步：第一步是前三年，着重整顿部队现有装备，主要是解决叶剑英提出的现有装备四个问题。第二步是后两年，继续提高，并增加一定的储备。部队武器装备的发展重点是：陆军以反坦克武器和防空武器为重点，空军以歼击机为重点，海军以潜艇和导弹舰艇为重点。“六五”期间武器装备发展的总目标，是研制一些新型的飞机、舰艇、战术导弹、反坦克武器等，使部队装备得到进一步增强，储备数量进一步充实。这个规划，体现了使人民解放军的武器装备既有大的发展和进步又有相当数量储备的要求。3 月 21 日和 5 月 25 日制订的卫星通信工程研制计划、导弹核武器研制计划和常规武器十年发展计划，先后获得中共中央和毛泽东的批准。

新的规划努力做到使军队装备的需要与国民经济可能发展的水平相协调，对于消除林彪反革命集团对国防科研和武器装备建设的影响和破坏，减少国家的经济损失，保证国防科研和武器装备建设积极健康发展，推进人民解放军武器装备现代化水平的提高和国防力量的增强等，起了积极作用。但规划仍存在目标偏大，要求偏急的倾向，超出了实际可能性。

四、加强装备管理

针对部队装备管理存在问题较多的情况，在 1975 年的整顿中，全军采取综合措施，狠抓武器装备管理。

从教育入手，提高对装备管理重要性的认识。各部队广泛开展管理好、爱护好武器装备的思想教育，使广大指战员认识到武器装备是部队战斗力的重要组成部分，是战胜敌人、保存自己的物质基础，是国家的宝贵财产，爱护武器装备是人民解放军的光荣传统。管好装备是军人的职责，使武器装备经常保持良好状态，是做好反侵略战争准备，落实毛泽东“备战、备荒、为人民”伟大战略方针的具体体现。通过教育，广大指战员管好装备的责任心和自觉性大大增强。

各级党委把装备管理作为落实战备的一项重要工作列入党委议事日程，加强领导，分工专人负责。为把装备管理工作做得扎实有效，各级党委狠抓部队经常性教育，使部队树立以现有装备战胜敌人的信念，发动群众管好装备，保证部队随时执行作战任务；司令部和后勤部有关部门下部队具体指导，及时检查、发现与帮助解决问题，发现与培养典型，以点带面。在整顿中，各部队注重抓好培训和保留技术骨干工作，保持技术队伍的稳定性；装备按编制配备，加强管理，及时维修，严防事故。

建立和健全装备管理规章制度。对搞乱了的规章制度进行清理，对确实不合理的规章制度，进行论证和修改；没有或不健全的规章制度建立或健全起来，做到有章可循和按章办事。要求每一个操作使用和管理装备的人员，养成严格执行规章制度的习惯，在使用、保管、检查和修理各个环节中，严格按操作规程办事。

组织装备检查。总参谋部组织有关部局和海军、空军等 10 个单位抽调干部组成 60 个检查组，于 6 月 2 日 ~7 月底分赴有关部队、仓库，重点检查 160 个单位的进口和国产主要装备、设备的使用保管情况。通过检查，摸清了存在的主要问题，提出了改进措施，加强了进口装备和国产主要装备的管理。1976 年 2 ~9 月，按照中央军委的指示和总参谋部、总后勤部的布置，采取领导、群众和专业人员相结合的办法，各大军区、军兵种对所属单位进行了一次全面的装备普查，彻底弄清现有装备的数量、质量、配套和各项制度的贯彻执行情况，检查了失修装备，健全了装备管理制度，提高了使用维护装备的水平。

抓紧装备修理。针对部队的失修装备数量很大、修理任务很重，特别是一些大型技术装备，如飞机、舰船急需维修等情况，要求力争在 3 年内把需要修理的装备修好。一方面，加强对军内修理工厂的领导，发动群众，千方百计提高修理能力和修理质量。另一方面，解决原材料和零备件的供应渠道，总后勤部计划归口，统一规划，分级管理，统筹全军装备的修理工作。

搞好仓库、修理厂建设。按照国务院、中央军委批准的《关于后勤经费、物资十年规划》，从 1976 年起，10 年内全军将新建装备储备仓库 800 余万平方米；建成后，基本可以满足需要。10 年内将新建、改建修理工厂 92 个；建成后，除大型舰艇、大型飞机和部分坦克发动机仍需国家工业部门担负修理任务外，其余基本可立足于军内修理。以上规划，将逐年下达实施。1975 年，各有关部门进行了大量的工程前期准备论证工作，为仓库和修理厂建设打下了坚实基础。

五、狠抓武器研制任务的完成

国防科委和各国防工业部门坚持边整顿、边提高的原则，发扬自力更生、艰苦奋斗、勤俭建军的革命精神，充分发动群众，调动广大干部、科研人员和工人的积极性创造性，狠抓年度武器装备科研和生产任务的完成。

各部门在抓思想整顿和组织整顿的同时，积极抓好科研项目和生产计划的落实。通过整顿，各部门消除了派性，促进了安定团结，科研、生产秩序普遍好转。1975 年的科研、生产计划完成情况，为多年来最好的一年。特别是航天技术方面，成绩更为显著。7 月 26 日，“长征二号”运载火箭发射“尖兵一号”人造地球卫星获得圆满成功；10 月 27 日，第二次地下核试验爆炸成功；11 月 29 日，成功发射和回收第一颗返回式探测卫星；12 月 17 日，又一颗人造地球卫星发射成功。一年中成功发射 3 颗人造地球卫星，这在中国航天史上是史无前例的。而在 1972～1974 年的 3 年间，仅仅发射一次人造地球卫星，还失败了。因此，有的专家把 1975 年称为“三星高照”。这是国防科技战线整顿成果的显著标志。试验型卫星研制成功，使中国继美国、苏联之后，成为世界上第三个掌握人造地球卫星返回技术的国家。增大中远程地地导弹射程的研制工作，由于“文化大革命”的影响，一度几乎陷于停顿状态，直到 1975 年经过调整和整顿才出现转机。导弹经过改进设计、采取增程技术措施后，进行了多次考核性飞行试验，证明中远程地地导弹的战术技术性能达到了研制任务的要求。

为满足洲际地地导弹弹头再入模拟试验的需要，国防科委于 8 月决定建设相应的弹着区。这个弹着区在长达 140 公里的再入弹道两侧，配备可移动式测量设备以及技术勤务保障设备，并在落点附近设置了无人遥测接收站，以获得弹头飞出黑障区至落地段的工程参数。

常规武器装备研制方面，也取得一些重要成果和进步。1975

年，在地空导弹试验基地进行 4 发独立回路遥测弹的飞行试验，全部获得成功。空舰导弹的研制，由于“文化大革命”的影响，工作暂停。1975 年 9 月，中央军委批准恢复空舰导弹武器系统的研制工作。第七机械工业部第三研究院依据国防工办确定的以原空舰导弹设计方案为基础，尽量选用现有成品设备，以最快速度向部队提供装备的原则，重新开始了空舰导弹的研制工作。

另外，在空空导弹、反舰导弹、陆军武器研制，常规兵器试验，军用飞机、军用舰艇、海军常规武器装备试验，军用电子装备和发展国防科技基础等方面，均取得一定的成绩。但从 1975 年年底开始，江青一伙在全国掀起“反击右倾翻案风”运动，整顿工作被迫中断，国防科技工业战线一度出现的好形势急剧滑坡，科研、生产再度停滞，国防科技事业又一次蒙受巨大损失。

第六节　军队整顿被迫中断和粉碎“四人帮”

一、军队整顿被迫中断

1975 年初第四届全国人大第一次全体会议后，邓小平、叶剑英得到毛泽东的支持，领导全国及军队展开全面整顿，在很短时间里使国民经济出现恢复发展的好势头，军队各个方面出现了新面貌。但是，整顿触及了“四人帮”的帮派利益，遭到他们的忌恨。“四人帮”不甘心处于受制地位，一直寻找机会，施展阴谋手段，打着阶级斗争、路线斗争的旗号，对邓小平、叶剑英及其领导的整顿工作进行攻击和报复。

毛泽东在一开始对邓小平全面整顿和整顿所取得的成效是支持和满意的，但后来毛泽东的态度有所反复。因为邓小平领导的整顿工作，不能不涉及“文革”中所实行的许多错误政策，不能不逐渐发展成为对这些错误的系统纠正。而全面整顿所引起的良好变化，又开始启发广大干部群众认真思考“文革”的错误。毛泽东仍然坚持“文革”“三七开，七分成绩，三分错误”。他不能容忍邓小平系统纠正“左”倾的错误，因为这样必然会出现从根本上否定“文革”的趋势。1975 年 8 月 13 日和 10 月 13 日，清华大学党委副书记刘冰等四人先后给毛泽东写了两封信，反映迟群和谢静宜在政治上、思想上、工作上和生活作风等方面的严重问题。在“四人帮”和在毛泽东身边当联络员的毛远新的挑拨下，毛泽东作出错误判断，认为：现在有人对“文化大革命”不满意，要算“文化大革命”的账，“清华所涉及的问题不是孤立的，是当前两条路线斗争的反映”①，同时批评了邓小平。对此，“四人帮”如获至宝，四处煽风点火。1975 年 11 月初，从清华大学开始并发展到全国各地学校，又展开了新一轮“教育革命大辩论”。到 11 月下旬，发展为一场“反击右倾翻案风”运动。

1975 年 12 月～1976 年 1 月，中央政治局几次开会讨论“文化大革命”的评价问题，对邓小平作了错误的批评。会上会下，“四人帮”表现特别活跃，攻击邓小平和他所领导的全面整顿。1975 年的中央军委扩大会议也在批判之列。

在军委扩大会议期间，“四人帮”虽然从骨子里反对叶剑英、邓小平两位副主席的讲话和会议决定的问题，但在当时的政治形势下，在军委讨论会议总结和中央政治局讨论以中央名义转发军委扩大会议文件时，他们均表示同意。“反击右倾翻案风”运动开始后，“四人帮”却给军委扩大会议罗织罪名，为打倒邓小平再添罪状，同时攻击主持军委日常工作的叶剑英。王洪文、张春桥指责军委扩大会议“不以阶级斗争为纲”，而是“搞唯武器论”，“推行资产阶级军事路线”，等等。王洪文调阅了会议文件、记录和军队一些大单位贯彻军委扩大会议精神的材料，准备“算总账”。“四人帮”还授意有关人员撰写攻击邓小平和叶剑英两人讲话的文章。“四人帮”对军委扩大会议后调整的各大单位的领导班子尤其不满，诬蔑为

① 《建国以来毛泽东文稿》第 13 册，486 页，北京，中央文献出版社，1998。

“复辟班子”、“翻案风的产物”，诬蔑叶剑英是“军内资产阶级”的“代理人”。1976 年 1 月 8 日，周恩来总理逝世。1 月 28 日，毛泽东提议由华国锋主持中央日常工作。2 月 2 日，党中央发出通知，决定由华国锋任国务院代总理。中央还决定，陈锡联代替叶剑英主持中央军委日常工作。这些决定反映了毛泽东既对邓小平、叶剑英这样的老同志不放心，但又不愿把党、政、军大权完全交给“四人帮”的矛盾心态。

2 月 5 日，中共中央通知将 1975 年 11 月“反击右倾翻案风”发起时中央内部传达的《打招呼的讲话要点》扩大传达到党内外群众。接着，中共中央又陆续召开省、市、自治区的领导干部会议，布置揭发批判邓小平。3 月 3 日，中共中央将打招呼会议上的讲话转发全国全军县、团级以上干部。至此，1975 年 11 月开始的“反击右倾翻案风”运动，转变为“批邓、反击右倾翻案风”运动。1976 年 2 月 16 日，毛泽东批示同意中央军委“停止学习和贯彻执行 1975 年 7 月邓小平、叶剑英在军委扩大会议上的两个讲话”的报告，这标志着 1975 年军委扩大会议以来军队的整顿被迫中断。

“批邓”不只是错误地批判一个人，而是错误地否定以邓小平为代表的中央领导人的正确主张，军队中从中央军委到各总部、大单位一批坚持正确路线的领导人也受到冲击。“四人帮”是“批邓、反击右倾翻案风”运动的积极推动者。为了篡党夺权，他们要趁机打倒一大批老干部。“四人帮”扬言“跟邓小平性质一样的有一层人，要揪各种各样的走资派”。他们诬蔑邓小平和叶剑英等军队领导人“搞修正主义”、“复辟资本主义”，邓小平是“不肯改悔的最大的走资派”，叶剑英是“军内资产阶级”的“黑干将”。1976 年 2 月，王洪文在一次军队干部会议上说：叶剑英反派性是“赤裸裸的反攻倒算”。“邓小平是还乡团的总团长”，各系统还有分团长，叶剑英就是军队系统还乡团的分团长。

“反击右倾翻案风”开始后，有的单位按照上面的精神，搞上挂下连，抓邓小平在本单位的“代理人”。在这样的政治形势下，军队一批高级领导干部受到很大压力，处境困难，难以有效地组织部队工作。但是，广大官兵对“批邓、反击右倾翻案风”运动有抵触情绪，许多单位对运动虚以应付，声势大，动作小。对此，“四人帮”很不满意，指责军队运动不力。1976年6月12日，王洪文、张春桥在听取总政治部关于运动的汇报中，对总政治部的表现极为恼火，说总政治部把运动搞得“冷冷清清”，斥责总政治部领导“保护大官的利益”，总政治部和解放军报社是“谣言窝子”，保卫部是“翻案部”，干部部门“也有翻案问题”，“想用总政用不上”。他还指责军队整顿导致造反派势力下降，企图把总政治部主持工作的各部门领导人都划入邓小平“右倾翻案”线内，要批判、打倒。“四人帮”在整总政治部的同时，也整总参谋部，说总参谋部是“谣言分公司”。他们几次找总参谋部党委常委集体谈话，要揭开总参谋部的盖子。7月，王洪文讲军队问题时说：“军队问题，基层是好的，主要问题在上面。比较起来，总参的事情更紧迫些。”在此期间，“四人帮”还利用各种时机，攻击人民解放军各军兵种、大军区的领导人，企图打倒一批军队老干部。

“反击右倾翻案风”运动发起后，在军队中只有少数人紧跟“四人帮”的调子，热心于运动，大多数干部认为“四人帮”在中央和军队的非组织活动及帮派行为不正常，在运动中保持了清醒的头脑，自觉抵制“四人帮”乱中夺权的阴谋活动。特别在压制悼念周恩来总理等事件上，“四人帮”与民众为敌的本质暴露得比较充分，全国人民和解放军广大指战员对“四人帮”篡党夺权的阴谋看得更清了，进而站到了反“四人帮”的行列中，“四人帮”越来越孤立。

二、粉碎“四人帮”

1976年，党和国家的主要领导人国务院总理周恩来、人大常委会委员长朱德、中共中央主席毛泽东相继逝世。此时，“文化大革命”已持续10年，国家经济疲敝、文化萧条、人心涣散。中央内部在国家发展方向上也形成两种对立的思路，“四人帮”一伙要继续“文革”的路线；一大批老干部主张整顿、振兴国家，结束“文化大革命”。两种意见尖锐冲突，“四人帮”趁机发难，企图夺权。

江青自“文化大革命”走上政治舞台以来，自恃身份特殊，在中央政治局内“强加于人”，与中央多数人闹矛盾，到“文化大革命”后期，图谋篡夺国家大权的野心日益暴露，多次受到毛泽东严厉批评。可是，江青不听毛泽东的一再批评与警告，一意孤行，越到毛泽东晚年，其行为越加狂放不羁，在中央与王洪文、张春桥、姚文元等极少数人拉帮结伙，企图篡夺党和国家最高领导权。

周恩来总理在国内国际享有盛望。对于他的逝世，国人万分哀伤，国际上同声悲悼。可是，“四人帮”为了篡党夺权，继续恶意中伤周恩来，并压制广大军民对周恩来的悼念。周恩来逝世的第二天，“四人帮”指使文化部照常进行文艺演出，江青出席观看。“四人帮”利用他们控制的宣传工具，限制悼念报道的规模，甚至连 1 月 11 日首都百万人民矗立寒冬、十里长街送总理的动人场景也不准予报道。在周恩来的遗体告别仪式上，江青举止轻狂，极大地激怒了广大人民群众。此后，“四人帮”继续利用机会贬低与中伤周恩来。3 月 25 日，《文汇报》刊登一篇《走资派还在走，我们就要同他斗》的文章。文中说，“党内那个走资派要把被打倒的至今不肯改悔的走资派扶上台。大量事实说明，党内那个不肯改悔的走资派和孔老二唱的是一个调子”。这篇文章很明显是把周恩来同邓小平连在一起，不点名批判周恩来是走资派。此后，群众纷纷对《文汇报》提出抗议。

3 月底 ~4 月初，全国各地均出现自发的群众性抗议游行活动，首都人民也汇集到天安门广场悼念周恩来，反对“四人帮”的倒行逆施。4 月 4 日清明节这一天，天安门广场聚集了上百万群众，悼念活动达到高潮。当晚，华国锋主持召开中央政治局会议，叶剑英、李先念“因病”没有参加，会议在江青一伙左右下，把天安门广场悼念活动的性质定为“反革命事件”，说“是邓小平搞了很长时间的准备形成的”。4 月 5 日，广大群众继续涌向天安门广场。一部分人同民兵、警察、部队战士发生严重冲突。晚上9时许，一万多民兵和警察奉命进入广场，驱赶和逮捕滞留在广场的群众。从3月底到4月5日，在北京天安门广场发生的人民群众大规模悼念周恩来，反对“四人帮”，支持邓小平的事件，被称作天安门事件。

天安门事件后，中央政治局通过决议，撤销邓小平党内外一切职务，保留党籍；华国锋任中国共产党中央委员会第一副主席，中华人民共和国国务院总理。此后，全国公开批邓，“反击右倾翻案风”声势更急。

群众的悼念活动被镇压了，但是以天安门事件为代表的抗议活动表达了群众对周恩来总理的哀悼，对“文化大革命”特别是“批邓、反击右倾翻案风”的不满，对“四人帮”弄权祸国的愤恨。这场运动为以后粉碎江青反革命集团奠定了群众基础。

1976年7月6日，全国人大常委会委员长朱德逝世；9月9日，毛泽东主席逝世。此后，“四人帮”加快了篡党夺权的步伐，核心问题是“四人帮”企图拥戴江青取代华国锋担任党的中央主席。

9月10日，王洪文有意绕过中央办公厅，通知各省、市、自治区在吊唁期间各地发生的重大问题及时向他报告，企图由此接管对全国的领导权。与此同时，“四人帮”的党羽纷纷给江青写效忠信、劝进信，并利用宣传工具攻击、诬蔑华国锋等中央领导人，为他们掌权制造舆论。华国锋、叶剑英、李先念、汪东兴等人经过慎重考虑和反复商量，并征得中央政治局多数同志的同意，决定对“四人帮”采取隔离审查措施。

10月6日晚，华国锋、叶剑英代表中央政治局执行党和人民的意志，对江青、张春桥、王洪文、姚文元采取断然措施，实行隔离审查。“文化大革命”以来作恶十年的“四人帮”终于受到惩处，延续十年之久的“文化大革命”终于结束了。

人民解放军衷心拥护和坚决支持党中央粉碎“四人帮”，并在粉碎“四人帮”的斗争中作出了特殊贡献。中央警卫部队执行了抓捕“四人帮”及其爪牙的任务。人民解放军在华国锋和叶剑英为首的中共中央、中央军委的指挥下，派部队迅速控制了被“四人帮”掌握的新闻、宣传等要害部门及单位。全军部队保持了自身的高度稳定，同时积极维护了全国社会的稳定。

1975 年到 1976 年粉碎“四人帮”，是“文化大革命”的最后阶段，人民解放军与全国各行各业一样开展了全面整顿。调整领导班子，压缩军队员额，安排超编干部；加强军事训练，把军事训练提高到战略地位；整顿思想作风，加强部队纪律建设；整顿国防科技，发展武器装备；等等。整顿取得初步成效，巩固了九一三事件以后军队整顿取得的成绩，军队建设出现良好发展势头。虽然由于“四人帮”利用毛泽东“文化大革命”的错误，极力扰乱军队的整顿，并发动“批邓、反击右倾翻案风”运动，使军队整顿被迫中断，但是整顿已经深入人心。粉碎“四人帮”，宣告“文化大革命”结束，人民解放军开始进入军队建设新的发展时期。

第五章　清理整顿，实现军队建设的拨乱反正

从 1976 年 10 月粉碎江青反革命集团，到 1978 年 12 月中国共产党第十一届三中全会召开，在中共中央、中央军委的领导下，全军深入开展揭批“四人帮”运动，进行清理整顿工作，平反冤假错案，医治“文化大革命”给军队建设造成的创伤，努力恢复人民军队的优良传统和作风，逐步实现了军队工作的拨乱反正，军队建设开始走上健康发展的轨道，为彻底消除“文化大革命”的影响、实现党和军队伟大的历史转折，为实现国防和军队建设的历史性转变奠定了基础。

第一节　开展揭批“四人帮”运动，提出军队建设新的任务

一、粉碎江青反革命集团后军队面临的形势，新一届军委领导集体产生

粉碎江青反革命集团，给遭受严重创伤的党和国家、军队带来了希望。10 月 21 日，首都 150 万军民举行规模庞大的庆祝游行，庆祝粉碎江青反革命集团的伟大胜利。全军官兵衷心拥护中共中央粉碎江青反革命集团的决策，踊跃参加各地举行的集会和游行，声讨江青反革命集团的罪行，热烈庆祝粉碎江青反革命集团的历史性胜利。在此前后，人民解放军根据中央军委的部署，进行了必要的准备，有效地防止了江青反革命集团在各地的余党可能进行的各种

破坏活动。

在“文化大革命”中，党的“左”倾错误指导思想，特别是林彪、江青两个反革命集团利用手中掌握的权力进行篡党夺权的活动，给党和国家造成了深重灾难。从军队情况看，林彪、江青两个反革命集团反军乱军、篡党夺权的阴谋活动，给军队建设造成了严重破坏，军队建设正确的方针、原则被歪曲，“左”的一套东西被视为正确而长期推行。因此，虽然随着江青反革命集团被粉碎，历时十年的“文化大革命”宣告结束，但军队工作依旧面临着严峻的形势和极其繁重的拨乱反正任务。

当时，在“文化大革命”中追随林彪、江青两个反革命集团造反起家、帮派思想严重和打砸抢的“三种人”，有相当一部分人仍在军队的各级领导岗位上担任领导职务或没有得到处理，亟须进行组织整顿和清查，以纯洁组织；在政治建设方面，军队中党内政治生活极不正常，党的民主集中制和集体领导原则遭到严重破坏，一些党组织不能发挥战斗堡垒作用，不少党员党性、党的观念和组织纪律性减弱，先锋模范作用不能很好发挥，有的单位出现拉帮结伙和搞派性、拉山头的问题，严重败坏了军队的优良传统与作风；在军事工作方面，军事训练内容、时间被大大压缩，难以正常进行，官兵军事素质下降，战斗力受到影响；在部队管理教育方面，条令条例和规章制度的地位没有得到确立，部队的集中统一领导和正规的工作、生活秩序受到干扰，各种事故和不良倾向增加，涣散了军队的组织纪律；在体制编制方面，各级领导机关机构臃肿、层次重叠，副职领导众多，临时性机构繁多，编制定额一再突破，非战斗人员大幅度增加，军队规模庞大；在装备建设方面，由于科研力量组织不力，一些工厂由于派性等原因处于停产半停产状态，武器装备的研制生产受到严重影响，特别是常规武器装备的水平与发达国家的差距被进一步拉大。在1975年的军委扩大会议上，时任中央军委副主席的邓小平曾把军队领导班子中存在的问题归纳为“软、懒、散”，把军队建设中的问题归纳为“肿”、“散”、“骄”、“奢”、

“惰”，虽然经过1975年的整顿有所改善，但问题并没有得到根本解决，特别是思想作风问题、体制编制问题、教育训练问题、武器装备问题，已经严重制约军队发展。全军官兵对林彪、江青两个反革命集团企图搞乱军队、乱中夺权的倒行逆施极为不满，曾经采取不同形式进行了坚决抵制和斗争。粉碎江青反革命集团后，全军官兵特别是一些高级干部对“文化大革命”给军队建设造成的严重破坏十分忧虑，迫切希望尽快结束“文化大革命”所造成的混乱局面，实现军队建设的拨乱反正。但在另外一个方面，国家刚刚经历了“文革”的浩劫，百业待举，众多的社会矛盾尚未消融，旧的思想观念束缚更使得改革开放步履维艰，思想的统一和社会秩序的恢复也需要付出巨大的努力。在这种情况下，确保政治稳定和社会安定，促进经济建设的腾飞，迫切需要军队保持绝对的稳定，并且成为稳定社会的中间力量和经济建设的生力军。

1977年3月7日，中共中央讨论决定：中央军委日常工作仍由中央军委副主席叶剑英主持。7月16~21日，中共十届三中全会通过决议，追任华国锋为中共中央主席、中央军委主席；恢复邓小平中共中央委员、中共中央政治局委员、中共中央政治局常委、中共中央副主席、中央军委副主席、国务院副总理、中国人民解放军总参谋长职务。

1977年8月12~18日，中国共产党第十一次全国代表大会在北京召开。会议所通过的政治报告宣布：以粉碎“四人帮”为标志，“文化大革命”宣告结束。在8月19日举行的中共十一届一中全会上，选举产生了新的中共中央军事委员会，华国锋为主席，叶剑英、邓小平、刘伯承、徐向前、聂荣臻为副主席，李先念、汪东兴、陈锡联、韦国清、苏振华、张廷发、粟裕、罗瑞卿为常委，杨勇、梁必业、张震为列席常委，罗瑞卿为秘书长（兼）。华国锋、叶剑英、邓小平、刘伯承、徐向前、聂荣臻、王平、王诤、王震、王必成、王尚荣、王建安、韦国清、邓华、孔石泉、甘渭汉、吕正操、刘震、刘志坚、许世友、杜义德、杨勇、杨成武、杨得志、苏振华、李水清、李先念、李志民、李德生、李聚奎、李耀文、吴克华、汪东兴、宋时轮、宋承志、张震、张才千、张廷发、张爱萍、陈先瑞、陈再道、陈锡联、陈鹤桥、罗瑞卿、金如柏、洪学智、秦基伟、聂凤智、徐立清、郭林祥、高厚良、唐亮、萧华、萧克、萧劲光、萧望东、黄新廷、梁必业、韩先楚、粟裕、曾思玉、廖汉生、谭善和等63人为委员。随后，1978年3月5日，第五届全国人民代表大会第一次会议任命徐向前为国务院副总理兼任国防部长。3月9日，中共中央决定增补王震为中央军委常委。

在此前后，人民解放军总部领导班子也作了部分调整。1977年8月29日，中共中央任命韦国清为总政治部主任。12月23日，中央军委任命王平为总后勤部政治委员。1978年2月22日，中央军委任命张震为总后勤部部长。

中央军委成员和人民解放军各总部领导人员的调整，对于纠正“左”的错误，医治“文化大革命”造成的创伤，推动军队建设，起到了重要作用。特别是邓小平再次出任党和国家、军队的主要领导职务后，对推动和指导全党全军进行拨乱反正、实现伟大历史转变，对推动和指导新时期军队建设出现全新的面貌，发挥的决策作用和作出的卓越贡献，具有不可磨灭的历史意义。

人民解放军的建设和发展进入了一个调整、整顿的重要发展阶段。

二、开展揭批“四人帮”运动

粉碎江青反革命集团后，中共中央对揭发批判“四人帮”的斗争作出全面部署，确定要按照揭发批判“四人帮”篡党夺权的阴谋、揭发批判“四人帮”的反革命罪行、揭发批判“四人帮”的“反革命修正主义路线的极右实质及其在各方面的表现”等三个阶段，有领导、有步骤地分阶段逐步深入展开。按照中共中央的统一部署，为指导全军部队深入开展揭批江青反革命集团罪行的斗争，中央军委多次举行会议，分析形势和情况，对全军揭批“四人帮”的工作作出具体部署，强调全军要以毛泽东军事思想为指针，紧密联系部队实际，把被江青反革命集团颠倒的路线是非纠正过来，彻底肃清极左思潮的危害和影响，搞好部队建设。人民解放军在中央军委领导下，以两年多时间进行揭发批判“四人帮”运动。

按照中共中央的统一部署和陆续公布的江青反革命集团罪证材料，全军揭批“四人帮”的运动分三个阶段进行。第一个阶段，从1976年12月开始到1977年3月结束，着重揭发批判江青反革命集团篡党夺权的阴谋和祸国殃民的反革命罪行。大量的事实和证据，使全军指战员认清了江青反革命集团凌驾于中共中央之上，大搞分裂党的宗派活动和篡党夺权的阴谋活动，残酷迫害老一辈无产阶级革命家和老干部的种种罪行，认清了他们的要害是反军乱军、篡党夺权。第二个阶段，从1977年3月开始到同年9月结束，着重揭发批判江青反革命集团的历史。大量的历史材料和证据，使全军指战员了解了江青反革命集团成员的反革命面目和丑恶历史，认清了他们是一伙新老反革命分子结成的帮派团伙。第三个阶段，从1977年9月开始到1978年12月基本结束，着重揭发批判江青反革命集团的反革命路线及其在各方面的表现。通过剖析江青反革命集团肆意歪曲和篡改马列主义、毛泽东思想，在思想上、理论上造成极大混乱的罪行，使全军指战员认清了消除江青反革命集团的影响是一场非常艰巨的斗争。

在把揭发批判“四人帮”的斗争不断推向深入的同时，人民解放军对林彪反革命集团给军队造成的恶劣影响也进行了全面彻底的清理。中央军委明确规定，揭批江青反革命集团，必须和揭批林彪反革命集团结合起来，并将此作为把揭批江青反革命集团罪行的斗争进行到底的一项重要战略步骤。大量事实证明，林彪、江青两个反革命集团早就勾结在一起，进行反军乱军、篡党夺权的阴谋活动。林彪对军队毒害很大。但是，林彪叛国出逃、坠机身亡后，江青反革命集团包庇其罪行，借“批林批孔”的名义把矛头指向周恩来、叶剑英等老一辈无产阶级革命家。因此，在揭批江青反革命集团罪行时联系揭批林彪，是揭批运动深入发展的必然趋势。经过对林彪、江青两个反革命集团罪恶活动联系起来的进一步深入揭批，全军官兵更清楚地认清了他们共同的反革命本质。这对于拨乱反正、正本清源，进一步分清路线是非，具有重大意义。

到1978年底，全军范围内揭批“四人帮”的运动告一段落，各项任务基本完成。总政治部根据全军的情况，向中央军委提出了《关于结束揭批江青反革命集团群众运动的意见》，其中对结束揭批江青反革命集团罪行的群众运动提出了五条标准：（一）查清了同江青反革命集团篡党夺权阴谋活动有牵连的人和事、江青反革命集团的帮派体系。（二）干部队伍和领导班子，特别是重要单位和部门的领导班子进行了整顿。（三）实事求是、老老实实的传统作风初步恢复了。林彪、江青两个反革命集团迫害干部和群众所造成的冤案、错案大部分得到了平反昭雪。（四）军队和地方、军队和人民群众的关系有了明显改善。（五）部队纪律严格了。11月28日，中央军委向全军转发了总政治部的《意见》。根据总政治部的《意见》，全军团以上单位依据五条标准，对本单位揭批江青反革命集团运动的情况普遍进行了对照检查。从对照检查情况看，全军部队执行五条标准基本是好的。因此，除少数单位外，全军范围揭批江青反革命集团罪行的群众运动，在1978年底前基本结束。

揭批“四人帮”运动，使得全军官兵对“四人帮”篡党夺权、反军乱军、祸国殃民的罪行有了全面深刻的认识和了解，为彻底消除江青反革命集团对军队工作的影响，为后来进一步清除危害军队建设多年的“左”倾错误指导思想影响打下了良好基础。但是，由于对“四人帮”的揭发和批判依旧被局限在对“文化大革命”和毛泽东晚年的理论与实践全部肯定的范围内，军队建设不可能通过这一运动彻底摆脱“左”倾错误指导思想的束缚和影响，对一些重大问题的认识有待进一步深化，广大官兵提出的许多合理的要求也未能得到解决。因此，揭批“四人帮”的群众运动虽然基本结束，并不意味着林彪、江青两个反革命集团在军队建设中的余毒影响已被肃清。从思想上、理论上继续深入批判林彪、江青两个反革命集团的反革命罪行，在指导思想上彻底肃清“左”倾错误指导思想的影响，仍然是一个长期艰巨的任务。

三、开展“十个应该不应该”教育

“文化大革命”结束后，军队工作面临着许多重大任务，思想认识和指导方针上的拨乱反正，是其中最重要的工作。在“文化大革命”中，由于“左”倾错误指导思想的影响和林彪、江青两个反革命集团的反党乱军活动，军队的优良传统和作风遭到严重破坏，军队建设存在许多亟待解决的问题。如何通过深入揭批江青反革命集团罪行的斗争，把被林彪、江青反革命集团颠倒了的路线是非纠正过来，如何清除“左”倾错误指导思想的影响，恢复党和军队的优良传统和作风，这是军队工作能否真正走出“文化大革命”所造成的严重局面的关键。解决这个问题，对于全面实现军队工作的拨乱反正，明确军队建设的方向，开创军队工作的新局面至关重要。

1977 年 3 月 24 日，中央军委召开座谈会。中央军委副主席叶剑英在会上讲话，全面分析了全军揭批“四人帮”运动的形势，指出：“四人帮”搞了一套反军乱军的谬论，否定我军的无产阶级性质、光荣历史和优良传统，把人们的思想搞乱了。“现在一个十分重要的问题，就是要用马列主义、毛泽东思想，把被‘四人帮’搞颠倒了的路线是非纠正过来，彻底肃清其流毒和影响”。他在讲话中提出全军建设中亟须澄清和纠正的十个重大路线是非问题：应该不应该坚持党对军队的绝对领导？应该不应该坚持无产阶级党性，反对派性？应该不应该继承和发扬我党我军的优良传统？应该不应该整顿军队？应该不应该严格遵守革命纪律和规章制度？应该不应该按照接班人“五项条件”搞好老中青三结合？应该不应该强调军队要稳定？应该不应该严格训练、严格要求？应该不应该坚持野战军、地方武装、民兵三结合的武装力量体制？应该不应该准备打仗？并对十个重大问题逐一作出肯定的回答，要求全军官兵在任何时候、任何情况下都要把自己置于党的绝对领导之下，坚持党的基本路线，搞好路线教育，一切行动听从党中央的指挥；保持高度的统一集中，绝不允许搞派性，绝不允许帮派的存在；有计划地在部队进行优良传统的教育，不断总结符合毛泽东建军路线的新经验，使我军的优良传统更加发扬光大；坚定不移地从政治上、思想上、组织上、作风上进行整顿，整掉林彪和“四人帮”的流毒和影响；严格执行革命纪律，坚决贯彻执行条令条例；在配备各级领导班子时，一定要把那些符合“五项条件”的，特别是经过揭批“四人帮”斗争锻炼和考验的优秀干部，有计划地培养选拔到领导班子中，实行领导班子中的老中青三结合；军队是无产阶级专政的柱石，任何时候，军队都要保持稳定；要严格训练、严格要求，提高技术战术水平，一定要抓出成绩来；野战军、地方武装、民兵三结合，是我们武装力量的传统体制，民兵是武装力量的一个组成部分，不能自成体系，必须置于地方党委和军事系统的双重领导之下；要加强战备教育，加强敌情研究，加强军政训练，加强国防工程，加强军事科学研究，加强人防建设，加强军工生产，加快步伐，充分做好反侵略战争准备，防止敌人的突然袭击。[①]

“十个应该不应该”，抓住了揭批林彪、江青两个反革命集团反军乱军罪行的要害，指出了军队全面整顿的基本内容，概括论述了建设现代化、正规化革命军队的根本要求，为军队深入揭批林彪、江青反革命集团罪行，清除“左”倾错误指导思想的影响，从思想上、政治上、组织上实现拨乱反正，正本清源，全面加强军队建设，指明了方向。

根据这次会议的部署和要求，全军从1977年5月起，经过学理论、批“四害”[②]、划界限、肃流毒、见行动五个步骤，全面进行了“十个应该不应该”的教育和讨论。《解放军报》从5月12日至7月3日陆续发表十篇评论员文章，要求把被“四人帮”颠倒的路线是非纠正过来。7月31日，叶剑英在庆祝中国人民解放军建军50周年大会上发表重要讲话，根据军队揭批“四人帮”运动、拨乱反

① 《叶剑英军事文选》，656～664页，北京，解放军出版社，1997。

② “四害”，指王洪文、张春桥、江青、姚文元。

正的基本情况，强调一定要恢复和发扬人民军队的优良传统和作风，进一步向全军提出必须坚持的八项原则：必须使枪杆子牢牢掌握在党和人民手里，决不能让林彪、江青反革命集团那样的大大小小野心家篡夺军队各级领导权；必须搞马克思主义，搞团结，搞光明正大，决不能像林彪、江青反革命集团那样搞修正主义，搞分裂，搞阴谋诡计；必须完整地准确地理解和贯彻毛泽东军事思想和军事路线，决不能像林彪、江青反革命集团那样歪曲篡改毛泽东思想，摘取片言只语，骗人吓人；必须坚持党的实事求是、群众路线的作风，决不能像林彪、江青反革命集团那样搞唯心论，形而上学，说假话，骑在人民头上称王称霸；必须坚持无产阶级党性，一切从人民利益出发，决不能像林彪、江青反革命集团那样结成资产阶级帮派体系，唯利是图，唯权是夺；必须坚持正常的民主生活，广开言路，决不能像林彪、江青反革命集团那样开“帽子工厂”、“钢铁工厂”，一提不同意见，就把人一棍子打死；必须坚决维护党和军队的纪律，决不能像林彪、江青反革命集团那样搞无政府主义，“踢开党委闹革命”，肆意破坏捣乱；必须加速军队革命化现代化建设，决不能像林彪、江青反革命集团那样把军事和政治对立起来，破坏革命化，取消现代化。这八个原则的提出，极大地推动了全军“十个应该不应该”的教育和讨论走向深入。

各部队在进行“十个应该不应该”教育中，认真学习马列主义理论，以揭批江青反革命集团贯穿教育活动始终，着力搞清党和军队的优良传统是什么，林彪、江青两个反革命集团是怎样歪曲和破坏党和军队的优良传统的，林彪、江青两个反革命集团在本单位还存在什么影响，如何采取有效措施加以解决等重大认识和工作问题。对每一个“应该不应该”问题的教育，既注重以马列主义、毛泽东军事思想为指针，搞清理论观点，又注重联系实际揭批林彪、江青两个反革命集团反军乱军的罪行及其谬论，坚持“应该”，反对“不应该”，努力从理论和实践的结合上弄清军队建设的大是大非问题。在部分问题较多的单位，还结合“十个应该不应该”的教育进行整顿，开展“一学二批三评四查”活动，即学习中央军委关于“军队要整顿”的指示，批判江青反革命集团反对整顿的罪行，评党委、评干部、评党委领导，查思想、查干部、查纪律、查作风。

“十个应该不应该”教育是在揭批“四人帮”第一个阶段工作基础上，与第二个阶段工作结合在一起进行，指导思想明确，具有很强的针对性，效果明显。全军指战员在继承和发扬人民军队优良传统、端正思想路线等军队建设亟待解决的一系列重大问题上，理清了思路，统一了认识，初步澄清了被林彪、江青两个反革命集团搞乱了的思想认识，保证了军队在中共中央领导下的高度集中统一，保持了军队建设的正确方向，对于军队建设指导思想的拨乱反正，产生了重要作用。

四、确定军队建设的新任务

粉碎“四人帮”之后，军队工作到底应该怎样搞，应该采取什么方针，是全军官兵共同关注的问题。它直接关系到军队建设发展的方向，关系到军队的前途和命运。

邓小平对这个问题进行了深入思考，与华国锋、叶剑英以及有关同志广泛交换了意见，并在中央政治局会议上就此提出了设想，进行了商议。在 1977 年 8 月 23 日召开的中央军委座谈会上，他发言说：我对军队怎么搞有些设想，目标是准备大休用五年时间，按照毛主席的军事思想和军事路线，把军队整顿好、建设好，恢复和发扬毛主席培育的优良传统和作风。[①] 他指出：“‘军队要整顿’至少是三五年的纲；‘要准备打仗’是打仗以前的纲。要准备打仗，就会涉及很多的方针、政策、方法和许多具体问题，都要抓住这个

① 《邓小平年谱（1975～1997）》（上），186 页，北京，中央文献出版社，2004。

纲来解决。"①

1977 年 12 月 12～31 日，中央军委全体会议在北京举行。这次会议是中共第十一次代表大会选举产生新一届军委领导集体后所举行的第一次军委会议。会议根据中共中央的战略决策，重点研究了整顿军队、准备打仗的问题，作出了"整军备战"的决定，并就战略方针调整和军队建设一系列重大问题作出了决定。会议并充分肯定了 1975 年召开的军委扩大会议，认为"那次会议是正确的，是一次重要的会议"②。

会议在分析军队建设所面临的形势和任务基础上，强调要贯彻执行毛泽东战略思想，做好以防御外敌侵略为主的作战准备，并确定：对付外敌侵略，最根本的是实行人民战争。充分发挥我国地大人多、制度优越、具有人民战争光荣传统等有利条件，依靠野战军、地方武装、民兵三结合的武装力量整体的威力，运用毛泽东的十大军事原则，经过持久作战，最后战胜敌人。同时，解放台湾，统一祖国，是我军的光荣任务，要有计划有重点地做好准备工作。

会议确定：我们的战略方针，是"积极防御，诱敌深入"。战争初期，最主要的是粉碎敌人战略突袭，保存我们的有生力量；制止敌人的长驱直入，掩护国家转入战时体制。随后，有计划地诱敌深入到预设战场，视情况通过规模不等的运动战，集中优势兵力，各个歼灭敌人。

会议客观分析了军队建设中存在的问题，认真讨论了整顿军队的方案与措施，通过了《关于加强部队教育训练的决定》、《关于办好军队院校的决定》、《关于加强军队组织纪律性的决定》、《中国人民解放军保守国家军事机密条例》、《关于加速我军武器装备现代化的决定》、《关于军队编制体制的调整方案》、《关于兵役制问题的决

---

① 《邓小平军事文集》第 3 卷，62 页，北京，军事科学出版社、中央文献出版社，2004。

② 《邓小平军事文集》第 3 卷，75 页，北京，军事科学出版社、中央文献出版社，2004。

定（草案）》、《关于加强军队工厂、马场、农副业生产管理的决定》、《关于整顿和加强军队财务工作的决定》等9个文件，确定以三年的时间进行整顿，用五年的时间努力使全军的军政素质达到一个新水平，战备工作达到一个新水平，革命化、现代化达到一个新水平，从而为军队建设整顿和发展具体明确了方向和任务。

叶剑英在会上阐述了治军的十项任务：①把揭批“四人帮”的斗争进行到底；②贯彻执行毛泽东战略思想，做好作战准备；③整顿领导班子，加强干部队伍建设；④加强党的建设，充分发挥政治工作的威力；⑤把教育训练提高到战略地位，加强军事科学研究，提高我军军政素质；⑥大力抓好国防科学技术研究和军工生产，加速装备现代化；⑦继续搞好精简整编，改革兵役制度；⑧坚持勤俭建军的方针，加强后勤战备建设；⑨坚持三结合的武装力量体制，加强民兵建设；⑩恢复和发扬人民解放军的优良传统和作风。他指出，“现在全党正处在继往开来的新时期。对军队来说，继往开来，就是要学习毛泽东军事思想，把毛主席培养的我军优良传统和作风继承下来，把我军建设成能够经得起现代战争和任何政治风浪考验的无产阶级军队”①。

邓小平在讲话中重点阐述了整顿领导班子、认清形势、整顿纪律、加强团结等问题，提出要加强教育训练，把军队办成一个大学校；要加紧备战工作，加速改进军队装备，抓紧部队训练，提高战斗力，特别是要训练干部学会指挥现代战争。他还首次提出了培养军地两用人才的新思想，强调要把军队办成一个大学校，使干部战士既能打仗又能搞社会主义建设，成为军队和地方都合用的人才。

这次会议，是1975年中央军委扩大会议的继续，所解决的问题之多，是许多年中所没有的。会议所确定的战略方针、治军任务和作出的各项决定，涉及军队建设的各个方面。“对我们军队几乎所有的领域，所有的方面，都订出了章程。”“有了这些章程，我们就

---

① 《叶剑英军事文选》，680～689页，北京，解放军出版社，1997。

有章可循，就能够统一认识，统一行动。”① 因此，这是一次非常重要的会议，不仅对于彻底医治林彪、江青两个反革命集团对军队建设的破坏具有重大作用，而且对军队建设的方方面面作出了全面调整，明确了军队整顿的方针与任务。它所确定的方针、任务和作出的各项决定，成为整顿军队、拨乱反正的纲领，对于从根本上纠正“左”的错误指导思想对军队建设的影响，加快整顿军队的步伐，全面实现军队建设的拨乱反正，推动军队建设的发展，具有重要的历史意义。

五、进行组织清理，调整各级领导班子

“文化大革命”期间，林彪、江青两个反革命集团互相勾结、互相利用，采取种种手段在军队网罗党羽，拼凑帮派体系，推行了一条“任人唯亲”的干部路线，干了大量反党乱军的坏事。他们凌驾于中共中央、中央军委之上，在军队笼络安插了一批亲信和死党，其中包括少数高级干部。林彪反革命集团覆灭后，虽然在全军范围内对与林彪反革命集团阴谋活动有牵连的人和事进行了清查，但由于江青反革命集团的干扰破坏，致使清查处理工作遗患不少。在揭批“四人帮”运动中，又揭发出了一些与江青反革命集团活动有关联的人和事，需要查清核实和作出结论。与此同时，由于林彪、江青反革命集团的干扰和破坏，军队各级领导班子也不同程度地发生了各种问题，突出的问题是部分领导干部的“软、懒、散”问题。软，就是怕字当头，丧失原则，跟着别人跑；懒，就是意志衰退，不读书，不看报，不动脑筋，不下部队，好吃懒做；散，就是争权夺利，搞不团结，捏不到一起。积极稳妥地完成清查同林彪、江青两个反革命集团阴谋活动有牵连的人和事工作，清除其帮派体系，调整好各级领导班子，迅速改变一些领导班子的“软、懒、散”的状况，确保党的路线方针政策在军队的贯彻执行，已经

① 《邓小平军事文集》第3卷，75页，北京，军事科学出版社、中央文献出版社，2004。

成为军队拨乱反正的重要内容，是军队整顿工作的关键。

中共中央和中央军委高度重视军队中的清查工作。1977 年 3 月 24 日，叶剑英在中央军委座谈会上指出，人民解放军是无产阶级专政的柱石，一定要从组织上搞纯洁，把同江青反革命集团篡党夺权阴谋活动有牵连的人和事彻底查清楚。根据中共中央、中央军委的指示精神，总政治部对全军清理工作作出部署，要求各单位建立清查办公室，在党委直接领导下，按照中共中央关于既要搞清问题，又要稳定局势的方针，首先查清江青反革命集团及其余党插手军队，进行反军乱军、篡党夺权阴谋活动的重大事件，进而清查与之有牵连的人和事，最后定案作组织处理，以纯洁和巩固部队。

清查工作既是一场严肃的政治斗争，也是一项政策性很强的工作，不仅涉及林彪、江青反革命集团成员及其直接参与其反党乱军活动的人员，而且也涉及与林彪、江青反革命集团活动有牵连的人和事。由于历史的原因，许多事情错综复杂，涉及人员情况各异，政策把握难度极大。在一些单位，有的人订立攻守同盟，甚至转移、销毁罪证；有的人煽动派性，转移斗争方向，干扰清查工作；有的人软磨硬抗，企图蒙混过关。因此，清查工作阻力很大，难度很大。

1977 年 8 月，中共第十一次全国代表大会对清查工作提出了新的要求，指出：清查同江青反革命集团篡党夺权阴谋活动有牵连的人和事，是揭批江青反革命集团罪行的重要组成部分，一定要充分发动群众查清楚。清查工作要在党委统一领导下抓紧进行，各省、市、自治区和中央各部门，要根据情况，争取今年内或稍长一点时间，分期分批基本查清。贯彻这次大会的精神，经中央军委批准，总政治部于 9 月 15 ~ 24 日召开全军揭批江青反革命集团清查工作座谈会，分析形势，交流经验，研究进一步抓紧抓好清查工作和政策问题。会议强调指出：清查工作是揭批江青反革命集团罪行的重要组成部分，对于纯洁组织、加强部队建设有重要意义，一定要抓紧抓好抓到底；要认真注意掌握好党的政策，严格区分和正确处理两类不同性质的矛盾，扩大教育面，缩小打击面；采取组织措施要慎重，形式要适当统一；要加强内查外调，进一步做好材料工作；要继续加强党委对清查工作的领导。会议还讨论和拟定了《清查工作12条》，对清查工作的指导思想、组织领导、方针政策、实施步骤及其他有关问题，作出了具体规定。10月25日，中央军委将这次会议精神及其通过的文件转发全军，要求各单位认真贯彻执行。12月28日，邓小平又在中央军委全体会议的讲话中进一步强调："对于同'四人帮'篡党夺权阴谋活动有牵连的人和事，一定要彻底查清。军队是无产阶级专政的主要工具。军队不搞好，军队干部不纯，祸害很大。所以，这一点对于军队极为重要。"① 这些指示对进一步做好清查工作起到了重要指导作用。

全军各单位根据中共中央和中央军委的统一部署，落实全军揭批江青反革命集团清查工作座谈会的精神，进一步加强了对清查工作的领导，排除重重阻力，放手发动群众，把学、揭、批、查四项工作紧密结合，认真掌握政策，严格区分和正确处理不同性质的矛盾，坚持实事求是，重证据、重调查研究，具体问题进行具体分析，不轻信口供，不搞无限上纲和生拉硬联，最大限度地孤立少数，扩大教育面，缩小打击面，使得全军的清理整顿工作得以积极稳妥推进。

在清查中，各单位特别加强了对林彪、江青两个反革命集团插手深、问题多的单位的清查工作。对重点人和事，进行深入细致的内查外调。对问题严重、态度不好的人采取了必要的组织措施。对在运动中捂盖子、压群众、保自己的领导干部，坚决予以调离。对与林彪、江青两个反革命集团阴谋活动有牵连的人，在问题没有查清之前，不准进领导班子。同时，严格把握政策界限，特别注意把少数跟着江青反革命集团干坏事而陷得很深的人，同受江青反革命

---

① 《邓小平军事文集》第3卷，76页，北京，军事科学出版社、中央文献出版社，2004。

集团影响说错了话、做错了事的人区别开来；把参与江青反革命集团反军乱军、篡党夺权阴谋活动的骨干分子，同参与某些阴谋活动，但受人利用犯了政治错误的人区别开来；把在中央采取粉碎“四人帮”行动后依旧继续顽抗的死硬分子，同那些愿意改悔、积极揭发江青反革命集团罪行，与江青反革命集团划清界限的人区别开来。即使对于那些江青反革命集团的骨干分子，同样也给他们留下转化的机会。

到 1978 年 5 月，经过一年多的清理工作，全军各单位已基本查清与林彪、江青两个反革命集团反军乱军、篡党夺权阴谋活动有牵连的人和事，清查工作基本结束。按照中共中央、中央军委的统一部署和要求，各单位除继续查清遗留问题外，把主要精力逐步转到了作出结论和组织处理工作上。这是清查工作的最后环节，也是反映党的政策能否贯彻落实的关键所在。中央军委于 5 月 6 日向全军转发总政治部《关于同“四人帮”篡党夺权阴谋活动有牵连的人的结论处理工作若干问题的意见》，对做好结论处理工作作出了具体规定，要求严格落实中共中央对参与江青反革命集团阴谋活动的人结论处理的政策和规定，坚决贯彻既坚定又慎重的方针。对于同江青反革命集团阴谋活动有牵连的人，可根据情节轻重或错误事实，划分为江青反革命集团的死党、江青反革命集团的骨干分子、犯政治错误的人、说错话做错事的人等四种人，并对划定四种人的定性标准作了具体说明，强调要严格掌握划定问题性质的界限。《意见》同时具体规定了对四种人的不同处理原则、定案和结论处理应具备的材料、定案和结论处理的批准权限，提出了对清查出的反革命分子和其他犯罪分子的处理意见。这些规定，政策界限严格，执行标准明确，改变了过去运动中在人的处理上所经常出现的过“左”做法，从而保证了全军清查工作健康推进和顺利完成。

在进行组织清理的同时，全军各级领导班子的调整工作同步展开。中央军委强调：在整顿工作中，“首先要抓紧把各级领导班子调整配备好。这样，才能保证全军各项任务的胜利完成”①。邓小平在1977年12月28日的中央军委全体会议上，专门就解决各级领导班子中的“软、懒、散”问题和领导班子成员配备标准作了详细说明，指出：参与“四人帮”篡党夺权阴谋活动的人，风派、溜派以及搞“地震”的人，错误严重而又态度很坏的人，有问题没有查清的人，搞法西斯专政和称王称霸的人，搞打砸抢的人，投机钻营、招摇撞骗的人，拉拉扯扯、好搞宗派活动的人，玩弄权术、专门整人的人，耍小聪明、搞小动作，不老老实实的人，革命意志衰退、饱食终日、无所用心的人，等等，都不能进入领导班子或者不能重用。今后在配备领导班子时，要选用那些认真学习马列主义、毛泽东思想，在斗争中经得起考验的人；党性强、能团结人、不信邪的人；艰苦朴素，实事求是，说老实话、办老实事、做老实人，作风正派的人；努力工作，联系群众，关心群众疾苦，有魄力，有实践经验，能够办事的人。

依据这些原则，1978年，中央军委和总政治部对全军师以上单位领导班子作出较大规模的调整。其中，兵团级和军级单位领导班子调整的比例为53.2%；各大军区所属的师级领导班子军事、政治主官调整比例为46.7%；野战军和省军区领导成员基本上不再超配，超编人员得到裁减。调整后的全军各级领导班子人员纯洁，确保了部队的稳定和与中共中央、中央军委保持一致，给部队建设带来了新的气象，尤其是配强了军事、政治主官，真正形成了领导班子的核心。各级领导班子人员超编的问题也基本得到解决。长期困扰部队建设的领导班子“软、懒、散”状况有了明显改变，机关干部队伍臃肿的问题也得到了缓解。全军的清理整顿工作因此迈出了关键的一步，为全面推进军队建设的拨乱反正奠定了坚实的组织基础。

---

① 《邓小平军事文集》第3卷，86页，北京，军事科学出版社、中央文献出版社，2004。

六、恢复与发扬人民军队的优良传统，加强政治工作建设

在中国革命战争艰苦卓绝的斗争中，人民解放军在中国共产党的领导下形成众多优良的传统。其主要内容为，“党指挥枪的原则，全心全意为人民服务的建军宗旨，战斗队、工作队、生产队的三大任务，官兵一致、军民一致和瓦解敌军的政治工作原则，三大纪律八项注意，政治、军事、经济三大民主，坚定正确的政治方向，艰苦朴素的工作作风，灵活机动的战略战术，团结、紧张、严肃、活泼的作风，一不怕苦、二不怕死的革命精神，以及拥政爱民、尊干爱兵，等等”①。这些优良传统，是毛泽东军事思想和建军路线的体现，是人民军队的立军之本、建军之魂。而实事求是、群众路线、民主集中制、批评与自我批评、艰苦奋斗等，既是党的优良传统和作风，也是人民解放军不断发展壮大的重要保证。政治工作则是人民军队的生命线，在军队建设中发挥着极为重要的作用。

在“文化大革命”中，党和军队的优良传统与作风遭到严重破坏。林彪、江青两个反革命集团把毛泽东军事思想庸俗化，采取“突出政治”、“以阶级斗争为纲”、“大批判开路”等错误做法，肆意践踏军队优良传统，“假、大、空”作风盛行，推行了一整套“左”的错误做法。特别是在军队政治工作中，贯彻“以阶级斗争为纲”的指导思想，以“无产阶级专政下继续革命”为政治教育的主要内容，搞乱了政治工作的基本原则、制度、方法，军队政治思想工作和作风建设受到极大损害，政治工作领域成为遭受林彪、江青两个反革命集团干扰破坏的“重灾区”。

因此，粉碎江青反革命集团后，军队政治工作所面临的一个突出而又迫切的问题，就是如何彻底清除“左”倾错误影响，全面恢复和发扬党和军队的优良传统与作风。中央军委高度重视恢复和发扬人民解放军的优良传统，把整顿建设好军队中党的各级组织，恢复各级政治机关的职能、作用和威信，发挥优良传统作风，大力加

① 《叶剑英军事文选》，658～659页，北京，解放军出版社，1997。

强政治工作，作为“整顿军队的一件带根本性的大事”①。要求全面恢复和发扬党和军队的优良传统，恢复和发扬深入实际、深入群众、大兴调查研究之风等优良作风，力戒主观主义、官僚主义、形式主义、文牍主义以及说假话、搞浮夸、讲空话等不良作风。同时，重新明确军队政治工作的任务，“主要是保证军队的性质，保证党的路线、方针、政策的贯彻执行，保证党对军队的绝对领导，保证提高部队的战斗力”②，并确定要力争在三年多的时间内，把政治机关的职能、作用和威信恢复到红军时期和抗日战争、解放战争时期的水平，并在新的条件下发展提高，使政治机关成为强有力的、有很高威信的党的工作机关。

1977 年 7 月 27 日，邓小平在听取空军司令员张廷发汇报工作时，针对空军飞行部队严重事故剧增的情况，非常严肃地指出：你们停下来好好检查一下，要检查飞行员的原因、飞机的原因、指挥的原因，要好好进行整顿，不然风气搞坏了。飞机要普遍进行大检查，技术要普遍进行大检查。空军党委落实这一指示，迅速在部队展开了飞行队伍、技术装备的“两个大检查”，主要领导亲自上阵，与各部队、各机构的领导同志一个一个地谈话，一个一个地解决问题，接着又在 1978 年从思想上、组织上、工作上、作风上共十个方面进行了全面整顿，时称“十大整顿”，成果显著。邓小平高兴地说，“空军大检查发现了很多问题，解决了很多问题。当然，并不是说空军的工作十分圆满了，而是说他们有行动。大检查，海军知道，陆军也知道，就可以拿这面镜子照一照”。中央军委充分肯定了空军的整顿成果，专门向全军转发了空军的总结材料，指出：“短短几个月，工作很有成绩，使空军这个受到林彪、‘四人帮’极大干扰破坏的重灾区，出现了一派朝气蓬勃的新气象。”随后，人民解放军部队和总部机关普遍进行了思想作风整顿，其中总参谋部

① 《叶剑英军事文选》，682 页，北京，解放军出版社，1997。

② 《邓小平军事文集》第 3 卷，99 页，北京，军事科学出版社、中央文献出版社，2004。

机关进行了“三查三整”（查斗志、查纪律、查工作和学习；整掉“软、懒、散”，整掉官僚主义，整顿文风活动）。所有这些活动的根本目的，就是要改变军队在“文化大革命”中形成的懒散疲沓习惯，重新焕发出奋发进取的勃勃朝气。

1978 年 4 月 27 日 ~6 月 6 日，全军政治工作会议在北京举行。这是“文化大革命”结束后召开的第一次军队政治工作会议，也是军队整顿和拨乱反正工作的一次重要会议，着重研究和解决在新的历史条件下，如何恢复和发扬政治工作的优良传统，提高军队战斗力的问题。叶剑英在大会讲话中回顾了人民军队发展壮大的历史经验，深刻阐述了政治工作永远是人民军队生命线的思想，指出：政治工作是我军战斗力的源泉。“我们军队在任何时候，任何条件下，政治工作只能加强，不能削弱。否则，我军就有脱离党的领导的危险，就有改变无产阶级性质的危险，就有失去战斗力的危险，就有被野心家篡夺领导权的危险。党在军队中的政治工作关系着我军的强弱、胜败、生存和发展。”他说：政治工作是我军的生命线，它的深刻含义就在这里。在新的历史条件下，恢复和发扬我军政治工作的优良传统，提高我军的战斗力，是全军共同的任务，要形成一个大家动手来做政治工作的大好局面。①

6 月 2 日，邓小平在讲话中着重阐述了实事求是是毛泽东思想的出发点和根本点问题，要求采取实事求是、从实际出发、理论和实践相结合的方法，总结过去的经验，分析新的历史条件，提出新的问题、新的任务、新的方针，做好“破和立”的工作。指出：从部队存在的问题和实际情况来看，最重要的，就是要研究和解决在新的历史条件下，怎样恢复和发扬政治工作的优良传统，提高我军战斗力的问题。② 各级政治机关和政工干部，特别是领导干部要以身作则，带头恢复和发扬人民军队的优良传统。

---

① 《叶剑英军事文选》，699、705 页，北京，解放军出版社，1997。

② 《邓小平军事文集》第 3 卷，116 页，北京，军事科学出版社、中央文献出版社，2004。

会议讨论和修改了《中央军委关于加强军队政治工作的决议》、《中国人民解放军政治工作条例》和《中国人民解放军干部服役条例》等文件。7月18日，中共中央将《中央军委关于加强军队政治工作的决议》批转全党、全军，将《中国人民解放军政治工作条例》颁发全军实行。8月18日，第五届全国人民代表大会常务委员会第三次会议批准国务院提出的《中国人民解放军干部服役条例》，8月19日由国务院、中央军委颁发全军执行。

《中央军委关于加强军队政治工作的决议》从军队建设的实际情况，特别是军队政治工作受到林彪、江青两个反革命集团严重破坏的状况出发，对加强军队政治工作作了具体规定，强调要提倡唯物主义和辩证唯物主义，反对唯心主义和形而上学；要增强党性，反对派性；要加强组织纪律性，反对无政府主义；要保持艰苦奋斗的优良传统作风，坚持官兵一致的原则和发扬三大民主；等等，对于军队政治工作的恢复和发展具有重要的指导意义。

全军政治工作会议总结了新中国成立以来军队政治工作的经验，清算林彪、江青两个反革命集团破坏军队政治工作的罪行，坚持在新的历史条件下政治工作仍然是军队的生命线这一根本思想，进一步明确新时期政治工作的地位、作用，提出了加强政治工作的方向、任务和方法。当然，受当时历史条件的限制，尤其是当时党中央尚未彻底否定"文化大革命"和"无产阶级专政下继续革命"等带有"左"的错误的指导思想，因此这次会议所通过的决议和文件中仍然沿用了过去的一些不正确的提法，留下了某些缺憾。但这次会议特别是邓小平在会上的重要讲话，对恢复和发扬政治工作的优良传统，对军队政治工作和军队建设的拨乱反正，起了巨大的推动作用。

在努力恢复和发扬人民军队政治工作优良传统中，中央军委十分重视开展学习先进典型活动。经中央军委批准，总政治部在《一九七七年全军政治工作安排意见》中，要求全军指战员积极响应毛泽东关于"向雷锋同志学习"的伟大号召，继续深入地开展学习雷锋的活动；认真学习“硬骨头六连”发扬人民军队优良传统，搞好党支部建设，政治、思想、军事、纪律、作风全面过硬的基本经验。1977 年 11 月，中央军委通报表扬空军航空兵一师领导班子，号召全军各级领导班子学习该师领导班子“学习上走在前，工作上拼命干，生活上往后靠，搞特殊不沾边”的好思想、好作风。从此，全军普遍开展了个人学雷锋、基层单位学“硬骨头六连”、领导班子学航空兵一师的活动。这个活动，被概括为“三学”运动。为配合学习先进典型活动，《解放军报》陆续发表社论、评论、专题报道，介绍这三个典型的事迹和经验。“三学”活动的开展，对恢复和发扬人民军队的优良传统，解决部队建设中的问题，起了积极推进作用。

为指导部队恢复和发扬政治工作的优良传统，经中央军委批准，总政治部于 1978 年 4 月 24 日发出通知，将《中国共产党红军第四军第九次代表大会决议案》（即《古田会议决议》）未公开发表的第二至第九部分、1944 年留守兵团政治部在西北局高级干部会议上提出的报告《关于军队政治工作问题》和 1960 年中央军委扩大会议《关于加强军队政治思想工作的决议》（删节本）等三个政治工作重要文件，作为内部学习文件印发全军。毛泽东亲自起草的《中国共产党红军第四军第九次代表大会决议案》，是建党建军的伟大纲领，为人民解放军政治工作奠定了基础，确定了方针、原则，创立了优良传统。《关于军队政治工作问题》的报告，由陕甘宁晋绥联防军副政治委员兼政治部主任谭政起草，毛泽东、周恩来等修改和中共中央书记处讨论通过定稿。《关于加强军队政治思想工作的决议》，是集体智慧的结晶。这三个文件，是不同历史时期人民解放军政治工作经验的总结，是我军政治工作发展史上的重要文献，内容基本涵盖了我军政治工作的理论、路线、方针、原则和方法。总政治部的《通知》指出，当前军队建设已进入新的发展时期，许多情况发生了重大变化，但是认真学习这些重要历史文件，领会它的精神实质，对于深入揭批林彪、江青两个反革命集团破坏军队建设的罪行，恢复和发扬人民军队政治工作的优良传统和作风，加速军队革命化、现代化建设，具有重要意义。5月初，这三个文件陆续下发全军部队。

设立军队中党的纪律检查机构是加强军队党组织建设的重要步骤之一。“文化大革命”中，人民解放军中党的各级监察委员会均被取消，部队党的纪律检查工作受到严重损害。在揭批林彪、江青两个反革命集团的运动中，各级党委和领导干部通过总结历史经验和教训，普遍认识到：要恢复和发扬政治工作的优良传统，必须整顿党纪，端正党风。1978年9月25日，中央军委向全军发出通知，决定全军团以上单位成立党的纪律检查委员会。军以上单位党的纪律检查委员会设立常务委员会、书记、副书记、专职委员和专门办事机构，师以下单位党的纪律检查委员会成员由本单位担任军事、政治、后勤工作的党员干部兼职，具体业务由师、团政治机关的组织部门管理。军队各级纪律检查委员会，要在同级党委领导下进行工作，任务是：加强对党员的纪律教育，负责检查党员和党员干部执行纪律的情况，同各种违反纪律的行为作斗争；受理党员的控告和申诉，并受理党外群众对党员的控告；对党员违法乱纪案件提出处理建议。通知下发后，全军团以上单位党的纪律检查委员会相继成立。这标志着军队党的纪律检查工作的恢复和重建。军队党的各级纪律检查委员会，遵照中共中央和中央军委的指示，为“从严治党，严肃党的纪律”，恢复和发扬军队政治工作的优良传统，进行了大量卓有成效的工作。

军队政治工作的整顿与发展，特别是人民解放军优良传统与作风的恢复和发扬，取得了很大成绩，对于保证军队清理整顿工作的顺利进行，实现军队建设的拨乱反正，肃清林彪和江青反革命集团在军队中的影响，起到了至关重要的作用。但是，由于全党对彻底纠正“文化大革命”及其以前的“左”的错误，缺乏全面的思想准备和理论准备，军队政治工作的拨乱反正同样受到了限制，清除“左”的思想影响的工作受到了束缚。

第二节　军事工作在整顿中恢复和发展

一、重新明确教育训练的战略地位

把教育训练摆在战略地位，是和平时期军队建设的基本要求。但在“文化大革命”中，由于“左”倾错误影响，特别是“突出政治”等思想盛行，部队的教育训练受到严重冲击，影响了军队战斗力的提高，也搞偏了军队建设的方向。粉碎江青反革命集团后，把教育训练重新提到战略地位的问题，也急迫地摆在全军面前。中央军委从军队建设的全局出发，重新明确教育训练的战略地位，指导全军在教育训练指导思想上实现了重大转变。

早在1975年7月召开的中央军委扩大会议上，邓小平在部署军队整顿任务时就提出，“要把训练放在战略问题的一个重要位置上”①。粉碎“四人帮”后，1977年3月24日召开的中央军委座谈会，明确提出部队必须严格训练、严格要求。8月23日，邓小平在中央军委座谈会上全面阐述了军队要把教育训练提高到战略地位的问题，指出：“四个现代化，有个国防现代化。军队目前存在着相当多的问题。很多同志担心，军队能不能顺利地实现现代化？还有同志担心，军队经过林彪、‘四人帮’这样久的破坏，如果不很快整顿，遇到敌人进攻还能不能打仗？这些担心不是没有根据的。这就提出一些问题：军队怎样整顿，怎样准备打仗，怎样把军队搞好。解决了这些问题，才能谈到国防现代化问题。”② 邓小平认为，在新的历史条件下解决这些问题，除了调整领导班子之外，要从教育训练着手。他说：“在没有战争的条件下，要把军队的教育训练提高到战略地位。我们的军队过去是在长期的战争环境中锻炼成长

① 《邓小平军事文集》第3卷，33页，北京，军事科学出版社、中央文献出版社，2004。

② 《邓小平文选》第2卷，59页，北京，人民出版社，1994。

的，那时提升干部主要靠战场上考验。现在不打仗，你根据什么来考验干部，用什么来提高干部，提高军队的素质，提高军队的战斗力？还不是要从教育训练着手？要把军委扩大会议上提出的把教育训练提高到战略地位这个方针具体化。”① 他还提出了把教育训练提高到战略地位这一方针具体化、制度化的措施：一方面部队本身要提倡勤学苦练，在勤学苦练中学本领、练作风，学习现代战争知识，提高部队素质和战斗力；另一方面要通过办学校来解决干部问题，要把军队原有的学校基本上恢复起来，把更多的干部放到学校去训练，提高干部队伍的素质。

邓小平的这些意见，指明了相对和平时期提高部队素质和战斗力的根本途径，是军队建设和军事斗争的客观规律的反映，得到中央军委的赞同，并随即在全军贯彻执行。全军的教育训练工作因此得到迅速恢复和发展，出现了新的面貌。

为了加强对全军教育训练工作的领导，中央军委于 1977 年 9 月 19 日发出通知，确定设立中央军委教育训练委员会，由军事科学院院长宋时轮任主任，总参谋部军训部为办事机构。各军区、各军兵种亦先后设立了教育训练领导小组。

1977 年 12 月召开的中央军委全体会议通过了《关于加强部队教育训练的决定》，并由中央军委于 1978 年 1 月 18 日颁发全军实行。《决定》指出，人民解放军在和平时期不可忘记自己永远是一个战斗队，要抓紧做好反侵略战争准备。加强教育训练，是关系军队建设、战争准备全局的重大问题。在没有打仗的情况下，就是要靠教育训练，提高干部战士的政治觉悟，提高战术技术水平，提高现代科学知识水平，恢复和发扬人民解放军的优良传统和作风，增强部队战斗力。《决定》提出了加强部队教育训练的 10 项任务：（一）把教育训练提高到战略地位；（二）全军要统一教育训练指导思想；（三）要统筹兼顾安排更多的部队全训；（四）要认真抓好部

① 《邓小平文选》第 2 卷，60 页，北京，人民出版社，1994。

队政治教育；（五）要根据实战需要搞好军事训练；（六）重点抓好各级干部训练；（七）要开展群众性练兵运动；（八）要统一训练大纲和规章制度；（九）要搞好训练物资保障；（十）各级党委要加强对教育训练的领导。

《决定》规定：从1978年起，陆军要有三分之二的师全训。战备值班部队、炮兵部队、坦克部队、导弹部队、舰艇和空军部队，每年原则上都要全训。这就从制度上保障了军事训练在部队建设中的核心地位。关于训练内容，《决定》规定：部队训练必须着眼于提高现代条件下的协同作战能力、快速反应能力、电子对抗能力、后勤保障能力、野战生存能力，逐步实现由重点抓士兵训练到抓军官训练、由重点抓打步兵训练到重点抓打坦克、打飞机、打空降的训练，由重点抓单一兵种的训练到重点抓诸军兵种合同战役战术训练的转变。

《决定》要求全军把教育训练提高到战略地位，用5年左右的时间把军队整顿好、训练好，全面提高部队战斗力，随时准备完成中共中央、中央军委赋予的各项作战任务。《决定》明确了全军教育训练的地位、任务和方法，部队教育训练有了基本依据和纲领，对此后一个时期的军事训练产生了重要影响。

中央军委全体会议结束后，全军部队各级党委迅速召开党委扩大会议，举办干部集训班，组织基层进行专题教育，学习中央军委《关于加强部队教育训练的决定》，从军队的职能、军事素质的状况、现代战争的要求等方面，认识加强教育训练的重要性和迫切性。

政治工作在贯彻落实中央军委把教育训练提高到战略地位方针过程中发挥了重要保证作用。1978年4～6月间召开的全军政治工作会议明确提出：在新的历史条件下，政治工作的一项重要任务就是动员广大指战员充分认识把教育训练提高到战略地位的重大意义，贯彻落实中央军委《关于加强部队教育训练的决定》，积极学习毛泽东军事思想，学习组织指挥现代战争的艺术，学习现代军事科学技术和文化知识。政治工作要像战争年代保证完成战斗任务一样贯穿到教育训练中去，提高部队战斗力。全军部队各级党委和政治机关都把保证军事训练任务的完成作为经常性的中心工作，进行广泛深入的宣传教育，有效地保证了部队教育训练的恢复和走向正轨。

从军队履行根本职能出发，重新明确把教育训练提高到战略地位，是新的历史条件下，中央军委对全军教育训练指导思想的一次重要的拨乱反正。它统一了全军思想，不仅对部队教育训练，也对全军各方面工作都产生了深远影响。教育训练作为部队经常性工作的中心，从此逐步向制度化、规范化、科学化方向发展。

全军以中央军委《关于加强部队教育训练的决定》为指导，统一教育训练指导思想，对军事训练的内容、方法和手段进行一系列改革，以干部训练为重点，突出合同作战训练，广泛开展群众性练兵运动，加强军事训练中的思想工作和物资保障工作，使得人民解放军的军事训练在整顿中逐步恢复，呈现出新的面貌。

二、军事训练在整顿中逐步恢复

人民解放军在1977年3月开始进行的“十个应该不应该”教育中，“应该不应该严格训练、严格要求”是重要内容之一。这次教育活动，深入批判了林彪、江青两个反革命集团破坏军事训练的罪行，澄清了政治与军事、红与专的辩证统一关系，否定了“抓政治保险，抓军事危险”的错误看法，批判了林彪、江青两个反革命集团鼓吹的“训练无用”、抓训练就是“单纯军事观点”、学技术就是“白专道路”等谬论，使全军官兵真正认识到：能不能搞好军事训练，是关系到军队建设、战争胜败、国家安危的大事。中央军委还采取措施，肯定1964年开展的全军群众性练兵和大比武运动，为在“文化大革命”中遭受诬蔑、迫害的军事训练“尖子”恢复名誉，为受到错误批判的干部平反。这一举措在全军引起强烈反响，消除了广大干部在抓军事训练问题上的思想顾虑，各部队的军事训练出现了领导敢抓、干部敢教、战士敢练、指标敢提、竞赛敢搞的新形势。

中央军委强调，全军部队必须坚定不移地把军事训练作为部队工作的中心，作为各级各部门的共同职责和任务，军政主官亲自抓，司政后机关主动协调，密切配合，采取有力措施，确保军事训练的落实。总参谋部和各大军区调整训练计划，将各级首长机关和部队训练同步，步兵和专业兵训练同步，干部和分队训练同步，为军事训练的恢复与发展创造了有利条件。全军部队从过去较多地进行单一课题、中级演习，发展到多级、多军兵种、多课题的演习。核与大战背景下的合同作战训练，成为这一时期训练和演习的显著特点，全军的军事训练迅速掀起热潮。

为了加强对全军军事训练的指导，人民解放军总部机关多次召开训练现场会，对步兵打坦克、夜间训练、干部训练、场地建设技术革新等训练科目和内容进行具体研讨。总参谋部根据各专业技术兵种部队的任务，狠抓专业兵种的技术基础训练。1977 年 6 月，总参谋部在石家庄召开全军步兵侦察分队专业战术训练现场研究会，交流侦察训练经验，研究侦察分队专业战术的训练方法；1978 年，总参谋部防化部召开全军防化专业基础训练现场会，重新统一专业战术和专业技术训练的内容、程序、方法、标准，推动防化兵专业训练向制式化、规范化方向发展，并组织对全军防化干部和防化部队进行全面考核。为适应军事训练恢复和发展的需要，军委和总部机关组织力量系统编写训练教材。到 1977 年 4 月，完成合成军队各种战役战术、技术教材 36 种，各军兵种战术、技术教材 715 种。4 月 18 ~23 日，总参谋部专门在广州军区召开全军军事教材编审工作座谈会，总结近年来军事教材编写情况，交流经验，对加强军事教材编审工作提出了具体要求。

加强干部训练，尤其是提高干部在现代条件下带兵打仗的能力，是军事训练的重点。1976 年 12 月，中央军委在批转总参谋部、总政治部、总后勤部 1977 年战备训练要点时强调，要认真抓好干部训练和部队技术战术训练。各级干部要结合作战任务，重点学好本级的战役战术，练好指挥，搞好协同，提高诸军兵种协同作战的组织指挥能力。1977年10月26日～11月2日，总参谋部在兰州军区召开全军干部训练座谈会，对全军干部训练提出5项基本要求：一是要把干部训练当作治军的一件大事来抓，奋战5年，使各级干部掌握毛泽东军事思想，掌握现代战争知识，熟悉本级战役战术和本职业务技术，平时能组织训练，战时能指挥打仗；二是军区和军两级党委要把干部训练摆在重要位置，军政一把手要亲自抓，明确任务，加强领导，及时解决训练中的主要问题，保证训练任务落实；三是要紧密结合作战任务，着眼现代战争特点，学习本级战役战术原则，学习军兵种知识，研究敌军，重点解决战争初期基本战役战斗的组织指挥，提高干部在现代条件下带兵打仗的本领；四是要按照理论学习、战例研究、想定作业、实兵指挥四个环节，从实战需要出发，严格训练，严格要求，切实锻炼提高干部组织指挥能力；五是要建立计划、报告、考核、检查等制度，确保干部训练任务的完成。会议还提出了搞好干部在职训练的5条标准，作为检查评比的依据，力争1980年前全军2/3的团以上部队达到标准。1977年，全军集训营团干部和参谋人员2.3万多人，教导队轮训连排干部8.2万多人。各军区都组织了师以上干部集训，其中北京、沈阳、新疆、武汉、济南、南京、福州、广州军区集训师以上干部达2000多人。

总参谋部和各军区、各军兵种围绕提高部队整体作战能力，紧密结合各自作战任务，组织进行了不同规模的演习。总参谋部在武汉地区组织进行了电子对抗实兵试验演习，海军、空军、炮兵、工程兵等有关军兵种部（分）队21个不同建制单位参加；南京、福州、广州军区重点围绕渡海登陆作战进行训练，组织了实兵演习。总参谋部分别在这三个军区举行座谈会专题研究登陆作战训练，海军、空军也配合陆军部队训练进行了夺取制海权演练和夺取制空权专题研究；沈阳军区组织了核武器条件下陆军师野战阵地防御研究性演习；北京军区组织了方面军防御战役实兵演习；第二炮兵组织了兵种、基地、支队三级首长机关带部分实兵的核反击作战战役演习；空军组织了以保卫首都为背景的反空袭战役演习；铁道兵组织了团规模反轰炸线路抢修实兵演习。据统计，仅 1977 年，全军举行团以上首长机关现地演习和实兵演习 500 余次。这些演习对强化首长机关组织指挥、部队作战能力产生了显著作用。

搞好连队基础训练，是提高部队战斗力的基石。在长期的建军和作战中，人民解放军形成了一整套独具特色的练兵方法和行之有效的规章制度。如何把这些方法和制度恢复起来、坚持下去，是部队军事训练中所要解决的问题之一。1964 年 5 月 7 日，在总结 1964 年群众性练兵运动的基本经验基础上，总参谋部、总政治部曾经颁发了《连队基础训练方法二十条》。但后来由于林彪全盘否定 1964 年群众性练兵运动，这些训练方法未能得到应用。1977 年，各部队普遍开展了比、学、赶、帮、超的群众性竞赛活动，从战士与战士比，发展到团与团、师与师、军与军比。在竞赛活动中，各单位注意恢复和发扬人民解放军传统练兵方法，提出了以赛思想、赛作风、赛技术为主要内容的竞赛标准，运用教学相长、因人施教、突出重点、分步细训等方法，组织各种规模的评比考核活动，取得了良好效果。1978 年 6 月，经中央军委批准，总参谋部、总政治部重新颁发《中国人民解放军连队基础训练方法二十条》，并根据新的形势和要求，对其中的个别条文作了调整修改，作为连队组织军事训练、各级首长和领导机关检查部队训练的依据，号召全军运用 1964 年群众性练兵运动的经验，再一次掀起群众性练兵热潮。1978 年，陆军各兵种积极开展“一专多能”和“三手”（神枪手、神炮手、技术能手）活动，仅炮兵就有约 80% 的基层干部和战士成为全能炮手。北京、沈阳、兰州、武汉、济南、福州、广州军区和海军等组织了规模较大的比赛考核，既考核训练效果又检查训练作风，达到了全面检查、全面提高的目的。各部队的军政主官普遍深入到连队，与战士一起摸爬滚打，具体指导基层训练。据统计，1978 年，全军团以上单位领导和机关干部下部队蹲点代职、调查研究，帮助基层搞训练的达8.3万多人次。其中海军有650多名师以上干部随舰艇出海，同基层官兵一起迎风斗浪、习武练打。空军航空兵有不少师职飞行干部亲自任教，带头飞行。

电子对抗知识的普及和训练，是这一时期的重要训练内容。总参谋部举办了3期电子对抗专业集训班，为各军区、各军兵种新组建的电子对抗雷达管理机构培训技术骨干，并根据部队训练需要，组织力量为部队编印了15种电子对抗教材。各军区、各军兵种也都举办了各种形式的电子对抗集训班。为解决电子对抗部队装备型号多、专业技术复杂、组织训练比较困难等问题，各军区、各军兵种电子对抗部队还采取统编统训的办法，打破连队建制，以营为单位按专业类别和新老兵技术水平高低进行科学编组，分别进行几个专业的训练，提高了训练效果。

以打坦克为主的“三打三防”训练，是部队训练的重点科目。武汉军区组织了“加强陆军师运动战防化保障研究性演习”，北京军区组织了“陆军师坚守防御战斗中防化科的工作检验性演习”，福州军区组织了“在原子、化学条件下对阵地防御之敌进攻战术演习”。沈阳军区在10余个团进行了夜间训练试点，在1400多个连队普及了夜间训练；北京军区炮兵的100余个高炮连、500余个地炮连射击训练取得了较好成绩；装甲兵2000余个连次射击训练，及格率达91.4%，部分坦克部队还组织进行了加强坦克营打立足未稳之敌坦克群、加强坦克团对运动之敌进攻等研究性、检验性战术演习。各军区加强了对“三防”骨干的训练，武汉、成都、兰州、福州、济南、沈阳、昆明、南京等军区集训“三防”骨干2万多名，保障了连队组织“三防”训练的需求。各部队还不断创新方法，南京、济南、沈阳、昆明、北京、武汉、成都等军区召开的防化训练现场会，“以会代训”，既学习防化技术战术，又交流防化训练经验，使机关、分队干部的组织训练能力和防化业务水平都有较大提高。据统计，1977年全军防化分队专业训练，是安排全训连队最多的一年，全训连占防化连队总数的68.6%，训练成绩都达到了良好水平。所有这一切，使得全军部队的“三防”训练大大前进了一步。

海军部队加大训练难度，加强合成训练，开展远航训练。1976年12月25日，海军某潜艇率先进行远航训练，跨出第一岛链①进入西太平洋，连续航行30昼夜，航程3300余海里，并于1977年1月24日顺利返航，探索了穿越岛链的航行方法，摸索了在太平洋上指挥、操纵和训练的经验，为海军以后大规模开展远航训练探索了路径。1977年上半年，南海舰队结合执行任务，组织舰船在复杂海区多次进行对抗演习、首长机关演习、远离海岸和海上会合，锻炼和提高部队作战能力。7月下旬，某潜艇在南海某海区进行深潜试验并获得成功。与此同时，海军恢复和完善训练法规的工作也顺利进行。1977年5月，海军在旅顺召开驱逐舰、护卫舰基础训练和舰艇管理观摩会议，要求切实落实训练大纲，严把训练质量关，加强对舰艇长和专业干部的培训，提高训练质量，推动了舰艇部队的正规化训练。

空军部队把打牢技术基础作为军事训练的基本要求。在1977年成功地进行了“两个大检查”之后，针对检查中发现的问题，空军先后三次召开基础训练会议，研究解决以仪表、编队、特技、攻击为重点课目的航空兵部队基础训练问题，明确规定飞行部队的基础训练时间不少于全年飞行总时间的50%，强调要重点抓好飞行技术、航空理论的基础训练和系统学习，不合格人员都要进行补课。1978年5月，空军又制订了创造甲类团②的三年规划，提出在三年内达到训练甲类团的航空兵团数量和五项奋斗目标。③ 各部队贯彻

---

① 第一岛链，指太平洋西部阿留申群岛、千岛群岛、日本列岛、琉球群岛、台湾岛、菲律宾群岛及大巽他群岛等排列成弧形的形似锁链的群岛。

② 甲类团，指训练达到规定标准，能在比较复杂的条件下执行作战任务的飞行团。

③ 五项奋斗目标，指高度的机动能力，高超的射击、轰炸技术，灵活的战术动作，强健的体质，高度的政治觉悟、严格的纪律和英勇顽强的作风。

落实空军党委的决定，严格按照训练要求进行训练，特别是根据飞行员的具体情况，组织部分飞行员回航校补学飞行理论，加强指挥员训练，并采取了各种积极防范措施，加之飞机质量提高，很快扭转了训练中的被动局面，飞行安全情况明显好转。到1978年底，航空兵部队因操作不当发生的事故减少40%，严重飞行事故的万时率由0.597下降到0.36。同时，各部队还积极进行训练改革，提高训练质量，突出基础训练。1978年下半年，为提高空中攻击水平，空军在组织部分老飞行团继续完成仪表、编队、特技、攻击4项基础飞行课目补课训练的同时，重点进行了空中实弹射击、轰炸训练。10月12日，为检验基础训练成果，空军部队在河北杨村机场进行战备训练汇报表演，共有23个单位、11种机型、100架飞机、1710人参加，成功地表演了低空编队飞行、照相侦察、螺旋飞行、射击、轰炸、对抗空战、伞降等项目，展示出部队良好的军事素质。1978年，航空兵部队和航校的飞行员飞行总时间超额完成年度计划的18.4%，其中航空兵部队飞行员的平均飞行时间达到87小时39分，一举打破多年来在始终在60小时左右徘徊的局面。甲类团的建设取得很大成绩。到1980年底，甲类团的数量比1977年增加5倍，远远超出三年规划确定的数量。

第二炮兵在培养部队稳、准、严、细的操作作风同时，逐步把训练重点从掌握导弹发射技术转到实施机动作战、合成配套与战役战术，加强机动作战训练，努力培养部队独立发射能力。1977年3月，第二炮兵组织野战阵地导弹团机动作战演习，参加演习的部队首次离开基地，在自选自建的发射阵地上独立地成功发射了4枚中程导弹。1978年8月，又成功地组织完成了导弹团完全依靠自己力量进行中程导弹缩短发射准备时间的试验。这表明，第二炮兵部队已经开始具备了脱离有关部门和技术人员现场指导独立发射导弹能力，是第二炮兵部队战斗力水平的一大突破。各部队还结合任务和作战区域的气候、地形等特点，组织实施了各种复杂条件下的适应性训练。有机动作战任务的部队，组织公路行军、铁路输送等机动作战训练；担负战备值班任务的部队，组织首长机关、部队进驻坑道训练，锻炼和提高了部队的快速反应能力和核反击作战能力。

为保障教育训练的有效进行，全军在经费保障上也向教育训练重点倾斜。在国防费总额不断减少的情况下，全军教育训练费不但没有减少，而且持续增加。其中院校建设被列为全军营建工程的重点项目，每年安排的院校基本建设费占全军营建经费的1/3。军事训练费的增长，也远远超过了同期国防费增长的速度。而训练中的物资消耗、器械磨损、场地设施建设等经费，每年也都在有关项目开支中占据相当大的比例。

所有这一切，标志着全军的教育训练已经基本走出了“文化大革命”期间的低谷，规模、内容都在发生着很大的变化，重新在军队建设中占据了中心地位，有力地带动了整个军事工作的整顿与发展。

三、继续实施精简整编

1975年召开的中央军委扩大会议，在叶剑英、邓小平的主持下，通过了《关于压缩军队定额、调整编制体制和安排超编干部的报告》，确定对军队全面“消肿”。但由于错误地进行了所谓“批邓、反击右倾翻案风”运动和江青反革命集团的干扰破坏，军队的精简整编工作被迫中断。粉碎江青反革命集团后，特别是邓小平重新担任军队领导职务后，中央军委重新把压缩军队员额、调整体制编制、克服部队臃肿问题提到军队工作的重要议事日程，作为军队拨乱反正的重要任务，认为：军队“肿”的问题还没有很好解决，“臃肿”的情况还很严重，必须继续精简整编，改革体制。邓小平指出，“过去不是讲五个字吗，肿、散、骄、奢、惰，第一个字就是肿。这个肿，我们还没有很好解决”。“尽管我们部队这样大，但连队并不充实，而各级机关却十分庞大，臃肿的情况很严重”。他提出：“以后精简，主要是精简各级领导班子和领导机关，首先是总部和军兵种、大军区、省军区的机关。”① 强调在整顿领导班子的同时，要继续解决“软、懒、散”和“消肿”问题。

完成压缩军队员额、调整体制编制、克服部队臃肿问题的任务，最重要的一项措施就是继续落实1975年中央军委扩大会议确定的精简整编方案，完成当时确定的精简整编任务。1977年12月，中央军委全体会议讨论通过了《关于军队编制体制的调整方案》，并于1978年1月18日颁发全军执行。《方案》充分肯定1975年规定的精简整编任务和压缩军队员额、调整编制体制的原则，确定继续完成当时规定的精简整编任务，重点是精简各级领导班子、领导机关及其直属单位，首先是总部和各军兵种、大军区、省军区领导机关，并决定：铁道兵、工程建筑部队（不包括舟桥、野战工兵部队）不计入军队员额，将担负地方单位警卫任务的部队移交公安部门改为武装警察。同时，有计划地增加部分员额，重点保证航空兵、舰艇、导弹、电子对抗等部队的发展，加强院校、科研机构；充实担负坚守要点任务而人数较少的守备部队和担负守备任务的机动步兵师的编制人数；继续改装部分摩托化步兵师，调整担负登陆作战训练任务步兵师的编制装备；新建一些战略储备仓库和其他必需的技术保障部队等。《方案》还规定：1975年的精简方案，除这次确定要调整的以外，仍应抓紧落实，争取于1978年基本完成。

根据中央军委的决定，全军在1978年继续展开体制编制调整工作。为加强对精简整编工作的领导和对组织编制的管理，中央军委于1978年9月19日发出《关于加强军队组织编制管理的规定》，指出：组织编制要正确处理国防建设和国家经济建设、局部和全局、平时和战时的关系，全面规划，统筹兼顾；编制体制要科学合理，适合军队特点、任务、装备技术的发展和现代条件下作战的要求；要贯彻精简机关，充实连队的方针。对建制单位的组建和撤

① 《邓小平军事文集》第3卷，78～79页，北京，军事科学出版社、中央文献出版社，2004。

销、编制表的拟制和颁发等问题的审批权限作了具体规定，要求各单位严格控制定额，实行块块为主的管理原则，强调编制就是法规，必须坚决执行。不要一谈任务，就要求增加编制。对不执行编制或擅自增加编制的，应及时纠正，情节严重的，要追究责任。要求各级党委把组织编制工作列入党委议事日程，统一领导，统一管理，严格把关，切实把组织编制工作管好。

这次精简整编，是1975年精简整编的继续，重点精简各级机关及直属单位。全军广大指战员坚决服从中共中央、中央军委的号令，无论是对单位的撤、并、降、改，还是个人的进、退、去、留，都坚决服从组织安排。各级领导干部起了模范带头作用，妥善处理精简整编和各项工作的关系，保持部队工作的连续性，保证训练、战备等工作的正常进行，保证了指挥不间断。

在减少军队总员额的同时，适应军队建设的需要，人民解放军也有计划地增加部分员额，增设了一些管理机构和重要业务部门，有重点地加强了一些部队，以保证航空兵、舰艇、导弹、电子对抗等部队的发展。其中，工程兵重点发展独立野战工兵和舟桥部队，相继建立了伪装和野战给水工程部队；组建了一批新的电子对抗部队；有重点、有步骤地调整了防化兵部队的编制体制；恢复海军航空兵部，作为海军航空兵领导机关，直辖各舰队航空兵；新建一些战略储备仓库和其他必需的技术保障部队；位于“三北”地区坚守要点的守备部队得到充实。此外，各大军区、军兵种和国防科委司令部、政治部、后勤部机关及军级以上军事、政治和后勤指挥院校各编设一个研究机构，以加强科研力量。

1978年10月20日，中国人民解放军军事法院恢复建制，开始办公。1979年1月，中国人民解放军军事检察院开始办公。中国人民解放军军事法院和中国人民解放军军事检察院，是国家设在军队中的审判机关和法律监督机关，除在总政治部领导下进行工作外，还分别接受最高人民法院、最高人民检察院的领导。到1979年底，各军区、军兵种、军（省军区）的军事法院和军事检察院也先后恢复。

四、恢复、增建军事院校

军事院校教育，承担着培养、训练各级指挥人员和技术人员的任务，在军队建设中占有举足轻重的地位。粉碎江青反革命集团后，中央军委把加强院校教育置于战略地位，认为“军队过去主要是靠打仗训练干部，现在不打仗，主要靠学校训练干部”①，确定把培养和训练军队干部的重点放在院校，通过办学校来解决干部问题。邓小平对军队院校所担负的任务作出了明确说明：一是“训练干部，选拔干部，推荐干部。用形象化的语言说，就是各级学校的本身要起到集体政治部的作用，或者说起到集体干部部的作用”；二是认真学习现代化战争知识，学习诸军兵种联合作战；三是恢复我军的传统作风。他还对学校的设置和军队干部的培训体系也进行了具体的阐述。② 这些重要指示，得到中央军委成员的一致赞同，为军队院校的恢复和发展指明了方向，明确了任务。

1977 年 10 月 8 日，中央军委教育训练委员会在认真调查研究的基础上，向中央军委提出《关于调整和增建军队院校的报告》。11 月 7 日，中央军委批转这个报告，决定：全军共办 112 所院校，除已有的 84 所外，再增建 28 所，同时对全军现有院校进行部分调整和改建，使之形成一个比较完整的院校教育体系。具体调整和改建方案为：以军政大学的军事系、政治系、后勤系为基础，分别组建军事学院、政治学院、后勤学院；以北京、南京军区的军政干校为基础，分别升级改建为石家庄高级步兵学校、南京高级步兵学校。这 5 所院校均隶属中央军委。各大军区步兵学校，以各大军区军政干校为基础改建，北京军区、南京军区步兵学校各自另行组

① 《邓小平军事文集》第 3 卷，54 页，北京，军事科学出版社、中央文献出版社，2004。

② 《邓小平军事文集》第 3 卷，58 页，北京，军事科学出版社、中央文献出版社，2004。

建；各军兵种军政干校，分别改为各军兵种学院；总后勤部军政干校改为后勤学校。同时规定：军事、政治、后勤学院，担负培养军队高级指挥干部任务；石家庄高级步兵学校、南京高级步兵学校和各军兵种学院，担负培养军队中级指挥干部任务；各大军区步兵学校和各军兵种指挥学校，担负培养军队初级指挥干部任务。

11 月 13 ~ 19 日，中央军委教育训练委员会在北京召开全军院校工作座谈会。会议根据中央军委确定的调整和增建军队院校方针，具体研究院校训练任务规划、等级权限和编制定额，以及办校、招生、开课等措施，并对《关于全军院校等级权限和编制问题的意见》、《全军院校政治理论教育方案》、《关于全军院校训练任务规划的意见》、《中央军委教育训练委员会工作任务和职责》等文件进行了讨论。会议确定：要使全军深刻认识办好军队院校的重要性和迫切性，形成一种办院校重要、干院校光荣的风气，积极参加和支持军队院校建设；各院校要抢时间、争速度，务必在 1978 年第一季度收生开课；要加强领导，全军动手，办好军队院校。1978 年 3 月 23 日，经中央军委批准，总参谋部、总政治部、总后勤部将《全军院校工作座谈会情况报告》印发全军和各院校贯彻执行。这次会议，是“文化大革命”之后首次举行的军队院校工作会议，统一了思想，明确了任务，对于重新明确院校教育在军队建设中的地位作用，对于军队院校的恢复与发展产生了积极的促进和指导作用。

1977 年 12 月，中央军委全体会议通过《关于办好军队院校的决定》，指出：办好军队院校，大力培养各级军政领导骨干和技术人才，是军队革命化现代化建设的一项具有重要现实意义和深远影响的工作。全军院校必须坚决贯彻执行中央军委的指示，彻底肃清林彪、江青两个反革命集团在军队院校工作上造成的危害和影响，下大力把院校办好，以适应部队建设和未来反侵略战争的需要。要求全军院校必须做到：坚持“坚定正确的政治方向，艰苦朴素的工作作风，灵活机动的战略战术”的教育方针；坚持以毛泽东军事思想为指针，总结和运用人民解放军历史上的成功经验，有选择地吸取外国军事上的有用经验；坚持从实战需要出发，理论与实际相联系，严格训练，严格要求；坚持教学相长，实行官教兵、兵教官、兵教兵，开展群众性的学习和练兵运动；坚持人民解放军的优良传统和作风，继承和发扬抗大“团结、紧张、严肃、活泼”的校风，艰苦奋斗，勤俭办校；坚持德、智、体全面发展的方向，培养又红又专又健的干部。

《决定》对院校的政治教育、军事教育和作风培养等问题作出了具体规定，提出了必须采取的十项措施：要坚持正确的办校方向和路线；要健全院校体制，指挥院校按高、中、初三级制分别培养师以上、营团、排连干部，技术院校按大专、中专两级制分别培养各级各类技术人才；要认真整顿、调配好各级各类院校的领导班子，一定要选调优秀干部办院校，特别是要选配好军政一把手；要建设又红又专的教员队伍，鼓励教员忠诚于党的教育事业，努力钻研技术，精通业务，提高学术水平；要严格收生条件，部队要保证质量，领导机关要严格把关，院校要全面衡量、择优录取，选拔优秀干部、战士进院校；要加速培训干部，在保证教学质量的前提下规定学制；要建立和健全必要的规章制度，保证教学时间和秩序；编写教学大纲和教材，要充分体现现代条件下人民战争的特点，总结和运用人民解放军历史上的成功经验，有选择地吸取外国军事上的有用经验，反映现代科学技术的最新成就；要认真改进教学方法，实行启发式、讨论式，废止注入式，精讲多练，加强实践性教学环节，注重培养和提高学员分析问题和解决问题的能力；要坚持勤俭节约原则，切实搞好和不断改善各项教学保障工作。《决定》同时要求各总部、各军兵种、各军区党委必须加强对院校的领导，把院校工作摆到重要议事日程，分工专人掌管院校；各级各类院校党委必须以主要精力抓教学，及时解决教学中的问题，努力把院校办好。这一《决定》标志着军队院校教育的地位已经正式得到重新肯定，有力地指导和推动了军队院校的迅速恢复和增建。

全军各大单位和各院校坚决执行中央军委的《决定》，落实全军院校工作座谈会的精神，采取切实有力的措施，推动院校的恢复和增建工作迅速展开。各单位按照中央军委的部署，很快完成了指定的恢复和增建院校任务，并选调大批优秀干部充实到恢复院校或新建院校，制定了一系列政策，保障院校建设的顺利进行。同时，加强对院校工作的指导，在建校、招生、教学等环节均建章立制，加强政治思想工作，完善教学保障工作。全军出现了办院校重要、当教员光荣、做学员责任重大的局面，军队院校的恢复和增建工作得以迅速完成。

1978 年 1 月 5 日，经中央军委批准，以培养高层次军事、政治、后勤指挥干部为主要任务的中国人民解放军军事学院、政治学院、后勤学院分别成立，并于 3 月 1 日正式开学。

军事学院：萧克任院长兼第一政治委员，段苏权、刘兴元任政治委员，下设训练部、政治部、院务部和政治、战略、战役战术、军兵种、外军、科技等教研室及电化教学中心，学员分培训和轮训两类。军事学院采取“以教学为中心”的办学方针，贯彻理论与实践相结合、教学与科研相结合的原则。教学工作以马列主义、毛泽东思想为指导，以中央军委制定的战略方针为依据，在总结人民解放军作战和建军经验的基础上，吸取外军现代化建设的优秀成果，探讨现代条件下人民战争的指导规律、武装力量建设和作战的组织指挥。教学方法以研究为主，学员主要学习政治理论、外交政策、战争战略学说、战役学、高级兵团战术、现代科学技术知识等课程。

政治学院：唐亮任院长（同年 12 月，中央军委任命林浩为院长，唐亮为政治委员），下设训练部、政治部、院务部和中共党史、哲学、政治经济学、科学社会主义、政治工作、第一军事、第二军事、科学文化教研室。学员以培训为主，采取培训班、轮训班和理论班三种形式，主要学习中共党史、哲学、政治经济学、科学社会主义、军队政治工作、国际关系和外交政策、毛泽东军事思想、战略、战役和现代军事科学知识等课程。教学方法以读原著为主、以自学为主，实行启发式、研究式教学，努力提高学员的马克思主义理论素养、政治工作领导水平和组织指挥能力。

后勤学院：陈漫远任院长，李聚奎任政治委员，下设训练部、政治部、科研部、院务部和指挥、卫勤军械、运输油料、军需财务、营房物资5个系，军事、政治、后勤、军械、卫勤、运输、油料、军需、财务、营房、物资11个教研室和后勤学术研究部，1个高级班，22个学员队。学员分培训和轮训两类，主要学习现代条件下人民战争的战略战术，合成军队后勤保障工作的组织指挥和专业知识，教学内容以勤务为主、以技术为辅，以战役为主、以战术为辅，以战时为主、以平时为辅，努力使学员从思想上、作风上、指挥能力和专业知识上得到普遍提高。

1978年6月6日，国务院、中央军委决定将长沙工学院改建为中国人民解放军国防科学技术大学，列入人民解放军序列，归国防科委建制领导。10月1日，国防科学技术大学在长沙正式成立，国防科委副主任张衍兼任校长，李东野任政治委员，设航天技术、应用物理、自动控制、电子技术、材料科学与应用化学、电子计算机、系统工程与数学、精密机械等系。主要任务是：为国防建设培养掌握尖端技术的高质量、高水平的研究、设计、生产、试验、使用方面的人才；同时担负战略武器试验、使用，部队各级技术指挥干部的轮训和在职技术干部的进修任务。

到1979年，全军院校恢复和新建工作取得显著成效。全军院校达116所，其中：指挥院校40所，政治院校5所，技术院校54所，飞行院校17所。院校规模和布局趋于合理，基本形成了比较完善的干部培训体系。

五、实行义务兵与志愿兵相结合的兵役制度

随着现代科学技术的发展，特别是军队武器装备现代化水平的不断提高，部队装备的专业技术越来越复杂，部队兵员的专业技术水平要求也越来越高。要确保部队现代化建设的有效推进，不断提高部队战斗力，不仅需要有大批的专业技术干部，也需要在士兵中

有选择地保留一批能够熟练地掌握和使用武器装备的技术骨干或具有较强带兵经验与能力的基层骨干，较长期地在部队服役。1978 年之前，部队采用超期服役的办法在士兵中保留技术骨干。这些保留的士兵一般安排超期服役 1 ~3 年，少数特种技术骨干超期服役年限甚至达到了 10 年以上。但由于国家兵役制度始终没有对超期服役士兵作出明确规定，因而这些超期服役的士兵有许多实际问题无法得到解决。

"文化大革命"结束后，兵役制度的改革，尤其是士兵服役期限应该定为两年还是三年，如何在士兵中保留基层骨干和技术骨干长期服役，成为部队官兵所关注的问题。邓小平指出："兵役制度要解决。这是一个大问题。"① 除了一般兵员服役年限要研究改革外，一些特种兵的兵员要延长服役期限，按干部待遇，这样做能熟悉专业知识。根据他的提议，1977 年 9 月 19 日，中央军委成立由副总参谋长彭绍辉、总政治部副主任黄玉昆、总后勤部副部长封永顺等组成的兵役制研究小组，专门研究兵役制度改革问题。研究小组经过认真地调查研究后，向中央军委提出了兵役制度改革的具体方案。这个方案经中央军委、国务院相关部门研究、讨论后，最终形成了兵役制度改革的决定，由国务院正式提交全国人民代表大会审议。

1978 年 3 月 7 日，第五届全国人民代表大会常务委员会第一次会议通过《关于兵役制问题的决定》。《决定》指出：随着军队技术装备的不断发展，对战士的军政素质和技术水平提出了更高的要求。为了加速人民解放军革命化、现代化建设，决定实行义务兵与志愿兵相结合的制度，并对现行义务兵的服役年限作适当延长。从 1978 年起，义务兵的服现役年限分别确定为：陆军部队战士 3 年；空军、海军陆勤部队和陆军特种技术部队战士 4 年；海军舰艇部队、

① 《邓小平军事文集》第 3 卷，68 页，北京，军事科学出版社、中央文献出版社，2004。

陆军船舶分队战士 5 年。为使部队保持一定数量的基层骨干和技术骨干，以增强战斗力，服满现役的义务兵，应根据部队的需要和本人自愿超期服役。为了稳定和加强部队的技术骨干力量，部分超期服役的义务兵可以改为志愿兵，留在部队长期服役。

《决定》同时对义务兵改为志愿兵的范围、条件、批准权限、服役年限以及退出现役后的安置等作了明确规定。据此，10 月 19 日，国务院、中央军委发出《关于中国人民解放军志愿兵待遇的规定》，对志愿兵的政治待遇、实行工资制与供给制相结合的制度等问题作了具体规定。11 月 2 日，中央军委发出《中国人民解放军部分义务兵改为志愿兵的实施办法》，对志愿兵的使用范围、占专业技术兵编制人数的比例、选留实施程序等作了具体规定。

从 1979 年春季起，人民解放军开始实行义务兵与志愿兵相结合的兵役制度。实行这项制度，既保持了义务兵役制的优点，又弥补了义务兵役制的不足；既可以减少干部数量，也有益于保持基层骨干和技术骨干队伍的相对稳定，对军队现代化建设产生了积极的作用。

六、民兵工作的全面整顿

民兵是中国共产党领导下不脱离生产的群众武装组织，是中华人民共和国武装力量的组成部分，是中国人民解放军的有力助手和强大后备力量。中华人民共和国成立后，民兵制度被确立为国家的基本军事制度之一，民兵建设成为国防建设不可缺少的重要部分，但在“文化大革命”中，江青反革命集团利用手中权力插手民兵工作，篡改民兵的性质和任务，破坏民兵工作的领导体制，成立所谓“中华人民共和国民兵指挥部”，组成从中央至基层的独立的民兵指挥系统，妄图把民兵改造成为他们篡党夺权的工具，搞成一支同人民解放军相对立的“第二武装”。江青反革命集团的做法，搞乱了民兵工作的指导思想，给民兵建设造成了很大危害和恶劣影响。因此，“文化大革命”结束后，中共中央、中央军委坚决肃清江青反革命集团在民兵工作上的影响，澄清大是大非，重新定位民兵的地位、作用，明确民兵工作的指导思想，恢复和发扬民兵建设的优良传统和作风，实现民兵建设的拨乱反正。

1977 年 3 月 24 日，叶剑英在中央军委座谈会上明确指出：野战军、地方军、民兵三结合，是中国武装力量的传统体制，是毛泽东人民战争思想的光辉体现。民兵是武装力量的一个组成部分，不能自成体系，必须置于地方党委和军事系统双重领导之下。江青反革命集团搞“第二武装”，搞“民兵指挥部”，鼓吹民兵、治安、消防“三位一体”，要彻底批判，彻底肃清。1978 年 1 月 25 日 ~2 月 2 日，总政治部召开民兵政治工作座谈会，专题研究加强民兵政治工作问题。会议强调，必须在地方党委统一领导下，恢复民兵工作的优良传统，加强民兵的政治教育，抓好民兵的性质、任务和政策纪律教育，抓好民兵的光荣传统和形势战备教育；各军区党委要把民兵工作提到议事日程，实行一手抓部队、一手抓民兵的两套领导方法，切实加强对民兵政治工作的领导。

根据中央军委的统一部署，各级军区、人民武装部门和当地各级党委与人民政府密切配合，迅速撤销了各地成立的民兵指挥部，解散民兵小分队，并围绕“应该不应该坚持野战军、地方军、民兵三结合的武装力量体制”问题深入展开讨论，揭发批判江青反革命集团篡改民兵性质和任务的罪行，对广大指战员和民兵普遍进行了恢复民兵优良传统的教育，初步澄清了被江青反革命集团搞乱了的民兵工作指导思想。

1978 年 7 月 20 日 ~8 月 6 日，总参谋部、总政治部、总后勤部在北京召开全国民兵工作会议。这是粉碎江青反革命集团后召开的第一次全国民兵工作会议，也是民兵工作指导思想拨乱反正的一次重要会议。军队和地方有关单位主管民兵工作的领导、业务部门的代表共 400 余人出席会议。会议的主要任务是：贯彻执行党在新时期的总任务和中央军委关于民兵工作的一系列指示，研究解决在新的历史条件下恢复和发扬民兵工作的优良传统，讨论确定加强民兵建设的方针和任务问题。

中央军委对此次会议高度重视。叶剑英为会议题词，“大力加强民兵建设。如果战争一来，要能依照战略要求，不断充实和扩大野战军、地方军，发扬人民战争巨大威力，战胜敌人，保卫强大的社会主义祖国”。邓小平在 7 月 11 日专门听取会议准备情况的汇报，指出：这次会议的目的，就是要把江青反革命集团颠倒了的路线是非颠倒过来，恢复老传统，并强调：我们是三结合的武装力量体制，野战军、地方军和民兵相结合，就是人民战争。民兵就是要提到战略位置上来。民兵应该成为生产的骨干，做好本职工作，搞好战备。林彪、江青反革命集团把军队和民兵的名誉搞坏了，要相当长的时间才能恢复。聂荣臻出席会议，并代表中央军委讲话。

会议全面系统地总结了同林彪、江青两个反革命集团在民兵工作上的斗争经验，揭发批判了他们破坏民兵建设的阴谋和实质，重申了民兵建设必须坚持的基本原则，即：坚持毛泽东人民战争思想，坚持野战军、地方军、民兵相结合的武装力量体制，是民兵建设坚定不移的方针；坚持实行中共中央、中央军委统一领导下的地方党委和军事系统对民兵工作的双重领导制度，发扬党管武装的传统，确保党指挥枪原则的落实，确保对武装力量实行统一指挥，防止任何野心家篡夺民兵领导权；坚持民兵的人民民主专政工具的职能，明确民兵是中国共产党领导下的群众武装性质，明确民兵对外防御帝国主义侵略和对内保护人民群众利益、保卫社会主义制度、巩固人民民主专政的任务，明确民兵武装只能用来对付敌人，绝不能用来处理人民内部矛盾；坚持“劳武结合”的原则，保持民兵不脱离生产的特色，正确处理生产建设与民兵建设的关系；等等。这次会议在民兵工作的一系列重大问题上澄清了认识，明确了方针。

会议明确了新的历史条件下民兵工作的主要任务：继续深入开展揭批江青反革命集团的斗争；认真整顿民兵组织，按照“三落实”的要求，重点抓好民兵干部队伍建设；加强民兵武器装备工作，切实搞好民兵武器装备管理；加强民兵军事训练，提高民兵战斗力；落实民兵战备措施，搞好执勤工作；充分发挥民兵在生产建设中的骨干带头作用，为现代化建设贡献力量；加强民兵政治工作，领导和保证各项任务的完成。并要求把党在新时期的总任务作为民兵工作的中心，动员和组织民兵为现代化建设贡献力量，使民兵成为生产中的骨干。

会议强调：在新的历史条件下搞好民兵建设，必须加强对民兵工作的领导。省军区、军分区和各级人民武装部门要以主要精力、主要力量去做民兵工作，省军区、军分区的司令部、政治部要切实成为民兵司令部、政治部。各总部、各军区、各军兵种、野战军和地方部队，都要关心、支持和积极做好民兵工作。

这次全国民兵工作会议系统总结了新中国成立以来民兵建设的基本经验，特别是总结了在民兵建设一系列重大问题上与江青反革命集团的根本分歧，重申了民兵建设必须坚持的基本原则，不仅对恢复和发扬民兵工作的优良传统、端正民兵建设方向起到了重要指导作用，而且为随后的民兵工作调整改革奠定了基础。会议所提出的民兵工作主要任务，也对进一步摆正民兵建设与经济建设的关系，明确树立在新的历史时期民兵建设要服从和服务于经济建设大局的指导思想起到了积极作用。

全国民兵工作会议结束后，中共中央、国务院、中央军委作出了若干重大决定，调整民兵领导体制和管理体制，整顿民兵队伍，确保党对武装力量的统一领导，确保民兵工作整顿顺利完成，确保民兵建设的正确方向。

根据中共中央的决定，各地恢复了省（市、自治区）、地、县（市）委第一书记兼任省军区、军分区、县（市）人民武装部第一政治委员的制度。

1978 年 11 月 7 日，中共中央发出通知，决定恢复中央军委人民武装委员会和省（市、自治区）、地、县（市）党委各级人民武装委员会。中央军委人民武装委员会由 14 人组成，徐向前为主任，张才千、徐立清、张衍、吕剑光为副主任。办公室设在总参谋部动员部，负责承办委员会的具体工作。同时规定：省（市、自治区）、地、县（市）党委人民武装委员会，由各级党委吸收有关部门的负责同志组成，主任由同级党委指定一名书记担任。通知并规定了各级人民武装委员会的任务：研究贯彻中共中央、国务院、中央军委有关民兵建设的各项方针、政策和指示；根据上级地方党委和军事系统的有关指示，结合本地区情况，研究解决民兵工作中的重大问题；研究贯彻有关动员和转业、复员、退伍战士安置工作中的方针政策。

1978 年 10 月 14 日，中共中央发出通知，颁发重新修订的《民兵工作条例》。这个《条例》，是在系统总结新中国成立以来民兵建设正反两方面的经验教训，特别是与江青反革命集团作斗争的经验教训基础上，根据民兵建设实际情况制定的。《条例》重新规定了民兵的性质和任务，对民兵管理体制也作出了明确的规定，确定：民兵是国家武装力量的重要组成部分，必须实行中共中央、中央军委领导下的地方党委和军事系统的双重领导制度；中央军委、各总部、各军区要把民兵建设作为一项战略任务，切实加强领导；省军区、军分区和各级人民武装部，就是同级地方党委的军事部，主要任务是做民兵工作。

10 月 14 日，中共中央发出通知，规定人民公社、县属区（镇）、相当于人民公社以上的农林牧渔盐场、大中型厂矿、高等院校和其他企事业单位均设立人民武装部，配备专职人民武装干部，列入本单位编制。通知指出：基层人民武装部是同级地方党委的军事部，受同级地方党委和上级军事机关的双重领导；专职人民武装干部，分别由军分区、县（市）人民武装部任命，由地方党委统一管理。

1978 年 8 月 24 日，总参谋部、总后勤部颁发《民兵武器装备管理规定》，明确了管理民兵武器装备的责任、动用民兵武器的权限等事宜，指出：民兵武器装备是民兵战斗力的重要组成部分，其管理工作必须在军事系统各级党委和首长领导下，由各级司令部、后勤部共同负责。全国民兵武器装备的补充，由总参谋部统筹规划，各大军区、省军区、军分区和县（市）人民武装部根据上级计划和要求，制订本地区的补充计划，并组织实施。调用武器装备，在县（市）范围内，经县（市）人民武装部批准；地区范围内，经军分区批准；省（市、自治区）范围内，经省军区批准；超出省（市、自治区）范围，经军区批准并报总部备案；调出民兵系统，要经总参谋部批准。

所有这些决定，就民兵建设中的重大问题作出了明确的规定，特别是对民兵的领导体制、管理体制、使用权限等作出了严格规定，从根本上保证了民兵建设正确方向。

在对民兵工作进行全面整顿的同时，民兵建设在调整中不断推进。人民解放军各总部研究制订了加强民兵工作的具体措施和规划。总参谋部制订了《一九七七—一九八〇年民兵军事训练纲要》，要求各级人民武装部结合本地区工农业生产情况，制订训练计划，着重抓好民兵连长、营长和武装基干民兵的战术、技术训练，以及专业技术分队的训练。国务院、中央军委于1977年6月18日批转这一《纲要》。总参谋部、总政治部、总后勤部于9月2日联合颁发了《关于开展创造民兵工作“三落实”先进单位活动试行方案》，要求在基层民兵组织中开展创造民兵工作“三落实”先进单位活动。1978年8月，总参谋部又制订颁发了《一九七八至一九八二年全国武装基干民兵发展规划》。各大军区和各军兵种认真研究新的历史条件下搞好民兵建设的问题，普遍加强了对民兵工作的领导。南京、兰州、武汉军区派出工作组深入基层，了解民兵工作情况，解决实际问题。福州军区组织江西、福建省军区抽调7000余人组成1001个小组，对民兵武器装备进行了全面大普查。炮兵拟制了《一九七八—一九八二年民兵炮兵专业技术兵的组训规划》。海军拟制了《一九七八—一九八二年海上民兵和民兵海军专业技术兵组训规划》。全军各大单位结合各自辖区的情况，把做好民兵工作摆在重要位置，强调党委管、机关抓、连队带，按照师团包干、营连定点、专业对口、就地就近的原则，采取挂钩、带训、军民联防等多种形式，培训民兵干部和各种专业技术骨干，抓好民兵工作“三落实”，推动民兵建设。地方各级党委也发扬党管武装的光荣传统，把经济建设和民兵建设结合起来，把民兵工作当作党的工作的一个重要部分，列入议事日程，实行统一计划、统一部署、统一检查、统一总结，及时听取关于民兵工作的情况汇报，亲自参加民兵工作的重要会议，加强对民兵工作的领导，妥善解决民兵工作遇到的实际问题。

在军事系统和地方各级党委共同努力下，民兵工作的整顿取得了显著成效，基本澄清了被林彪、江青反革命集团搞乱了的民兵工作指导思想，整顿了民兵组织不纯的问题，基本克服了民兵队伍存在的不良现象，民兵工作优良传统开始逐步恢复和发扬。

第三节　后勤工作的整顿

一、端正后勤建设指导思想

早在50年代初期，人民解放军就确立了“为国家负责，为部队负责”的后勤工作指导思想。但在“文化大革命”期间，由于“左”倾错误影响，尤其是林彪、江青反革命集团的干扰破坏，军队后勤建设的指导思想和方针、原则偏离了正确轨道，各项规章制度和供应标准濒于废弛，后勤的思想、组织、作风不纯的问题十分突出，一些长期坚持的方针原则和光荣传统遭到歪曲和篡改，后勤建设遭受严重损失。因此，从思想意识上澄清被林彪、江青反革命集团严重歪曲的是非，重新明确后勤建设指导思想，规范后勤建设的发展目标，统一全军后勤的思想认识，进而全面进行整顿，建立适应军队建设和现代战争要求的后勤保障体系，是“文化大革命”结束后军队后勤工作拨乱反正的迫切需要和首要任务。

从1977年3月开始，根据中央军委座谈会提出的要求，全军后勤单位在十个“应该不应该”的教育中，结合后勤工作的实际，就军队后勤工作要不要坚持党的绝对领导，认真贯彻执行党的路线、方针、政策；要不要坚持政治工作，充分发挥政治工作对后勤业务、技术的保证作用；要不要坚持群众路线，发扬经济民主，实行群众监督；要不要坚持平战结合，加强后勤战备，时刻准备打仗；要不要坚持红专结合，搞好后勤训练，精通业务、技术；要不要坚持合理的规章制度，严格财经纪律，加强业务管理；要不要坚持勤俭建军，艰苦奋斗，厉行节约；要不要坚持面向基层，关心群众生活，全心全意为部队服务等许多重大原则问题展开热烈讨论，开始对后勤建设指导思想进行反思。初步澄清了被林彪、江青反革命集团搞乱了的思想路线以及后勤工作中的许多重大是非问题，重新确立了后勤工作必须坚持“为部队服务，为基层服务”和“勤俭办一切事业”的思想。

中央军委高度重视后勤工作的整顿。1977 年 12 月召开的中央军委全体会议把加强后勤战备建设列为军队建设的 10 项任务之一，号召全军各级党委要“坚持勤俭建军的方针，加强后勤战备建设”。

随着拨乱反正的逐步深入，重新确立和规范后勤建设指导思想被摆到了中央军委的议事日程。总后勤部认真研究我军后勤发展的历史和经验，依据国际国内形势和军队建设实际情况，于 1978 年 4 月把军队后勤建设指导思想概括为“勤俭办一切事业，面向连队，面向基层，一切为部队服务，一切为战备服务，加速后勤革命化现代化建设”，并写进向中央军委呈送的《关于召开全军后勤工作会议的请示》中，得到了中央军委批准。在这一过程中，中央军委秘书长罗瑞卿与总后勤部领导逐字研究后勤建设指导思想的表述。

这一重新明确的军队后勤建设指导思想，是新中国成立初期所确立的军队后勤建设“为国家负责，为部队负责”指导思想的继承和发展。它规定了“勤俭办一切事业”的后勤工作方针，指出了“面向连队，面向基层”的后勤工作着眼点，规定了“一切为部队服务，一切为战备服务”的后勤工作原则，从而指明了“加速后勤革命化现代化建设”的后勤建设总目标。随后，总后勤部又根据新的历史条件下军队革命化、现代化建设的要求，提出了“建设一个随时能够打仗，并能保证战争胜利的现代化后勤”的具体目标。

中央军委高度重视后勤建设的整顿。邓小平于1978年3月24日听取全军后勤工作会议筹备情况的汇报，指出：要从整顿财经纪律着手，整顿后勤，恢复后勤的光荣传统，使每个人都能成为遵章守法的模范，培养部队艰苦奋斗的作风。现在后勤工作就是要抓具体、抓落实。①

1978年4月28日~6月5日，全军后勤工作会议在北京召开。总后勤部部长张震作《高举毛泽东思想伟大红旗，整顿后勤，准备打仗》的报告，就新的历史条件下整顿后勤工作、加强后勤工作建设作出了部署，要求各级后勤部门坚持“两个面向”、“两个服务”② 的后勤工作方向，继承和发扬人民解放军后勤工作的优良传统，大力整顿后勤，加速后勤革命化现代化建设，尽快把后勤建设提高到一个新水平。会议研究了后勤战备、基层建设、战备训练、科研工作和业务管理等问题，讨论了后勤战备建设三年、五年、八年规划及其实施措施，讨论了加强基层后勤建设的要求和办法，审定了部分新的供应标准和规章制度。在提交会议讨论的《1978年至1985年全军后勤战备建设规划纲要》中，总后勤部根据中央军委确定的新时期军队革命化、现代化建设的总目标，将“建设一个随时能够打仗，并能保证战争胜利的现代化后勤”的军队后勤现代化建设具体目标，进一步规范表述为“后勤组织指挥现代化、后勤技术装备现代化、补给手段现代化、医疗救护现代化、军需给养现代化和后勤管理现代化”等六个方面的内容，并提出了在1985年之前实现的要求，指出了军队后勤现代化建设的发展方向。

这次全军后勤工作会议，是粉碎江青反革命集团后召开的第一次全军后勤工作会议，也是新中国成立后规模最大的一次全军后勤会议。会议正式提出的后勤建设指导思想，标志着全军后勤实现了

---

① 《张震回忆录》下册，143页，北京，解放军出版社，2003。

② “两个面向”，即面向连队、面向基层；“两个服务”，即一切为部队服务、一切为战备服务。

后勤建设指导思想的拨乱反正。虽然这次会议文件中提出的一些具体目标和要求，后来在工作中进行了调整，但会议将后勤现代化目标具体化和指出的发展方向是完全正确的，对军队后勤建设的全面发展起了重要促进作用。

这次会议之后，全军后勤部门认真贯彻中央军委的指示精神，贯彻落实全军后勤工作会议的精神，坚持“面向连队，面向基层”，“为部队服务，为战备服务”和“勤俭办一切事业”等思想和原则，开始扎实转变作风，把全心全意地为基层服务作为后勤工作的头等大事。总后勤部党委决定，抽调 102 名干部，组成 6 个工作组，深入全军部队调查研究，帮助解决基层建设中的实际问题。年逾六旬的张震部长亲自带队，远赴青藏高原，了解西藏边防部队后勤建设情况，解决青藏线运输工程指挥部等单位的问题。济南、南京、福州、武汉、北京军区和空军等单位先后召开基层后勤建设会议，针对“文化大革命”中部队基层生活水平下降，特别是边防、海岛、高原部队生活困难的情况，研究大力加强基层后勤建设和为部队负责、为基层服务的问题，讨论制定了大力加强基层后勤建设的措施。为指导基层后勤建设，总后勤部 1977 年向全军转发了济南军区制订的《1977 年至 1980 年基层后勤建设规划》、北京军区制定的《连队先进后勤工作八项试行标准》，要求各级后勤部门在党委统一领导下，制订加速基层后勤建设的具体规划，开展比学赶帮的竞赛活动，尽快把后勤战备和各项工作搞上去，以适应未来反侵略战争的需要。这些举措，对恢复和端正后勤建设指导思想起了积极的促进作用，军队后勤的优良传统和作风开始得到恢复和发扬。

二、调整、整顿后勤组织机构

“文化大革命”期间，林彪反革命集团和江青反革命集团在军队后勤系统大搞以“人”划“线”，拉帮结伙，一大批具有丰富后勤工作经验的领导干部和专业技术人员遭到残酷迫害，干部队伍受到严重损害，我军后勤的优良传统和作风被严重败坏。后勤组织机构的破坏也非常严重。在 1969 年的整编中，总后勤部原有的业务部门连同新改隶的总参谋部原装备计划部、军事交通部等 14 个部（局）被合并为 9 个部（局），各军区、军兵种和部队的后勤部门也随之变动，打乱了全军后勤系统原来比较合理的编制体制和业务管理关系，削弱了业务建设，并直接影响到各级后勤不少工作难以正常开展。在 1975 年的军队整顿中，全军各级后勤部门压缩兵员数目，调整业务部门设置，业务部门分工不合理的状况有所改善，但由于受到江青反革命集团的干扰破坏，没有能够彻底理顺后勤编制体制和业务管理关系。因而，“文化大革命”结束后，彻底清除林彪、江青反革命集团干扰破坏后勤组织所造成的严重恶果，调整后勤组织机构，整顿后勤业务工作，适应后勤建设发展的要求，任务十分紧迫。

从 1977 年开始，中央军委先后对总后勤部和各大军区、各军兵种后勤部的领导班子作出了重大调整。各级领导班子坚决贯彻落实中共中央、中央军委的路线、方针和部署，在深入揭批林彪、江青反革命集团罪行的同时，平反冤假错案，落实组织政策，克服种种困难，进行了异常艰难的组织整顿工作。

总后勤部先后四次召开万人大会，深入发动群众，广泛宣传要把林彪、江青两个反革命集团的问题串在一起查。从广大干部中发现和培养积极分子，对有问题的班子实行坚决改组，对有问题的人员坚决清除，对问题较多的单位集中力量，排除干扰，坚决解决问题。同时，对遭受迫害或错误批判的干部，坚决恢复名誉；对错误立案调查的冤案，一律撤销，予以平反。1978 年 11 月，总后勤部党委作出决定：为李聚奎、洪学智、饶正锡等 829 名干部彻底平反昭雪，恢复名誉。同时，撤销了林彪反革命集团所制造的、在军队后勤系统造成极坏影响的 30 个假“集团”冤案，为受牵连的人员彻底平反，消除影响。随着组织整顿工作的深入，特别是平反冤假错案工作的展开，许多遭到错误处理或迫害的干部被落实政策，大批政治水平高、思想作风好、业务能力强、管理素质好的领导干部和业务骨干重返工作岗位，后勤队伍的组织建设得到加强，全军后勤工作的被动局面开始得到扭转。

后勤系统的编制体制调整工作同步展开，重点是调整后勤机关部门设置，理顺组织关系，加强院校、科研机构和专业技术保障单位。调整后，总后勤部机关恢复了作为后勤指挥机关和协调后勤各业务部门工作的司令部；财务物资部分编为财务部、物资部和油料部；军需部分编为军需部和工厂管理部（以后又改称军需生产部）；军械车船部分编为军械部和车船部；军事运输部改称军事交通部；营房部改称基建营房部，加上原有的卫生部、政治部和管理局，由9个部（局）增编调整为13个部（局），基本上恢复了“文化大革命”之前的后勤组织体制，使机关业务部门的设置与专业勤务建设基本相适应。从1978年3月1日起，调整后的总后勤部机关各部（局）正式办公。随后，总后勤部又制定出《总后勤部各部局基本职责》，按照人人有专责、事事有人管的原则，明确了分工，严格了责任制。同年5~12月，各大军区、各军兵种及其所属后勤机关的编制体制，也作出了相应调整，分别编有司令部、政治部、财务部、军需部、卫生部、军械部、运输部、油料部、物资部、基建营房部、直属供应部。此外，为加强战备，并为战时实行划区供应体制打牢基础，同时加强对各大军区所属专业勤务部队的领导，根据中央军委关于新建一些战略储备仓库和其他必需的技术保障部队的要求，各大军区陆续恢复和组建了一批后勤分部。总后勤部也以青藏线工程运输指挥部及所属管线工程指挥部为基础，组建了驻西安的基地指挥部。

后勤科研机构在组织机构调整中得到了很大的加强，形成了初具规模、门类比较齐全的后勤科研体系。总后勤部恢复和组建了后勤科技情报研究所、油料研究所、基础医学研究所、军事医学情报研究所。海军、空军和第二炮兵后勤部也分别组建了自己的科研机构。1978年2月，经中央军委批准，总后勤部不再设立后勤学术研究机构，改在后勤学院设立学术研究部，担负全军后勤的学术研究任务。

根据中央军委关于办好军队院校的决定，全军后勤系统恢复和组建了6所院校；各军区恢复和组建军医学校；海军新建1所后勤学校、1所军械学校；空军新建1所后勤学校。全军后勤院校达到28所，其中总后勤部直属院校达到11所，基本上恢复到1965年以前的规模。全军后勤院校重新形成了比较规范的后勤院校教育体制，分别承担培训高级、中级、初级的后勤指挥、管理干部和大学本科、高等专业、中等专业技术干部的任务，各类学校招收的学员员额达到或超过了“文化大革命”前的规模。其中，中央军委和总后勤部直属的后勤院校学员数额比调整前增加近1倍，比“文化大革命”前增加近6000名。此外，各军区还恢复、充实了轮训干部和培训专业兵的后勤训练大队。这就初步改变了“文化大革命”造成的后勤干部严重失训的状态。

1978年7月，总参谋部、总政治部和总后勤部联合颁发《关于医院、疗养院的整编方案》，确定：全军医院分为总医院、中心医院和驻军医院三种类型，由陆海空军分别编设和管理；平时不设野战医院，指定驻军医院担负战备值班任务。据此，全军医院、疗养院进行了整编，并从1977年起，在全军医院编制定额内编组了野战医疗队（所），作为战时和抢险救灾的卫勤机动力量。

为加强对军队爱国卫生运动的领导，1978年4月24日，中央军委决定成立全军爱国卫生运动委员会。中国人民解放军副总参谋长杨勇任主任委员，总政治部副主任徐立清、总后勤部副部长张汝光任副主任委员。全军爱国卫生运动委员会办公室设在总后勤部卫生部。

此外，根据总参谋部、总政治部、总后勤部颁发的《关于全军农副业生产几个问题和师以上部队农场编设管理机构的规定》、《关于驻厂军事代表编制体制的规定》，全军农场和驻厂军事代表也进行了相应的整编和精简。

后勤系统组织机构的调整、整顿，使得在“文化大革命”中遭到严重破坏的军队后勤编制体制得到重建，曾经大伤元气的后勤干部队伍得到恢复。虽然为落实干部政策，各级后勤机构中领导干部一度配备过多，但这次调整适应了后勤专业勤务工作的紧迫需要，为后勤的现代化、正规化建设打下了组织基础。

三、全面整顿后勤业务工作

从 1977 年起，根据中央军委的统一部署，全军后勤系统采取组织整顿和业务整顿相结合的办法，从恢复和制定后勤各专业规章制度着手，对后勤业务工作进行了全面整顿。

中央军委为全面整顿后勤业务工作明确了方向。1977 年 12 月召开的中央军委全体会议提出：后勤工作的重点是整顿后勤业务，整顿和搞好生产，加速后勤战备建设。邓小平对后勤业务工作整顿进行具体指导，要求：整顿后勤工作要从整顿财经纪律着手，给部队带来一个艰苦奋斗的作风；要严格遵守财经纪律，同违反财经纪律的现象作斗争，同假公济私、开后门的现象作斗争；后勤干部，特别是领导干部一定要以身作则，廉洁奉公，当好红管家；军队的农副业生产要搞好，军以下部队一律不办工厂，军队工厂平时以民用养军用，对所有企业进行大检查、大清理；要着重研究后勤工作在新的历史条件下出现的新情况和新问题；要具体研究随着军事科学技术的发展和武器装备的改善以及全军家当的增大，怎么搞好后勤供应和管理的问题。叶剑英要求：在整顿后勤业务工作时，要“加强财务和物资管理，恢复和健全合理的规章制度”①。

整顿军队财务工作，是整顿后勤业务工作的重中之重，也是整个整顿工作的开篇。“文化大革命”中，军队财务工作制度废弛，管理不善，导致滥用职权、违反财务纪律的问题屡屡发生。1977 年 4 月，总后勤部在北京召开全军财务工作会议，着手研究如何整顿财务规章制度、切实搞好财务管理等问题。12 月召开的中央军委全体会议专门通过了《关于整顿和加强军队财务工作的决定》，强调要加强各级党委对财务工作的领导，坚持经济民主，统一管理，分

① 《叶剑英军事文选》，687 页，北京，解放军出版社，1997。

级负责，保障供给，厉行节约的原则；坚持勤俭建军方针，坚决贯彻执行党和国家的财经政策，并重新规定了各级的财权范围，强调：财权要集中于各级党委，各级业务部门是分项经费的主管部门，各级后勤财务部门是党委理财的办事机关；重新明确了“总部专管，实报实销，定额包干，指标控制”4 项经费管理办法。《规定》重申 10 项财经纪律：不准擅自修建楼堂馆所和搞计划外工程；不准自行招收职工和提高个人工资福利待遇；不准改变全军统一的标准、制度；不准擅自购买控制商品和高级消费品；不准用公款和生产收益请客送礼；不准侵占士兵利益；不准虚报冒领、弄虚作假；不准坐支挪用应上交的经费；不准乱挤乱摊产品成本和乱列营业外开支；不准用流动资金搞基本建设和作其他开支。《规定》要求对现行财务标准制度进行整顿。

为了确保军队财务工作整顿取得成效，中央军委和总后勤部对违反财经纪律的人和事给予严厉处理。中央军委秘书长罗瑞卿 1978 年 4 月 6 日在总后勤部呈送的一份材料上批示：对于军队中严重违反财经纪律的人和事，“不管是天王老子还是比这更大的庞然大物”都要严办。总后勤部部长张震在全军后勤工作会议上，对全军从总部到基层发生的严重违反财经纪律的问题，指名道姓，严肃批评。这些都充分表明了中央军委对整顿军队财务工作的高度重视，以及清除“文化大革命”对军队后勤建设所造成恶劣影响的决心和魄力，在全军引起强烈反响，有力推动了军队财务工作的整顿。

1978 年 4 月，总政治部、总后勤部联合发出《关于开展财经纪律大检查的通知》，在全军范围组织展开财经纪律大检查。此次大检查，军队各级党委主要负责人亲自挂帅，并成立了专门的领导小组和办事机构，对发现的问题一查到底，决不姑息。全军共查处经济犯罪和违反财经纪律案件 7230 起，总金额达 443 万元，其中贪污万元以上的犯罪案件 20 起；擅自修建楼堂馆所和搞计划外工程 226 万平方米，投资额达 1.4 亿元，对于确保中央军委《决定》的贯彻执行，提高全军遵守财务制度与财经纪律的自觉性，抑制铺张浪费之风，产生了非常积极的作用。据统计，1978 年与 1977 年相比，全军各单位计划外工程和购买专控商品开支一般减少 90% 左右，招待费开支一般下降 60% 左右。

在严格财经纪律、处理违纪问题的同时，重建全军财务系统的工作也在进行。1978 年，全军团以上单位相继恢复财务管理机构，并给军、师、团级单位各增配 1 名财务干部。根据形势发展的要求，中央军委着手调整经费保障标准，提高了经费供应水平，其中全军的院校教育费增长达 120%。全军干部工资也从 1980 年开始普遍上调，每月工资额平均增加 11 元。这是十多年中军队干部增资幅度最大的一次，也扭转了 1964 年之后军队干部平均工资逐步下降的状况。

恢复、建立和健全合理的后勤规章制度，是后勤业务工作整顿的另一重点内容。后勤规章制度是军队后勤长期实践经验的总结，是后勤工作的依据。“文化大革命”结束时，军队后勤业务工作无章可循、有章难依的状况十分突出。同时，由于情况变化，有些规章制度也需要修改和补充修订。从 1977 年起，在总后勤部的统一组织下，后勤各业务部门对财务、物资、工厂、基本建设、医疗卫生、军事代表等管理体制进行调整，对 343 项规章制度和供应标准进行清理。在认真调查研究的基础上，总后勤部于 1978 年 4 月确定，除 1975 年以来已经修订的以及不需要修订的后勤标准制度共 124 项继续执行外，对其余不适应现实情况和事业发展的标准制度进行修改补充。到 1980 年，重新制订或颁发的全军性后勤标准制度达 73 项。后勤规章制度的恢复和建立，使后勤工作大多数领域做到了有章可循，改进和加强了后勤业务管理。此外，为建立具有人民解放军特色的科学的后勤条令条例体系，从 1978 年起，按照建设现代化、正规化革命军队的要求，军队后勤系统重新修订和编写后勤条令条例的工作也逐步展开。

军队系统工厂、马场和农副业生产的整顿工作，在 1978 年全面展开。1977 年 12 月，中央军委全体会议讨论通过了《关于加强军队工厂、马场、农副业生产管理的决定》，对军队后勤系统工厂、马场和农副业生产的方针、原则、发展方向等问题作出了规定，并对整顿工作作出了部署。根据这一《决定》，全军各级后勤部门对所属工厂、马场、农场进行了清理和整顿。

全军后勤系统的工厂，包括企业化工厂、军办工厂和家属工厂三类。企业化工厂，是军队后勤系统的重要组成部分，也是国民经济中工业生产的组成部分，整顿重点按照“军民结合、平战结合、以军为主、以民养军”的方针，坚持为部队建设服务、为战备服务的方向，改进经营管理，恢复正常的生产秩序，提高经济效益。经过整顿，一些亏损工厂转亏为盈，部分工厂开始增加民品生产。军办工厂的整顿，执行“军以下部队不办军办工厂”的规定，其中产供销能纳入计划、产品确属部队需要、生产条件较好的54个工厂，经中央军委批准，划归军区、军兵种统一集中管理。其余的军办工厂或改为企业化管理，或归农场综合经营，或转为家属工厂，或移交地方和停办。家属工厂的整顿工作则按照“由主办部队自行管理，自负盈亏，不得占用军人和雇请工人生产”的规定进行。通过调整、整顿，军队各类工厂占用兵员人数，共减少了1.8万人。

全军军马场的整顿，以“以牧为主、农牧结合、多种经营”为方针，着重调整产业结构，改善经营管理，提高军马质量，发展多种经营。经过整顿，全军军马场由1971年的45个调整为17个，规模由拥有2407万亩草场、215万亩耕地和4.6万名职工，调整为拥有695万亩草场、91万亩耕地和2.2万名职工。

根据中央军委关于“全军农副业生产要进一步调整压缩，生产规模以能解决部队的补助粮、饲料粮、种子粮为原则”的要求，军队农副业生产的整顿主要是适应部队精简整编和加强战备训练的要求，调整生产规模，减少耕地和用兵，加强农田基本建设，发展农业机械化，提高劳动生产率。将土地过多、无法投入充足生产人员或投入兵员过多以至影响部队训练的农场，条件不好、产量不高、不利于长期经营的农场，采取军队内部进行调整或移交地方农垦部门的措施，主要保留那些用兵少、产量高、有利于实现机械化作业的农场。总后勤部于1978年8月专门下发了《整顿军队农副业生产的措施》，对调整全军农副业生产规模的原则、多余农场的交接、保留农场的整顿等问题，提出了意见。经过整顿，1978年全军耕地面积压缩到471万亩，比1971年减少36.5%；生产用兵压缩到23.7万人，比1971年减少60.5%，共生产粮豆7.45亿公斤，总产量虽比1971年减少24%，但由于提高了管理水平和机械化耕作程度，单位面积产量提高19%，经济效益明显提高。此后，军队农副业生产规模基本稳定下来。总参谋部、总后勤部也于1978年首次对条件较好的师以上单位农场正式定编，编配管理干部、技术骨干1.8万人，从而为军队农副业生产的持久、稳定发展提供了组织保证。

此外，总参谋部、总后勤部对全军库存和部队在用武器装备进行清查整顿，检查或淘汰了质量较差的武器装备；总政治部、总后勤部于1978年8月5日下发《全军医院技术建设规划（1978—1985年）》（草案），提出了实现医院革命化、现代化的奋斗目标；总后勤部研究制定了《1978年至1985年全军营区建设规划纲要》；总后勤部于1977年组织进行全军性的清仓查库、清产核资，共清库1.9万余个，占应清单位的91.8%，清出多余积压物资价值2.8亿多元，其中调剂利用8000多万元；总后勤部组织对全军基本建设在建项目进行了普查和清理；总后勤部于1977年7月召开全军营产管理工作会议，研究制定了《1978年至1985年全军营区建设规划纲要》。

军队后勤业务工作的全面整顿，其力度、范围、效果，在人民军队后勤发展史上都是前所未有的，由于决心坚决、组织严密、措施得力，基本达到了预期目的。整顿后，全军后勤业务工作逐步走出低谷，得到恢复，重新走上健康发展的轨道。

四、整顿后勤战备工作

后勤战备是全军战备建设的重要组成部分。总后勤部经过认真调查论证，于1978年4月向全军后勤工作会议提交了《1978年至1985年全军后勤战备建设规划纲要（草案）》。《规划纲要（草案）》规定：1980年前，完成在战争初期以现有兵力应付敌人突然袭击的主要作战物资储备和技术保障准备；1982年以前，按照战区独立作战的要求，完成在大规模战争初期部队初步扩编后的主要作战物资储备和技术保障准备；1985年以前，基本实现后勤装备现代化，按战区独立作战的要求，完成大规模战争初期部队全面扩编后的主要作战物资储备和技术保障准备。尽管《规划纲要（草案）》所依据的战略思想是准备“早打、大打、打核战争”，因而在内容上存在着计划偏大、指标偏高等问题，但它是“文化大革命”结束后全军形成的第一个后勤战备建设规划，在很大程度上满足了全军战备对后勤建设的需求，也为后勤战备建设明确了方向，有力地推动了后勤战备建设和其他各方面建设，特别是后勤建设拨乱反正的进程，后勤战备建设因此全面展开。

在战略后方基地建设方面，根据中央军委的战略部署，总后勤部在加速建设沿海和“三北”地区后方基地的基础上，重新调整后方基地布局，分期分批在战略纵深地区建设战略后方基地，同时调整了各大军区、海军、空军的战役后方基地布局，并根据战备要求和物资储备原则，在对现有物资储备检查清理的基础上，按照战略后方与战役后方以及不同方向战场建设的情况，有计划地对战备物资储备进行调整与补充，逐步调整为每个后方基地储备的主要物资按基数、人份、车份配套。总后勤部还专门总结部队阵地弹药防潮的经验，决定将驻北方部队露天存放的弹药全部转入坑道，并下拨专项经费进行防潮处理。

在仓库建设和管理方面，全军集中力量建设主要战役方向的仓库，重点进行在建仓库的收尾、配套工程，修复不能使用的仓库。战役后方仓库建设完成的投资量，1978年比1977年增长12.9%，1979年又比1978年增长20%。三年间建成的仓库容量相当于1976年前仓库总容量的16%，同时对“文化大革命”期间完成施工任务、由于质量差而影响使用的 126 个仓库共 143 万平方米（吨）进行了维修，并修建了配套工程。总后勤部还在认真调查研究的基础上，于 1978 年 5 月专门颁发《后方基地军械仓库建设暂行规定》，健全了军械仓库建设的标准。为加强物资储备管理，中央军委也于 1978 年 10 月在所颁发的《中国人民解放军物资工作规定》中，明确提出了建立科学化现代化的仓库管理制度的目标。总后勤部物资部随后制定《中国人民解放军统配物资仓库管理办法》，专门增写仓库安全管理和物资运输等内容，明确了军队物资仓库的性质和基本任务。全军战备物资储备工作因此逐步实现了正规化、制度化。

在改善战场交通网路方面，1977 年 9 月 11 日，国务院、中央军委决定恢复“文化大革命”期间中断工作的国务院、中央军委交通战备领导小组，国务院副总理谷牧任组长，副总参谋长王尚荣等 5 人任副组长，办公室设在总后勤部军事交通部。根据国务院、中央军委通知要求，各大军区相继恢复、建立交通战备领导小组，其成员由各大军区、有关省市自治区和相关部门负责人组成。军队和国家有关部门联合行动，围绕完善交通网路，保证战时交通通畅，做了一系列扎实有效的工作。总参谋部、总后勤部会同国家铁道、交通部门研究了改善战场交通网路的意见，提出了加强战区通向战略纵深铁路建设和主要战场公路建设等措施，拟制了战略干线和战时交通保障力量的预案，对国家铁路、公路、水路建设提出了军事要求；总后勤部与各大单位后勤部门共同制订了交通保障计划，落实了机动部队战备输送方案，研究了交通中断情况下的抢修和运输补给手段，以及空中、海上运输补给和野战后勤支援问题；总参谋部、总后勤部组织武汉军区司令部、后勤部于 1977 年 1 ~4 月对长江流域进行了交通战备勘察，提出了长江交通运输战备组织指挥、渡区、重点港口、船舶防护与修造等保障意见，明确了航运部门在武汉战区保障南北渡运、东西方向运输的重点；总参谋部、总后勤部与国家交通部于 1977 年 3 月 18 日联合发出《关于加强公路跑道建设的通知》，要求进一步加强公路跑道建设和管理，并对公路跑道的维修原则、主要技术指标、加强管理和维修、使用等4个问题，作了明确规定；国务院、中央军委于1978年6月29日颁发《中国人民解放军驻铁路、水路沿线交通部门军事代表条例》，要求军队驻铁路、水路沿线交通部门军事代表办事处和铁路、水路等有关部门密切配合，共同完成军事交通运输任务。在此期间，海军开始建设远东最大的人造军港。

在后勤保障设施建设方面，为保证战时供得上、修得好、救得下，各级后勤组织后勤分部和基地仓库根据战时可能担负的任务，普遍修订了战时后勤保障预案，落实了随时开设机动兵站线的准备；统一规划军需工厂、修理工厂布局，有计划地分期新建了一些工厂，逐步做到了按经济协作区或战区配套，并落实了从修理工厂抽组野战修理分队的准备工作。

在后勤卫生战备工作方面，1977年4月，总后勤部转发总后勤部卫生部《关于加强后勤卫生战备工作的意见》，要求全军后勤卫生战备工作从思想、组织、技术、装备等方面做好准备，组织卫勤机动力量，改进战时药材供应和卫生装备。从1977年起，按照人员、装备、输送方案三落实的要求，各级后勤部门组织后方医院积极做好了编组战时卫生勤务机动力量的准备，基本可以满足军队卫勤由平时转入战时应急保障的需要。

在输油管线建设方面，1977年12月，叶剑英指出：要搞好主要战略方向、预定战场的交通网和输油管线建设。1978年，中央军委批准各大军区和海军、空军组建管线队，负责野战输油管线的铺设和输油作业。据此，全军各大单位加强输油管线队和野战输油管线建设，在主要作战方向的港湾、机场逐步铺设固定输油管线。由总后勤部组织建设的青海格尔木至西藏拉萨的输油管线，经过施工部队5年建设，也于1977年10月全部竣工，成为第一条跨越世界屋脊的输油管线。这条输油管线的建成，对加强后勤战备建设，解决西藏地区长期存在的能源短缺和运输补给困难，促进西藏地区经济发展，都具有重要意义。

在后勤科研方面，后勤科研机构重点研究减轻单兵负荷、野战食品、炊事装备、油料补给、野战医疗、野战抢修及仓库搬运、堆垛机械化等问题，并陆续取得一批科研成果。1977 年 11 月 11 ~ 21 日，总后勤部召开科学大会，讨论后勤科学技术发展纲要，拟定后勤科研发展规划和设想。有 240 项科技成果在这次大会上获奖，另有 324 项军队后勤科研成果在 1978 年 3 月召开的全国科学大会上获奖。后勤装备开始逐步向自动化、野战化、轻型化、机械化方向发展。

在后勤战备保障训练方面，全军后勤系统加强对训练工作的领导，结合后勤各专业特点，重点抓好干部训练，采取多种训练方式，组织后勤干部学习军事理论，学习业务技术，学习战术技术，并结合本单位所担负的战备任务，研究有关的后勤保障问题，积极探索实战条件下后勤保障经验，努力提高后勤领导干部组织指挥后勤保障能力。1978 年，全军有 9 个大单位后勤部组织进行了各种形式的后勤干部和专业技术人员培训和轮训。11 月，总后勤部召开全军后勤干部在职训练经验交流会，总结粉碎江青反革命集团以来部队后勤训练情况和经验，参观、推广南京军区某师后勤机关“六会”① 训练表演和经验，研究制订进一步加强后勤训练的措施。后勤系统技术兵的训练则采取专门机构培训和在职培训相结合的办法进行。1978 年 5 月 24 日，总参谋部、总后勤部联合发出《关于加强技术兵培训和管理的规定》，对技术兵培训对象、比例和训练机构编设作了具体规定。据此，后勤系统各单位陆续恢复和新建一批培训专业技术兵的教导队、训练队，加强对专业技术兵的训练。其中，仅全军军械系统就建立了几十个训练点。不少单位还召开竞赛评比大会，选拔新的训练标兵，并组织他们到部队巡回表演，促进部队后勤训练。许多单位在训练中还开展了赛思想比进步、赛作风比纪律、赛干劲比贡献、赛团结比协作、赛训练比技术的“五赛五比”活动。

---

① 后勤机关“六会”，即会写、会画、会传、会读、会记、会算。

为了提高训练效果，摸索现代战争条件下后勤保障的新方法，各大单位后勤部门组织实施以战时后勤保障为背景的训练项目，带动后勤训练的开展。北京军区后勤部组织全区师以上后勤领导干部集训，着重研究了运动战后勤保障的组织指挥问题，组织医院、仓库、汽车团领导干部分别研究了卫勤、供应保障和运输组织指挥等问题；沈阳军区后勤部组织师以上单位后勤部长集训，着重研究了战争初期的后勤保障特点、后勤工作的重点和战时如何组织与部署后方等问题；福州军区组织了渡海登陆作战后勤保障训练，并成立了登陆作战后勤保障工作领导小组，在军区统一组织下集训了军、师后勤部长和战勤处（科）长，组织了弹药船装卸载、代医院船开设、野战输油管线海上铺设演练与实验；南京军区、广州军区和海军后勤部也分别组织了渡海登陆作战后勤保障训练；武汉军区组织各级后勤部门领导和机关干部进行了平原地区运动战后方组织指挥和各项勤务保障演练。

在粉碎江青反革命集团后的两年多时间里，军队后勤工作在后勤建设指导思想、组织机构、业务工作、战备建设等方面全面进行了清理整顿，消除“文化大革命”造成的消极影响，恢复被林彪、江青两个反革命集团破坏了的行之有效的规章制度，积极探讨在新的历史条件下加强后勤战备建设的新方法，努力完善不适应现代战争要求的工作环节，在保障军队建设和战备训练中加强自身建设，逐步实现了军队后勤建设的拨乱反正，后勤工作开始重新走上快速、健康发展的轨道。

第四节　国防科研、生产和武器装备管理的整顿

“文化大革命”给人民解放军武器装备建设造成了十分严重的破坏。这一时期，武器装备的正常科研、生产秩序被打乱，行之有效的规章制度废弛。不仅新型武器的研制受到严重干扰，正常的装备生产秩序也受到破坏，驻厂军事代表制度一度被取消，军工产品

质量得不到保证，生产的武器装备质量低、不配套，甚至出现了部队装备缺编的现象，库存武器装备也存在严重质量问题，直接影响了部队训练和作战。部队装备管理工作也受到干扰，装备管理的规章制度形同虚设，装备损坏、锈蚀甚至丢失的现象时有发生，露天存放的装备无人过问，工程机械及飞机、舰船因失修而开不动，降低了完好率。所有这一切，不仅严重制约了部队战斗力的提高，而且严重影响了部队战斗力的发挥。因此，“文化大革命”结束后，中共中央、国务院和中央军委将武器装备研制、生产、管理方面的整顿，列为清理整顿的重点，采取了一系列果断的措施，使武器装备的科研、试验、生产工作迅速步入正常发展轨道，加强部队装备的管理，提高装备完好率，确保部队战斗力的提高。

一、加强统一领导，调整国防科研、生产管理和指挥体制

从 1977 年开始，中共中央、国务院、中央军委对国防科研、生产管理体制进行了一系列重大调整，以实现集中统一领导，加快武器装备的发展。

1977 年 4 月，中共中央决定调整和健全中央专门委员会的组织，由华国锋任主任，叶剑英、李先念任副主任。8 月，又增补邓小平为副主任。委员会成员由国务院相关副总理、中央军委常委和有关部门领导人共 21 人组成，以加强对国防尖端科研工作的领导。

1977 年春，中央军委决定，张爱萍继续主持国防科委工作，任命李耀文为政治委员。9 月，国务院、中央军委任命洪学智为国务院国防工业办公室主任。随后，中共中央和国务院又相继调整和健全了各国防工业部的领导班子。

9 月 28 日，国务院、中央军委决定将国防工业办公室列入军队编制，受国务院、中央军委双重领导，以中央军委为主，但仍称国务院国防工业办公室（简称国防工办）。

11 月 14 日，国务院、中央军委决定：成立中央军委科学技术装备委员会，统一领导国防科学技术研究、国防工业生产和全军装备发展工作。副总参谋长、国防科委主任张爱萍兼任主任，国防工

办主任洪学智、国防科委政治委员李耀文兼任副主任。委员会办公室设在国防科学技术委员会科技部，张震寰任主任。1978 年 3 月 21 日，国务院、中央军委又决定：国防科委副主任刘华清兼任中央军委科学技术装备委员会办公室主任，同时撤销 1975 年 6 月成立的国务院、中央军委常规装备发展领导小组。1979 年 6 月 8 日，中央军委科学技术装备委员会遵照邓小平关于“总参装备部就是军委科学技术装备委员会的办事机构”的指示，经中央军委批准，将委员会办公室改设在总参谋部装备部。

新成立的中央军委科学技术装备委员会，是国务院、中央军委统一领导国防科学技术研究和国防工业生产的业务办事机构，主要任务是：从战略着眼，提出军队各个时期武器装备的要求；审议装备体制和武器装备的规划；统一领导国防科学技术研究的规划和实施；统一组织武器装备的科研、设计、试制、试验、定型、生产、验收和交付使用；推广军队科研和技术革新成果；引进外国先进的军事科学技术等，加速实现军队武器装备的现代化。

中央军委科学技术装备委员会成立后，经国务院、中央军委批准，重新明确了有关总部、国防科委、国防工办领导管理装备、国防科学技术研究和国防工业生产的职责范围，确定：总参谋部负责组织各军兵种和总部各有关部门研究确定全军武器装备发展方向和装备体制，审查武器装备战术技术要求；提出各时期武器装备的需要量，制订年度装备订货计划，并检查了解完成情况；归口审定军内科研机构的科研规划、计划和部队的技术革新成果。总后勤部负责统一领导全军后勤装备和医疗卫生器械的研制、试验、定型、生产、验收工作，以及规划、计划的组织实施；统一管理后勤装备和医疗卫生器械的技术革新工作。国防科委负责统一领导战略核武器装备从科研、设计、试制、试验、定型、生产到交付使用的规划和计划工作，并负责组织实施；承办尖端武器一级定型小组的日常工作。国防工办负责统一领导常规武器装备从科研、设计、试制、试验、定型、生产到交付使用的规划和计划工作，并负责组织实施；

承办常规武器一级定型小组的日常工作。

鉴于“文化大革命”期间武器装备定型机构不健全，致使定型工作受到很大影响，中央军委科学技术装备委员会还对尖端武器、常规武器定型领导机构作了调整，决定：尖端武器一级定型小组（1979 年 7 月 14 日改为战略核武器定型委员会）的办事机构设在国防科委，原来的二级定型委员会仍保留，执行原有任务；成立常规武器一级定型委员会（或领导小组），办事机构设在总参谋部装备部，原来的二级定型委员会仍保留，执行原有任务；各军兵种、各大军区成立科学技术装备领导小组，主要负责抓好现役武器装备的技术革新，并对在本大区内或同本军兵种有关的国防科学技术研究和国防工业生产工作，协同省、市、自治区国防工办进行检查督促和帮助，承办需要由部队进行试验、试用的武器装备事宜。同时规定，各军兵种和总部有关部门负责新型装备的发展论证和提出战术技术要求。

国防工业管理体制也进行了重大调整。1978 年，国防工办在广泛征求各省、市、自治区和国防工业各部门意见的基础上，认为：要促进国防工业的发展，必须对国防工业管理体制进行适当调整，减少层次，适当集中。1978 年 9 月 1 日，国防工办向国务院、中央军委呈送《关于调整国防工业管理体制几点意见的请示报告》，提出：将 1974 年 5 月以后下放的以地方为主管理的国防工业重点企、事业单位，改为主管部与地方双重领导，以部为主，其余单位和“小三线”军工企业由地方管理；各省、市、自治区设立国防工业办公室，作为本级管理国防工业的办事机构，按照中央部和地方的分工，对本地区的国防工业企、事业单位的党政和业务工作进行统一管理，在业务工作上同时接受国务院国防工办领导；实行以部为主管理的国防工业企、事业单位，主要领导干部以部为主管理，任免由部和地方共同商定，其中党、群干部由省、市、自治区党委任免，业务、行政干部由主管部任免；各大军区要协助地方对所在地区的国防科研、试验、定型、生产等有关工作进行调查研究，检查督促，给以支持，并向军委和国务院国防工办反映情况，提出建议。9 月 26 日，国务院、中央军委批转《请示报告》。随即，全国国防工业系统根据《请示报告》的要求，对管理体制进行了全面调整。

在此期间，国防科委、国防工办、各国防工业部对所属研究机构、工厂企业的领导班子进行了调整，并全面展开整顿工作，清除“左”的思想影响，进行组织整顿，消除由于派性严重造成的无组织、无纪律、科研秩序混乱等现象，恢复科研、生产秩序。对在“文化大革命”中遭到重大破坏的单位，如担负战略导弹、人造卫星和运载火箭等重大研制任务的第七机械工业部等，国务院、中央军委直接派出工作队，指导整顿。在整顿中，特别突出了落实党的的知识分子政策，端正对科技工作和对知识分子的地位、作用的认识，调动各方面积极性的问题，采取果断的措施，解放在“文化大革命”中遭受迫害的科技专家和教授，调回在“文化大革命”中被调离或被错误处理转业的科技人员，重建科研、生产队伍。

为了确保武器装备研制的进程，确保武器装备的质量，国务院、中央军委在国防科研和生产部门重新恢复了设计师系统和行政指挥系统，从而健全了技术和行政的“两条指挥线”。设计师系统，是由科学家组成的、跨建制跨部门的技术指挥系统，按照任务的总体、分系统和单项设备的序列，分别任命总设计师、主任设计师，负责研制设计的技术工作；行政指挥系统，是由研制抓总单位、承制单位的行政领导及有关部门的管理干部组成的调度指挥系统，负责计划调度、组织指挥和财务物资保障工作。1977 年 10 月，国防科委、第七机械工业部首先在第七机械工业部所属研制单位恢复设计师制度，任命著名火箭总体设计专家屠守锷为洲际导弹总设计师、著名自动控制专家黄纬禄为潜地导弹总设计师、著名航天技术和液体火箭发动机技术专家任新民为卫星通信工程总设计师。同时按行政隶属关系，加强了行政指挥系统，协调解决研制中的重大问题。在国防科委和有关国防工业部领导下，这两条指挥线系统分工负责，互相渗透，互相支持，有机地联结为集中统一的武器装备研制生产指挥系统。

这些组织上的调整、体制上的变化和工作中的整顿，使得国防科技和生产的领导力量得到了很大的加强，管理体制开始逐步理顺，因而大大加快了国防科技、工业部门拨乱反正的步伐，为国防科研和生产秩序的迅速恢复，各项工作走上正轨奠定了基础。

二、调整武器装备发展规划

武器装备的发展，是国家科技水平、经济实力的综合体现。其发展既要满足军队提升战斗力的需求，也要与国情国力相适应。“文化大革命”期间，在国防科研项目的设置上，出现了一味追求高指标、大计划的趋向，结果没有达到预期目的，反而浪费了人力物力，装备的质量也得不到保证。因此，在军队清理整顿中，中央军委在广泛调研的基础上，对人民解放军的武器装备发展重新作出了规划。

1977 年 4 月，叶剑英、徐向前、聂荣臻和陈锡联、粟裕等中央军委领导人听取国防科委、第二机械工业部、第七机械工业部关于洲际导弹和潜地导弹研制工作的汇报，强调必须加快研制进度，尽一切努力及早研制出洲际导弹，抓紧潜地导弹的研制。

1977 年 10 月和 11 月，邓小平两次主持召集中央军委和有关部门领导人讨论武器装备发展问题，部署计划调整工作，决定首先用 3 年时间调整计划，完成原来确定的重点任务，并制订出国防科技发展的“六五”计划和 2000 年前的远景发展规划。他强调：确定武器装备的研制项目，要根据国家的经济能力，分清轻重缓急，突出重点，优先安排研制、生产急需的武器装备，把急需的武器装备尽快拿到手；常规武器装备的发展，要按照陆、空、海的顺序安排，重点抓好反坦克武器、防空武器、歼击机、潜艇以及电子计算机的研制；战略核武器的研制，要首先集中力量搞出洲际导弹。

1977 年 12 月，中央军委全体会议作出《关于加速我军武器装备现代化的决定》，系统地提出了人民解放军武器装备现代化建设的目标和任务，强调：武器装备的建设要有重点、有步骤，以常规武器为主，有重点地抓紧发展导弹核武器；1980 年以前着重整顿现有装备，加速新型武器装备的研制，以适应战备需要；规定在一定时期内，陆海空军装备要优先发展陆军装备，海空军装备要优先发展空军装备。这个《决定》为国防科研、军工生产和部队武器装备建设指明了方向、提供了依据，是中央军委在新的历史条件下作出的发展国防科技和武器装备的重大决策。

在此期间，根据中央军委的决定，中央军委科学技术装备委员会会同国防科委、国防工办和有关国防工业部，具体明确了国防科技和国防工业发展的计划。

在尖端武器装备方面，国防科委经过充分论证，制订出国防尖端科研、试验三年计划，确定了“缩短战线、突出重点、狠抓科研、加速更新”的方针，对科研任务作出整体规划，提出：在 80 年代前期完成洲际导弹、潜地导弹、通信卫星三项重点任务，其中首先是抓好 1980 年进行的洲际导弹全程飞行试验。同时，压缩一批不急需的项目，包括暂停导航卫星的研制，放慢气象卫星的研制，将正处于技术探索之中的弹道式导弹防御系统转为预先研究，以确保人力、物力、财力向三项重点任务转移。在发展思路上，则强调抓重点、带一般，用洲际导弹的研制，带动和提高其他型号导弹的研制水平，做到协调发展，形成配套体系；用潜地导弹固体发动机和水下发射技术的攻关，带动固体导弹的发展，增强机动作战能力；卫星通信工程强调以试验为主，试验与试用兼顾，军用与民用兼顾，以达到综合利用的目的。1977 年 9 月 16 日，国防科委向中央专委呈报《关于 1980 年前战略导弹和人造卫星及其运载工具研制安排的请示》。9 月 18 日，中共中央、中央军委、中央专委批准国防科委的《请示》，决定：集中力量，突出重点，大力抓好洲际导弹、潜地导弹和通信卫星研制、试验三项重点科研任务（简称“三抓”任务），在 1980 年至 1985 年间向太平洋发射洲际导弹、潜艇发射潜地导弹和发射试验通信卫星。

在常规武器装备研制方面，中央军委在常规武器装备七年（1979～1985年）发展规划中指出：要尽最大努力，改进现有武器装备，加强现役部队的齐装配套，以防空、反坦克武器为重点，抓紧新型武器装备的研制和生产，逐步更新现有武器装备，形成基本适应现代战争的武器装备体系。国防工办组织第三、第四、第五、第六机械工业部和第八机械工业总局，清理了科研生产项目，分别制订了前三年和后五年的航空、电子、兵器、造船和空空、地空、反舰导弹的发展计划，共设置研制项目134项，其中重点项目35项。

调整后的武器装备发展规划，在一定程度上纠正了过去高指标、大计划的错误，但依旧存在着贪大求快、项目过多等问题。后来，在国家实施对外开放的方针后，国防科研部门又出现了研制项目有所膨胀和引进国外技术的计划偏大等问题，使得国防科研与生产和国民经济的发展不相适应的现象始终没有得到纠正。

邓小平对此高度重视，多次同国防科技工业部门和军队负责人谈话，强调在国家经济建设调整期，军队装备费和国防工业投资不可能有大的增长。搞计划，一定要强调重点，不可搞齐头并进。已经搞出来的计划，要继续压缩，办不到的不算数。国防科技工业管理部门要坚决克服贪大求全的思想，进一步调整科研、试验和生产计划。他还强调：发展现代化武器装备的根本问题，在于千方百计地搞好科研工作。即使少生产一些装备，也要把科研搞上去。

中央军委科学技术装备委员会认真落实邓小平的指示，在张爱萍主任的主持下，督导国防科委和国防工办组织有关部门重新研究修改发展规划。

国防工办会同各国防工业部门对计划研制的常规武器项目逐个研究，将“六五”计划的重点项目由35项减为20项，并相对集中人力、财力以加快重点项目的研制速度，同时还调整了型号研制与预先研究的经费比例，增大了预先研究的投资比重。

国防科委组织有关部门调整尖端武器的研制计划，减少了型号，集中力量搞好洲际导弹、潜地导弹、卫星通信卫星的研制、试验工作。同时，还调整了型号研制与预先研究的经费比例，增大了预先研究的投资比重。

在这次科研计划调整中，国防科研工业管理部门还贯彻调整“长线”、加强“短线”的精神，对急需而又可以做到的项目，经过认真的研究，并经国务院、中央军委批准，作了新的安排，将“六五”计划期间，包括到1985年后需要继续完成的国防科技重点研制项目调整为47项。

武器装备发展规划的这次调整，是国防科技工业发展的一个重要步骤。它不但调整了武器装备研制的方向，而且重新规定了国防科技工业发展的力量布局与主攻方向，缩短了战线，相对集中了人力和财力，加快了重点项目的研制速度，不但保障了尖端武器的研制、试验较快地拿到成果，也使常规武器装备开始走上自行研制为主的新阶段，预先研究方面取得新进展，从而为基本实现重点武器装备的更新换代打下了基础。

三、整顿军工企业，确保武器装备质量

质量是武器装备的生命。如何恢复军工企业的生产秩序，恢复行之有效的规章制度和技术标准，确保武器装备的质量，是国务院、中央军委高度关注的事宜。邓小平尖锐地指出：军队的武器有问题，质量不行是要死人的，这是决定战争命运的问题，三年内要把国防工业整顿好。他在听取有关国防工业部和海军、空军负责同志汇报时指出，“科学的东西不能弄虚作假，军工产品质量就是要百分之百合格，问题就可能出在百分之零点几上”①。明确表示：一定要坚持质量第一，“质量不好，根本不接收。凡不合格的都不接

① 《邓小平军事文集》第3卷，127页，北京，军事科学出版社、中央文献出版社，2004。

收，宁肯少，宁肯没有，也不要破烂货”[①]。他还具体地指示：提高武器装备产品质量，要从恢复和建立各种规章制度入手。不从制度着手，产品质量搞不好，事故就消灭不了；现在产品质量那么差，总得有负责的，关键在建立制度；在恢复制度方面，军事工业应该走在前面。[②] 他的这些意见，得到了国务院、中央军委领导同志的一致赞同。1977 年 12 月，中央军委就提高军工产品质量和建立规章制度问题作出明确规定：建立岗位责任制，严格规章制度，严格工艺规程，严格质量检验，坚决做到不合格的材料不投产，不合格的零件不装配，不合格的产品不出厂。

根据中央军委的指示，国防工业系统多数单位开展了产品质量整顿，虽然取得了一些成效，但进展不顺利、不平衡，产品质量不好、不稳定的问题始终没有得到根本解决。1978 年 7 月 30 日，国务院、中央军委批转国防工办《关于发动群众彻底整顿产品质量的请示报告》，并发出通知，要求国防工业系统深入进行思想教育，提高对搞好产品质量重要性和紧迫性的认识，放手发动群众，进行认真彻底的检查和整顿，彻底弄清产品质量不好的原因，限时在 1978 年年内根本扭转产品质量不好的局面，保证出厂产品百分之百合格，为国防现代化建设打下良好基础。

根据国务院、中央军委通知要求，国防工办、国防科委、各国防工业部以及有关省、市、自治区组织近 5000 名干部，进驻国防工业企、事业单位，对其中 90% 以上的单位从原材料进厂到产品出厂的每个环节，都进行了普遍检查，并从思想、组织、作风、技术和管理等方面狠抓产品质量的整顿。发现严重质量问题，立即停产整顿，限期解决，确实整顿好后方可继续生产。与此同时，从 1978 年起，空军对十几种装备特别是飞机进行了全面检查，海军重点检查

---

① 《邓小平军事文集》第 3 卷，129 页，北京，军事科学出版社、中央文献出版社，2004。

② 《邓小平军事文集》第 3 卷，73 ~ 74 页，北京，军事科学出版社、中央文献出版社，2004。

了5型主要舰艇，各大军区也对武器装备组织了重点检查。这次整顿和检查，对于恢复和健全军工企业的生产秩序，提高武器装备的生产质量，起到了很大的作用。

恢复驻厂军事代表制度，加强对出厂军工产品的质量检验和验收的工作同步展开。驻厂军事代表队伍，是加强人民解放军武器装备建设不可缺少的一支重要力量，军事技术装备的研制、生产是否合乎部队的作战使用要求，产品质量是否合格，价格是否合理，都与驻厂军事代表的工作密切相关。“文化大革命”期间，驻厂军事代表制度一度被取消，造成了军工产品质量下降。粉碎江青反革命集团后，恢复军代表制度的呼声日益强烈。1977 年 8 月 23 日，聂荣臻在中央军委座谈会发言中指出：军工生产方面，质量问题严重，必须恢复军代表制度，严把质量关。否则出了问题，不仅是浪费，对战士是罪过，也影响部队的士气。10 月 16 日，国务院、中央军委发出《关于恢复驻厂军事代表制度的通知》，决定恢复中国人民解放军驻厂军事代表制度，加强军工产品的检验、验收，并要求各军工企业牢固树立军工产品质量第一的思想，在更好地发挥驻厂军事代表作用的同时，认真建立健全检验制度，加强检验工作。人民解放军总部机关和军兵种结合部队实际情况和装备生产厂的布局，相继恢复和组建了驻厂军事代表机构。

驻厂军事代表制度的整顿和恢复，是整顿军工企业、确保武器装备质量的重要步骤。军事代表牢记为部队服务、为战备服务的宗旨，忠于职守，勤奋工作，把装备的“顶用、可靠”放在第一位，主动与工厂协商制定规章制度，促进工厂全面开展质量管理，确保军工产品从论证、设计、试验、生产到使用等全过程的质量控制，严把质量关，努力为部队提供合格的武器装备，成为确保武器装备质量不可缺少的一支力量。

第五节　实现伟大的历史转折

一、“两个凡是”方针的提出及其在军队遭到的抵制

“文化大革命”结束后，随着揭批“四人帮”运动的深入，特别是人们对“左”倾错误的认识不断深化，不可避免地涉及毛泽东晚年的错误，涉及对“文化大革命”的看法，涉及对一些长期禁锢人们思想的观念理论的重新认识。这就不能不触及一些事关全局的重大原则问题，需要在思想认识上实现根本的转变，打破思想禁区。

1977 年 1 月，在全国人民自发组织的纪念周恩来逝世一周年活动中，要求为天安门事件平反和让邓小平恢复工作的呼声非常强烈。中共中央注意到广大群众的要求，开始着手解决这两个问题，但同时又强调要稳定局势和维护毛泽东的旗帜。2 月 7 日《人民日报》、《红旗》杂志、《解放军报》发表题为《学好文件抓住纲》的社论，以传达党中央声音的权威方式公开提出“两个凡是”的错误指导方针，即“凡是毛主席作出的决策，我们都坚决维护，凡是毛主席的指示，我们都始终不渝地遵循”。这个方针的推行，既给揭批“四人帮”划定了界限，也使得为天安门事件平反和邓小平恢复工作这两个问题的解决遇到了障碍。因此，“两个凡是”一提出，就遭到来自党内、军内和社会上的反对。在 1977 年 3 月召开的中央工作会议上，陈云、王震在小组会上发言时，明确提出了为天安门事件平反等要求。他们的发言鲜明、尖锐、有说服力，是对“两个凡是”的一次有力冲击，得到许多同志的赞同。

当时还没有恢复工作的邓小平也表达了自己对“两个凡是”的看法。1977 年 2 月和 4 月，他同前来看望他的一些中央负责同志谈话时明确指出：“‘两个凡是’不行”，这“不是马克思主义，不是毛泽东思想”。4 月 10 日，邓小平致信华国锋、叶剑英并转中共中央，针对“两个凡是”的观点，提出“我们必须世世代代地用准确

的完整的毛泽东思想来指导我们全党、全军和全国人民，把党和社会主义的事业，把国际共产主义运动的事业，胜利地推向前进”①。5月3日，党中央转发了这封信。5月24日，邓小平在同中央两位同志谈话时，再次明确指出，“两个凡是”不符合马克思主义，“这是个重要的理论问题，是个是否坚持历史唯物主义的问题。彻底的唯物主义者，应该像毛泽东同志说的那样对待这个问题。马克思、恩格斯没有说过‘凡是’，列宁、斯大林没有说过‘凡是’，毛泽东同志自己也没有说过‘凡是’”。“毛泽东思想是个思想体系”，“我们要高举旗帜，就是要学习和运用这个思想体系”②。

“准确的完整的毛泽东思想”的提法得到了党内很多干部的拥护，成为委婉地抵制“两个凡是”的思想武器，进一步鼓舞了许多领导干部和理论工作者开始更加深刻地思索“左”的错误指导思想的问题，并采取不同的方式抵制“左”的错误指导理论，正确诠释毛泽东思想，倡导实事求是的思想路线。1977年7月16～21日，中共十届三中全会在北京举行。邓小平在闭幕会上，对要用“准确的完整的毛泽东思想”作指导作了进一步阐述，指出，对毛泽东思想体系要有一个完整的准确的认识，不能够只从个别词句来理解毛泽东思想，而必须从毛泽东思想的整个体系中去获得正确的理解。要善于学习、掌握和运用毛泽东思想的体系来指导我们的各项工作。只有这样，才不至于割裂、歪曲毛泽东思想，损坏毛泽东思想。以后，他在不同场合又多次批评“两个凡是”不符合马克思主义。邓小平对“两个凡是”的批评，成为全党解放思想的先导，为此后不久全党开展的真理标准问题大讨论做了思想上、理论上的准备，起了重要推动作用。

军队揭发批判“四人帮”的运动取得了很大成绩，清查整顿也成就显著，但同样受制于“两个凡是”的指导方针，难以彻底打破

① 《邓小平文选》第2卷，39页，北京，人民出版社，1994。

② 《邓小平文选》第2卷，38～39页，北京，人民出版社，1994。

“左”的思想枷锁束缚，拨乱反正进程步履维艰。随着军队拨乱反正特别是清查整顿工作走向深入，同广大人民群众一样，全军指战员在深入揭批江青反革命集团罪行、纠正“文化大革命”错误中，越来越感到需要突破“两个凡是”的束缚，需要彻底否定“文化大革命”，需要彻底否定“左”的思想路线。不这样做，就无法彻底否定一些脱离军队建设实际的理论观点，就无法调整、改变一系列重大方针政策，就不可能从“文化大革命”的深重灾难中彻底走出来，开创军队建设的新局面。

因此，许多军队官兵对“两个凡是”采取了不同程度的抵制态度。特别是邓小平等人尖锐质疑“两个凡是”，提出要积极倡导实事求是的思想路线之后，一些军队高级干部在不同的场合发表讲话，或在报刊发表文章，论述了坚持实事求是的必要性，强调要恢复和发扬党的优良传统。聂荣臻向党的第十一次代表大会提交了《恢复和发扬党的优良作风》的书面发言，指出：要搞好党风，“最重要的是恢复和发扬毛主席为我们党树立的实事求是、群众路线和民主集中制的优良传统和作风”。实事求是，要求一切从实际出发，反对把马列主义、毛泽东思想当作教条。他指出：毛泽东本人就“坚决反对把马克思列宁主义当作教条，反对把他们的学说说成是‘顶峰’、‘绝对权威’”[①]。徐向前也发表《永远坚持党指挥枪的原则》的文章，指出，“我们一定要认真学习马列著作和毛主席著作，恢复和发扬毛主席一贯倡导的理论联系实际的革命学风，完整地、准确地领会和掌握马克思列宁主义、毛泽东思想，提高识别真假马克思主义、分清路线是非的能力”[②]。这些讲话或文章对于澄清理论是非都产生了一定的影响，不同程度地抵制了“两个凡是”方针及其对军队拨乱反正工作的影响。

---

① 聂荣臻：《恢复和发扬党的优良作风》，《人民日报》，1977年9月5日。

② 徐向前：《永远坚持党指挥枪的原则》，《解放军报》，1977年9月19日。

二、参加真理标准问题大讨论

要重新端正党的指导思想、实现思想路线方面的拨乱反正，最根本的问题集中在两点：一是如何用准确的完整的毛泽东思想指导全党、全军和全国人民；二是继续维护“文化大革命”包括毛泽东晚年的“左”倾错误，还是坚决纠正“左”倾错误。这是关系到党和国家、军队发展、命运和前途的关键性问题，也是推进拨乱反正事业发展不可回避的重大问题。因此，围绕这两个问题，全党全军进行了严肃的思考，展开了激烈的讨论，进而实现了真正的思想解放，为实现党、国家和军队伟大的历史性转折奠定了思想基础。人民解放军官兵积极参加这场思想解放运动，并在其中发挥了至关重要的作用。

全党全军的思想解放运动从解决判断历史是非的标准问题的讨论开始，其核心是如何对待毛泽东思想，这是拨乱反正过程无法回避的问题，也是实事求是和“两个凡是”两条思想路线争论的焦点。

1977 年 10 月 9 日，叶剑英在中共中央党校开学典礼上讲话，指出：理论密切联系实际，我认为有两层最基本的意思，一层是一定要掌握理论，一层是一定要从实际出发。如果理论不能指导实际，不受实际检验，那算什么理论！决不能把理论同空谈、吹牛甚至撒谎混为一谈。我们在学习马克思主义理论著作时，一定要提倡融会贯通、联系实际、实事求是、有的放矢。这就是说，要运用马克思主义的原理，运用马克思主义的立场、观点、方法，来分析、处理、解决我们遇到的一切问题。他还在讲话中希望党员干部认真学习研究党的历史，特别是研究“文化大革命”以来的历史，正确总结党的历史经验。

部分军队中高级干部也参加了中共中央党校的这次学习。在学习中，干部们集中讨论了“文化大革命”以来党的历史。为解决讨论中所遇到的以什么标准来认识和判定历史是非的问题，在中共中央党校常务副校长胡耀邦的指导下，形成了一份研究党史的文件，提出两条指导原则：应当完整地准确地运用马列主义、毛泽东思想的基本原理；应当以实践为检验真理、辨别路线是非的标准。在这两条原则的启发下，一些参加学习的干部开始重新思索对“文化大革命”中的众多重大事件和“无产阶级专政下继续革命的理论”的评价。

1978年5月11日，《光明日报》刊载《实践是检验真理的唯一标准》的特约评论员文章。次日，《人民日报》、《解放军报》全文转载。这篇文章指出：社会实践不仅是检验真理的标准，而且是唯一的标准。任何思想、理论，即使是已经在一定的实践阶段上证明为真理，在其发展过程中仍然要接受新的实践的检验而得到补充、丰富或者纠正。凡经实践证明是错误的或者不符合实际的东西，就应当改变，不应再坚持。科学无禁区。凡有超越于实践并自奉为绝对的“禁区”的地方，就没有科学，就没有真正的马列主义、毛泽东思想，而只有蒙昧主义、唯心主义、文化专制主义。躺在马列主义、毛泽东思想的现成条文上，甚至拿现成的公式去限制、宰割、裁剪无限丰富的飞速发展的革命实践，这种态度是错误的。我们要有共产党人的责任心和胆略，勇于研究生动的实际生活，研究现实的确切事实，研究新的实践中提出的新问题。

这篇文章虽然是对马克思主义认识论的一个基本问题作出的阐述，但在实际上是从思想路线上对“两个凡是”做出的彻底否定，进而从根本理论上触及思想僵化、个人崇拜等多年盛行的现象，以及对马克思主义、毛泽东思想的教条化诠释。因此，文章一经发表，立即在全党、全军引起强烈反响。

在党内和军内，多数同志认为《实践是检验真理的唯一标准》提出了一个意义重大的问题，但也有些同志对文章的内容无法接受。由此，在全国范围内引发了一场关于真理标准问题的大讨论，党和军队建设的拨乱反正也到了一个非常关键的时刻。

邓小平、叶剑英、聂荣臻、徐向前、罗瑞卿等中央军委领导同志和谭震林等老同志旗帜鲜明地公开表态，支持开展真理标准问题大讨论。6月2日，全军政治工作会议召开。有的同志对这次政治工作会议文件中的两个提法提出了不同意见，认为新的历史条件下的政治工作的提法同华国锋主席讲的新的发展时期的总任务不一致；要保证人民解放军的无产阶级性质的提法同毛泽东主席讲的人民军队的革命本质不一致，要求凡是毛泽东主席和华国锋主席说过的话都不做改动。邓小平听取会议情况汇报后，于5月30日与胡乔木等同志认真研究了自己即将在会议闭幕式的讲话内容，指出：要着重讲实事求是问题。他说：只要你讲话和毛主席讲的不一样，和华主席讲的不一样，就不行。毛主席没有讲的，华主席没有讲的，你讲了，也不行。怎么样才行呢？照抄毛主席讲的，照抄华主席讲的，全部照抄才行。这不是一个孤立的现象，这是当前一种思潮的反映。这些同志讲这些话的时候，讲毛泽东思想的时候，就是不讲要实事求是，就是不讲要从实际出发。实事求是，从实际出发，很容易被一些同志忘记、抛弃，天天讲毛泽东思想，就是忘记这个根本观点、根本方法。我们讲要继承和发扬毛主席为我们培育的优良传统，第一个就是实事求是。归根到底，这是涉及什么是马克思列宁主义，什么是毛泽东思想的问题。毛泽东思想最根本的最重要的东西就是实事求是。现在发生了一个问题，连实践是检验真理的标准都成了问题，简直是莫名其妙！我们自己把自己的手脚束缚起来，很多事情都不敢搞。我们的脑子里还都是些老东西，不会研究现在的问题，不从现在的实际出发来提出问题，解决问题。这样天天讲四个现代化，讲来讲去都会是空的。

6月2日，邓小平在全军政治工作会议发表讲话，尖锐地指出："我们也有一些同志天天讲毛泽东思想，却往往忘记、抛弃甚至反对毛泽东同志的实事求是、一切从实际出发、理论与实践相结合的这样一个马克思主义的根本观点，根本方法。不但如此，有的人还认为谁要是坚持实事求是，从实际出发，理论和实践相结合，谁就是犯了弥天大罪。他们的观点，实质上是主张只要照抄马克思、列宁、毛泽东同志的原话，照抄照转照搬就行了。要不然，就说这是违反了马列主义、毛泽东思想，违反了中央精神。”这个问题不是小问题，是涉及怎么看待马列主义、毛泽东思想的问题。马列主义、毛泽东思想的基本原则，我们任何时候都不能违背，这是毫无疑义的。但是一定要和实际相结合，要分析研究实际情况，解决实际问题。按照实际情况决定工作方针，这是一切共产党员所必须牢牢记住的最基本的思想方法、工作方法。实事求是，是毛泽东思想的出发点、根本点。马列主义、毛泽东思想如果不同实际情况相结合，就没有生命力了。他号召全党全军“一定要肃清林彪、‘四人帮’的流毒，拨乱反正，打破精神枷锁，使我们的思想来个大解放”。并指出：从部队存在的问题和实际情况来看，最重要的，就是要研究和解决在新的历史条件下，怎样恢复和发扬政治工作的优良传统，提高我军战斗力的问题。对军队来说，由长期的战争环境转入和平环境，这是个最大的不同。我们政治工作的根本任务、根本的内容没有变，我们的优良传统也还是那一些。但是，时间不同了，条件不同了，对象不同了，因此解决问题的方法也不同。我们讲实事求是，讲新的发展时期，讲新的历史条件，就要讲破和立。破，在当前和今后一个时期就是要深入揭批“四人帮”，要联系揭批林彪，肃清他们的流毒和影响。揭批“四人帮”，是当前和今后一个时期各项工作的纲。立，就是要完整地准确地掌握毛泽东思想体系，在新的历史条件下，恢复和发扬我党我军的优良传统和作风。[①] 邓小平的讲话，观点鲜明，指向明确，使得那些思想依旧僵化的同志受到极大震动，使那些倡导思想解放、坚持实践标准的同志受到鼓舞，有力地支持了真理标准问题讨论的展开。

随后，经中央军委常委、秘书长罗瑞卿同意，《解放军报》约请中共中央党校理论研究室主任吴江撰写了《马克思主义的一个最基本的原则》一文。文章从理论上正面回答了有些同志对真理标准问题讨论提出的责难，指出：林彪和“四人帮”在思想上根本颠倒

① 《邓小平文选》第 2 卷，114 ~ 122 页，北京，人民出版社，1994。

理论与实践的关系，从根本上毁坏了毛泽东思想，因此思想上的拨乱反正，正本清源，澄清是非，不能不从这里开始。马列主义、毛泽东思想本身要由实践来检验，其正确性要由实践来证明，思想自身不能证明自身。如果认为“一个科学原理在未被实践证实之前是相对真理，而当它一旦被实践所证明，就一劳永逸地成为‘绝对真理’了，就不必再受实践检验了，认识已经到达‘顶峰’，科学只好惊愕地望着这个‘顶峰’，再也无所作为了。这完全是一种认识论上的形而上学”。“宗教迷信对实践采取专横态度，科学的真理则虚心倾听实践的呼声。实践的发展总是要推动真理的发展，或使之进一步具体化”。在邓小平的支持下，罗瑞卿亲自主持这篇文章的修改和定稿工作，最后以特约评论员的名义于6月24日在《解放军报》发表，并于次日在《人民日报》、《光明日报》转载。这篇文章的发表，进一步推动了真理标准讨论的进行。

这期间，叶剑英等中央军委领导人也发表讲话，支持《光明日报》和《解放军报》特约评论员文章的观点，支持关于真理标准问题的讨论，强调要坚持实事求是的原则，恢复党和军队的优良传统，克服仍然存在的“左”的倾向。叶剑英建议把《光明日报》特约评论员的文章印发到全国。他在中央政治局会议上公开表示：我不主张对讨论采取压制态度，对待毛泽东思想，不能采取教条主义态度。他还在中央政治局常委会上建议中央召开一次理论工作务虚会，索性摆开来讲，免得背后讲，以统一思想。邓小平非常赞成叶剑英的建议。

在邓小平和中共中央、中央军委多数领导人支持和指导下，真理标准问题的大讨论冲破压力和阻力，迅速在全党展开。从1978年10月上旬开始，人民解放军各总部、各大军区、各军兵种和各大单位党委先后开始学习讨论真理标准问题。一些单位还由政治机关发出通知，号召所属部队积极参加真理标准问题的讨论。

在讨论中，人民解放军各总部、各大军区、各军兵种和各大单位的主要负责人先后公开发表讲话和文章，支持真理标准问题讨论，赞成实践是检验真理唯一标准的立场和态度。军队的理论工作者纷纷发表文章，参加真理标准问题讨论，支持和赞同《光明日报》、《解放军报》特约评论员文章表达的观点。军队各级主要负责同志的明确表态和军队理论工作者的积极参与，有力推动了真理标准问题讨论在全军范围内的展开，也推动着这场讨论更加迅猛地在全党、全国范围内进行。但从全军看，特别是广大的部队官兵，对真理标准的学习和讨论还不够深入和普遍。

1979 年 7 月 29 日，邓小平在接见出席海军党委常委扩大会议的同志时指出：就全国范围来说，通过实践是检验真理唯一标准和“两个凡是”的争论，“已经比较明确地解决了我们的思想路线问题，重新恢复和发展了毛泽东同志倡导的实事求是、理论联系实际、一切从实际出发的思想路线”。但这个争论还没有完，海军现在考虑补课，这很重要。“真理标准问题的讨论是基本建设，不解决思想路线问题，不解放思想，正确的政治路线就制定不出来，制定了也贯彻不下去”。“这场争论的意义太大了，它的实质就在于是不是坚持马列主义、毛泽东思想”①。

根据邓小平的意见和中央军委的决定，全军在 1979 年下半年普遍进行了真理标准问题讨论的补课。各大单位精心组织官兵认真学习马克思主义的认识论和真理观，紧密联系实际工作，总结经验教训，端正了思想路线，为加深对党的路线方针政策的理解，开创军队建设的新局面打下了扎实的思想基础。

真理标准问题讨论，使全军官兵受到了一次马克思主义的思想教育，重新明确了检验真理的标准只能是社会实践这个根本问题，重新明确了实事求是的指导路线，打开了思想解放的大门，冲破了教条主义和个人崇拜的禁锢。这次讨论，为全党冲破“两个凡是”的束缚，为中共十一届三中全会的召开，为党重新确立马克思主义的思想路线、政治路线和组织路线，为实现历史性的转折，作了思

---

① 《邓小平文选》第 2 卷，190～191 页，北京，人民出版社，1994。

想和舆论上的重要准备，同时也为完成国防和军队建设的历史性转折，开创新局面创造了条件。

三、实现伟大的历史转折

1978 年下半年，揭批“四人帮”已经进行了一年多，拨乱反正工作也已全面展开，并取得了一定的成效。在这种情况下，党和国家的工作已经逐步突破了中央最初确定的“以揭批‘四人帮’为纲”的限制，开始把现代化建设放在更为重要的地位。国防和军队建设同样如此，随着揭批“四人帮”运动进入尾声和拨乱反正不断推进，现代化、正规化建设逐步成为国防和军队建设的核心。

早在 1977 年 8 月 23 日召开的中央军委座谈会上，邓小平就指出：某一个时期总有某一个时期的纲，某一个部门总有某一个部门的纲。就当前来说，揭批“四人帮”的斗争是我们的纲，一定要把这场斗争进行到底，但总要有一个时间限制。[①] 到了 1978 年下半年，他根据形势发展的要求，适时提出了全党工作重点转移的问题。9 月 17 日，他在接见沈阳军区师以上干部时指出：批林彪也好，批“四人帮”也好，怎样才叫搞好了，要有几条标准。第一，恢复我们军队的传统。忠于党，忠于人民，忠于社会主义。第二，消除派性，根除派性的影响。第三，改变军队在地方在人民中的印象。第四，遵守纪律，一切行动听指挥。第五，把干部队伍整顿好。对搞运动，你们可以研究，什么叫底？永远没有彻底的事。上述问题的解决，也不能只是靠运动，还要靠日常教育，靠干部的领导。通过运动主要是把班子搞好，把作风搞好，有半年时间就可以了。运动不能搞得时间过长，过长就厌倦了。不痛不痒，没有目的，搞成形式主义，这也不行。[②] 在此前后，他还在其他场合多次提出了结

---

① 《邓小平年谱（1975～1997）》（上），186～187 页，北京，中央文献出版社，2004。

② 《邓小平年谱（1975～1997）》（上），382～383 页，北京，中央文献出版社，2004。

束运动，实现工作重点转移的意见。他的意见，很快在中央领导层中达成了共识。

1978 年 11 月 10 日 ~12 月 15 日，中共中央在北京召开为期 36 天的工作会议。会议提出把全党工作重点转到实现四个现代化上来的根本指导方针，并讨论和解决了许多有关党和国家命运的重大问题，为天安门事件彻底平反，为所谓的“二月逆流”、“反击右倾翻案风”等错案平反，为彭德怀等受到错误批判和迫害的同志恢复名誉和平反，等等。与会人员敞开思想，讲心里话，讲实在话，积极开展批评和自我批评，把对各项工作、包括对中共中央工作的批评摆到了桌面上。会议结束时，中共中央主席华国锋在闭幕式讲话中，就“两个凡是”作了自我批评，承认“这两句话考虑得不够周全”，“在不同程度上束缚了大家的思想，不利于实事求是地落实党的政策”。

邓小平在闭幕式上作《解放思想，实事求是，团结一致向前看》的重要讲话，指出：解放思想，开动脑筋，实事求是，团结一致向前看，首先是解放思想。只有思想解放了，我们才能正确地以马列主义、毛泽东思想为指导，解决过去遗留的问题，解决新出现的一系列问题，正确地改革同生产力迅速发展不相适应的生产关系和上层建筑，根据我国的实际情况，确定实现四个现代化的具体道路、方针、方法和措施。一个党，一个国家，一个民族，如果一切从本本出发，思想僵化，迷信盛行，那它就不能前进，它的生机就停止了，就要亡党亡国。只有解放思想，坚持实事求是，一切从实际出发，理论联系实际，我们的社会主义现代化建设才能顺利进行，我们党的马列主义、毛泽东思想的理论也才能顺利发展。他同时强调：民主是解放思想的重要条件；处理历史遗留问题为的是向前看；要研究新情况，解决新问题。全党同志要善于学习。根本的是要学习马列主义、毛泽东思想，要努力把马克思主义的普遍原理同我国实现四个现代化的具体实践结合起来。这篇讲话，提出了党和国家实行历史性转折和进行现代化建设所面临的最重大、最关键的问题，为党和国家、军队指明了方向和任务，实际上成为随后召开的中共十一届三中全会的主题报告。

1978 年 12 月 18～22 日，具有重要历史意义的中国共产党第十一届中央委员会第三次全体会议在北京召开。

全会确定：结束全国范围的大规模揭批林彪、江青两个反革命集团的群众运动，“全党工作的着重点应该从 1979 年转移到社会主义现代化建设上来”；今后对于社会主义社会的阶级斗争，应该按照严格区别和正确处理两类不同性质的矛盾的方针去解决，按照宪法和法律规定的程序去解决。全会高度评价真理标准问题大讨论，认为只有在马列主义、毛泽东思想的指导下，解放思想、实事求是、一切从实际出发、理论联系实际，党才能顺利地实现工作中心的转变。全会确认了中央为一批重大冤假错案平反和对一些重要领导人功过是非重新评价的决定。全会还增选了中共中央领导机构的成员。

全会指出：实现四个现代化，要求大幅度地提高生产力，也就必然要求多方面地改变同生产力发展不适应的生产关系和上层建筑，改变一切不适应的管理方式、活动方式和思想方式，因而是一场广泛、深刻的革命。并要求全党、全军和全国各族人民同心同德，进一步发展安定团结的政治局面，立即动员起来，鼓足干劲，群策群力，为在本世纪内把国家建设成为社会主义的现代化强国而进行新的长征。

中共十一届三中全会的召开，彻底结束了粉碎江青反革命集团之后党的工作在徘徊中前进的局面，开始全面地认真地纠正“文化大革命”中及其以前的“左”倾错误，坚决批判“两个凡是”的错误方针，充分肯定必须完整地、准确地掌握毛泽东思想的科学体系；高度评价关于真理标准问题的讨论，确定解放思想、开动脑筋、实事求是、团结一致向前看的指导方针；果断地停止使用“以阶级斗争为纲”这个不适用于社会主义社会的口号，作出把工作重点转移到社会主义现代化建设上来的战略决策。这些具有重大意义的转变，标志着党重新确立了马克思主义的思想路线、政治路线和组织路线，从而在党和国家的历史上实现了一次伟大的历史性转折。

四、明确全党工作重点转移后军队建设的任务

党的工作重点的转移，不仅开始了党和国家历史的伟大转折，也开创了国防和军队建设的新局面。因而，在中共中央工作会议和中共十一届三中全会召开期间，一些军队的领导同志向国防部长、中央军委副主席徐向前建议：军队是否也要开个会议，大家谈一谈？徐向前向邓小平正式提出这一建议。中央军委随即决定：召开一次座谈会，请各大单位领导同志对军委的工作提出意见，帮助军委改善工作，搞好工作。

1978 年 12 月 20 日，中央军委座谈会举行，重点讨论全党工作重点转移后的军事工作。与会人员纷纷为军队工作献计献策，原定会期不超过 5 天，但与会同志发言踊跃，一些没有得到发言机会的同志则以书面发言的形式叙述自己的意见。邓小平在听取徐向前、韦国清、杨勇汇报座谈会的情况后，指示：会议可以延长，让大家把话讲完。对有不同看法的问题，可以辩论，把问题讲清楚。然后把问题集中起来，由军委研究解决。会期因此延长为 7 天，于 1979 年 1 月 3 日结束。

1 月 2 日，邓小平在座谈会上发言，指出："我们军队最根本的、核心的问题，说到底是机构臃肿，人浮于事。这是我和在座同志感到很苦恼的一个问题，要创造条件，解决这个问题。"如果我们设想一个目标，从 1979 年到 1985 年，能在六年内想办法把军队臃肿的状况解决了，那就会有大批老同志或者当顾问，或者退休，或者转到地方去。确实要这样做，要不然到那时，师以上干部起码有五万人要安置。这是件大事。现在军队不是搞什么新的章程，1975 年关于军队要整顿的讲话、1977 年底军委会议和 1978 年全军政治工作会议制定的方针，今天看无论如何是正确的，问题是都还没有真正扎扎实实地做。主要是抓教育，抓作风，还要认真抓训

练。“现在全党工作重点转移，我们军队怎么转移？没有新的章程，就是好好做。”①

徐向前作总结讲话，指出：中央工作会议和三中全会决定了全党工作的重点转移，军队按照中央的决策，也有个转移问题，要实现军队现代化。国防现代化是四个现代化的组成部分，国防现代化同国民经济、科学技术、文化教育是紧密相连的。解决军队现代化，短期解决不了，轻而易举也解决不了，有待我们长期的、不断的、艰苦的努力。他强调要认真解决好揭批江青反革命集团运动遗留的问题，同时就全党工作重点转移后军队建设的任务，讲了四点意见：

第一，继续贯彻1975年中央军委扩大会议关于整军备战的指示，贯彻1977年军委全会讨论决定的9个文件精神，以及1978年全军政治工作会议精神。加强教育训练和军事知识方面的学习，进一步搞好整顿工作，不断克服工作中的薄弱环节。

第二，加强领导班子建设。摆在军队面前的突出问题是，不仅“帅老了，将也老了”，而且军、师、团、营的干部都比其他国家的军队干部老得多。军队是要随时准备打仗的。老干部的主要任务：一是把班交好。现在就要物色好的对象，好的接班人，把助手带好。二是要带好作风。揭批林彪、江青两个反革命集团就是要恢复和发扬党和军队的优良传统作风。组织上机构臃肿，要精简机构。我们不要空叫，要认真研究一下，怎么样精简机构，提高效率，克服官僚主义。

第三，搞好教育训练和管理。高中级干部，要搞军事科学理论的学习研究。干部要多看一些军事理论书籍，要学习战史。自己的要学，外国的也要学，主要是学第二次世界大战战史。基层干部、战士要通过办院校、教导队、训练队，学习这方面的知识。学习毛

① 《邓小平年谱（1975～1997）》（上），463～464页，北京，中央文献出版社，2004。

泽东的军事著作，主要是学习立场、观点和方法，从各方面努力，把军队的教育训练质量提高上去。同时，军事院校可以直接从地方高中毕业生中招收学员，经过几年初级学校的培养，就可以担任基层干部。连队管理教育，要讲究方法，要看对象，抓特点，要搞好物质文化生活。

第四，加强和改进政治工作。军队的政治工作，首先应该抓好学习马列和毛主席著作，马列主义、毛泽东思想在发展，学习方法也要改进，不要读死书，不要断章取义，不要搞形式主义。党委工作，要实行民主集中制，坚持集体领导，大家出主意、想办法，发挥集体的智慧，不要搞书记个人说了算。要提倡恢复和发扬实事求是的精神，不要说假话。要深入实际，深入基层，调查研究，少搞不切合军队实际的东西。军队的基础在连队，要确实把政治文化教育搞起来，文娱活动开展起来，这是连队政治思想工作不可缺少的部分。要充分发挥连队党支部的作用，提高党员发展质量。

1979 年 1 月 7 日，总政治部向全军发出《关于贯彻执行全党工作重点转移问题的政治工作的意见》，要求全军认真贯彻执行中共中央把全党工作重点转移到社会主义现代化建设上来的重大决策，巩固和发展安定团结的大好局面，进一步落实 1975 年中央军委扩大会议、1977 年中央军委会议和 1978 年全军政治工作会议确定的方针和任务，为建设一支现代化的革命军队而努力奋斗。

随着中共十一届三中全会的召开，特别是全党工作重点的转移，在中共中央、中央军委的正确领导下，在人民解放军全体官兵的共同努力下，人民解放军建设的拨乱反正工作更加走向深入，国防和军队的革命化、现代化、正规化建设被逐步纳入了国家改革开放的轨道，不断开创新局面，进入了新的发展时期。

从 1976 年 10 月粉碎“四人帮”，到 1978 年 12 月中国共产党第十一届三中全会召开，是人民解放军发展历史上的重要转折阶段。在中共中央、中央军委领导下，人民解放军深入地开展揭批江青反革命集团罪行的斗争，进行思想上的拨乱反正和组织上的清理整顿，平反冤假错案，积极参加具有重大历史意义的真理标准问题大讨论，恢复和发扬人民军队的优良传统与作风，重新把教育训练摆到战略地位，积极整顿和改进后勤工作，整顿国防科研生产和武器装备管理，军队建设开始出现新的局面。尽管仍然受到“左”倾指导思想的束缚和影响，但在军事工作、政治工作、后勤工作和装备工作等各个领域，经过初步的拨乱反正，积极的正确的因素已经不可阻挡地占据了主流，这些因素对于实现伟大的历史转折准备了必要的条件，也对国家全面的拨乱反正起到了积极的推动作用。中共十一届三中全会后，人民解放军进入了革命化、现代化、正规化建设的新的历史时期。

第六章　开展农副业生产，担负建设和救灾任务

第一节　支援国家建设

“文化大革命”期间，由于全国内乱，国民经济建设计划不能顺利完成，生产下降，人民基本生活物资短缺。人民解放军在复杂而困难的情况下，始终坚持全心全意为人民服务的宗旨，在完成繁重的战备、“三支两军”和援越抗美等任务的同时，贯彻毛泽东“五七指示”精神，积极参加和支援国家经济建设，大力开展农副业生产，减轻了国家和人民的负担，为国家的经济发展作出了重要贡献。

一、毛泽东的“五七指示”

为贯彻毛泽东关于“备战、备荒、为人民”的指示，中国人民解放军总后勤部总结部队从事农副业生产的经验，形成了《关于进一步搞好部队农副业生产的报告》，并于1966年5月2日报中央军委。《报告》中说，从几年的情况来看，军队搞生产是一件大好事，具有重大的政治意义和经济意义：（1）恢复了军队的老传统，既执行了毛泽东制定的打仗、做群众工作和生产三大任务，又执行了毛泽东“备战、备荒、为人民”的指示，同时还带动了当地的生产。（2）为国家开垦了一批农田，军队经营的土地，多数是自己开垦的荒地，多在边疆、海滩、湖泊，或是改造盐碱地。（3）可以为国家提供一批粮食，部队适当增开荒地，亩产提高到150公斤以上，可望每年收获10亿公斤粮食。（4）生产部队仍可进行一定的政治教

育和军事训练，如果发生战争，这些部队也能很快集中起来参加战斗。(5) 边疆部队搞生产，不仅有利于边疆建设，而且可以减少内地运输，同发展边境经济、建设国防结合起来，更具有特殊意义。《报告》提出：军队在战备期间多搞一点生产，在三五年内向国家提供四五十亿斤粮食，就等于准备好了大约七八百万人一年的军粮。这是战备的物资条件之一。5月6日，林彪将总后勤部的《报告》转给了毛泽东。

毛泽东看了总后勤部的这一报告后，于5月7日给林彪复信，全文如下：

林彪同志：

你在五月六日寄来总后勤部的报告，收到了，我看这个计划是很好的。是否可以将这个报告发到各军区，请他们召集军、师两级干部在一起讨论一下，以其意见上告军委，然后报告中央取得同意，再向全军作出适当的指示。请你酌定。只要在没有发生世界大战的条件下，军队应该是一个大学校，即使在第三次世界大战的条件下，很可能也成为一个这样的大学校，除打仗以外，还可做各种工作，第二次世界大战的八年中，各个抗日根据地，我们不是这样做了吗？这个大学校，学政治、学军事、学文化。又能从事农副业生产。又能办一些中小工厂，生产自己需要的若干产品和与国家等价交换的产品。又能从事群众工作，参加工厂农村的社教四清运动[①]；四清完了，随时都有群众工作可做，使军民永远打成一片；又要随时参加批判资产阶级的文化革命斗争。这样，军学、军农、军工、军民这几项都可以兼起来。但要调配适当，要有主有从，农、工、民三项，一个部队只能兼一项或两项，不能同时都兼起来。这样，几百万军队所起的作用就是很大的了。

---

① 社教四清运动，是指1963～1966年先后在部分农村和少数城市工矿企业、学校等单位开展的以清政治、清经济、清组织、清思想为主要内容的社会主义教育运动。

同样，工人也是这样，以工为主，也要兼学军事、政治、文化。也要搞四清，也要参加批判资产阶级。在有条件的地方，也要从事农副业生产，例如大庆油田那样。

农民以农为主（包括林、牧、副、渔），也要兼学军事、政治、文化，在有条件的时候也要由集体办些小工厂，也要批判资产阶级。

学生也是这样，以学为主，兼学别样，即不但学文，也要学工、学农、学军，也要批判资产阶级。学制要缩短，教育要革命，资产阶级知识分子统治我们学校的现象，再也不能继续下去了。

商业、服务行业、党政机关工作人员，凡有条件的，也要这样做。

以上所说，已经不是什么新鲜意见、创造发明，多年以来，很多人已经是这样做了，不过还没有普及。至于军队，已经这样做了几十年，不过现在更要有所发展罢了。

毛泽东

一九六六年五月七日

5 月 14 日，毛泽东对如何贯彻执行上述指示（后来通称为“五七指示”）的问题，又给林彪写了信，建议将他 5 月 7 日给林彪的信，以中央文件形式批发，并加中共中央批语。

按照毛泽东指示，5 月 15 日，中共中央向全党转发“五七指示”和总后勤部的报告。批语指出：“中央认为，毛泽东同志给林彪同志的信，是一个极为重要的具有历史意义的文献。这是马克思列宁主义划时代的新发展。”8 月 1 日，经毛泽东审定过的《人民日报》社论《全国都应该成为毛泽东思想的大学校——纪念中国人民解放军建军三十九周年》，摘要公布了“五七指示”，并对“五七指示”加以阐发。称：“毛泽东同志提出的各行各业都要办成亦工亦农，亦文亦武的革命化大学校的思想，就是我们的纲领。按照毛泽东同志所说的去做，就可以大大提高我国人民的无产阶级意识，促进人们的思想革命化……按照毛泽东同志所说的去做，就可以促进逐步缩小工农差别、城乡差别、体力劳动和脑力劳动的差别……按照毛泽东同志说的去做，就可以实现全民皆兵……按照毛泽东同志说的去做，我国七亿人民就都会成为旧世界的批判者，新世界的建设者和保卫者。他们拿起锤子就能做工，拿起锄头犁耙就能种田，拿起枪杆子就能打敌人，拿起笔杆子就能写文章。这样，全国就都是毛泽东思想的大学校，都是共产主义的大学校。”

毛泽东的“五七指示”，有正确的内容，但其中要求全国各基层单位、各党政机关和军队都要批判资产阶级，以及对知识分子的不信任态度等，则是错误的。“五七指示”勾勒了他所向往的理想社会的蓝图，这种带有空想色彩、以平均主义为特征的“左”的构想，实际上是行不通的。“五七指示”发表后，“把各行各业办成红彤彤的毛泽东思想大学校”的口号风行全国，到处办起“五七”工厂、“五七”农场、“五七”饲养厂、“五七”大学、“五七”中学、“五七”干校、“五七”医院，等等。全军共办“五七”干校190多所，试图通过边学习、边劳动，解决干部“三脱离”（脱离群众、脱离实际、脱离劳动）问题，造就“能上能下、能官能民，亦工亦农、亦文亦武的共产主义新人”，这些是不切实际的。在“文化大革命”中，林彪、江青一伙利用“五七指示”中“左”的思想，以走“五七”道路为名，强迫大批所谓“犯错误”的干部、所谓“资产阶级知识分子”以及大批群众到“五七”干校进行“思想改造”和“劳动锻炼”，使大批党政军领导干部、知识分子和群众遭受摧残和迫害。

“五七指示”虽然有“左”的思想，但在一定意义上又体现了毛泽东关于人民解放军是一个战斗队、又是一个生产队和工作队的思想，体现了人民解放军的本质和优良传统，包含着在当时历史条件下继承和发扬军队优良传统的积极因素。因此，它对军队农副业的生产发展和支援国家建设也起到了推动作用。

二、大力开展农副业生产

（一）军队农副业生产的发展

1966年5月，毛泽东肯定、支持并且批准了总后勤部《报告》中提出的军队在战备时期多搞一些生产，在三五年内向国家提供四五十亿斤粮食的生产计划后，部队农副业生产继续扩大。人民解放军生产热情高涨，垦荒造田，建农场，办工厂，生产面貌发生了巨大变化。

同年8月13日，总后勤部提出军队生产建设发展规划，准备在第三个五年计划期间再开荒100万亩左右，使全军耕地在1970年达到400万亩左右，粮食亩产实现全国农业发展纲要的要求，[①] 年产粮食6亿~7.5亿公斤。同时，全军农场设立专职管理机构，步兵师、团后勤部门成立专门的生产管理机构。这个规划经8月16日军委常委扩大会议批准后实施。从1966年开始，全军投入大量兵力开垦荒山，围海（湖）造田，耕地面积迅速扩大。1966~1970年，全军垦荒造田237万亩，加上原有的390万亩土地和借用国营农场、集体农民的部分土地，至1971年全军耕地总面积达到742万亩；新建农牧场878个，农牧场总数达到2098个。其中，万亩以上的大农场103个，比1965年增加1倍。经中央军委批准，人民解放军组建了6个生产师，专门执行生产任务。北京军区的柏各庄农场、南京军区的城西湖农场、武汉军区的沉湖农场、广州军区的牛田洋农场，都是大型农业生产基地。军办厂矿发展到2400多个。

随着全军农副业生产规模的扩大和农场建设的发展，粮、油、肉、菜等产品产量大幅度增加。1971年，全军生产粮食9.8亿公斤，油料1850万公斤，肉食5106万公斤，蔬菜8.2亿公斤，年终存栏猪177万头，达到了历史最高水平。与1965年比较，粮食增长

---

① 《一九五六年到一九六七年全国农业发展纲要》规定，到1967年粮食平均亩产量达到：黄河、秦岭、白龙江以北地区400斤；黄河以南、淮河以北地区500斤；淮河、秦岭、白龙江以南地区800斤。

1.7 倍，油料增长 50%，肉食、蔬菜各增长 40%，年终存栏猪增加 100 万头。全军粮豆平均亩产量由 1965 年的 102 公斤提高到 166 公斤，平均每亩增产 62.7%，157 万亩水稻平均亩产量达到 305 公斤。全军出现了一批跨“纲要”、超千斤的典型。驻福建漳州某团农场创造了双季水稻平均亩产 1044 公斤的优异成绩，成为军队和福建省的一个高产典型。在养猪事业中，涌现了北京军区装甲兵某师饲养员叶洪海等先进人物。叶洪海 1967 年担负养猪工作，为研制省粮、省工的养猪饲料，在学习民间“黑曲霉”发酵饲料的基础上，又广泛向工人、农民求教，学会了十多种制曲方法，经过反复试验，创制出中曲发酵饲料。这种饲料具有酸、甜、软、熟、香、稍带酒味的特点，猪爱吃、易长肉，能增强抗病力，而且节约粮食，受到军内外群众欢迎。1970 年 12 月，中央军委发布命令，授予叶洪海“模范饲养员”荣誉称号，北京军区给他记一等功。

军队生产规模的扩大，生产收益的增加，在当时的条件下对补助军队供应、改善官兵生活、减轻国家和人民的负担、支援地方经济建设具有明显作用。主要表现有：每年自行解决粮食 5 亿公斤左右，肉食 5000 万公斤左右，蔬菜 6 亿公斤左右，弥补了国家供应之不足。另一方面，军队累计垦荒 1300 多万亩，先后移交地方 900 多万亩，每年向国家交售大量粮食作为国家储备。人民解放军海边防部队垦荒生产，不仅解决了交通不便、运输困难造成的供应紧张问题，改善了守备部队的生活条件，而且带动边疆群众学习生产技术，拓展生产领域，促进了边疆经济的发展。

（二）农副业生产的整顿

这期间，部队生产也带来一些严重问题。一是生产规模过大，用兵过多。1971 年，全军担负生产任务的总兵力高达 60 万人（不包括部队业余生产用兵），超过了部队的负担能力。有的部队连续参加生产五六年以上，甚至海军舰艇部队和空军飞行部队都有生产任务。由于过分强调参加生产，训练时间被挤占，部队训练计划完不成，成为当时军事素质下降的重要原因之一。二是片面扩大生产规模，经济效益不高。有的部队只重视扩大耕地面积，以粮为主、单一经营。在军办工业中，许多厂矿仓促上马，原料来源、生产技术、产品销路等都没有很好解决，造成严重亏损。三是有的部队占用地方土地，不按国家经济政策办事，损害军政、军民关系。四是军队农副业生产的发展，是在“文化大革命”和贯彻“五七指示”这一特定的历史条件下进行的，因而受“左”的思想影响较大，致使军队没能正常履行根本职能。叶剑英、徐向前、聂荣臻几位老帅曾批评说：部队以生产为主，不成其为军队了，部队被搞成了“生产军”。

粉碎林彪反革命集团后，为了重新确定军队农副业生产的方向，全军在揭发批判林彪反革命集团的同时，清理了农副业生产中存在的问题。中央军委对军队生产提出了一系列调整和整顿的措施，要求全军加强军事训练，压缩农副业生产用兵。1972 年 12 月 7 日，中央军委转发总参谋部《关于一九七三年加强军事训练问题的建议》中规定：为落实战备和军政训练，部队生产任务应作适当调整压缩。全训部队生产人员不能超过 10%，作战值班部队、工程和汽车运输部队生产人员不能超过 5%，连队只养猪、种菜，不搞粮食生产。此后，军队逐年减少了耕地面积，退还了部分占用地方的土地，减少了农副业生产用兵，并将一部分原料来源困难、产品没销路、部队无力经营的中小厂矿停办或移交地方。1972 年以后，军队农副业生产逐年压缩。1975 年，生产用兵 29.3 万人，比 1971 年减少 30.3 万人，比 1974 年减少 9 万人。当年生产粮食 7.8 亿公斤，蔬菜 7.8 亿公斤，肉食 0.5 亿公斤。到 1976 年，全军军办厂矿减少到 1000 多个，在其中工作的绝大多数现役军人已退出来。全军农业生产用兵压缩到 24 万人，种植粮食作物 346 万亩，产粮 6.6 亿公斤，蔬菜 7 亿公斤，肉食 0.43 亿公斤。这样，在一定程度上解决了生产规模过大、用兵过多的问题，与地方的经济纠纷也大为减少。

1966~1975 年，全军垦荒造田 400 多万亩，建成大中型农场 200 多个，生产粮食 63.5 亿公斤，交售国家粮食 16 亿公斤；经办

2000 多个中小工厂，累计产值 26 亿元，收益 7 亿元。

三、承担大型工业、交通和电力工程建设

“文化大革命”期间，由于无政府主义思潮泛滥，许多工厂停产，工程无法顺利进行，特别是一些大型的重点工程无法完成，而一些关系到国计民生和经济建设大局的重点工程项目又必须进行，在这种情况下，人民解放军承担了国家大量重点工程建设任务。在完成国家重点工程建设任务中，人民解放军是一支特别能战斗的突击力量；能打硬仗，能吃苦，令行禁止，具有一般施工队伍所不具备的使用方便、机动迅速、拖累小、负担轻的特点。“文化大革命”期间，国家经济建设的许多成就，均凝聚着人民解放军指战员的辛勤汗水。

（一）支援工业建设

1966～1976 年的 10 年中，军队先后参加了西南地区长城特殊钢厂、西北地区酒泉钢铁公司、第二汽车制造厂、辽阳石油化学纤维工业总公司（辽化）、上海金山石化总厂、云南天然气化工厂、大庆油田、桑树坪煤矿、平顶山煤矿等工业重点工程的新建、改建、扩建工作，并保质保量地完成了任务。

位于中国西南地区的长城特殊钢厂和西北地区的酒泉钢铁公司，是人民解放军 60 年代中期至 70 年代初期担负的两项重点建设项目。这两个钢铁企业，对改善中国钢铁生产的战略布局具有重要意义。在四川江油新建的长城特殊钢厂，从生产设备到冶炼技术，是分别从民主德国、联邦德国、日本、英国等国家引进的，集当时国外特殊钢材冶炼先进设备于一厂，技术复杂，任务艰巨。基建工程兵某支队承担了该厂的建设施工任务。1966 年开工，1972 年建成投产，特殊合金钢年生产能力 22 万吨，轧钢能力 15 万吨，为国防工业和航天工业的发展创造了条件。位于万里长城西部终端嘉峪关的酒泉钢铁公司，是中国西北新建的唯一大型钢铁联合企业。从 1966 年起，基建工程兵某支队在茫茫戈壁经历了 5 个严冬和酷暑，建成了年生产能力为 470 万吨的大型铁矿和年产 80 万吨的石灰石

矿；建成了年产320万吨的选矿厂、98万吨的烧结矿和烧结厂；建成了年产90万吨焦炭和生铁的焦化厂和炼铁厂。其中，所建容量为1500立方米的一号高炉，当时是国内屈指可数的。

1967年4月，第二汽车制造厂破土施工。武汉军区组织了1000多人的施工队伍参加该厂建设。施工部队与数万建筑工人、民工一道，用人力将一个个庞大的机械设备运到山顶，按预定计划完成了架设任务。部队承担的黄龙引水工程要铺设17公里管道，穿过26个河段，翻过一座高山，跨过3口藕塘，地势崎岖复杂，工程难度大。施工部队和工人、技术人员一道，战胜了重重困难，胜利地完成了引水工程。在军民共同努力下，第二汽车制造厂初期工程很快实现了路通、电通、水通，为后来的建设创造了良好条件。

为支援大庆油田建设，1970～1975年，沈阳军区共派出8个步兵师、3个工兵团、2个舟桥营、2个架线连，协助大庆油田修建了总长2471公里的大小8条输油管道，形成从大庆到秦皇岛和从大庆到大连的年输油能力为4000万吨的两条输油大动脉。

辽阳石油化学纤维工业总公司，是生产塑料、化纤原料和化学纤维为主的国家重点大型联合企业。1973年9月，“辽化”开工兴建，基建工程兵和沈阳军区部队共3万多人参加会战，承担了全部企业一半以上的土建工程，安装了40%左右的设备。经过一年多的努力奋斗，该厂实现了通水、通电、通路。“辽化”建成投产后，每年可为国家增加13万吨合成纤维原料和7万吨塑料原料的生产能力。

1972年，人民解放军抽调大批部队参加了青藏等地的石油输油管线建设工程。以总后勤部直属部队为主、成都军区和兰州军区有关部队参加的工程指挥部，承担起修建由青海格尔木至西藏拉萨全长1200公里的输油管线任务。该工程于1973年春破土动工，1978年竣工。在5年多的施工中，1万余名指战员克服高山缺氧、气候恶劣等重重困难，数十名干部战士献出了年轻的生命。这条输油管线的建成，是在世界屋脊上创造的又一人间奇迹，对于支援西藏社会主义建设，巩固西南边防，具有十分重要的战略意义。

1966 年基建工程兵煤炭部队成立后，先后参加了贵州省盘县矿区的月亮田、老屋基、火烧铺，陕西省韩城矿区的桑树坪，河南省平顶山矿区的平八矿，辽宁省铁法矿区的晓南，山东省莱芜矿区的鄂庄、大屯矿区的徐庄等 19 处矿井及一处露天矿的建设任务，并建成了一座年洗煤 60 万吨的洗煤厂。唐山地震后，部队还参加了开滦煤矿的恢复抢修和扩建任务。

（二）承担交通建设任务

1964 年 7 月开始，铁道兵第 3、第 6、第 9 师陆续开进东北大兴安岭林区，担负了修建林区铁路、开发大兴安岭的任务。嫩林铁路南起嫩江，北至古莲，全长 676.7 公里，跨越黑龙江和内蒙古两省区。该区气候严寒，施工难度大。施工部队克服困难，于 1972 年 8 月 15 日将铁轨铺到古莲，打破了严寒禁区，使铁路沿线很快建立起新的林场和采伐点。经过 10 余年的努力，1974 年 8 月，嫩林铁路接轨通车，巩固了大兴安岭林业生产基地。

1966 年 3 月，铁道兵参加的贵（阳）昆（明）铁路接轨通车后，第 1、第 5、第 7、第 8、第 10 师，独立机械团、独立汽车团等部队和铁道部其他专业施工队伍及沿线民工共 44 万人，展开全长 1083 公里的艰巨的成（都）昆（明）铁路大会战。铁道兵担负吴场至昆明段 667.5 公里的施工任务。成昆铁路沿线地形复杂，山高坡陡，平均每 1.7 公里要修 1 座大桥或中桥，每 2.5 公里要开挖 1 座隧道，全线桥梁、隧道长 433.7 公里，占该线总长的 40%。开工之初，大型机械一时运不进来，为争取时间，指战员们依靠手工打眼，人力出碴，打通了近 1000 米长的黑井隧道。1967 年初，“文化大革命”动乱使工程指挥系统遭到破坏。1967～1969 年的 3 年间，全线完成的工程总量只相当于 1966 年一年完成的工程量，致使原定通车计划落空。1969 年 5 月，西南铁路建设改由铁道兵统一指挥，经过突击抢建，成昆铁路于 1970 年 6 月底全线铺通，12 月完成验收交接工作。

1971 年初，襄（樊）渝（重庆）铁路的施工全线展开。襄渝铁路全长 915.6 公里，全线桥隧相连，挡护工程密集，共有隧道 405 座，桥梁 716 座，工程量和工程的难度均超过成昆线。铁道兵部队第 1、第 2、第 6、第 7、第 8、第 10、第 11、第 13 师，第 11、第 20、第 21、第 23、第 60、第 70 团，以及独立汽车团、独立机械团，共 8 个师、6 个师属团、2 个独立团，计 23.6 万人参加会战。承担的任务，有新建正线 859.6 公里，联络线 35.7 公里。其中，长 5330 米的大巴山隧道，是制约全线工期的关键。在公路未修通前，指战员们在崎岖陡峭的山路上每次往返 40 余公里，人力搬运物资 1800 多吨，使隧道进口在公路通车前 4 个月就开了工。经过 34 个月的艰苦奋战，终于打通这座横亘川陕边界的大隧道。1973 年 10 月，襄渝铁路全线接轨通车。

与此同时，铁道兵陆续完成北京地下铁道和（北）京原（平）铁路的建设任务，开始修建沙（河）通（辽）铁路。广州军区组织了湘黔、枝柳铁路大会战。

1974 年开始，铁道兵第 5、第 6、第 7、第 10 师，共 4 个师进入西北地区，修筑南疆铁路吐鲁番至库尔勒段（476.5 公里）、青藏铁路哈尔盖至南山口段（683 公里）。其中，哈尔盖至南山口段的关角隧道长 4000 多米，海拔标高 3680 米，多处断层切割，岩石破碎，地下水很大，一昼夜地下水涌出量可达 1 万吨，部队进入后曾发生大小塌方 130 多次。经过 34 个月的艰苦奋战，这座当时中国海拔最高的隧道终于建成。铁道兵部队克服了极其险恶的自然条件和极其复杂的地质条件造成的困难，使铁路线跨过人迹罕至的山岭、高原、沼泽、沙漠、草原和戈壁。

1968 年 3 月，南京军区陆军第 60 军第 536 团 2 营参加南京长江大桥的建设任务。施工中，干部战士们向建桥工人学习，努力掌握施工技术，保质保量地完成任务。9 月，军区工兵第 2 团应地方要求，紧急投入大桥施工。他们风雨无阻，日夜苦干，7 天完成土方作业 47200 立方米。在桥头堡的修建中，他们和工程技术人员一起，18 天完成原计划 2 个月才能完成的任务，为保证大桥国庆节前通车作出了贡献。此外，驻广西部队参加了广西柳江大桥建设，驻新疆部队参加修建了天山公路，等等。

（三）参加电力工程建设

人民解放军除了经常组织一些部队参加驻地乡村小水电建设以外，从 1966 年基建工程兵水电部队成立后，还承担了国家一部分重点水电站工程的建设任务。在湖北丹江口和葛洲坝及潘家口水电站、湖南柘溪和东江水电站、青海龙羊峡水电站、甘肃刘家峡水电站、四川映秀湾水电站、广东枫树坝和牛路岭水电站、广西龙滩水电站、福建华安水电站、吉林小丰满和白山水电站、河北潘家口水电站、江西万安水电站以及西藏纳金水电站等众多水电工程的建设工地上，都洒下了人民解放军指战员辛勤劳动的汗水。

1970 年 12 月，长江葛洲坝水利枢纽工程开始动工。武汉军区副司令员张震带领 400 多名干部，参加了工程各级指挥部工作，武汉军区和基建工程兵有近万人参加了前期工程建设，并负责警卫和医疗保障。工程建设初期，机械较少，条件艰苦。施工部队想方设法克服困难，与广大工人一道，只用了 4 个月时间，就完成了总长 2123 米的围堰建筑任务。大坝主体工程基础开挖中，广大指战员战斗在最艰苦最需要的岗位上。当砖供不应求、影响施工进度时，他们主动承担了烧砖任务。没有砖窑自己建，不懂烧砖技术就向地方学，建成了一座一次能烧 10 万块的砖窑，为大坝工程提供了大量的建筑用砖。

四、支援工农业生产

人民解放军参加国家经济建设，更多的表现在对工农业生产经常性的支援上。“文化大革命”打乱了国民经济的发展计划，破坏了正常的生产和工作秩序。工业生产出现滑坡，任务不能按时保质完成。为了减少工业生产损失，人民解放军随时派出部队支援工业生产。为了支援农业生产，人民解放军同驻地人民公社定点挂钩，农忙时节派出人员、车辆和机械，支援群众播种、收割。同时以工作队（组）的形式，与农村社员同吃、同住、同劳动，协助边远地区和经济落后地区的农村发展生产，并组织各方面的工作。各军区、各军兵种部队，经常派出大批人员、机械，帮助农村生产队不误农时地完成生产任务。据统计，仅广州军区所属部队到1975年止，就与地方3800多个社队建立了较为密切的联系；兰州军区团以上单位与社队定点挂钩的达94.4%；济南军区部队1972～1976年，参加支援地方农业生产劳动日达267万个，派出车辆机械13万台次，帮助社队修理农机具7200余台（件）；昆明军区部队10年间支援地方劳动日达1400余万个。

驻沿海的部队还帮助渔民发展多种经营，搞好海水养殖业。渤海庙岛列岛的长岛县，过去养殖海带要到外地去买海带苗，影响了养殖业的发展。1970年7月，驻地部队与地方联系，共同向国家贷款350万元，在南长山岛合建一座面积3600平方米的海带育苗场。经军民9个月的共同努力，育苗场建成投产。1972年，该场全部交给地方，并改名为长岛县海带育苗场。因该场培育的海带苗适应性强，抗腐烂，成活率高，除供应本县养殖外，还供应蓬莱、黄县、福山、烟台、大连等8个县市，深受养殖单位的欢迎。

为了支援国家建设，缓和煤炭供不应求的矛盾，人民解放军一些部队还主动承担了挖煤任务。1975年2月5日，正当全国人民欢度春节之际，济南军区炮兵派出7000多人，来到山东坊子煤矿和朱留庄煤矿下井挖煤，替换煤矿工人回家同亲人团聚过节。同年7月，某军组成一支1300人的队伍，参加徐州矿务局12个矿区夺煤大会战。在3个月内，支援劳动日2万个。在部队的支援下，黄山煤矿日产量由2800吨上升到5000吨。在煤炭运输紧张时，人民解放军及时派出部队和车辆，抢运煤炭，地方政府称赞这一行动为名副其实的雪中送炭。

全军在参加工农业生产的同时也积极开展为人民群众治病防病工作，先后派出医疗队上山下乡，深入广大农村、牧区，为群众送医送药，积极扶持和帮助发展农村医疗卫生事业，培养了大批农村医生。据《解放军报》报道，仅1969年6月～1973年6月，全军先后派出1.4万多个医疗队深入农村和山寨，为6400多万群众解除了病痛。1969～1974年，成都军区派出的农村医疗队（组）达1249个，共8812人次，医治伤病员共645万人次，抢救重病人近万人，成功率达90%。在开展群众性的治病防病活动中，涌现出“全心全意为人民服务的先进卫生科”等一大批先进集体和个人，在人民群众中产生了良好影响，对于改善军民关系起到了积极的促进作用。

第二节　抢险救灾，保护人民生命财产安全

“文化大革命”期间，特别是1975年和1976年，中国发生了有史以来罕见的大地震和洪水等自然灾害。抢险救灾，保护人民生命财产安全，是人民解放军义不容辞的责任，是人民军队爱人民的具体表现。每当人民群众遇到严重自然灾害的关键时刻，人民解放军总是挺身而出，舍生忘死地抢救国家和人民群众的生命财产。

一、辽宁海城地区抗震救灾

1975年2月4日晚7时36分，辽宁省营口地区海城县发生7.3级强烈地震。这次地震，震级高，受灾面广，大批房屋倒塌，大地喷水冒沙，堤坝多处震裂。地震发生后，人民解放军立即奔赴灾区，积极开展抢救活动。地震发生前，沈阳军区根据地震预报，即对部队进行防震教育，部署防震和救灾准备工作，研究抢救方案，指定值班部队和医疗队，并主动与地方地震台取得联系，随时掌握情况。地震发生后，陆军第39军，海空军部队，驻辽阳和本溪的2个炮兵团、3个步兵团，在田庄台附近执行任务的21个连队，沈阳军区总医院等派出的11个医疗队，共3.6万名指战员，立即赶到灾区。

在抢险救灾中，广大干部战士把人民群众的安危看得高于一切，发扬战争年代的拼命精神，哪里有倒塌的房屋，哪里有浓烟烈火，哪里有群众呼救声，就奔向哪里，宁可自己担风险，也要把人

民群众抢救出来。担任值班任务的陆军某师侦察连，两分钟就从值班位置跑步赶到海城县招待所。为了把压在倒塌楼房里的群众尽快救出来，果断决定从两侧打洞救人。面对强烈余震，指战员们毫不畏惧，连续奋战5昼夜，抢救出18名群众，包括一名被埋压长达124个小时的群众。步兵某团第6连在营口县高坎公社董家堡，班自为战，人自为战，迅速救出群众42人。陆军某师医院的医护人员，一夜之间就为260名受伤群众进行了包扎、止血。部队某医院的医疗队，为了不漏掉一个伤员，两天时间走遍了海城县岔沟公社16个大队、110多个小队、近千户人家，对290余名受伤群众进行精心治疗。海军为灾区派出3个医疗队，仅北海舰队医疗队就救护伤病员1.9万余人。在这次救灾中，部队从倒塌的房屋中共救出群众2700余人，治疗伤病员5万余人次。

参加抢运的1400余台汽车，以最快速度把受伤的群众运出去，把救灾的人员和物资运进来。空军航空兵部队在1个月内，出动飞机254架次，运送中央和辽宁省领导干部和救护人员1200余人次，散发中央慰问电2万多份，空运物资143吨，有力地支援了抗震救灾。

当灾区气温下降到摄氏零下20多度时，为了不让群众挨冻，救灾部队经过几天的奋战，共搭起4.3万余个简易窝棚，并修了火炕。沈阳军区紧急调拨帐篷4450顶，支援棉大衣7.8万件、棉衣20万套、棉被3.3万床、褥子4.4万床、棉帽6万顶、毛皮鞋6.7万双、炉子900个，还有大批药品。海军某基地送去大米5吨。许多部队把地震后做好的第一顿饭送给群众吃，架起的第一批帐篷让给群众住。

在抗震救灾中，人民解放军帮助群众一面搞好生活，一面抓好生产。春节刚过，指战员就同群众一起刨粪、送肥、选种，修理家具，清理淤沙，平整土地，掀起备耕生产热潮。地震造成辽河、浑河、太子河大堤到处开裂，如不及时抢修，汛期到来，洪水就会威胁下游城市和沿河两岸人民的安全。为了抢修河堤，4月初，沈阳军区派出部队2万多人，展开了抢修河堤大会战。指战员发扬勇敢战斗、不怕疲劳、连续作战的作风，承担了最艰巨的任务。

二、河南驻马店地区抗洪救灾

1975年8月上旬，河南省中南部洪河、汝河、沙河、颍河、唐河、白河流域连降暴雨，造成河堤溃决，水库坝塌，洪水泛滥。驻马店、许昌、南阳、周口地区32个县（市）遭受历史上罕见的特大水灾。部分地区大片农田被淹，倒塌房屋570万间，受灾群众1200万人。洪水冲毁京广铁路120多公里及多处公路、桥梁，人民生命财产损失严重。

灾情发生后，驻灾区的部队和军分区、人民武装部的干部战士，挺身而出，抢救群众。外地部队也一声令下，立即出动，昼夜兼程，奔赴救灾第一线。遵照中央军委命令，人民解放军紧急出动7万余人、123架飞机、5艘登陆艇、2973辆汽车，在武汉军区、中共河南省委和河南省军区的统一指挥下，参加抗洪救灾斗争。武汉军区司令员杨得志、政治委员王六生等领导赶到抗洪救灾第一线，召开师以上干部会议，号召广大干部战士发扬为人民不怕赴汤蹈火的革命精神，奋勇抢救受灾群众，同灾区人民一道战胜洪水灾害。

救灾部队不怕疲劳，连续作战，与洪水顽强斗争，奋勇抢救人民群众的生命财产。8月8日1时30分，驻马店板桥水库垮坝，洪水以每秒6米的速度冲向遂平县城。炮兵第2师第30团第3营首先赶到遂平。该营干部战士在遂平奋战3天3夜，由于环境污染，劳累过度，全营80%的人员患结膜炎，一半的人患肠胃病，但没有一个人离开救灾现场；在睡不上觉、吃不上饭的情况下，共抢救和转移群众9600多人。为了表彰他们对人民作出的贡献，中央军委授予第3营“抗洪救灾模范营”荣誉称号。据不完全统计，救灾部队共抢救和转移群众34.8万人，抢救粮食750余万公斤，抢救牲畜3800多头。

洪水使数十万群众饥寒交迫，连续几天吃不上东西。为解救处于危难之中的受灾群众，在地方政府的统一领导下，救灾部队紧张地投入了运送干粮的工作。空军航空兵部队紧急组织力量，在非常复杂的气象条件下，把国家和人民支援灾区的大量物资，以及郑州市等地饭店和居民做的大饼、馒头等食物源源不断地运往灾区。航空兵某师出动 28 架飞机，在 20 天内连续飞行 1044 架次，空投物资 3300 多吨。空军共出动飞机 3500 多架次，空投食品、药品等物资 5400 余吨。地面部队争分夺秒地把物资运送到灾民手里。来自广州、南京、武汉、济南军区的 4 个舟桥团，出动橡皮舟近 2 万个，抢运物资近万吨。许多部队把营房让给群众住，饭让给群众吃，水让给群众喝，衣服送给群众穿。

南北交通大动脉京广铁路在遂平县焦庄车站 102 公里区间被洪水冲毁中断，特别是焦庄以南 15 公里处，道砟、路基被洪水一扫而空，钢轨冲出 16 ~ 17 米，有的桥墩连根毁掉。铁道兵、基建工程兵、空降兵、汽车团等部队紧急赶来，与铁路职工一起突击抢修。铁道兵第 1 师第 2 团第 1 连刚刚完成襄渝线隧道抢修工程任务就接到了抢修京广铁路的命令。全连指战员未做片刻休息，在半个小时内做好一切准备，迅即奔赴灾区。进入灾区后，该连昼夜奋战 15 天，提前完成抢修任务。铁道兵党委为该连记集体一等功，中央军委授予该连“抗洪抢险模范连”荣誉称号。经过铁道兵、基建工程兵等部队和筑路民工的顽强奋战，在国庆节前夕，被洪水冲垮的路段及其他险段全部修好，实现了提前通车。

洪水过后，肠炎、痢疾、疟疾、感冒、结膜炎、钩体病和乙型脑炎等疫病在灾区流行。军队派出 89 个医疗队，及时深入灾区抢救危重病人。仅济南军区 14 个医疗队，两个多月内就为群众治病 6.9 万余人，抢救危重病人 230 人。各医疗队还发动群众开展除病防疫工作，控制了疫病的流行。

战胜洪水后，抗洪部队又立即帮助灾区人民安排生活，重建家园。他们向广大群众宣讲中共中央的慰问电和关于生产自救的号召，帮助灾区人民树立战胜困难、重新建设的信心。在短时间内，帮助盖房搭棚 31.55 万余间，安置了 69 万多群众的住宿。部队捐赠灾区人民粮食600吨、捐款4.2万余元，捐助衣物28.3万余件。河南、湖北两个省军区和炮兵某师等部队，帮助灾区群众耕种秋季作物2700多公顷，收获被洪水淹过的粮食、蔬菜4330吨。兰州军区等部队还千里迢迢给灾区送来上千匹军马，表达对灾区人民的深厚情谊。

三、河北唐山抗震救灾

1976年7月28日凌晨3时42分，河北省唐山、丰南一带发生7.8级大地震，震中裂度达11度，波及北京、天津及周围的50个县。唐山周围370平方公里内，地面建筑几乎全部坍塌，数十万群众被埋压在废墟之中，道路桥梁被毁坏，水电、通信全部中断。一场罕见的强烈地震，将唐山市夷为平地，百万人民遭受空前灾难，情况十分紧急。

地震发生后，空军唐山场站通信一连连长李增顺，报务员李朝文、赵海林等，不顾危险从倒塌的报房抢出1部发电机、6部电信机和全部联络资料。油机员肖子琼在摇摇欲塌的油机房开机发电，于5时50分沟通了与北京的联系，第一个向中共中央报告“唐山地震，震情严重”的情况。接着，空军唐山场站在设施毁坏、人员伤亡严重、暴雨倾盆、余震不断的艰难情况下，挖出导航资料，初步维修了导航设施。6时15分，空军某航校高永发机组载着航空兵某团副政治委员刘忽然、参谋张先仁飞往北京。他们会同开汽车赶到北京的开滦煤矿工会干部李玉林等，向中央领导当面汇报了唐山灾情。中共中央、国务院、中央军委根据唐山灾情，立即作了抢救部署，迅速调动人民解放军十几万部队奔赴唐山。抗震救灾前线指挥部紧急成立并开设在唐山机场，指挥部指挥中心由中共河北省委第一书记刘子厚，北京军区副司令员萧选进和副政治委员万海峰、迟浩田，以及北京军区空军副司令员刘光裕等组成。

人民解放军冒着频繁的余震，日夜兼程从四面八方向唐山挺进。陆军第38军接到抢险救灾命令时，部队正分布在11个市、县执行任务，军、师、团三级主官和大部分机关人员远离营区。负责留守的两名军领导人果断命令部队从不同位置向唐山进发，边行进，边动员。他们冒着滂沱大雨，经过12个小时的急行军，先头部队于当日22时30分抵达唐山。陆军第40军接到命令后，从300多公里外日夜兼程，紧急驰援。先头部队行至滦河岸，公路桥被震断，车辆无法通行。某师师长李德章眼看前进受阻，果断决定自己乘坐的车冒险通过多年未用的滦河铁路桥，为后续部队探险开路。他们涉过5条河流，闯过4座被震裂的危桥，于29日0时至31日1时，陆续全部到达灾区。震后不到24个小时，北京军区、沈阳军区、海军、空军、铁道兵、工程兵、装甲兵、基建工程兵等11个师另4个团8个营，以及各军兵种、各大军区派出的196个医疗队，组成共计10万余人的抗震救灾大军，携带发电机、抽水机、推土机、通风机、运水车、救护车等进入唐山，迅速投入救灾活动。与此同时，航空兵部队也开始了紧张的空运。

剧烈的地震，使唐山市居民还在睡梦中就被埋入废墟，处处可以听到从断墙瓦砾下发出的凄惨呻吟声和呼救声。据统计，地震造成24.2万余人死亡，16.4万余人重伤。其中，唐山市市区死亡14.8万人，重伤8.16万人，房屋倒塌和严重破坏65万余间。抢救废墟中的遇难群众，是抗震救灾中最紧迫、最艰巨的任务。驻唐山灾区的人民解放军，置自身遇到的损失于不顾，心系灾区人民，以无私无畏的精神，迅速展开了抗震救灾斗争，尽一切力量抢救人民群众的生命财产。由于行动迅速、及时，仅占救灾兵力20%的驻唐山部队救出了被埋压群众1.58万余人，占部队所救总人数的96%。

其他地区的救灾部队开到灾区后，指战员们不顾长途行军的疲劳，在余震频繁、砖石飞落的险情下，奋勇抢救遇难群众。哪里有人呼救，他们就奔向哪里。部队指战员们怀着对遇险群众生命高度负责的精神，“只要有百分之一的希望，就要尽百分之百的努力”。据不完全统计，经过连续十多天的奋力抢救，共救出被埋压的群众6万余人，救治伤员100余万人次，协助地方转运伤员7万余人。

工程兵想方设法供电供水。地震使唐山的发电厂、电路遭到严重破坏，夜间一片漆黑，严重影响了抢救工作。工程兵机械队 29 日半夜从北京赶到唐山后，立即架线开机，使电灯很快亮了起来，有力地支援了抢救工作。地震使唐山的自来水系统全部破坏。时值盛夏，闷热难熬，伤员、灾民和战士们都需要水，但是只有机场两口井有水，供不应求，从北京运来的水也已用完。工程兵机械队一面用水车从机场运水，一面到处找水源。从地下抽出水后，干部战士自己忍受着干渴，把一桶桶、一盆盆水送到灾民手里。

空军部队紧张地日夜空运伤员和救急物资。地震使唐山机场自身受灾严重，场站调度室主任在地震中牺牲，许多设备被砸坏。机场指战员克服重重困难，指挥调度一直有条不紊地进行；飞机升降次数成倍增加，最紧张时每 26 秒就有 1 架飞机起落，震后 14 天起降飞机已超过以往 3 年的总和。一个月内指挥飞机起降 2800 多架次，运出伤员 2 万多人，运进物资 2510 多吨，不仅为抢救受伤群众作出了贡献，而且创造了中国航空调度史上的奇迹。

地震后，位于唐山东北 15 公里处、底部高出市区 10 米的陡河水库，大坝严重下陷裂缝，又逢暴雨，水位猛涨，堤坝随时有溃决的危险。遭受大地震浩劫的唐山人民，又可能遭受新的灾难。刚刚从灾难中脱身的炮兵某团 8 连干部战士闻讯后，立即跑步奔向大堤。解除危机的唯一办法是打开溢洪闸泄洪。由于断电，只有用人力开闸。战士们 4 人一组，使劲摇了 100 圈，闸门只提高不到 1 厘米。此刻，战士们随时都可能被绞车房倒塌砸死或被绞车甩入几十米深的漩涡中，但他们不顾生命危险，不停地摇了 8 个小时，终于将 40 吨重的钢铁大闸提了起来，把洪水泄了出去，保住了陡河水库，解除了溃堤危险，使唐山人民免于灾上加灾。就在这时，唐山高各庄油库储油罐震裂，1300 多吨汽油遍地流淌，一个火星便可引燃大火，炮团战士及时赶到现场，严密警戒，协助排险，火灾得以避免。

大地震使城市供电、供水系统中断，卫生设施被破坏，粪便、污物、垃圾堆积，蚊蝇大量孳生，死亡人畜的尸体在高温、雨水中迅速腐烂，“大灾之后必有瘟疫”，幸存者又面临着新的死亡威胁。情急万分之时，防化兵千余名指战员携带专业装备奉命奔赴抗震救灾第一线，使用喷洒车对人畜尸体消毒，对城区喷洒药液除蚊蝇灭菌，使用淋浴车对伤员和救灾军民进行卫生处理，还利用喷洒车定时、定点、定量为群众供水，为创造大震之后无瘟疫的奇迹作出了贡献。抗震救灾指挥部给三支防化兵部队各授予“舍生忘死战震灾，一片丹心为人民”的奖旗一面。

唐山城乡总计 68 万余间、1093 万余平方米的民用建筑中，有 65 万余间、1050 万余平方米在地震中倒塌或遭到严重破坏，城、乡建筑破坏率分别达 96% 和 91%，直接经济损失达 50 亿元。为了迅速安排群众的生活，救灾部队冒着高温加班加点，昼夜突击，把解决群众生活的急需当作重要任务。地震后，空军唐山机场处于抗震救灾第一线，全国 50 多个单位的 5000 多名工作人员在这里建立了办事机构，3 万余名受灾群众涌进机场，吃饭、用水、医疗成了大问题。场站党委紧急动员，组织汽车为群众送水，每天供水量达 2500 余吨。同时，组织起 26 个伙食单位，在露天架起锅灶，日夜为伤员和受灾群众烧水做饭，仅煮稀饭即用粮 2 万余公斤。为解决震后群众的居住问题，救灾部队就地取材，昼夜突击，帮助群众搭盖简易房屋 40 余万间。救灾部队把群众的安危冷暖放在心上，精心医治、护理伤病员，尽心尽力安排群众生活，使受灾群众感受到党和政府的关怀，感受到人民子弟兵的情谊，坚定了战胜困难的信心。

帮助灾区迅速恢复生产，是摆在救灾部队面前又一艰巨任务。他们和广大工人群众一起，忍着饥饿、干渴和疲劳，在频繁的余震中，攀高排险情，下井清坑道，日夜鏖战，突击抢修，终于在震后第 9 天就使马家沟煤矿生产出第一批煤；第 10 天，食品厂生产出第一炉糕点，新华纺织厂 500 台织布机开机织布；第 17 天，钢铁厂炼出第一炉钢。与此同时，解放军还帮助一大批商店恢复了营业，一批中小学开了课。

为了迅速恢复铁路通车，铁道兵两个师承担了从雷庄至茶淀受地震破坏最严重的100多公里铁路的抢修任务。面对路基沉陷开裂、轨道扭曲拉断、桥梁移位断裂、车站建筑被毁坏的严重情况，指战员们不畏艰险，顽强奋战，于8月7日前修复了遭受严重破坏的路段，京沈铁路顺利恢复通车。

中共中央、国务院对重建唐山十分关心，基建工程兵、铁道兵等部队2万余人，遵照国务院、中央军委命令，与来自全国的10余万建设队伍携手合作，为建设新唐山夜以继日地奋战。据统计，1976～1983年，基建工程兵仅在开滦煤矿就完成工业建筑92万多平方米，建筑安装工作量达2亿多元，在全市兴建民用住宅近83万平方米。经过唐山军民10年的建设，这一十里钢城、百里煤田，又呈现出一派热气腾腾的景象。唐山不仅没有从地球上抹掉，而且以一座崭新城市的姿态重新站立起来。历史再一次证明，中国共产党领导下的中国人民和中国人民解放军，是任何困难也吓不倒的英雄好汉。正如唐山人民说的：解放军在唐山做的好事，就像天上的星星，看得见，数不清，将永远铭记在人民心中。

唐山抗震救灾，为人民解放军的历史增添了光辉的一页。在抗震救灾斗争中，涌现出大批先进单位和模范人物。1977年4月30日，中央军委发布命令：授予陆军第38军第334团2连“唐山抗震救灾模范红二连”称号；陆军第40军第360团1连“唐山抗震救灾模范连”称号；空军雷达第16团10连“唐山抗震救灾模范雷达连”称号；铁道兵第11师第53团12连“唐山抗震救灾抢修突击连”称号；铁道兵第14师第68团7连“唐山抗震救灾抢修先锋连”称号；基建工程兵第2支队第12大队11中队“唐山抗震救灾先锋中队”称号；炮兵第5师第50团卫生队“唐山抗震救灾模范卫生队”称号；空军唐山场站“抗震救灾模范场站”称号；陆军第24军第215团直属炮兵连战士王彦修“雷锋式的战士”称号；给予炮兵第5师第50团、空军唐山场站航行调度室记集体一等功；陆军第38军第334团、第66军第589团、河北省唐山市人民武装部、天津市宁河县人民武装部、第121野战医院、空军第6军司令部机要处记集体二等功；北京军区空军司令部航行处调度室、空军第6军司令部通信处记集体三等功；空军航空兵第24师副师长李虎坡记三等功；同时授予在四川省西北部参加抗震救灾的陆军第50军第450团7连"松潘抗震救灾模范连"称号。命令号召全军指战员和广大民兵，向抗震救灾的先进单位和模范人物学习。

四、其他地区的抢险救灾

1966年5月～1976年，除以上三个地区遭受严重洪灾震灾外，云南昭通、龙陵，四川甘孜、松潘等地遭受了地震灾害；广东汕头、海南岛等地遭受强台风袭击；福建部分地区遭受冰雹和暴雨袭击；等等。对此，人民解放军都及时派出部队抢险救灾。

1966年10月10日凌晨，守卫钱塘江大桥的浙江省军区警卫营3连战士蔡永祥，发现铁轨上横放着一根大木头，威胁着已驶近大桥的764次旅客列车的安全，他奋身抱出木头，列车安全通过，自己却因被火车碰撞而牺牲。10月30日，南京军区党委作出《关于宣传和学习蔡永祥同志的决定》。11月18日，总政治部号召全军和广大民兵向蔡永祥学习。全国总工会等单位也分别发出宣传和学习蔡永祥的通知。

1967年8月19日，南京军区某团6连4排排长李文忠与战士们在赣江叶楼渡口乘坐渡船。渡船被风浪打翻后，李文忠指挥战士们奋勇抢救落水的50多名群众。李文忠在救起第5名群众后牺牲。1967年10月26日，中央军委授予李文忠"爱民模范"称号，授予其生前所在排"爱民模范排"称号。

同年，新疆、河北、山西、四川等地先后出现流行性脑炎，数十万人发病。人民解放军2000多名医务人员组成的300多个医疗队、防疫队进入疫区，抢救病人，同时进行防疫工作，较快控制住了疫情。

同年1月，江西井冈山地区连降大雪，封锁了上山道路。人民解放军为困在山上的红卫兵紧急空投食品6万公斤，同时送去大量药品，解除了山上的险情。

1968年1月15日下午，广东韶关鸡公山林区起火，顷刻间，林区变成一片火海。步兵某团4连干部战士经过6个多小时的连续奋战，终于扑灭了大火。副指导员王幼康等4人壮烈牺牲。中央军委于1968年8月1日，授予该连“爱民模范连”光荣称号。

同年1月26日，黑龙江省齐齐哈尔市生产民用炸药的化工厂发生严重火灾，驻在附近的黑龙江省军区独立第2师第7团1连的17名干部战士闻讯迅速赶赴火场与烈火搏斗。装有炸药的球磨机爆炸，使在场的所有人员负伤，何文宝、徐亚光、王德斌3名战士牺牲。爆炸后，1连的指战员们和工人、消防队员一起，一面继续扑火，一面抢救伤员和国家财产。12月6日，中央军委授予该连“为人民战胜烈火的英雄连”称号，并给何文宝等3名烈士和其他4人记一等功。

1969年2月10日夜，由于冰凌的阻截，黄河决口，洪水带着冰块以每秒3～4米的流速向山东省平阴县城关、栾湾公社袭来，冰块大的像小山，小的像磨盘，所到之处把碗口粗的树和电线杆拦腰冲断，40多个村庄处于危急之中。济南军区工程兵某舟桥营接到地方政府求救的电话后，立即分两路出发，急驰灾区。副政治委员陈望周带领干部战士赶到城关老博士村头时，凌洪已漫过路面，汽车不能通行，水浅又不能行舟，他们就顶着7级大风和严寒，扛起渡河器材，在茫茫的黑夜中涉水前进。技术连1排来到灾情最重的刘官庄，听到群众告急，个个心急如焚，涉水跑步前进，副连长张廷秀等9人被凌洪吞没，光荣牺牲。指战员们前仆后继，冲破重重障碍，进了村庄，救出了三四百名老弱妇孺。在这次凌洪灾害中，由于舟桥营的大力救援，40多个村庄2万多群众无一伤亡。

同年7月28日，12级强台风以每秒53米的速度在广东汕头沿海一带登陆，猛烈袭击城市和村庄。驻地部队立即组织突击抢险。飓风大浪使人站立不稳，雨点打得人睁不开眼，水上漂动的木头、竹子随着剧烈起伏的波浪横冲直撞，不少干部战士腰被撞伤、腿被砸伤、头被击伤。在狂风巨浪中，有的人把手中仅有的一块木头、一根竹子让给遇险群众，有的人在自己身处险境时仍然奋力抢救群众。体弱多病的防化科长王秋萍为救一群正在水中挣扎的女学生，一手抠住堤坎上的石缝，一手把女学生一个一个地拉上岸来，他自己却被迎面涌来的巨浪卷走，献出了宝贵生命。部队经过 30 多个小时的艰苦奋战，从狂风恶浪中抢救群众 1.1 万多人。

1971 年 3 月 25 日下午，福建省清流县郊区一座山林突然失火，威胁着大片松林安全。福州军区通信总站通信连立即赶到现场灭火。战士张江只身冲下 70 多度的陡坡，切断了将要蹿上山梁的火路。当大火被全部扑灭时，人们才发现张江仰面倒在一棵青松下。这位年仅 18 岁的战士，为保卫祖国的森林资源献出了年轻生命。当地人民为纪念他，将这座山取名为“张江山”。

1972 年 2 月，黄河流经山东鄄城地区旧城公社的一段河道被冰坝堵截，河水溢出河床，十几个村庄被冰凌包围。陆军某师舟桥连野营拉练来到这里，见情况危急，立即组织抢险突击队，抢救群众。他们在冰冷刺骨的河水中奋战，将被冰凌围困的几百名群众转移到安全地带。

1973 年 9 月 14 日，台风袭击海南岛，仅琼海县就有 28 万平方米的楼房被推成平地。海南军区副司令员张世英带领 1000 余人和 100 台汽车，抢救出大批粮食，抢修民房 4000 多平方米，抢救病人 216 名，还支援受灾群众人民币 110 万余元、物资 30 余吨。

1976 年 4 月 17 日夜，福建省 7 个地、市的部分地区遭到冰雹和暴雨袭击。福州市受灾尤为严重，许多房瓦被砸坏，大批仓库漏水，2 万多吨粮食被淋湿。福州军区机关、部队出动干部战士 2.1 万余人次，汽车 3000 台次，协助地方开展救灾工作，清理了堆在街道上的大量瓦砾、污物，帮助修房 4.2 万多平方米，抢运粮食 4200 多吨。

1976 年 7 月 21 日下午，一列满载原油的火车，行至兰新线黄河大桥附近，第 5 节油罐因冲撞而起火，随着外溢的原油燃烧成一片，整列油车和机组人员面临车毁人亡的危险。兰州军区守备某团1连，迅速投入灭火保车救人的战斗。烈焰烤得人不能靠近。干部战士就淋湿衣服扑入火海，拆枕木、断火源。他们冒着油罐随时可能爆炸的危险，同烈火搏斗了5个多小时，终于扑灭了大火，保住了价值数百万元的国家财产，使机组人员全部脱险。

人民解放军支援国家经济建设和抢险救灾，全心全意为人民服务，一切从国家和人民的利益出发，把国家和人民的需要作为义不容辞的责任，是人民军队性质的具体体现和必然要求，也为人民解放军赢得了崇高的荣誉。不论是战争年代还是在和平时期，人民解放军都是最可依赖的队伍。虽然“文化大革命”使军民关系和军队的声望受到损害，但人民解放军始终坚持为人民服务的宗旨，在支援国家经济建设和抢险救灾行动中，深刻地体现出这支军队仍然是人民的军队，展现了人民解放军的光辉形象。由于在“文化大革命”中，一度投入工农业生产的人力与时间过多，也影响了部队的训练和战备，影响了军队建设的正常进行。

基本经验

“文化大革命”期间，党的指导思想出现长时间、全局性的“左”倾严重错误，加之林彪、江青反革命集团制造动乱，进行破坏，军队建设遭到严重挫折和损失。军队建设指导思想发生偏差，片面“突出政治”，军事训练长时期在低水平徘徊，“文化大革命”前建立起来的军事教育体系被否定，院校教育破坏严重，各类军事人才出现断层；军队内部开展“文化大革命”运动，并不同程度地形成了派性斗争，严重损害了军队的高度稳定和集中统一，军队的优良传统和作风受到破坏；军队职能严重泛化，担负生产队、工作队的任务甚至超出了对军队战斗队根本职能的要求，不但妨害了军队战斗力的提高，而且造成军队臃肿膨胀；一大批军队高、中级领导干部受到错误批判或处理，有的被批斗，有的靠边站，有的被关押，有的被迫害致残致死。动荡的政治局面，中断了军队既定的发展规划，使军队建设长期处于实际上无规划的状态，军队现代化建设的发展方向摇摆不定，出现了“肿、散、骄、奢、惰”的严重情况。在此期间，世界强国军事技术飞速发展，军事改革风起云涌，人民解放军在封闭的“文化大革命”环境中，没有能够很好地追踪世界潮流、与其同步发展，军队现代化建设水平与世界先进国家军队之间的距离进一步拉大。

在“文化大革命”复杂而困难的形势下，邓小平、叶剑英、陈毅、徐向前、聂荣臻等军队领导人努力维护军队的稳定和统一，努力恢复和整顿军队秩序，努力保持军队建设的健康发展。人民解放军官兵对“左”的错误路线和林彪、江青反革命集团反党乱军行径的认识逐渐深化，自觉不自觉地进行了抵制和斗争。这些都在一定程度上制约了林彪、江青反革命集团对军队建设的破坏和“文化大革命”对军队建设的损害，保证了人民解放军始终听从党的指挥，有效完成了党和国家交给的许多重大任务，卓越维护了党、国家和人民的根本利益。

在此期间，人民解放军在国家安全受到威胁的情况下，克服一切困难，胜利地进行了防空作战、边海防地区的反侵略作战，实施了支援越南、老挝抗美救国战争等一系列重大军事行动，维护了祖国统一、安全和稳定；为防止外敌入侵，全军进行了规模宏大的战场建设，投入大量人力、物力和财力加强主要方向和重点地区的设防工程，并将设防工程与人民防空、城市防卫工程结合起来，使全国设防阵地工程初具规模，战略、战役指挥工程建设有很大进展，各军兵种的战场建设也迅速得到加强，国家防卫体系有了很大改善；国防科研和工业在自行研制武器装备方面迈出了新的步伐，尖端武器装备研制取得新的突破，常规装备研制取得重大进步；加强合成军队建设，组建了战略导弹部队——第二炮兵，并调整了大军区和省军区体制，整顿了全军编制；担负对外军事援助任务，支援第三世界国家和人民的民族独立与解放运动，相继向亚洲、非洲、拉丁美洲、欧洲共70多个国家的武装力量提供了技术、人员和武器装备援助，受到受援国的高度赞扬，为维护世界和平作出了重要贡献；奉命执行“三支两军”任务，努力维护全国局势的稳定，制止各地的武斗，减少了国家经济建设和人民生命财产损失，保护了一批老干部和知名人士，保护了重要机关和重要目标的安全，维护了全国交通、邮政、金融、财政、科研等的基本工作秩序；大力开展农副业生产，积极支援国家经济建设，完成抢险救灾任务，完成了党和国家赋予的许多急难险重任务。

粉碎江青反革命集团，为人民解放军的建设带来了新的转机。在中共中央、中央军委的领导下，人民解放军排除干扰，冲破阻力，以加强战备为中心任务，迅速展开深入的整顿工作，消除林彪、江青反革命集团对军队建设的影响，清理各级领导班子的问题人员，特别是重新澄清了军队现代化、正规化和革命化建设的关系，准确定位政治工作的地位与作用，重新把教育训练摆到了战略地位，全面恢复军事训练和教育，继续完成精简整编，整顿军队建设的各方面工作，从而在很短的时间内实现了军队建设的拨乱反正，并最终完成了伟大的历史转折，使军队建设踏上快速、健康发展的道路。

从“文化大革命”开始到中共十一届三中全会召开，人民解放军的建设走过了一条曲折、动荡、起伏的发展道路。科学地总结这一过程中军队建设的经验教训，对于彻底肃清“左”倾错误影响，端正军队建设的方向，建设中国特色的现代化、正规化革命军队，具有非常重要的意义。

一、必须坚持党对军队绝对领导的原则，使枪杆子永远听党指挥，绝不能成为野心家的工具

人民解放军是执行党的革命政治任务的武装集团，坚持党对军队的绝对领导，是人民解放军建军的根本原则和根本制度，是人民解放军的军魂，它保证了军队掌握在党和人民手里，而不致成为野心家、阴谋家篡党夺权的工具。“文化大革命”中，这一原则经受了严峻考验。林彪、江青两个反革命集团为夺取党和国家的最高领导权，都把控制军队的领导权、指挥权作为重要手段。林彪反革命集团产生于军队，并且掌握了军队中相当大的权力，他们控制的军委办事组很长时间内取代了军委常委会，攫取了处理军队日常事务的权力。江青反革命集团在军队中原本没有基础，但江青千方百计插手军队事务，张春桥、王洪文先后担任军队高级领导职务后，他们力图在军队培植自己的势力，并公然违背党关于建立和领导集中统一的武装力量的原则，组织了独立于军队指挥系统之外的第二武装——民兵指挥部。

人民解放军建军之初就确定了党对军队绝对领导的根本原则，并为此建立了一整套规章制度，如党委集体领导制度、政治委员制度、政治工作制度等。正是这些规章制度和优良传统，有效扼制了林彪、江青反革命集团反党乱军特别是谋取军队领导权、指挥权的活动，挫败了他们调动部队或插手军队为其反党活动服务的阴谋，确保了人民军队的宗旨、性质，确保了人民军队在动乱中始终是稳定全国形势、维护国家政体和坚持党的领导地位的中坚力量。因此，林彪反革命集团虽掌握军队相当大的权力，但也无法调动军队搞政变，只能组织少数亲信搞秘密的阴谋活动，最终落得自我毁灭的下场。而江青反革命集团插手军队的活动则始终没有效果，最终身败名裂。军队的忠诚，对于确保党的领导，确保党和国家政权，起到了至关重要的作用。这表明，无论在任何情况下，人民解放军都是党绝对领导下的人民军队，是忠于党、忠于人民的，任何阴谋家、野心家乱军夺权的图谋都是不能得逞的。

粉碎林彪、江青两个反革命集团的斗争，充分体现了党对军队绝对领导原则的威力。但是，“文化大革命”期间林彪、江青反革命集团在军队中进行的破坏活动，也使这一原则受到损害。因此，“文化大革命”结束后，中央军委把贯彻落实坚持党对军队绝对领导的原则，列为“十个应该不应该”教育的第一条，放在军队清理整顿工作的首位，采取切实有效的措施，澄清模糊认识，清理问题人员，整肃班子队伍，迅速稳定了部队，确保党中央的路线、方针、政策在军队中贯彻执行，确保党对军队绝对领导的落实，并为党和军队指导路线的历史性转折提供了有力的支持。

“文化大革命”和拨乱反正的历史证明，为了加强党对军队的领导，必须始终不渝地坚持历史上行之有效的原则和制度。一是军队的领导权和指挥权，必须集中于党中央和中央军委。没有党中央、中央军委的命令和授权，任何人在任何情况下都不允许调动和指挥军队。二是坚持党委统一的集体领导下的首长分工负责制。这是实现党对军队绝对领导的重要制度。领导班子的配备，必须坚持“五湖四海”的原则，严防拉帮结派的现象发生。部队中的一切重大问题，除了在紧急情况下由首长机断处置，事后向党委报告外，都必须先经党委集体讨论决定，尔后由军政首长分工负责组织实施。部队的军政首长必须服从党委的集体领导，执行党委决议，积极主动地履行职责，并及时向党委报告工作。三是加强党的集中统一领导，加强党的民主集中制，维护党内生活的一切准则，实行全党统一的纪律，个人服从组织，少数服从多数，下级服从上级，全党服从中央。这些原则制度，是防止各种阴谋家、野心家篡军反党的组织保证，也是确保军队建设正确方向的根本需要。

二、必须维护军队的高度稳定和集中统一，绝不允许极端民主化等一切有碍军令军纪执行的错误倾向发生和蔓延

军队是国家政权的基石，只有维护军队的高度稳定和集中统一，才能保证国家和社会的稳定，维护国家安全。在“文化大革命”的动乱中，中央军委和总政治部尽力维护军队的稳定，严格规定师以下战斗部队只搞正面教育，不开展“四大”。对军队开展“四大”的单位，也努力把运动保持在可控范围内。在“文化大革命”初期，军委副主席叶剑英、陈毅、徐向前、聂荣臻等为维护军队的稳定，与林彪和江青两个阴谋集团的成员进行面对面的斗争。在“文化大革命”后期，叶剑英、邓小平等针对“四人帮”企图搞乱军队的阴谋活动，进行了多种方式的斗争，并对军队高级干部打招呼进行教育。军队大多数指战员也积极维护稳定、反对动乱。因此，尽管军队在“文化大革命”中受到严重冲击，许多高级将领被打倒或靠边站，开展“四大”的机关和院校中无政府主义严重，陷入派性斗争，总政治部甚至一度陷入瘫痪，即使没有开展“四大”的部队也受到了地方“造反”运动的影响，但军队在总体上仍保持了稳定。在粉碎“四人帮”后拨乱反正的进程中，中共中央和中央军委重申了必须保持军队高度的集中统一的原则，绝不允许搞派性，绝不允许帮派的存在，必须严格地遵守革命纪律和规章制度，并采取了有力措施彻底消除“文化大革命”在军队中造成的恶劣影响。正是由于采取了这些措施，方在“文化大革命”的动乱中确保了军队的稳定，方在拨乱反正的过程中确保了党和军队大政方略在军队中的有效贯彻执行，方能在任何情况下都确保人民解放军能够有效履行使命，完成党和人民赋予的任务。

“文化大革命”和拨乱反正的历史说明，军队是具有高度纪律性的组织，任何极端民主化的行为特别是所谓的“四大”，都会严重破坏军队的稳定，严重损害军队的战斗力。在任何时候、任何情况下，都必须保证各级指挥机构的高效运转；必须保证所有部队战备训练和日常工作紧张有序地开展；必须保证条令条例和规章制度的严格执行；必须保证军令畅通，“一切行动听指挥”，维护和保证军队高度稳定和集中统一。军队中的民主，必须是集中指导下的民主，服务和服从于军队建设。在保持部队高度稳定和集中统一的前提下，充分发扬民主精神，有效保障官兵的民主权利，不断增强官兵参与军队建设的责任感和积极性。军队民主生活的一切活动，都应该有利于增强团结、加强纪律、改善领导、统一指挥、提高部队战斗力。

三、必须正确处理国防建设与国家经济建设的关系，使国防建设与国家经济能力相适应

国防建设与经济建设的关系问题是国家发展战略中的一个重大问题。60 年代中期，中国安全面临着严重威胁，中共中央逐步明确了防备敌人早打、大打、打核战争的指导思想，决定把战备需要放在优先考虑的地位。国民经济第三个五年计划把国防建设放在了第一位，第四个五年计划、第五个五年计划也都把战备放在了重要位置。同时进行了大规模的“三线”建设，调整国家经济发展战略布局。在当时的历史环境下，抓紧防范战争准备是正确的，战备对提升国家抗击外来侵略，打赢反侵略战争的能力产生了重要作用。“三线”建设也对改变中国的工业战略布局，改变西部地区落后的局面产生了积极的作用。但是，当时对战争危险的估计过于严重，大战即将来临的认识对刚刚有所恢复的经济工作产生了多方面的影响，国家对国防建设投资过大，把大量的人力、财力和物资用于应急备战，在“三线”建设中，突出战争准备因素而忽视经济规律，形成了“山、散、洞”的布局。这些都既影响了经济建设的效益，

也影响了国防和军队现代化建设中、长期目标的制定和实现。在此期间，为了进行战备，加上执行“三支两军”任务等因素，军队规模急剧膨胀起来，军队员额长期保持在600万人以上，维持人员的生活开支占用了军费的很大份额，不但使得武器装备研制、更新以及技术兵种建设所需的经费受到限制，影响了军队现代化建设的进程和军队质量与战斗力的提高，而且长时期供养如此众多的军队也给国家经济造成沉重的负担。尽管在70年代中后期，军队在整顿中始终把“消肿”作为工作重点，但进程步履艰难。如何正确处理国防建设和经济建设的关系，如何正确界定战争准备和经济发展的关系，如何处理军队规模和战争需求的关系，成为这一时期军队建设始终没有很好得到解决的问题。

“文化大革命”和拨乱反正的历史证明，经济建设和国防建设是国家建设的两大方面，任何时候两者都不可偏废。首先，国防建设是经济建设的安全保障，为了维护国家的根本利益，需要持续地增强国防力量。但是，国防建设只能以经济建设为基础和条件，只有在雄厚的经济基础上才可能实现国防现代化，国防建设必须与国家经济能力相适应。因此，在相对和平时期，必须以经济建设为中心，国防建设必须量力而行。如果国防建设开支过大，不但会妨碍经济建设发展和国家综合国力的增强，而且也会影响国防和军队建设的发展。其次，国防建设计划要纳入国家经济和社会发展总体规划之中，根据国民经济的实际情况，确定国防经费的恰当比例，在客观上实行统筹兼顾，使国防建设与经济建设互相适应，有计划按比例地协调发展，避免产生顾此失彼的现象。国防建设游离于国家发展总体规划之外，或超越国家财力的限度追求过高的国防目标，或因投资过低而导致国防能力的停滞倒退，都将损害国家的根本利益，都是必须注意防止的。否则，不但会给经济建设造成不利影响，而且最终也不利于国防建设。最后，必须正确判断国际形势和周边形势，正确判断战争威胁，正确界定常态化战争准备与临战准备的关系。准备战争，打赢战争，是军队的根本职责。但不能把准备战争等同于临战准备，尤其不能过分夸大战争的威胁，使得军队长期处于“盘马弯弓”临战状态，保持庞大的军队规模，这样不仅无法保持和提升军队的战斗力，还会对军队建设的长远发展产生负面影响。

四、必须正确处理政治工作与其他工作的关系，绝不能无限夸大政治工作的作用，绝不能混淆革命化与现代化、正规化建设的关系

政治工作的地位作用问题，是人民解放军建设中一个带根本性的问题。政治工作是人民解放军的生命线，是人民解放军各项工作健康发展的重要保证，在任何情况下，政治工作只能加强，绝不能削弱，这是在长期革命实践中总结出来的带规律性的经验。在革命战争年代，政治工作为保证人民解放军发展壮大和取得革命战争胜利，发挥了无可替代的作用。新中国成立后，强有力的政治工作依旧是各项任务顺利完成的有力保障。毛泽东和中央军委将建设现代化、正规化的革命军队，作为人民解放军建设的总方针、总任务，并且将现代化建设作为人民解放军建设的中心任务。

但在“文化大革命”中，林彪等人无限度地夸大政治工作的作用，推行“突出政治”和“精神万能”论，把政治工作摆到高于一切、大于一切、可以冲击一切的不适当地位，导致政治工作中形式主义、形而上学、“假、大、空”等歪风盛行，革命化建设与现代化建设对立，正规化建设废弛，政治工作与各项任务和业务、技术工作形成“两张皮”，成为脱离业务、脱离实际的“空头政治”，使军队政治工作受到严重损害，破坏了人民解放军政治工作的优良传统。叶剑英指出：林彪玩弄两面派手法，“表面上把政治工作捧到天上，实际上是把我军的政治工作摔到地下”①。“文化大革命”结束后，中央军委重新定位了政治工作的地位和作用，重新规范了政治工作的原则和方法，重新校正了政治工作与军事工作等其他工作

① 《叶剑英军事文选》，703 页，北京，解放军出版社，1997。

的关系，重新规范革命化与现代化、正规化建设的关系，使得政治工作重新回到了健康发展的轨道。

“文化大革命”和拨乱反正的历史表明，必须正确认识政治工作在军队建设中的地位和作用，必须正确认识军队建设中革命化与现代化、正规化的关系。建设强大的现代化正规化革命军队，是一个全局性战略性问题，是和平时期人民解放军军队建设的总目标。政治工作与军事工作等共同构成了军队工作的全局，革命化、现代化、正规化建设是军队建设的整体，革命化是军队建设的基本方向，现代化是军队建设的中心任务，正规化是军队建设的重要基础。无论哪项工作的削弱，哪个建设的缺失，都会使军队建设偏离正确的航向，给军队建设造成不应有的损失。归结到一点，就是把政治工作与军队的其他工作有机地融为一体，始终保持坚定正确的政治方向，不断提升军队战斗力。

五、必须把教育训练摆到战略地位，绝不能轻视军事训练、院校教育，更不能搞取消主义

教育训练，是军队质量建设的重要活动，是生成战斗力的基本途径。无论战时还是和平时期，都是如此。在革命战争年代，我军主要在战争中学习战争，通过实战来生成和提高战斗力。新中国成立后，特别是抗美援朝战争结束后，人民解放军全面转入和平时期建设，教育训练成为人民解放军提高战斗力的基本途径和方式。中央军委明确规定“现代化军队建设中长期的、经常的工作是训练部队，特别是训练干部”，而“训练干部的工作，是我们在建设现代化军队中长期的、经常的中心工作的中心”①。直到 60 年代中期，教育训练工作始终被摆在军队建设的中心位置。但“文化大革命”中，由于军队建设的方向发生偏差，教育训练被置于不应有的地位，抓军事训练被指责为“冲击政治”、“单纯军事观点”，军事训练的先进单位和个人被指责犯了“资产阶级军事路线”的错误，全

① 《彭德怀军事文选》，499 页，北京，中央文献出版社，1988。

军的军事训练一度基本停滞，院校教学几乎停顿，2/3 的院校被砍掉，留下的技术院校也大大简化教学内容。全军部队战术技术训练荒疏，军事指挥和技术人才断层，战斗力全面下降。虽然 1969 年后开始恢复军事训练，但“搞政治保险、抓军事危险”的顾虑依然存在，军事训练的积极性受到压抑。毛泽东曾批评说：“现在是只搞文不搞武，我们军队成了文化军队了。”① 粉碎林彪反革命集团后，全军军事训练逐步走上正规，院校开始恢复，教育训练的内容上也有新的发展。但在“文化大革命”大环境的影响下，军事训练仍没有得到足够的重视。1975 年，邓小平在主持军队整顿工作中明确提出把教育训练提高到战略地位，全军的教育训练开始进入新的发展阶段，但随着所谓“反击右倾翻案风”运动开始，教育训练又落入低潮。粉碎江青反革命集团后，中央军委从军队建设的全局出发，重新端正了对教育训练的认识，重新明确了教育训练的战略地位，指导全军在教育训练指导思想上实现重大转变。全军的教育训练被真正提到军队建设的战略地位，得到高度重视，进入迅速恢复、全面发展的新阶段，并且有力地推动了军队建设拨乱反正的进程，为军队建设重新步入正轨提供了坚实的支撑。

“文化大革命”和拨乱反正的历史表明，教育训练问题，实际上包含了和平时期军队建设最重要的内容。军队的全部工作，只有以教育训练为中心，才能全面提高军政素质，全面提高部队战斗力。一旦教育训练的中心位置被动摇，不但会导致部队整体军事素质的下降，而且也会导致军队管理、纪律、作风甚至组织编制等方面发生许多问题。把教育训练真正摆到战略地位，置于军队建设的中心位置，是军队建设客观规律的反映，也是军队工作中牵一发动全身之举，对于澄清认识、校正方向、落实措施等，都具有重大的作用。把教育训练摆在军队建设的战略地位，需要切实做到：第

① 《建国以来毛泽东文稿》第 13 册，248 页，北京，中央文献出版社，1998。

一，端正认识，明确教育训练是和平时期提高军队素质，提高军队战斗力的基本途径和方法，是实现军队现代化的关键。无论是实现人和武器装备的有机结合，还是实现诸军兵种的合同（联合）作战，提高官兵技术和战术水平，提升军队整体素质，都要依靠教育训练。第二，从打赢未来战争的需求出发，教育训练问题实际就是军事斗争的准备问题。实施战略指导，如果不把用兵和练兵统筹起来，不从作战方面思考和解决部队训练问题，就是没有通观战争全局和整个军事行动过程，就不可能赢得未来战争的胜利。无论是从遏制战争还是从赢得战争的最终胜利来讲，教育训练本身都处在战略全局的一个关节点上。第三，把教育训练提到战略地位，必须办好军队院校。军事院校承担着训练、培养干部之责，是提高军队干部指挥水平、管理水平，全面更新知识结构，熟悉现代战争和军事技术发展状况，提高个人素质的基本途径，是培养现代化军事人才的摇篮，同时在特定的历史时期还提供了考察、了解、发现和推荐干部的场所，创造了选拔干部、推荐干部的条件，因此，它既是军队的集体政治部，也是军队的集体干部部。要舍得投入最好的人员、最大的财力办好院校，把院校作为干部教育的基本途径，把院校培训作为干部选拔和提升的重要条件。

六、必须正确处理战斗队、工作队、生产队的关系，强化人民解放军战斗队的职能

人民军队初创时期，队伍弱小，要生存，要发展，要打仗，没有人民群众的支援是不可能的。因此，红军既要担负作战任务，也要根据党的指示，投入大量人员担负群众工作任务，以建立和巩固根据地，同时为发展根据地的经济，使根据地成为红军的兵员、物资基地，还要担负大量的生产任务。毛泽东将红军的这些工作归纳为打仗、筹款和做群众工作。后来，这些工作逐步规范为战斗队、工作队、生产队三大任务。在革命战争年代，三大任务成为人民军队的基本任务和使命。在中国共产党的领导下，卓越完成了以战斗队为中心的三大任务。新中国成立初期，人民解放军在充分发挥战斗队作用的同时，继续履行工作队、生产队的职能，为巩固新生人民政权和恢复国民经济作出了重大贡献。三大任务的高度统一，对于巩固军政军民之间的密切联系，保证革命战争的胜利，起到了十分重要的作用。但是在“文化大革命”期间，作为军队建设的指导方针的“五七指示”忽视军队战斗队的任务，而强调其工作队、生产队的作用。在这一方针指导下，军队在“文化大革命”中执行“三支两军”任务和担负繁重的生产任务，投入了大批部队，占用人员之多、时间之长，在人民解放军历史上都是罕见的。不但使军队规模急剧膨胀，而且颠倒了军队三大任务中以战斗队为中心的基本关系，使人民解放军长期游离于战斗队的根本职能之外，对军队建设的各方面造成了严重问题。“文化大革命”结束后，中央军委把“要准备打仗”重新确定为军队工作的“纲”，突出战斗队建设在军队建设的核心地位，摆正了战斗队、工作队、生产队三大任务的关系，果断地全部解除军队所担负的各项地方政府和行政部门、企业管理任务，逐步裁减军队生产建设部队，使得军队的战斗队职能不断得到强化。

“文化大革命”和拨乱反正的历史证明，如何正确处理人民军队所担负的战斗队、工作队和生产队三大任务之间的关系，直接关系到军队建设的方向和任务确定，也直接影响到军队建设的效果与进程。以人民的根本利益和需要为最高准则，党和人民需要什么，人民军队就做什么，这是人民军队建设的根本原则。战斗队、工作队和生产队三位一体，不可或缺。但无论在任何时候，人民解放军首先是一支战斗队，战斗队永远是军队的中心任务。战争时期军队的中心任务是打仗，和平时期军队的中心任务是准备打仗。战斗队任务完成的好坏，不但直接关系到战争的胜败，而且关系到人民的安危和国家的存亡。“人民解放军永远是一个战斗队”，毛泽东 1949 年 3 月 5 日在中共七届二中全会报告中作出的这一论断，过去是，现在和将来依旧是人民军队根本职能和任务的最好概括。虽然工作队、生产队的任务在一定时段、一定条件下会成为军队的重要任务，但无论在什么条件下，执行工作队、生产队任务都应该以不妨碍军队执行战斗队任务为前提。特别是在和平时期，过分强调工作队、生产队职能，并大量投入人力、物力，将会不同程度地冲击或影响军队有效履行战斗队的基本职能，颠倒战斗队、工作队、生产队三大任务的关系。“文化大革命”期间的沉痛历史教训应当永远记取。

后　记

编写《中国人民解放军军史》，是中央军委赋予军事科学院的一项重要任务。1997 年 11 月 27 日，中央军委常务会议决定，编写出版《中国人民解放军军史》，并成立了由中央军委领导任组长的中国人民解放军军史编写领导小组，责成军事科学院承担编写任务。军史编写的指导思想是，以毛泽东军事思想、邓小平新时期军队建设思想、江泽民国防和军队建设思想和胡锦涛关于新形势下国防和军队建设重要论述为指导，以中共中央关于若干历史问题决议为准则，坚持辩证唯物主义、历史唯物主义的观点和实事求是的思想路线，以历史事实和文献档案资料为主要依据，深入研究中国人民解放军成长发展的特点和规律，全面、系统、准确地反映中国人民解放军在中国共产党领导下的战斗历程和光辉业绩，科学地总结建军和作战指导的基本经验，努力写出一部真实可信、具有权威性和综合性的史书，为发扬我军的优良传统，继承和发展毛泽东军事思想，为部队建设特别是探索新时期治军特点规律，巩固提高部队战斗力，为建设现代化、正规化的革命军队、打赢信息化战争，更好地履行新世纪新阶段我军的历史使命，提供历史借鉴。

军事科学院党委对这项任务高度重视，作出全盘部署。军事历史研究部组成《中国人民解放军军史》编写组，自 1998 年开始在收集整理大量历史文献资料的基础上，精心组织，深入研究，展开编写，并在完成初稿后进行了审修工作。随后，战争理论和战略研究部根据院首长的指示，领导和组织军事历史研究所《中国人民解放军军史》编写组对书稿进行最后的审修和定稿工作。

在历时 10 余年的编写修改过程中，中央军委军史编写领导小组审定了编写指导思想、编写规划和纲目，研究解决了编写中的重要问题，审定了书稿。军事科学院军事历史研究部、战争理论和战略研究部领导编写组先后组织进行了四次集体统稿和修改：2001 年，在林登泉、曾庆洋、支绍曾组织下，对全书各卷进行统稿；2002 年至 2003 年，在王福成、肖裕声、齐德学组织下，对书稿进行了修改；2004 年至 2006 年，姚有志、齐德学、赵一平、温瑞茂组织进行了再次修改；2007 年至 2010 年，寿晓松、杨贵华、郭志刚、姜铁军、曲爱国组织进行了送审稿的修改并向军史编写领导小组报审。其间，根据中央军委军史编写领导小组的指示，军委各总部、各军兵种、各大军区和有关院校等，对书稿进行了审读，提出了许多宝贵的修改意见。刘精松、张工、王祖训、温宗仁、葛振峰、张定发、郑申侠、刘源、刘成军、孙思敬等军事科学院历任领导和军事科学院科研指导部，对《中国人民解放军军史》的编写修改给予了有力指导。中央档案馆、解放军档案馆、中国人民革命军事博物馆、总参谋部有关部门档案室或资料室、总政治部档案馆、总后勤部档案馆、总装备部档案馆、海军档案馆、空军档案馆、各军区档案馆、军事科学院军事图书资料馆等单位，为《中国人民解放军军史》的编写提供了大量历史档案和图书资料。中共中央文献研究室、中共中央党史研究室、中共中央党校、当代中国史研究所以及军内外党史、国史、军史专家学者和许多老同志对《中国人民解放军军史》的编写给予了热情关怀和支持。在编写过程中，我们还借鉴和使用了大量的军史、战史研究成果，在此一并表示衷心的感谢。

2011 年 6 月，中央军委常务会议根据军史编写领导小组的建议，正式批准出版《中国人民解放军军史》第四、第五、第六卷。《中国人民解放军军史》第四至第六卷，记述从 1949 年 10 月 1 日中华人民共和国成立到 1978 年 12 月中国共产党十一届三中全会召开这一历史时期的发展历程。其中，第四卷起止时间为 1949 年 10 月～1953 年 12 月；第五卷起止时间为 1954 年 1 月～1966 年 5 月；

第六卷起止时间为1966年5月~1978年12月。

本卷编写提纲由杨贵华、曾庆洋、陈奇勇拟制，邓礼峰进行了修改。第一章全部，第二章第一节，第三章第六节，第四章第一、二、五节，第六章全部和基本经验由邓礼峰撰写；第二章第二、三、四、五节，第三章第五节，第四章第六节由徐金洲撰写；第三章第一、二、三、四节，第四章第三、四节由刘志青撰写；第五章由康月田、陈传刚撰写；刘双才、梁守磊参加了后期修改工作。邓礼峰、徐金洲负责统稿。齐德学审修了书稿。陈继安、姚延进、王海光、袁德金等专家审读了书稿。军事科学出版社为本书的编辑、出版工作付出了辛勤劳动。

由于我们研究水平所限，书稿中难免有不周、疏漏之处，诚请广大读者批评指正。

《中国人民解放军军史》编写组

2011年6月

图书在版编目（CIP）数据

中国人民解放军军史（4～6卷）（精）/《中国人民解放军军史》编写组编. —北京：军事科学出版社，2011. 6（2024.6 重印）

ISBN 978－7－80237－427－0

Ⅰ. ①中… Ⅱ. ①中… Ⅲ. ①中国人民解放军军史 Ⅳ. ①E297

中国版本图书馆 CIP 数据核字（2011）第 104915 号

书　　名： 中国人民解放军军史（4～6卷）
作　　者：《中国人民解放军军史》编写组
责任编辑： 孙振江　潘　宏　张晓明
封面设计： 刘　丹
出版发行： 军事科学出版社（北京市海淀区青龙桥　100091）

标准书号： ISBN 978－7－80237－427－0
经 销 者： 全国新华书店
印 刷 者： 鑫海达（天津）印务有限公司
开　　本： 700 毫米×1000 毫米　1/16
印　　张： 84. 875
字　　数： 1132 千字
版　　次： 2011 年 6 月北京第 1 版
印　　次： 2024 年 6 月第 14 次印刷
印　　数： 66501～71500册
定　　价： 176. 00 元（4～6卷）

销售热线：（010）62882626　55475305（兼传）
网　　址： http：//www. jskxcbs. top
电子邮箱： jskxcbs@163.com